자료구조 플러스

프로그래밍으로 배우는 이론과 실습

자료구조 플러스

이현숙 지음

프로그래밍으로 배우는 이론과 실습

INFINITYBOOKS
인피니티북스

머리말

우리가 일상생활에서 사용하는 언어를 잘 표현하면 의사소통이 편해지고 문제해결이 쉬워진다. 마찬가지로 프로그래밍 언어도 컴퓨터와 의사소통하는 수단으로 프로그램에서 사용하는 자료구조와 알고리즘의 기본 개념을 이해한다면 보다 좋은 프로그램을 작성할 수 있을 것이다. 그러므로 자료구조와 알고리즘은 기본 프로그래밍 언어를 바탕으로 하는 컴퓨터공학 분야의 필수 교과목이다.

본 교재에서는 자료구조와 관련된 기존의 많은 교재가 이론적인 면이 강조되어 쉽게 접근하기 어려운 점을 보완하여 프로그래밍 연습을 통해 기본 개념을 학습할 수 있도록 구성하였다. 또한 자료구조와 함께 프로그램을 구성하는 중요한 요소인 알고리즘의 기초적인 내용을 추가(플러스)하였다.

1장에서는 컴퓨터 내부에서의 자료표현 및 프로그래밍 관점에서의 자료구조와 알고리즘에 대하여 설명하였다. 2장에서는 예제를 기반으로 C 프로그램의 기본 구조와 프로그래밍 요소를 실습하고 본격적인 자료구조 학습을 위한 준비를 하도록 구성하였다. 3장~5장에서는 배열, 구조체, 연결 리스트, 스택, 큐와 같은 선형 자료구조를 관련 프로그램과 함께 기술하였다. 6장에서는 계층적인 문제 영역을 표현하기 쉬운 트리구조에 대하여, 7장에서는 트리보다 일반적인 그래프와 같은 비선형 자료구조와 응용 예를 기술하였다. 8장에서는 프로그래밍 전개의 핵심인 알고리즘의 제어 및 설계기법을 예를 들어 설명하였으며, 9장과 10장에서는 자료 처리의 기본인 탐색과 정렬 알고리즘을 이해하고 적용할 수 있도록 기술하였다.

프로그래밍을 배우려고 도전하는 사람은 많지만, 실무에 적용할 수 있는 수준 이상으로 발전하는 경우는 흔하지 않다. 스스로 문제를 해결하고 코딩의 재미와 성취감을 느낄 수 있는 단계에 이르기 위해서는 프로그래머로서의 논리적인 사고가 자연스럽게 형성되기 위한 부단한 노력이 필요하다. 이러한 과정에서 자료구조와 알고리즘에 대한 기초적인 내용을 담고 있는 본 교재의 학습을 기반으로 단순히 구문을 아는 초보적인 수준에서 전문적인 프로그래밍을 스스로 개발할 수 있는 단계로 발전할 수 있기를 바란다.

2021년 8월

이 현 숙

강의계획서

본 교재는 C 프로그램을 접해본 학생들을 대상으로 한 학기를 15주로 하여 다음과 같이 진행할 수 있다. 1주차에는 자료의 표현 및 프로그램을 구성하고 있는 자료구조와 알고리즘에 대한 강의 개요를 시작으로 2주차와 3주차에는 C 프로그래밍 기초를 학습한다. 물론 학생들이 C 프로그램에 대한 사전 학습이 충분하다면 2~3주차 수업을 간략히 진행하고 다른 주제를 좀 더 보강하여 탄력적으로 진행할 수 있다. 4주차부터 10주차까지는 자료구조의 종류와 구현방법에 대해 실습을 통하여 학습한다. 11주차부터 14주차까지는 문제해결에 필요한 알고리즘의 적용 및 구현에 대한 기초적인 내용을 학습한다.

주	Chapter	주제
1주	1장	컴퓨터와 데이터, 자료의 표현 프로그램 = 자료구조+알고리즘
2주	2장	C 프로그램 기초
3주	2장	C 함수와 프로그래밍 연습
4주	3장	배열과 구조체
5주	4장	연결리스트
6주	5장	스택
7주	5장	큐
8주		중간고사
9주	6장	트리
10주	7장	그래프
11주	8장	문제해결과 알고리즘 설계
12주	8장	알고리즘의 적용 및 구현
13주	9장	탐색 알고리즘
14주	10장	정렬 알고리즘
15주		기말고사

차례

Introduction to **Data Structure Plus**

CHAPTER

01

컴퓨터와 프로그램

지난 몇 십년동안 우리 생활을 가장 많이 변화시킨 발명품은 분명 개인용 컴퓨터(PC), 인터넷, 그리고 스마트폰 등 넓은 의미의 컴퓨터시스템일 것이다. 아침에 스마트폰 알람을 듣고 일어나 스마트폰으로 날씨와 미세먼지 등을 확인하고 집을 나선다. 버스나 지하철 도착시간 등을 스마트폰으로 검색하면서 학교로 가는 길에도 스트리밍 음악을 듣는 등 스마트폰을 몸의 일부처럼 지니고 생활한다. 학교에 도착해서 가지고 있는 노트북이나 도서관의 PC를 이용하여 학교 학사정보시스템이나 원격수업시스템에서 수업을 듣거나 과제를 제출한다. 대면수업에서도 칠판 대신 컴퓨터 모니터에서 구글링한 자료를 통해서 수업이 진행되는 것은 일반적인 모습이 되었다. 또한 유튜브의 대중화로 폰을 통한 동영상 시청도 일상화 되었다. 네이버, 구글, 다음 등의 포털 사이트를 통하여 필요한 정보를 검색하거나 필요한 물품을 구입하는 등 인터넷 쇼핑을 통한 상거래가 일반화되고 있다. 이러한 인터넷 상거래는 컴퓨터에서 결제시스템을 통한 금융거래가 가능해짐에 따라 더욱 보편화 되고 있다. 또한 계좌이체뿐 아니라 통장개설, 적금가입, 조회 및 이체 등의 은행 업무도 컴퓨터와 모바일을 통한 온라인 상에서 빈번하게 이루어진다. 이렇게 직접 방문하지 않고 오프라인 은행들의 업무를 대체하고 있어 은행지점의 수가 점점 줄어 들고 있는 추세이다. 이제 이러한 경제활동뿐 아니라 밴드모임 등의 SNS를 통한 사교활동과 게임, 음악청취, 영화관람 등의 취미활동도 컴퓨터 상에서 이루어지고 있다.

이러한 우리 생활의 중심이 된 컴퓨터(시스템)는 모니터, CPU, 메모리, 키보드, 마우스 등의 **하드웨어**와 그 하드웨어들을 운용하여 실제 필요한 일들을 하도록 하는 명령어로 구성된 **소프트웨어**로 구성되어 있다. 컴퓨터시스템은 하드웨어만 가지고는 아무 일도 할 수 없는 무용지물이며 내용물이 없는 빈 깡통과 같다. 청소기, 세탁기와 같이 하나의 기능을 수행하는 일반 기계와 달리 컴퓨터는 다양한 **소프트웨어 덕분에** 필요에 따라 사용자의 요구에 따라 여러 기능을 수행하는 **범용의 기계**가 되었다.

컴퓨터는 하드웨어 측면에서는 **이진 데이터를 처리하는 기계**이고, 소프트웨어 측면에서는 변수로 추상화된 **여러 타입의 데이터와 자료구조를 처리하는 프로그램의 집합**으로 볼 수 있다. 또한 소프트웨어를 구성하는 프로그램은 컴퓨터가 정보 처리하기에 가장 적합한 자료구조를 설정하고 이를 이용하여 문제해결 단계를 코딩한 것이다. 소프트웨어개발에서 필수적인 자료구조와 알고리즘에 대하여 본격적으로 학습하기에 앞서 컴퓨터와 데이터, 자료의 표현 그리고 프로그램과 자료구조 및 알고리즘에 대한 기본 개념을 알아보자.

1.1 컴퓨터와 데이터

컴퓨터(computer)의 사전적 정의는 **전자 회로를 이용한 고속 자동 계산기**로서 수 계산 이외에 자동 제어, 데이터 처리, 사무 관리, 언어나 영상 정보 처리 등에 광범위하게 이용된다. 이러한 컴퓨터는 기존의 발명품들과는 달리 인간의 계산능력을 비롯한 지적인 능력을 도와주기 위하여 만들어졌다. 인간 몸의 기능을 다음의 4가지로 나누어 컴퓨터 하드웨어 구성에 반영하였다.

1. **입력기능**: 인간은 눈과 귀 등을 통하여 외부의 정보와 데이터를 입력받는 기능을 가지고 있다. 컴퓨터도 마우스, 키보드, 터치스크린 등의 입력장치를 통하여 외부로부터 데이터를 입력 받을 수 있도록 설계되어있다.
2. **기억기능**: 인간은 상황과 데이터를 기억하는 기능을 가지고 있다. 컴퓨터도 주기억장치인 메인 메모리와 보조기억장치인 하드디스크, usb 메모리 등에 데이터를 저장할 수 있다. 인간의 기억은 그 양이 제한적이지만 컴퓨터는 디바이스를 늘려가며 그 양을 계속 확대할수 있다. 그러나 인간의 기억은 숫자와 이름과 같은 데이터뿐 아니라 형태, 소리 심지어는 느낌까지 다양한 형태를 수용할 수 있는 반면 컴퓨터는 이진시스템 기반의 디지털 코드로 기억하기 때문에 실세계의 다양한 정보를 기억하는데는 한계가 있다.
3. **처리기능**: 인간은 중추신경에 의하여 여러 동작을 제어하는 기능을 가지고 있다. 또한 계산을 하거나 논리적인 판단을 하기도 한다. 컴퓨터의 중앙처리장치(CPU)는 이러한 연산기능과 제어기능을 담당하도록 설계되어있다.
4. **출력기능**: 인간은 입과 손을 통하여 생각을 말로 표현하거나 글로 써서 표현할 수 있다. 컴퓨터도 내부의 처리 결과를 알려주기 위하여 모니터나 프린터 등의 출력 장치를 가지고 있다.

이러한 기능을 수행하기 위하여 **컴퓨터는 중앙처리장치, 기억장치(저장장치), 주변장치(입력장치, 출력장치)로 구성되어** 전기적 신호로 구성된 이진 데이터를 처리하는 데이터 처리장치이다. 이제 컴퓨터가 처리하는 이진 데이터에 대하여 학습해보자.

1.1.1 하드웨어와 이진데이터

컴퓨터 하드웨어는 0과 1 두 가지 상태를 표현할 수 있는 전자회로로 구성되어 빠르게 데이터를 처리할 수 있다. 보통 CPU가 처리할 프로그램과 데이터를 저장하기 위한 주기억장치의 데이터의 기본 단위를 **비트(bit)**라고 한다. 1개의 비트는 0과 1과 같이 두 가지 상태를 가지고 스위치의 켜짐과 꺼짐, 참과 거짓, 남과 여와 같은 두 가지 상태를 표현할 수 있다. 하지만 1개의 비트만으로 표현할 수 있는 데이터는 제한적이기 때문에 기억장치는 기본적으로 키보드가 가지고 있는 영문자나 숫자, 기호 등을 표현하기 위하여 8개의 비트를 **바이트(byte)**로 묶은 다음, 이를 1개의 셀로 구성하여 주소를 붙여 사용하고 있다. 이렇게 셀 단위로 주소(어드레스)가 부여된 주기억장치에는 어떤 주소로부터 데이터를 가져올 수 있고(READ) 어떤 주소에 데이터를 기록할 수 있는(WRITE) 회로를 가지고 있다. 그리고 그 데이터는 0과 1의 시퀀스 데이터인 비트패턴으로 표현되어있다.

주기억장치와 함께 컴퓨터 본체를 이루고 있는 중앙처리장치(CPU)는 컴퓨터시스템의 동작을 제어하고 명령을 실행하는 장치이다. 주기억장치에 저장되어 있는 데이터에 어떤 연산을 하기 위해서는 그 데이터를 CPU의 레지스터에 가져와야 한다. 그리고 연산을 마친 후에는 주기억장치의 어떤 곳에 결과를 저장해야 한다. 그러므로 주기억장치와 CPU는 정보를 전달할 수 있도록 신호선들로 연결되어 있는데 이것을 버스(bus)라 부른다[그림 1-1]. 이 버스를 통하여 CPU는 원하는 데이터가 있는 주기억장치 셀의 주소와 읽기 신호를 보내서 데이터를 가져온다. 이와 마찬가지 방법으로 CPU는 쓰고자 하는 곳의 주소와 기록 신호 또는 쓰려고 하는 데이터를 버스를 통해서 주기억장치에 보냄으로써 주기억장치에 데이터를 쓰게 된다. 따라서 주기억장치에 있는 데이터에 어떤 연산을 수행하기 위해서 제어장치는 레지스터와 주기억장치 사이에 서로 데이터를 주고받는 것을 제어하고, 연산장치는 실제로 제어장치에 의해 지정된 연산을 수행하면서 CPU와 주기억장치 사이에는 빈번한 데이터 입출력이 이루어 지는데 한번에 버스에 실려보낼수 있는 데이터의 양을 **워드(word)**라고 부른다. 워드의 크기는 보통 4바이트(32비트), 8바이트(64비트)이며 컴퓨터 종류에 따라 다르며, 워드의 크기에 따라 컴퓨터의 성능도 좌우된다.

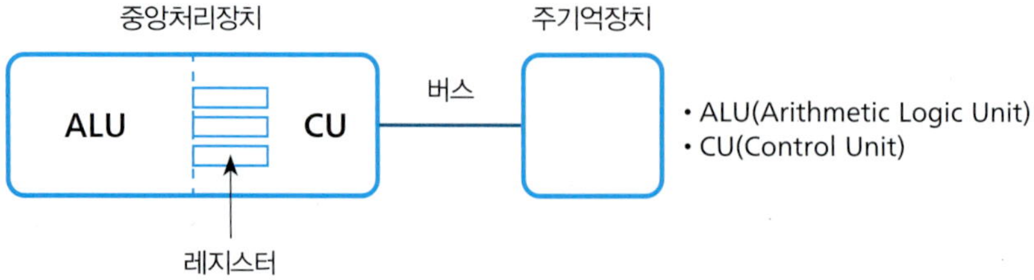

그림 1-1 CPU와 주기억장치

[확인학습 1-1]

1개의 비트를 가지고 표현할 수 있는 정보는 2가지이다. 다음 물음에 답하시오.

1. 0부터 9까지의 10개의 각 숫자를 서로 다르게 표현하기 위해 최소 몇 비트가 필요한가?

2. 16층을 오가는 엘리베이터의 각 층을 다르게 표현하기 위하여 최소 몇 비트가 필요한가?

3. A 쇼핑몰에서 다루는 물품의 종류는 58가지이다. 이 물품을 서로 다르게 이진패턴으로 표현하기 위하여 최소 몇 비트가 필요한가?

1.1.2 진수의 변환

컴퓨터 하드웨어는 0과 1로 표현되는 두 가지 신호를 구분할 수 있는 전기신호를 바탕으로 설계된 **디지털 이진시스템(digital binary system)**이다. 그러므로 컴퓨터가 가장 쉽게 표현할 수 있는 수의 체계는 2진수이다. 컴퓨터는 키보드 등으로부터 외부의 10진수 데이터를 입력받고 컴퓨터의 기억 장치에 맞게 이진패턴으로 기억한다. 이진패턴을 처리하고 그 결과는 다시 10진수의 외부표현 방법으로 바꾸어 출력한다.

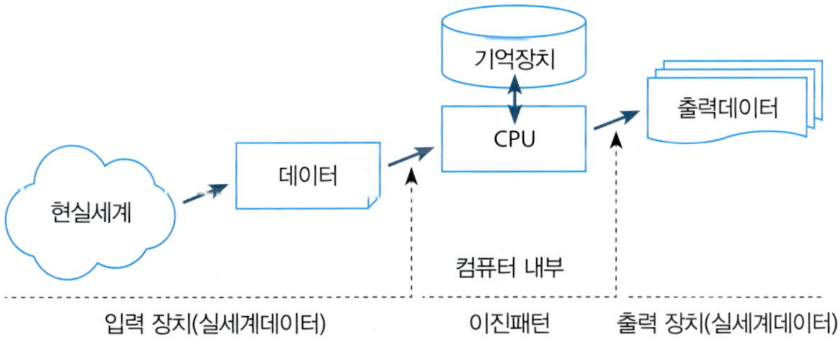

그림 1-2 실세계의 데이터와 컴퓨터 내부의 데이터

[그림 1-2]는 실세계에서 우리가 사용하는 데이터는 10진수나 키보드의 문자를 입력으로 주고 컴퓨터 내부에서는 이진패턴으로 변환되어 처리한 후, 실세계에서 우리가 사용하는 데이터 형식으로 출력해주는 과정을 보여주고 있다.

이제 이러한 과정에서 필요한 진법의 종류와 진법변환에 대하여 알아보자. 4개 비트 패턴의 경우에 대한 각 진법 체계에서의 수 표기는 [표 1-1]과 같다.

표 1-1 각 진법의 표기

10진법	2진법	8진법	16진법
0	0000	0	0
1	0001	1	1
2	0010	2	2
3	0011	3	3
4	0100	4	4
5	0101	5	5
6	0110	6	6
7	0111	7	7
8	1000	10	8
9	1001	11	9
10	1010	12	A
11	1011	13	B
12	1100	14	C
13	1101	15	D
14	1110	16	E
15	1111	17	F

2진수의 비트패턴은 8진수, 16진수와 서로 진법변환이 쉽다. 모든 상황을 이진패턴으로 표현하면 이진패턴의 길이가 길어지게 된다. 사실 데이터뿐 아니라 컴퓨터 명령어도 기억장치에는 이진패턴으로 기계어 형태로 저장되어있다. 예를 들어 다음의 이진패턴을 예로 보자

0	1	1	0	0	0	0	1	1	1	1	0	1	1

그림 1-3 14비트패턴의 예

[그림 1-3]의 비트 패턴을 8진수로 변환할 때는 [그림 1-4]처럼 최하위비트(패턴의 가장 오른쪽)부터 3자리씩 8진수로 변경하고 마지막 남은 2개는 앞에 0을 붙여 3자리로 만든다. 14173로 표기된다.

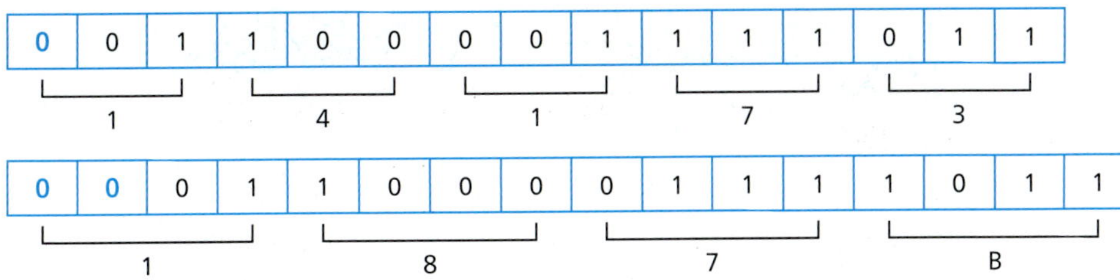

그림 1-4 14비트패턴의 8진수, 16진수 변환

16진수로 변환할때는 [그림 1-4]처럼 최하위비트(패턴의 가장 오른쪽)부터 4자리씩 16진수로 변경하고 마지막 2개는 앞에 0을 2개 붙여 4자리로 만든다. 그 결과 [그림 1-3]의 14비트 이진패턴의 16진수는 187B가 된다. 이렇게 비트가 긴 이진패턴의 2진수를 8진수와 16진수로 표현하는 것은 기계적인 알고리즘으로 간단하다.

이제 우리가 사용하는 10진수를 컴퓨터가 처리하는 2진수로 변환하는 방법과 컴퓨터 내부에서 2진수로 처리된 데이터를 외부로 출력하여 보여줄 때 10진수로 변환하는 방법을 알아보자

2진수의 10진수로의 변환은 컴퓨터내부에서 2진수로 처리된 데이터를 10진수로 출력할 때 필요하다. 이는 최하위 비트부터 각 비트값에 $2^0, 2^1, 2^2, 2^3, \ldots$ 을 곱하고 더하여 계산한 값이다. 예를 들어 4 비트패턴 $1\ 1\ 0\ 1 = 1 \times 2^3 + 1 \times 2^2 + 0 \times 2^1 + 1 \times 2^0 = 13$이다. 그러면 반대로 10진수를 입력받은 컴퓨터가 2진수로 변환하려면 어떻게 할까?

10진수를 2로 나누고 나머지를 저장하여 최하위 비트부터 비트패턴을 만들어가는 과정을 [그림 1-5]와 같이 몫이 0이 될 때까지 반복한다.

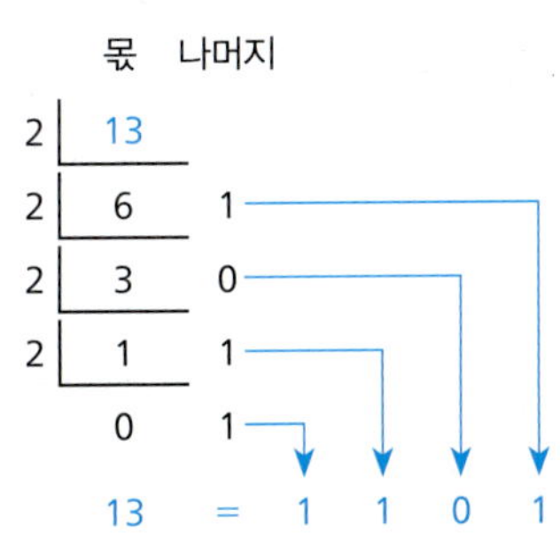

그림 1-5 10진수를 2진수로 변환하는 과정

[확인학습 1-2]

1. 다음 이진패턴을 8진수, 16진수, 10진수의 값으로 표현하시오.

1	0	1	1	0	1	0	0

2. 10진수 값 58을 2진수로 표현하시오.

우리가 사용하는 10진수와 컴퓨터가 사용하는 2진수 사이의 이러한 변환 과정을 바탕으로 우리 일상의 기본 데이터인 수치 데이터 정수와 실수, 그리고 문자데이터가 컴퓨터 내부에서 어떻게 표현되는지 알아보도록 하자.

1.2 자료의 표현

컴퓨터는 외부의 자료들을 입력으로 받아들여 컴퓨터가 이해할 수 있는 내부적 표현으로 바꾼 다음 컴퓨터의 기억장치에 기억시킨 후 처리한다. 또한 컴퓨터 내부의 결과는 다시 외부적 표현 방법으로 바꾸어 결과를 외부로 출력한다. 일반적으로 우리가 사용하는 디지털 컴퓨터는 자료를 표현하기 위해서 내부에서는 0, 1 두 가지 상태 값을 갖는 비트(bit)로 표현된다는 것은 이미 학습했다. 이를 바탕으로 가장 기본으로 사용하는 수치자료와 문자자료의 표현방법을 학습하자.

컴퓨터 내부 수치 자료의 표현 방법은 크게 정수를 표현하는 고정소수점 표현(fixed point representation)과 실수를 표현하는 부동소수점 표현(floating point representation)으로 나눌 수 있다. 이와 같은 수치 자료의 표현방법은 [그림 1-6]과 같이 정리할 수 있다. 이제 2진형의 고정소수점 표현으로 사용하는 정수 데이터와 지수와 가수의 형태로 소수점의 위치정보의 부동소수점을 표현하는 실수데이터 표기에 대하여 알아보자.

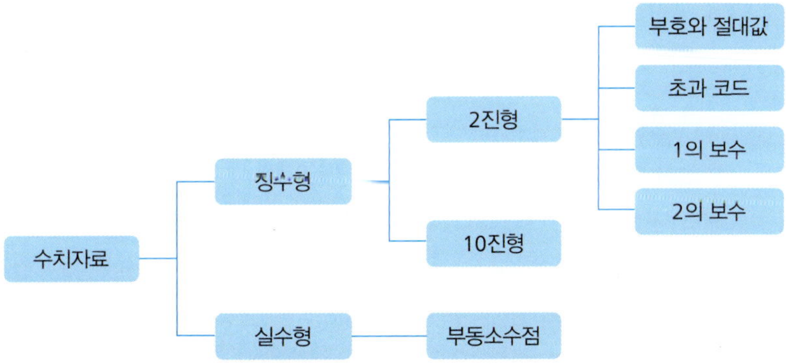

그림 1-6 수치자료의 표현방법

1.2.1 정수의 표현

컴퓨터에 표현하는 정수는 양수, 음수, 0의 세 부분으로 구성되며 소수점을 포함하지 않는 수로 대부분 2진형을 사용하나 용도에 따라서는 10진형으로도 쓴다. 2진형 표기에는 부호와 절대값(signed magnitude), 초과코드, 1의 보수(1's complement), 그리고 2의 보수(2's complement) 표현 방식이 있다.

부호와 절대값(signed magnitude) 표기

어떤 수를 n 비트의 고정된 길이로 표현하려고 할 때 최상위 한 비트는 부호를 표시하기 위해 사용하고 나머지 (n − 1) 비트로 숫자의 절대값을 표현한다. [그림 1-7]은 n 비트 길이의 정수를 부호와 절대값 방식으로 표현한 일반적인 구조이다.

그림 1-7 부호와 절대값 표기 정수 표현

부호와 절대값 방식에서 음수 표현은 절대값이 같은 양수와 부호만 다르다. 이때 보통 부호 비트는 음수인 경우는 1, 양수인 경우는 0으로 나타난다. [그림 1-8]은 부호와 절대값 표기를 사용한 +7과 −7의 8비트 표현이다.

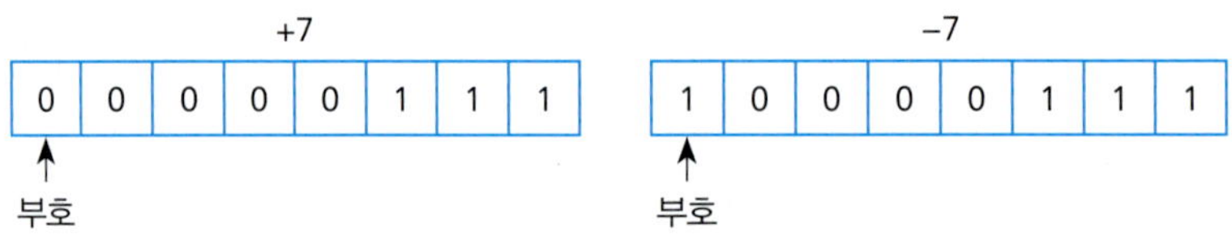

그림 1-8 +7과 −7의 부호와 절대값 표기

초과 코드 표기

부호와 절대값 표기 방식이 우리가 사용하는 10진법과 같아 자연스러운 것 같지만 실제로 전자회로를 사용하여 숫자를 조작하기에는 더 나은 방법들이 있다. 그중 하나가 초과 표기(excess notation)이다. 이 표기 방식에서는 먼저 시스템에서 사용할 비트 패턴의 크기를 정한 후에, 이것을 2진으로 계수하는 순서로 모든 비트 패턴을 나열한다. 그러고 나서 최상의 비트가 1이 되는 제일 첫 번째 패턴을 골라낸다. 이 패턴은 전체 리스트의 중간쯤에 있는데 이것은 0을 표현하는 데 사용한다. 그리고 이 패턴 뒤에 나오는 패턴들을 차례로 1, 2, 3, . . . 등을 나타내는 데 사용하고 이 패턴 앞에 나오는 패턴들을 −1, −2, −3 등을 표시하는 데 사용한다. 만약 4비트를 사용하면 [그림 1-9]와 같게 된다. 이 방식에서는 부호와 절대값 표기와는 달리 제일 상위 비트가 1이면 음이 아닌 수가 된다.

[그림 1-9]와 같은 코드를 8초과(excess 8)코드라고 부르는 이유를 생각해 보자.

비트 패턴	값
1111	7
1110	6
1101	5
1100	4
1011	3
1010	2
1001	1
1000	0
0111	–1
0110	–2
0101	–3
0100	–4
0011	–5
0010	–6
0001	–7
0000	–8

그림 1-9 4비트로 표현된 8초과 코드표

[그림 1-9]에서 알 수 있듯이 각 패턴을 앞에서 말한 2진 표기라 해석하면 그 값이 초과 코드로 표현되는 값보다 항상 8만큼 크다. 예를 들면, 패턴 1100은 보통 2진 표기에서는 12가 되나 여기서 말한 초과 코드에서는 4가 된다. 0000은 보통 0을 나타내나 여기서는 −8이 된다. 이와 같은 방법으로 패턴의 크기가 5인 경우는 16초과 표기가 된다. 그 이유는 패턴 10000이 16을 표현하는 대신 0을 표현하기 때문이다. 마찬가지로 3비트 초과 코드 시스템은 4초과 표기 시스템이 된다.

1의 보수 표기

보수란 어떤 수를 완전수로 만들기 위한 보완수를 의미한다. 따라서 1의 보수(1's complement) 방식은 완전수가 1인 경우이다. 그러므로 2진수의 각 비트를 1은 0으로, 0은 1로 바꾸어 값을 얻을 수 있다. [그림 1-10]은 1의 보수 방식으로 +7과 −7의 8비트로 표현한 예시이다.

+7

0	0	0	0	0	1	1	1

−7

1	1	1	1	1	0	0	0

그림 1-10 +7과 −7의 1의 보수 표기

1의 보수 표기에는 +0과 −0이 있고 연산의 결과가 자유롭게 코딩되지 않는다. 따라서 이러한 단점 보완하는 방법으로 2의 보수 방식이 있다.

2의 보수 표기

2의 보수(2's complement)란 완전수를 2로 하는 보수 체계로 이는 1의 보수 표현에서 1을 더하는 것과 같은 값을 갖게 된다. 이렇게 하면 0의 표현이 +0과 −0이 되는 불합리도 제거할 수 있으며 또한 수의 표현 범위도 음수 쪽으로 1만큼 더 넓어진다. [그림 1-11]은 2의 보수 방식으로 +7과 −7의 8비트로 표현한 예시이다.

+7							
0	0	0	0	0	1	1	1

−7							
1	1	1	1	1	0	0	1

그림 1-11 2의 보수 표기 예

2의 보수 방법에서는 +0만이 존재하고, −0은 존재하지 않으므로 음수는 양수보다 한 가지 더 나타나며, 실제 값의 범위는 $-2^{n-1} \sim (2^{n-1}-1)$이 된다. 일반적으로 현재 대부분 컴퓨터에서 2의 보수를 사용하고 있다. 왜냐하면, 음수의 값을 더 많이 나타낼 수 있다는 점 외에 2의 보수 표기를 사용하는 경우, 큰 장점은 덧셈 방법이 간단하고 뺄셈도 덧셈으로 할 수 있기 때문이다. 이제부터 4비트로 표현된 경우 다음의 세 개의 덧셈 문제를 2의 보수 표현으로 바꾸고 더한 다음에 그 결과를 다시 10진수로 변환하여 덧셈을 해 보자.

1. 3 + 2 =
2. (−3) + (−2) =
3. 7 + (−5) =

3의 경우 7 − 5의 뺄셈을 덧셈으로 바꾸어 계산하여 올바른 결과를 얻을 수 있음을 알 수 있다. 2의 보수 표현에서는 더하는 두 수의 부호에 상관없이 같은 방법으로 덧셈을 할 수 있으며 보수를 취하는 회로와 덧셈 회로만 있으면 덧셈과 뺄셈을 모두 할 수 있다.

2의 보수 덧셈에서 발생하는 문제가 있다. 예를 들어 4비트를 사용하면 9를 표현할 수가 없다. 따라서 5 + 4에 대한 올바른 답을 구할 수 없다. 실제로 이런 덧셈을 하면 결과가 −7로 나타난다. 이런 오류를 범람(overflow)이라고 한다. 2의 보수 덧셈에서 범람은 부호가 같은 두 수를 더할 때에만 일어날 수 있다. 두 경우에 범람의 발생 여부를 조사하려면 부호 비트를 검사하면 된다.

만약 양수끼리 더했을 때 부호가 음수가 되거나 음수끼리 더했을 때 부호가 양수로 되면 범람이 일어난 것이다. 일반적인 인식과는 달리 컴퓨터도 계산을 잘못할 수가 있다.

그러므로 사용자는 항상 그런 위험을 조심해야 한다. 물론 대부분의 컴퓨터는 본 교재의 예시보다 큰 비트 패턴을 사용하므로 대부분 응용에서 필요로 하는 수나 계산 결과를 충분히 표현할 수 있다.

1.2.2 실수의 표현

정수의 저장과는 달리 실수 표현에서는 소수점의 위치를 표현해야하기 때문에 부호, 지수, 가수 3가지 정보를 표현해야 한다.

10진수의 다음의 예를 보자. 두 수 12.536과 0.012536의 가수는 소수점을 고정하여 12536으로 같게 만들고 지수 2, −1에 의하여 조정하여 표시한다.

$$12.536 = 0.12536 \times 10^{2}$$

$$0.012536 = 0.12536 \times 10^{-1}$$

마찬가지로 소수 부분이 있는 2진수를 저장할 때는 수의 2진 표현을 위한 0과 1의 패턴 이외에도 소수점의 위치를 표현할 필요가 있다. 이를 위하여 많이 사용하는 방법으로 부동소수점 표기(floating point notation)가 있다. 예를 들어 32비트를 가지고 부동소수점 표현을 하는 경우 [그림 1-12]와 같이 정할 수 있다.

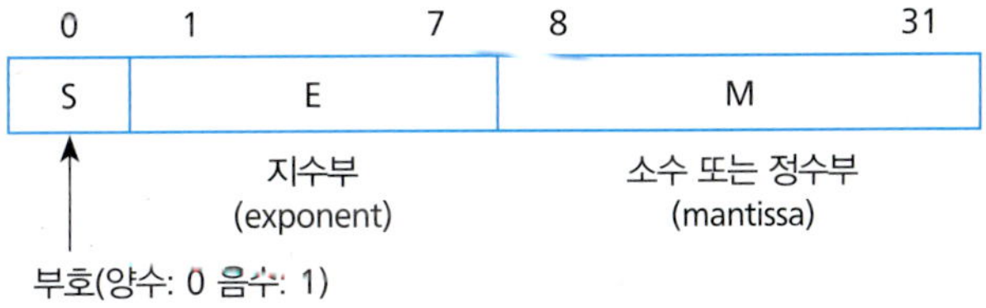

그림 1-12 부동소수점 표현

이 방법을 설명하기 위해 단지 1바이트로 구성되는 경우만을 고려하겠다. 바이트의 최상위 비트를 부호 비트로 하고 이것이 0이면 음이 아닌 수, 1이면 음수를 나타낸다고 하자. 그리고 나머지 7비트를 두 개의 그룹으로 나누어 하나는 지수 부분(exponent field), 다른 하나는 가수 부분(mantissa field)으로 사용한다. 이때 3비트를 초과표기방식으로 표현된 지수 부분으로, 하위의 4비트를 가수 부분이라고 가정하자.

이제 각 부분의 의미를 예를 들어 설명하기로 하자. 한 바이트가 비트 패턴 01101011로 되어 있다고 가정하자. 앞에서 언급한 형태대로 이 비트 패턴을 분석하면 부호 비트는 0, 지수 부분은 110, 가수 부분은 1011이다. 이것을 해석하려면 먼저 가수 부분만 취해서 소수점을 가수의 맨 앞에 찍어 .1011와 같이 만든다. 그 다음 지수 부분 110은 값이 +2가 된다. 따라서 가수 부분의 소수점을 오른쪽으로 2자리 이동시키면 값을 구할 수 있다. 지수부분의 값이 음수라면 소수점을 왼쪽으로 이동시킨다. 따라서 10.11이 얻어지고 그 값을 계산하면 $2\frac{3}{4}$이 된다. 또한 부호 비트가 0이므로 01101011은 $2\frac{3}{4}$을 나타낸다고 결론을 내릴 수 있다.

다른 예로 10111100을 생각해 보자. 여기서 가수 부분만 취하면 .1100이 된다. 지수 부분 (011)이 −1이므로 소수점을 왼쪽으로 한 자리 옮기면 .01100로 해석된다.

또한 부호 비트가 1이므로 주어진 비트패턴 10111100가 표현하는 값은 $-\frac{3}{8}$이라는 것을 알 수 있다.

어떤 값을 부동소수점으로 표기할 때는 앞에서 한 것을 역순으로 하면 된다. 예를 들어 $1\frac{1}{8}$을 표기한다고 생각하자. 먼저 이것으로 2진 표기로 고치면 1.001이 된다. 그 다음은 비트 패턴을 가수 부분으로 옮기는데 2진 표기에서 0이 아닌 숫자가 제일 왼쪽에 오도록 하여 .1001와 같이 소수점을 옮기고 그 다음 지수로 조정한다. 지수부분의 비트패턴을 만들기 위하여 원래 비트 패턴으로 만들기 위해서는 소수점을 어느 방향으로 얼마만큼 자리 이동을 하여야 하는가를 결정해야 한다. 이때 가수가 .1001이고 원래 비트 패턴이 1.001이므로 소수점을 오른쪽으로 한 자리 옮기면 두 패턴이 같아진다. 따라서 지수가 1이 되어야 하므로 지수 부분의 비트 패턴은 101이 된다. 그리고 $1\frac{1}{8}$은 양수이므로 부호 비트가 0이 되어 전체적인 비트 패턴은 다음과 같이 된다.

0 1 0 1 1 0 0 1

이제 $2\frac{5}{8}$를 앞에서 말한 부동소수점 방식으로 표기할 때 생기는 문제점에 대해 [그림 1-13]을 보면서 생각해 보기로 하자. 먼저 $2\frac{5}{8}$를 2진 표기하면 10.101이다. 이것을 가수 부분으로 옮길 때 가수 부분은 4비트만 마련되어 있으므로 한 자리가 부족하므로 가장 뒤의 1($\frac{1}{8}$을 나타냄)을 잃어버리게 된다. 이러한 체계에서 지수 부분과 부호 비트를 만들어 나가면 결과는 01101010으로 되어 $2\frac{5}{8}$가 아니라 $2\frac{1}{2}$로 된다. 이것은 $2\frac{5}{8}$를 표기하는데 5비트의 가수가 필요하나 실제로 4비트만 있기 때문이며 이렇게 해서 생기는 오차를 절단오차(truncation error)라고 한다.

따라서 이런 오차를 줄이기 위해서는 필드의 길이를 크게 할 필요가 있다. 실제 컴퓨터에서는 여기서 든 예처럼 8비트를 사용하는 경우는 드물고 정수 표현과 마찬가지로 32비트 정도 사용하는 것이 보통이다. 이렇게 하면 지수 부분의 크기도 늘릴 수 있다. 그러나 이보다 더 정밀하게 숫자를 표현할 필요가 있을 경우에는 2배 정밀도 표현을 사용한다.

절단 오차를 일으키는 다른 원인은 우리가 사용하는 10진법 때문이다. 여기서 문제가 되는 것은 $\frac{1}{3}$과 같이 소수로 나타내었을 때 0.333. . . .과 같이 무한 소수가 되는 수는 한정된 비트로 표현할 수 없기 때문이다. 즉, 어떤 값들은 우리가 아무리 많은 비트를 사용하여도 정확하게 표현할 수가 없다.

절단 오차와 관련되는 문제는 수치 해석 분야에서는 흔히 일어난다. 이 분야는 많은 양의 계산과 정밀도를 유지하기 위한 문제를 취급한다. 수치 해석 분야에서 많이 적용하는 예를 들어 설명하고 수치표현을 정리하고자 한다. 다음 같은 3개의 수를 더한다고 가정하자.

$$2\frac{1}{2} + \frac{1}{8} + \frac{1}{8}$$

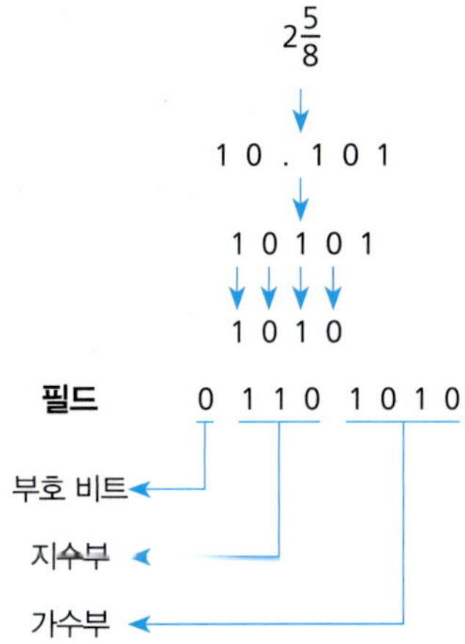

그림 1-13 $2\frac{5}{8}$의 코딩

나열된 순서대로 덧셈을 한다면 먼저 $2\frac{1}{2}$과 $\frac{1}{8}$을 더해서 $2\frac{5}{8}$가 되고 이것을 2진법으로 표현하면 10.101이 된다. 그러나 이것을 정확하게 표현할 수가 없으므로 첫 번째 덧셈의 결과는 $2\frac{1}{2}$이 된다(이것은 $\frac{1}{8}$을 더하지 않은 것과 같다). 다음 단계는 이 결과의 마지막에 $\frac{1}{8}$을 더하면 절단 오차가 다시 생긴다. 따라서 마지막 결과는 $2\frac{1}{2}$로 원하는 결과와 다르다.

이제 순서를 반대로 더해 보자. 먼저 $\frac{1}{8}$과 $\frac{1}{8}$을 더하면 $\frac{1}{4}$이 되고 이것은 2진법으로 .01이 된다. 이것을 부동소수점으로 표기하면 00111000이 되어 정확한 답을 얻을 수 있다. 여기에 다시 $2\frac{1}{2}$을 더하면 $2\frac{3}{4}$으로 되고 이것을 다시 01101011로 정확하게 표현된다. 이렇게 얻는 결과는 정확한 답이 된다. 이와 같이 부동소수점으로 표기된 수의 덧셈에서는 더하는 순서를 작은 수부터 더하기 시작하면 오류를 피할 수도 있다.

1.2.3 문자의 표현

컴퓨터는 우리가 일상적으로 사용하는 문자를 그대로 이해하지 못하므로 컴퓨터에서 문자 자료를 표현할 때는 컴퓨터 내부에서 모든 자료를 정해진 비트 스트링의 값으로 기억하는 형태를 취한다.

즉 사람과 컴퓨터 사이의 표현 방식이 다르므로, 서로 변환해 주는 것이 필요하다. 이러한 변환을 위하여 6비트 BCD 코드와 7비트 ASCII 코드, 그리고 8비트 EBCDIC 코드 그리고 unicode 등의 약속을 널리 사용하고 있다.

BCD(Binary Coded Decimal) 코드는 6비트로 구성되어 있는데, 10진수와 상호 변환이 용이하도록 4비트 BCD 코드를 확장하여 상위 2비트는 존(zone) 영역으로 자료의 형태가 숫자인지 영문자인지 구분하도록 하며 64개의 문자를 표현할 수 있다. BCD 코드의 표현 방식을 보면 [그림 1-14]와 같다.

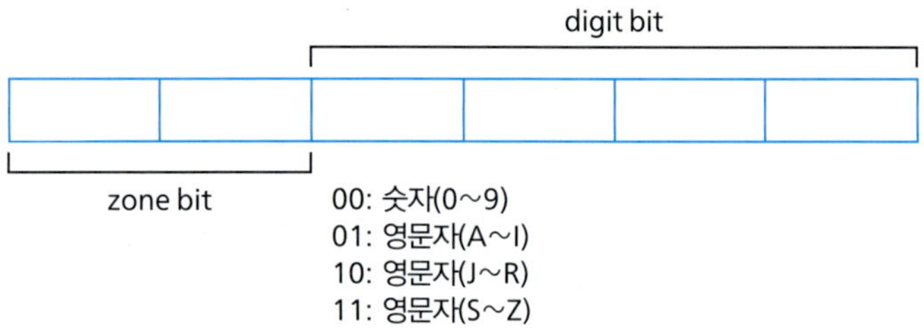

그림 1-14 BCD 코드의 표현

ASCII(American Standard Code for Information Interchange) 코드는 미국 표준 기구에 의해 만들어진 표준 코드이며 7비트로 한 문자를 구성하므로 128개의 문자를 표현할 수 있다. ASCII 코드는 우리가 사용하는 컴퓨터에서 주로 사용하는 코드이며 1비트를 패리티 비트로 추가하여 통신용으로 사용하기도 한다. [표 1-2]에서 제시된 ASCII 코드표의 일부를 보면 우리가 일상적으로 연속적으로 사용하는 데이터는 연속적인 코드 값을 갖게 된다. 즉, 'A'의 코드는 존비트 100이고 숫자비트는 0001 로서 10진코드값은 65이면 'B'는 66, 'C'는 67 등이 된다. 또한 그러므로 'A' – '0'은 9가 된다. [그림 1-15]는 이러한 ASCII code의 표현방식을 설명하고 있다. 상위 3비트는 존비트이며 하위 4비트는 숫자비트이다.

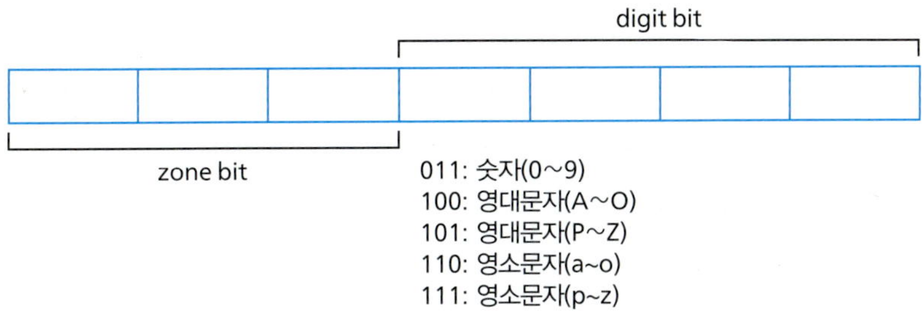

그림 1-15 ASCII 코드의 표현

표 1-2 ASCII 코드표

상위 / 하위	010	011	100	101	110	111
0000	SPACE	0	@	P	`	p
0001	!	1	A	Q	a	q
0010	"	2	B	R	b	r
0011	#	3	C	S	c	s
0100	$	4	D	T	d	t
0101	%	5	E	U	e	u
0110	&	6	F	V	f	v
0111	'	7	G	W	g	w
1000	(	8	H	X	h	x
1001	)	9	I	Y	i	y
1010	*	:	J	Z	j	z
1011	+	;	K	[	k	{
1100	,	<	L	\	l	|
1101	-	=	M	]	m	}
1110	.	>	N	^	n	~
1111	/	?	O	_	o	DEL

EBCDIC(Extended Binary Coded Decimal Interchange) 코드는 확장된 BCD 코드로 8비트로써 한 문자를 구성하여 256개 문자를 표현할 수 있으며 보통 1개의 패리티 비트를 첨가하여 많이 이용되고 있다. [그림 1-16]의 EBCDIC 코드 표현 방식은 ASCII와 같이 유사한 방법으로 4개의 존비트와 4개 숫자비트로 구성되어 있지만 4개의 존비트가 상위 2비트와 하위 2비트의 역할을 다르게 정해두었다. EBCDIC은 IBM 계열의 컴퓨터에서 많이 사용되었으나 점차 미국 표준 코드인 ASCII가 일반화 되었다.

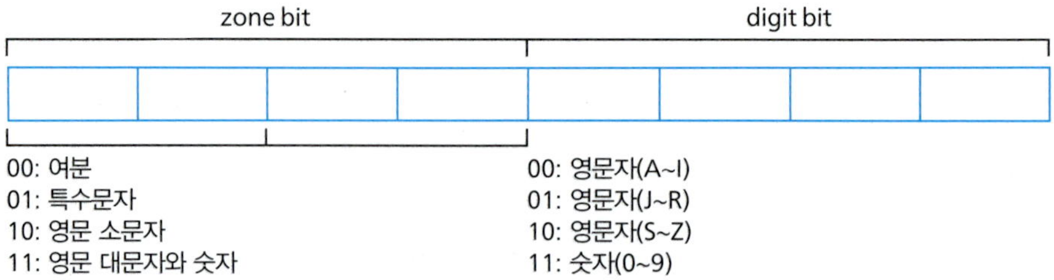

그림 1-16 EBCDIC 코드의 표현

이러한 코드는 최대 8비트로 표준 키보드를 통해 입력되는 알파벳 대소문자, 숫자, 몇 개의 특수문자를 표현할 수 있다. 또한 8비트로 모든 글자를 표현할 수 없었던 여러 나라의 언어를 표현할 수 있도록 정의한 국제표준코드(ISO/IEC 10646)인 유니코드가 만들어져서 널리 사용되고 있다. 유니코드는 2바이트를 조합하여 하나의 글자를 표현하기 때문에 다양한 언어를 표현할 수 있고 언어마다 정의되어 있는 유니코드표는 공식 홈페이지에서 확인할 수 있다. 우리가 주로 실습할 C프로그램에서는 ASCII코드를 사용하지만 인터넷기반 프로그램과 제품 등에 유니코드의 사용이 확대되고 있다.

이렇게 표현된 정수, 실수, 문자는 다양한 프로그래밍언어에서 기본 자료형(primitive data type)으로 제공한다. C언어에서는 `int`, `float`, `double`, `char`의 기본 자료형을 제공하며 낱개자료로서 프로그램의 기본이 되는 **단순 자료**이다. **자료구조에 대한 학습은 단순 자료의 연산과 활용에서부터 시작된다.**

[확인학습 1-3]

1. 4비트 초과 코드표와 2의 보수 코드표를 만드시오.

2. 16비트 정수표기방식에서 표현 가능한 값의 범위를 쓰시오.

3. 다음 8비트 2의 보수표기로 표현한 비트패턴을 10진수 값으로 바꾸어 쓰시오.

❶ 0 0 0 1 0 0 1 1 ( )　　❷ 0 1 0 0 1 0 0 1 ( )

❸ 1 1 1 0 0 1 0 1 ( )　　❹ 1 1 0 1 0 1 0 0 ( )

4. 다음 계산문제를 4비트 2의 보수표기로 바꾸어 계산하고 그 결과를 10진수 숫자로 쓰시오.

❶ 4 − 6 =

❷ 2 + 4 =

❸ −7 − 3 =

5. 다음 비트패턴은 1개의 부호비트, 3개의 초과코드를 사용하는 지수부, 나머지 4비트로 가수를 표현한 비트패턴이다. 각 패턴이 표현하는 값을 쓰시오.

❶ 0 1 0 0 1 0 1 0

❷ 0 0 1 1 1 0 0 1

1.3 프로그램과 자료구조

컴퓨터 하드웨어는 이진패턴을 저장할 수 있는 전자회로와 제어장치 및 연산장치 등과 같은 기계적, 물리적 부품으로 구성되어 있다. 이러한 장치가 실제 사용자를 위해 움직이기 위해서는 프로그램이 실행되어야 한다. 이와 같은 컴퓨터의 활용과 능력을 보여주는 것이 소프트웨어이다.

컴퓨터는 명령어들의 순서에 따라 데이터를 처리하는 기계라고 정의한다. 여기서 명령어들의 내용과 순서를 결정하는 것이 소프트웨어이다. 이러한 소프트웨어는 인간의 뇌 속에 저장된 지식과 정보를 활용하여 지적인 활동을 하는 것과 같이 컴퓨터가 인간의 생활을 돕고 함께할 수 있는 유용한 도구로 만들어 준 중요한 구성요소이다. 즉 소프트웨어는 특정한 목적을 달성하기 위한 일련의 명령어들의 집합으로 프로그램 또는 코드라고 부르기도 한다. 그러므로 컴퓨터에서 물리적인 부품인 하드웨어를 제외하면 모두 소프트웨어이기 때문에 컴퓨터를 사용하는 순간 소프트웨어를 실행하는 것과 같다. 가전제품 등과 같이 하나의 목적으로 만들어진 기계와는 달리 같은 하드웨어 사양을 가진 컴퓨터라도 어떤 사용자가 어떤 목적으로 어떤 소프트웨어를 설치하여 사용하는지에 따라 컴퓨터는 다양한 기능을 수행하게 된다. 그러므로 소프트웨어는 컴퓨터를 범용의 기계가 되도록 해 주었으며 이미 출시된 소프트웨어도 완제품이란 없으며, 사용하면서 새로운 기능을 하는 소프트웨어로 계속 업그레이드 해야 하기 때문에 관련 산업의 범위도 넓고 앞으로 계속 성장할 분야이다.

이러한 소프트웨어를 구성하는 프로그램은 적절한 형식과 구조의 자료를 준비하여 원하는 목적을 출력할 수 있는 명령어들의 모임으로 이루어져 있다. 즉 **프로그램 = 자료구조 + 알고리즘**이다.

이렇게 자료구조와 알고리즘은 밀접한 관련성이 있다. 우리가 요리할 때 특정 요리에 필요한 재료와 그 재료를 사용하는 방법으로 음식이 만들어지는 것과 마찬가지로 프로그램도 컴퓨터가 문제를 해결하기 위하여 필요한 자료의 구조를 준비하고 이를 해결하기 위한 실행 단계를 알고리즘으로 구성하여 만들어진다.

컴퓨터공학에서 자료구조는 활용하는 자료를 특성에 따라 분류하고 구성하여 프로그램에서 활용할 수 있는 저장 및 처리의 체계에 대하여 학습하는 분야이다. 그리고 알고리즘은 컴퓨터가 입력으로부터 원하는 출력을 만들기 위하여 처리하는 수행 단계를 학습하는 분야이다. 그러므로 컴퓨터를 활용한 개발능력을 키우기 위하여 프로그램의 구성요소인 자료구조와 알고리즘에 대한 기초를 탄탄하게 하는 것이 중요하다. 이제 소프트웨어개발에 필요한 프로그램에서 자료구조와 알고리즘의 개념을 알아보자.

1.3.1 자료와 자료형

프로그램은 자료를 입력받아 연산 등의 처리를 하고 목표로 하는 자료를 출력하는 과정을 코딩하는 것이다. 그러므로 프로그램에서의 자료는 요리를 할 때 준비된 재료와 같이 중요한 요소이다. 프로그램에서 사용될 자료는 현실 세계로부터 관찰이나 측정을 통해 수집한 사실 또는 값을 말한다. 우선 낱개자료에 대하여 잠시 살펴보고 이러한 자료들이 여러 형태로 묶인 복합 자료구조에 대하여 학습할 준비를 하도록 하자.

낱개 자료는 각 프로그래밍언어에서 **기본 자료형**(primitive data type)으로 제공되고 그 자료형에 속하는 자료의 유형과 연산이 정의되어 있다. 이러한 자료는 보통 변수(variable)라고 부르는 데이터 이름을 가지고 사용할 수 있다. 앞장에서 정수, 실수 데이터로 분류되는 수치 자료와 문자자료가 컴퓨터 내부에서 이진 패턴으로 표현되는 것을 보았다. 이를 처리하기 위하여 예를 들면 C 프로그래밍 언어에서는 `int`, `float`, `double`, `char`과 같은 자료형을 기본으로 제공하고 있다.

또한 포인터 자료(pointer data)는 기억 공간에 저장된 자료의 위치나 주소를 지정하는 것으로 다른 변수의 메모리 주소 값을 가지는 기본 자료형이다. C 프로그래밍 언어에서는 포인터 변수를 메모리 주소로 갖는 또 다른 변수의 타입을 이용하여 간접적으로 선언하고 있다. 어떤 자료형 T에 대하여 이들 자료를 포인트 하는 변수는 다음과 같이 선언한다.

자료형 T *변수이름;

자료형T는 `int`, `float`, `double`, `char` 또는 **사용자 정의 타입**(user defined type)이 될 수 있다. 포인터를 사용하기 위해 중요한 연산자 2개, 주소연산자(&)와 간접참조연산자(*)를 정확히 알아야 한다. &변수명은 변수의 주소값을 가지는 포인터값이고, 다음의 예제 프로그램을 통하여 좀 더 자세히 알아보자.

[프로그램 1-1] 포인터의 개념 이해

```
void main()
{
    int *ip, idata;
    double  fdata, *fp;
    idata = -911;
    fdata = 3.1416;
    ip = &idata;      //①
    fp = &fdata;      //②
    printf("int pointer = %u\n", ip);
    printf("int data = %d\n", *ip);
    printf("double pointer = %u\n", fp);
    printf("double data = %.4f\n", *fp);
}
```

[실행 결과]

```
int pointer = 6487564
int data = -911
double pointer = 6487552
double data = 3.1416
```

[프로그램 1-1]의 선언문 `int *ip, idata;`에서 ip는 int형을 가리키는 포인터 변수로 선언된 것이고, idata는 일반 int형 변수 선언이다. 마찬가지로 `double fdata, *fp;`에서 fp는 double 형을 가리키는 포인터 변수로 선언된 것이고, idata는 일반 double형 변수 선언이다. 이렇게 포인터변수는 변수값인 주소가 가리키는 값의 형에 따라 간접적으로 선언되기 때문에 그 타입의 일반변수와 함께 선언될 수 있다. 또한 *ip와 *fp는 같은 포인터형이지만 그 주소값이 가리키는 자료형에 따라 int *, double *와 같이 선언된 것임을 확인할 수 있다.

[프로그램 1-1]에서 일반변수 idata와 fdata에 각각 −911, 3.1416의 값을 대입하고 문장 ①과 ②는 포인터 변수 ip에는 idata의 주소값을 대입하고 포인터 변수 fp에는 fdata의 주소값을 대입한다. 이러한 문장들로 구성된 위 프로그램의 출력문을 실행한 결과를 통하여 확인하고 포인터의 개념을 이해하도록 하자.

포인터자료는 앞으로 학습하게 다양한 자료구조의 구현에 중요한 개념이다. 사실상 배열의 이름도 배열의 첫 데이터의 주소로서 포인터 변수이다. 포인터를 이용하여 연결리스트 자료구조를 구성하여 동적 자료구조 구현에 활용할 수 있음을 학습하게 될 것이다. 또한 스택, 큐, 트리, 그래프와 같은 개념적 자료구조도 포인터를 기반으로 구현하고 자료구조에 접근, 삽입, 검색, 삭제하는 과정을 프로그래밍을 통하여 학습하게 될 것이다.

다음 자료형으로 문자열을 다루어보자. 문자열은 문자의 배열로 저장하므로 엄밀하게는 낱개자료는 아니다. 하지만 대부분의 프로그래밍 언어에서는 문자열을 낱개자료로 사용할 수 있는 연산이나 라이브러리를 제공하고 있으므로 단순자료구조로 포함시켜 설명한다. 학점과 같은 'A', 'B', 'C' 등의 한 개의 문자로 구성된 실세계의 데이터는 그리 많지 않고, 이름, 부서명, 주소 등 여러 문자로 이루어진 문자열을 하나의 자료로 사용하는 경우가 많기 때문이다. 이러한 문자열을 C언어 프로그램에서는 \0(널 문자)로 끝나는 문자배열로 선언하여 사용한다. 다음과 같이 선언된 경우 어떤 빌딩의 이름을 19자까지의 문자열로 사용할 수 있다.

```
char bname1[20], bname2[20];
strcpy(bname1, "gotogether");
strcpy(bname2, "happytogether");
```

다음은 이렇게 같이 사용된 문자배열들이 메모리 내부에서 어떻게 표현되는가를 보여준다.

	0	1	2	3	4	5	6	7	8	9	10
bname1	g	o	t	o	g	e	t	h	e	r	\0

	0	1	2	3	4	5	6	7	8	9	10	11	12	13
bname2	h	a	p	p	y	t	o	g	e	t	h	e	r	\0

bname1과 bname2 문자열이 가지는 문자수는 각각 10, 13개이나 문자열의 끝을 표시하는 \0(널 문자)을 위하여 실제로는 각각 11, 14개의 문자공간이 필요하다. 이렇게 문자열의 끝에 마련된 \0문자 덕분에 문자열의 길이를 주지 않아도 문자배열의 이름, 즉 문자열의 첫 문자 데이터의 주소만으로 문자열의 처리가 가능하다. C언어에서는 #include <string.h>를 통하여 위의 strcpy와 같은 문자열 관련 함수를 사용할 수 있다.

문자열을 다루는 다음 프로그래밍 예제를 통하여 문자열 관련 함수를 간단히 설명해보자. 다루는 함수에서 매개변수로 문자이름을 주면 문자열의 첫 문자의 주소를 통하여 문자열의 끝 표시인 '\0'을 통하여 어떻게 처리되는지 두 문자열을 입력받고 두 문자열을 연결하는 프로그램을 통해 알아보자.

[프로그램 1-2] 주어진 두 개의 문자열 결합 프로그램

```
void main() {
   char carray[40], carray1[20], carray2[20];
   int k, i;
   printf("Enter string1 = ");
   gets(carray1);
   printf("Enter string2 = ");
   gets(carray2);
   printf("the length of string = %d\n", strlen(carray1));
   printf("the length of string = %d\n", strlen(carray2));
   strcpy(carray, carray1);
   k = strlen(carray1);
   for (i=0; carray2[i]!='\0'; i++)
      carray[k++] = carray2[i];
   carray[k]='\0';
   printf("the length of string = %d\n", strlen(carray));

   puts(carray);
}
```

위의 프로그램은 두 개의 문자열 carray1과 carray2를 입력받아 문자열의 문자의 수를 strlen()함수로 구하고 strcpy(carray, carray1)을 수행하여 첫 번째 문자열을 결합하는 문자열 carray에 복사한다. 그 다음 k = strlen(carray1);에 의하여 두 번째 문자열을 연결할 인덱스를 받고 다음 문장에 의하여 두 번째 문자열을 결과 문자열 carray에 복사한다.

```
for (i=0; carray2[i]!='\0'; i++)
   carray[k++] = carray2[i];
```

이 후에 중요한 사항은 문자열의 끝에 '\0'을 넣어주는 carray[k]='\0';이다.

이러한 낱개데이터는 그 범주에 속하는 데이터의 집합과 데이터를 조작하는 연산자의 집합으로 실제 프로그래밍언어에서 기본 자료형 또는 문자열 함수 등의 라이브러리로 구현되어 제공해 주고 있다. 그래서 자료구조영역에서는 제외되기도 하지만 낱개자료의 자료형은 가장 기본적인 자료구조이므로 이들이 여러 형태로 묶여 형성되는 다양한 자료구조에 대하여 학습하는 바탕이 될 것이다.

1.3.2 자료구조의 분류

프로그래밍 언어에서 직접 선언하고 활용할 수 있도록 구현되어 있는 자료형(premitive data type)을 기본 자료로 활용한다. 더 나아가 특정 문제영역에서 문제 해결을 쉽게 하기 위하여 각각의 자료들은 연결하여 문제 해결을 모색한다. 이러한 자료들 사이의 관계를 자료구조라 하며, 어떤 방식으로 연결하느냐에 따라 선형 구조와 비선형 구조로 구분한다.

선형 구조란 자료의 전, 후 항목 사이의 관계가 1:1이며, 자료의 앞과 뒤의 순서가 명확하게 나란히 줄을 선 형태인 리스트 구조이다. 선형 구조는 자료의 저장방법이나 자료의 입·출력 방법에 따라 배열, 스택, 큐, 연결리스트 등이 있다.

비선형 구조는 자료 항목 사이에 어떤 자료와 관계가 있는 다른 자료가 여러 개인 경우, 즉 1:n 또는 n:m의 관계인 그래프적 특성을 갖는 자료구조이다. 조직의 계층도나 족보 그리고 우리가 사용하는 파일 시스템의 구조 등이 속하는 트리구조가 대표적인 비선형 자료구조이다. 하지만 우리가 다루는 문제들은 트리와 같은 계층구조의 특성만을 가지고 있는 것은 아니다. 지도나 지하철 노선도, 철도망과 같이, 뚜렷한 계층성은 가지고 있지 않고 트리보다 일반적으로 어떤 객체나 상태 등의 관계를 자유롭게 표현하는 비선형 자료구조가 그래프이다. 그러므로 트리도 그래프의 한 종류임을 알 수 있다. [그림 1-17]은 우리가 앞으로 다루게 될 자료구조의 분류도를 표현했으며 이 또한 트리구조이다.

그림 1-17 자료구조의 분류

1.3.3 자료구조의 활용

컴퓨터를 이용하여 정보를 처리하기 위하여 프로그래밍은 가장 기본적인 과정이다. 프로그래밍으로 주어진 데이터를 처리하고 문제를 해결하기 위해서는 문제와 관련된 자료들의 구조를 설정하고 최적의 해결 과정을 모색하여야 할 것이다. 자료구조는 프로그램에서 자료를 효율적으로 사용하기 위한 논리적인 구조로서 이에 따라 효율적인 문제해결방법, 즉 알고리즘이 결정될 수 있다.

예를 들면 40명 학생의 성적 데이터를 각각 개별 데이터로 준비한 경우와 연결된 집합 데이터로 구성하는 경우 성적처리 프로그램이 달라질 것이다. 우리 학과 학생들의 주소록을 무작위순으로 저장하는 경우와 정렬하여 저장하는 경우 필요한 정보를 검색하고자 할 때 순차 탐색 또는 이진 탐색과 같은 서로 다른 탐색 방법을 적용하게 될 것이다. 또한, 조직의 구성원에 대한 정보를 같은 레벨의 배열 안에 저장하는 것과 트리 형태의 조직 구성도 안의 계층적인 구조로 저장하는 것과는 데이터 처리에 있어 다른 알고리즘으로 접근해야 할 것이다.

자료구조는 낱개자료의 기본자료형을 바탕으로 여러 형태로 묶어 우리 실생활의 문제를 프로그램이 가능한 상태로 표현하고 저장하여 처리하도록 해 주고 있다.

대부분의 프로그래밍 언어에서는 기본 데이터들의 모임을 하나의 이름으로 사용할 수 있도록 해준다. 이를 위한 자료구조를 배열과 레코드로 나눌 수 있다. 배열은 같은 자료형의 자료들의 모임으로 배열의 첨자(subscript)를 이용하여 각 데이터에 접근할 수 있으며 그 배열의 자료형이 할 수 있는 연산을 반복적으로 할 수 있다. C 언어에서는 다음과 같이 선언된 배열 `example`에 대하여 100개의 `int` 데이터를 사용할 수 있도록 해준다. 프로그램 문장 중에서 `for` 문의 반복제어변수를 이용하여 배열의 각 원소 `example[0]`, `example[1]`, . . . , `example[99]`에 접근한다. 다음 [프로그램 1-3]은 `int` 데이터 100개를 함께 저장하는 배열 `example`을 사용한 프로그램의 일부를 보여준다. 이와 같이 1차원 배열은 보통 단일 `for` 문에 의하여 처리된다.

[프로그램 1-3] 1차원 배열의 사용

```
int example[100], i, sum=0, over90=0;

for (i=0; i < 100; i++) {
   sum += example[i];
   if (example[i] > 90) over90++;
}
```

[프로그램 1-4]는 이차원 배열의 사용 예이다. 2차원 배열의 경우는 중첩 for(nested for) 문에 의하여 처리된다. 5개의 행과 7개의 열로 구성된 5 × 7의 2차원 배열 d1[][]의 행과 열을 바꾸어 7개의 행과 5개의 열로 구성된 7 × 5의 2차원 배열 d2[][]로 복사하는 프로그램의 일부이다. 선언에 의하여 배열 안의 데이터는 연속된 메모리 공간을 차지하므로 배열의 첫 데이터의 주소가 컴파일러에게는 가장 중요한 정보가 된다. 즉 첫 주소를 통하여 다음 데이터의 주소를 자동으로 계산하여 찾아가게 된다.

[프로그램 1-4] 2차원 배열의 사용

```
int d1[5][7], d2[7][5], i, j;

for (i=0; i < 5; i++) {
   d2[j][i] = d1[i][j];
}
```

배열과 달리 레코드는 서로 다른 자료형들이 하나의 객체를 표현하는 경우에 사용되는 자료구조로 C 언어에서는 구조체로 정의하고 있다. 어떤 회사의 한 사원에 대한 정보로서 사원 id, 이름, 입사년도, 토익성적, 인사고가등급의 다섯 가지 정보를 저장하여 활용한다면 다음 [프로그램 1-4]와 같이 구조체 타입을 만들 수 있다. 이 예제에서는 보통 관계형 데이터베이스 시스템에서 사용하는 하나의 테이블을 구조체의 배열 empdb로 정의하고 토익점수가 800이 넘고 인사고가가 등급이 A인 사원정보를 출력하는 쿼리를 처리하는 C 프로그램 코드를 보여주고 있다.

[프로그램 1-5] 구조체 타입의 선언과 활용

```
typedef struct {
   long eid;
   char name[20];
   unsigned syear;
   unsigned toeic_score;
   char grade;
} ETYPE;

ETYPE  empdb[50];

for (i=0; i < 50; i++) {
   if (empdb[i].toeic_score > 800 && empdb[i].grade == 'A')
      printf("%ld: %s\n", empdb[i].eid, empdb[i].name);
}
```

우리가 다루는 실세계의 데이터가 위의 예와 같이 서로 다른 타입의 속성으로 구성된 내용을 갖는 레코드 자료인 경우가 많으므로 위의 예제와 같은 자료구조는 널리 사용되고 있다.

프로그래밍언어에서 직접 제공해주는 배열과 레코드와 같은 자료구조 외에 개념적으로 설정된 자료구조로 입출력에 제한을 둔 스택, 큐와 같은 선형자료구조, 트리와 그래프와 같은 비선형자료구조가 있다. 이러한 자료구조는 기본 자료형뿐 아니라 배열, 구조체, 연결리스트 등을 이용하여 구현할 수 있다.

스택은 미로찾기 문제에서 막다른 길에 도달 했을 때 도달한 경로의 가장 가까운 곳으로 다시 시도를 하는 것이나 반복적인 함수호출과 복귀에서와 같이 마지막으로 입력된 정보가 가장 먼저 처리되는 후입선출(Last In First Out) 자료구조이다.

또한 큐는 마트의 계산대에서 먼저 도착한 고객을 먼저 서비스해 주는 우리 주변에서 흔히 사용되는 자료구조이다. 다시 설명하면, 큐는 은행에서 번호표를 뽑으면 대기열에 입력이 되고, 대기열에 들어온 순서대로 은행원이 서비스 해주면 나가는 경우나 프린터의 버퍼링 서비스 등의 선입선출(First In First Out)구조에 활용되는 자료구조이다.

[그림 1-17]의 자료구조의 분류와 같이 대분류에서 소분류로 계층을 따라 나누어지는 조직의 구성도나 우리가 사용하는 컴퓨터의 파일시스템 등은 트리 자료구조로 저장하여 활용할 수 있다. 또한 그래프는 트리구조의 계층적인 제약으로부터 자유롭게 객체 사이의 관계를 표현한 공정시스템 구성도나 도로망 등과 같은 자료를 저장하여 활용할

수 있다. 본 교재에서 각 자료구조의 정의와 특징, 그리고 자료구조의 구성, 요소접근, 삽입, 삭제 등을 학습하고 활용하는 과정을 통하여 소프트웨어개발을 위한 기초를 다져 나가도록 하자.

[확인학습 1-4]

1. 다음 자료구조에 적합한 응용 예를 하나씩 쓰시오.

- 스택, 큐, 트리, 그래프

1.4 프로그램과 알고리즘

프로그램은 자료구조와 알고리즘으로 구성되어 있으므로 이 장에서는 알고리즘이 무엇인지 알아보고 이를 보편적으로 표현하는 방법과 작성연습을 통하여 프로그래밍 과정을 이해하는 기초를 다지고자 한다.

알고리즘(algorithm)의 사전적 의미는 "어떤 문제를 해결해 나가는 특별한 방법", 또는 "문제의 해결을 위해 컴퓨터가 수행할 수 있는 단계적 절차의 논리적 기술"이다. 즉, 알고리즘은 주어진 입력으로부터 원하는 결과를 유도해 내는 정의된 규정이나 규칙들의 집합으로 특정한 작업을 수행하기 위한 유한한 스텝의 명령들로 구성되며 컴퓨터의 수행에 적합한 문제 해결을 위한 방법이라고 할 수 있다.

알고리즘은 다음과 같은 5가지 조건을 만족해야 한다.

1. 입력(input): 알고리즘의 수행을 위해 필요한 자료가 외부에서 입력되어야 한다.
2. 출력(output): 적어도 하나 이상의 결과를 출력해야 한다.
3. 명확성(definiteness): 각 명령은 애매모호하지 않고 명확해야 한다.
4. 유한성(finiteness): 정해진 명령의 실행 단계 후에는 반드시 종료되어야 한다.
5. 유효성(effectiveness): 모든 명령어는 기본적이며 실행 가능한 것이어야 한다.

엄밀한 의미로 알고리즘과 프로그램은 구분되어야 할 것이다. 즉, 프로그램은 위에서 기술한 알고리즘의 유한성의 조건을 만족하지는 않는다. 예를 들어, 운영체제(OS: Operating System)는 시스템이 정지하기 전에는 끝나지 않으며, 다른 작업이 입력될 때까지 대기 상태를 계속 유지한다. 그러나 이 교재에서는 항상 종료되는 프로그램만을 다룰 것이므로 프로그램과 알고리즘을 같은 의미로 사용하였다.

1.4.1 알고리즘의 표현

알고리즘은 여러 가지 방법으로 기술되거나 표현될 수 있다. 우리가 일상적으로 사용하는 말이나 글을 이용하는 자연어(natural language) 기술 방법이 있다. 다음은 두 변수와 이 변수에 수행할 연산자(+, -, *, /)를 입력받고 지정된 연산을 수행한 후 결과 변수에 넣어 출력하는 알고리즘을 자연어 기술 방법으로 표현한 것이다.

```
알고리즘 시작
    1. 두 변수 A, B에 입력 받는다.
    2. 연산자(+, -, *, /)를 입력 받는다.
    3. 연산자에 따라 연산을 수행하고 결과를 변수 C에 넣는다.
    4. C를 출력한다.
알고리즘 끝
```

이 문제는 단계가 단순하여 알고리즘을 이해하는데 문제가 없다. 그러나 대부분 자연어 기술 방법은 말과 글이 지니는 애매모호한 성질 때문에 알고리즘의 조건 중 명확성을 지키지 못할 가능성이 있다. 또 다른 알고리즘의 표현 방법으로는 순서도(flowchart)나 NS(Nassi-Schneiderman) 도표와 같은 그래픽적인(graphical) 표현 방법이다. 예를 들어, 순서도를 이용한 방법은 각 수행과정을 박스에 넣고, 다음 단계를 화살표로 표시한다. 모양이 다른 박스는 서로 다른 동작을 나타낸다. 그러나 순서도 표현 방법은 복잡하고 대규모의 알고리즘을 표현하기 어려운 한계가 있다.

자연어 기술 방법과 그래픽적인 표현 방법을 쓰는 것보다 좀 더 개선된 방법으로는, 의사 코드(pseudo code) 기술 방법이 있다. 컴파일러가 존재하지 않아 실행할 수는 없으므로 의사 코드라 부른다. 의사 코드는 자연어 기술 방법을 보다 단순하게 한 것으로서 프로그래밍 언어의 문법을 적용하여 쉽게 프로그래밍할 수 있다는 장점이 있으며, 언어 독립적인 특징과 기계 독립적인 특징이 있다. 알고리즘 작성을 위한 의사 코드는 컴퓨터가 수행할 수 있는 명령어 문장과 관련이 되며 어느 누가 읽더라도 같은 생각을 할 수 있도록 명확해야 한다. 그러면 보편적인 명령어 문장에는 어떤 것이 있을까? 우선 여기서 알고리즘의 표현을 위해 특정 구문에 신경 쓰지 않고 문제 해결 단계에 집중할 수 있도록 컴퓨터가 수행할 수 있는 보편적인 명령어 문장을 다음의 다섯 가지로 정한다.

대입문(assignment statement)

```
variable = expression(value)
x = 10
y = x + 22 / b
```

조건문(conditional statement)

1. 단일 선택구조를 위한 문장

```
if (cond) then S1

if (x > large) then large=x
```

2. 양자 선택구조를 위한 문장

```
if (cond) then S1
else S2

if (x > y) then tmp = x
else  tmp = y
```

3. 다중 선택구조를 위한 문장

```
if (cond1) then S1
else if (cond2) then S2
   ...
else Sn

if (score >= 90) then grade = 'A'
else if (score >= 80) then grade = 'B'
else if (score >= 70) then grade = 'C'
else if (score >= 60) then grade = 'D'
else grade = 'F'
case
   cond1: S1
   cond2: S2
   ...
   else: Sn
endcase

case
   score >= 90: grade = 'A'
   score >= 80: grade = 'B'
   score >= 70: grade = 'C'
   score >= 60: grade = 'D'
   else: grade = 'F'
endcase
```

반복문(iterative statement)

```
while  cond  do
      S
endwhile

osum = 0
i=1
while  i <= 100 do
   osum = osum + i
   i = i + 2
endwhile

for i←start to end do by step
        S
endfor

osum = 0
for i←1 to 100 do by 2
   osum = osum + i
endfor
```

입/출력문

```
read(x),   print("answer = ", ans)
```

함수호출문

```
sub1(a, b),   swap(10, 20)
```

그 밖에 알고리즘의 시작과 끝, 어떤 제어문에 종속되는 문장의 그룹에 대한 경계표시 등 알고리즘의 스타일에 대한 약속이 필요하다. 알고리즘의 시작과 끝은 START, END로 하고 문장은 들여쓰기(indentation)에 유의하여 줄을 맞추어 작성한다. 반복문인 경우 이에 종속되는 문장을 들여 쓰고 조건문의 경우 종속되는 문장이 여러 문장이면 줄을 바꾸어 쓰고 끝에 endif로 표시를 하도록 하자.

[프로그램 1-6]은 지금까지 설명한 의사 코드 작성 약속에 따라 기술한 예이다. 자연어를 이용한 경우보다 컴퓨터가 수행할 문장에 더 가깝게 접근할 수 있으며 더욱 명확하게 기술할 수 있음을 알 수 있다.

마지막으로, C언어나 파이썬과 같은 프로그래밍 언어를 적용하여 알고리즘을 기술하는 방법이 있다. 의사 코드로 작성된 [프로그램 1-6]의 알고리즘을 C 언어를 이용하여 기술하면 [프로그램 1-7]와 같다.

[프로그램 1-6] 의사 코드를 이용한 알고리즘

```
START
   read(a,b)
   read(op)
   if (op=='+') then c = a + b
   if (op=='-') then c = a - b
   if (op=='*') then c = a * b
   if (op=='/') then c = a / b
   print(c)
END
```

[프로그램 1-7] C 언어를 이용한 알고리즘

```
void main()
{
   int a, b, c;
   char op;
   printf("Input two numbers: ");
   scanf("%d %d", &a, &b);
   printf("Input an operator: ");
   scanf("%c", &op);
   if (op=='+') c = a + b;
   if (op=='-') c = a - b;
   if (op=='*') c = a * b;
   if (op=='/') c = a / b;
   printf("%d %c %d = %d\n", a, op, b, c);
}
```

이와 같은 프로그래밍 언어 표현 방법은 알고리즘을 작성하는 동작과 프로그래밍하는 동작이 일치하므로 프로그래밍 작업이 용이하다는 장점이 있지만, 구문에 의존하여 컴파일 과정을 염두에 두고 작성해야 하므로 문제 자체에 집중할 수 없다는 점과 언어 독립적 알고리즘 기술이 어렵다는 문제점이 있다. 즉, 특정 프로그래밍 언어에 맞게 알고리즘을 기술하면 해당 언어가 지원하지 못하는 자료구조 형태나 알고리즘을 적절히 표현하지 못한다는 문제점과 다른 프로그래밍 언어로 변환하기 곤란하다는 문제점이 발생할 수 있다. 또한 어떤 프로그래밍 언어는 특정 알고리즘 기법을 이미 갖추고 있으므로 프로그램을 작성하고자 할 때 자연적으로 기존 기법을 사용하고 의존하게 된다.

1장에서는 의사 코드에 의하여 알고리즘을 작성하는 연습을 하고 다음 2장에서 C 언어로 구현하여 그 결과를 확인해 보고자 한다. 의사 코드를 작성할 때는 프로그램의 실행과는 관련이 없으므로 구문에 너무 의존하지 말고 어느 누가 보아도 같은 뜻으로 해석할 수 있을 만큼 명확하게 기술하는 것이 적당할 것이다.

1.4.2 알고리즘의 성능분석

정렬과 같은 문제에 대하여 수많은 알고리즘이 존재해 왔고 자연스럽게 알고리즘의 성능분석 방법들도 제안되어왔다. 본 교재는 자료구조를 학습하고 이를 응용한 알고리즘 연습을 통하여 자료구조 구현의 실체를 알고 적용하여 프로그래밍 능력을 향상 시키는데 주안점을 두고 있다. 이러한 과정에서 알고리즘 성능분석이 우리의 주된 관심 주제는 아니지만 좋은 알고리즘을 고려할 줄 아는 차원에서 알아보도록 하자.

알고리즘의 성능분석은 프로그램을 실행하는데 필요한 시간을 측정하는 시간복잡도(time complexity)와 프로그램 실행에 필요한 메모리 공간을 측정하는 공간복잡도(space complexity)를 대상으로 한다. 즉 어떤 알고리즘의 프로그램을 실행하는데 필요한 시간이 빠르고 적은 메모리 공간을 가지고 실행할 수 있다면 보다 좋은 알고리즘으로 평가할 수 있다. 하지만 알고리즘 성능분석의 일반적인 경우, 메모리 공간복잡도는 크게 고려의 대상이 아니고 시간복잡도를 주로 대상으로 한다. 그러므로 이제부터 시간복잡도를 대상으로 알고리즘의 성능분석에 대하여 알아보자. 시간복잡도를 계산하기 위하여 쉽게 생각할 수 있는 방법으로 실행시간을 측정하기 위한 코드의 시작지점의 시간과 종료지점의 시간 사이의 경과 시간을 계산하는 방법을 생각할 수 있다. 하지만 이러한 코드 실행 경과 시간 측정 방법은 동일한 하드웨어를 사용해야하고 구현한 프로그래밍언어와 컴파일러의 버전도 동일해야 한다. 거기다가 의미있는 비교가 되기 위하여 알고리즘이 필요한 입력 데이터의 종류도 고려해야 함은 물론 완벽하게 프로그램이 완성되어야 분석을 할 수 있다는 치명적인 단점이 있다.

그러므로 대부분 시간복잡도 분석을 위하여 실행시간을 측정하지 않는 점근 복잡도 개념을 사용하고 있다. 점근 복잡도 계산 방법은 알고리즘이 수행하는 연산의 횟수를 입력 데이터의 크기(보통 n)의 함수로 세어 빅오 표기로 알고리즘 성능의 범주를 나누는 포괄적인 방법이다. 예를 들어 n을 n번 더하는 문제를 가지고 다음의 3가지 방법을 생각해 보자.

알고리즘1	알고리즘2	알고리즘3

`sum = n * n`	`sum = 0`
	`for (k=0; k < n; k++)`
	`    sum = sum + n;`
		`sum = 0`
		`for (i=0; i < n; i++)`
		`    for (j=0; j < n; j++)`
		`        sum = sum + 1;`

O(1)	O(n)	$O(n^2)$

이제 알고리즘 성능의 범주를 구하기 위하여 3가지 방법의 알고리즘이 수행하는 연산의 개수를 편의상 for 루프의 제어 연산은 고려하지 않고 세어보자. (알고리즘1)의 경우는 연산의 개수는 곱셈연산과 대입연산 2개이다. (알고리즘2)는 n개의 곱셈연산과 n + 1개의 대입연산이 필요하므로 전체 연산의 개수는 2n + 1이다. 마찬가지로 (알고리즘3)을 실행하기 위하여 $2n^2 + 1$개의 연산이 필요하다. 이때 시간 복잡도 빅오 표기로는 (알고리즘1)의 경우 O(1), (알고리즘2)의 경우 O(n), (알고리즘3)의 경우 $O(n^2)$으로 분석된다.

이와 같은 시간복잡도 빅오표기법은 자료구조와 알고리즘의 효율성을 분류하기 위한 분석 방법으로 가장 널리 사용되고 있다. 빅오의 분석대상은 실행시간이 아닌 알고리즘을 실행하는데 필요한 산술, 대입, 비교 등의 연산의 개수를 대상으로 한다. O(1)은 데이터의 크기에 상관없이 알고리즘에 걸리는 단계수가 일정하다는 것을 의미하고, O(n)은 데이터가 하나씩 증가할 때마다 단계수도 선형적으로 비례하여 증가하는 것을 의미하고 $O(n^2)$은 데이터가 증가할수록 급격하게 증가하는 것을 말한다.

이와 같은 빅오 표기에서는 입력의 크기에 영향을 적게 받는 알고리즘이 성능이 좋은 알고리즘으로 분석된다. 알고리즘 A는 n의 크기와 상관없는 상수시간 O(1)으로 분류하며, 알고리즘 B는 n의 크기에 의하여 좌우되는 선형시간 O(n)로 분류한다. 마지막으로 알고리즘 C는 중첩된 for 루프를 기준으로 $O(n^2)$으로 분류한다. 그러므로 알고리즘 A가 성능이 가장 좋은 것으로, 알고리즘C가 성능이 가장 나쁜 것으로 분석된다.

다음의 두 함수를 예를 들어 시간복잡도 계산에 대하여 좀 더 살펴보자. [프로그램 1-8]의 함수 average()는 n개 데이터의 평균을 구하는 함수이고, 함수 find_max()는 n개 데이터 중 최대값을 구하는 함수이다.

[프로그램 1-8] 시간복잡도 계산을 위한 함수의 예

```
double average (int a[], int n)
{
   int k;
   double sum;
   sum = 0;
   for (k=0; k < n; k++)
      sum = sum + a[k];
   return sum/n;
}
```

```
int find_max(int a[], int n)
{
   int k, max_data;
   max_data = a[0];
   for (k=1; k < n; k++)
      if (a[k] > max_data)
         max_data = a[k];
   return max_data;
}
```

두 함수 모두 실행되는 연산의 수를 세어보면 입력 데이터의 개수 n의 영향을 받는 O(n)으로 분석될 것임을 짐작할 수 있다. 하지만 함수 average()는 입력 데이터와 상관없이 같은 연산 횟수를 가지겠지만, 함수 find_max()에 주어진 데이터의 개수 n이 7인 배열의 3가지 경우에 대하여 생각해 보자.

```
(case1) a[] = {98, 33, 80, 90, 20, 77, 55}
(case2) a[] = {20, 33, 55, 77, 80, 90, 98}
(case3) a[] = {77, 33, 80, 90, 20, 55, 98}
```

(case1)의 경우는 for문 안의 6(n − 1)번의 조건문 if (a[k] > max_data)를 한번도 만족하지 않으므로 max_data = a[k] 문장을 한 번도 실행하지 않는다. 이와 반대로 (case2)의 경우는 오름차순으로 항상 조건을 만족하여 max_data = a[k]을 n − 1번 실행한다. (case3)은 (case1)과 (case2)의 중간정도의 입력 예이다. 하지만 여기서는 점근적 분석 방법에 의하면 모든 경우 n의 크기에 영향을 받는 O(n)이다.

또 다른 예로 성능시험에 통과한 제품의 시리얼 넘버를 배열 passdb에 저장하고 있다고 하자. 이때 어떤 제품번호가 성능시험에 통과했는지 알아보려면 앞에서부터 차례로 그 번호를 찾는 [프로그램 1-9]의 ssearch()를 가장 쉽게 떠올릴 수 있다.

[프로그램 1-9] 순차탐색 함수 ssearch()

```
int ssearch(int passdb[], int n, int item_num) {
   int k;
   for (k=0; k < n; k++)
      if (passdb[k] == item_num) return k;
   return -1;
}
```

순차탐색 ssearch()은 탐색대상이 되는 배열 안의 데이터를 차례대로 하나씩 비교하는 방법으로 찾고자하는 제품의 item_num의 값에 따라 최악의 경우(worst case), 최선의 경우(best case), 평균적인 경우(average case)를 생각해 볼 수 있다.

가장 시간이 많이 걸리는 worst case는 찾고자하는 제품이 배열 안의 마지막 값이거나 배열에 없는 경우로 for문 안의 문장을 n번 실행하므로 O(n)임을 알 수 있다.

또한 찾으려는 제품이 첫 번째 원소인 passdb[0]에 있다면 for문 안의 문장을 1번만 실행하므로 O(1)이 됨을 알 수 있다.

모든 가능한 경우를 고려한 평균적인 경우는 단순화하기 위해 배열 안의 데이터는 모두 다른 값이고 찾고자 하는 item_num이 배열 안에 존재한다고 가정하자. 이때 찾고자 하는 item_num은 배열의 인덱스 0과 n − 1 사이에 1/n의 확률로 있게 될 것이다. 그러므로 n가지의 각 경우의 for문 안의 문장의 실행횟수를 더하여 n으로 나누면 다음과 같은 평균 문장의 실행횟수가 된다.

$$(1 + 2 + 3 + . . . + n)/n = (n + 1)/2$$

그러므로 평균적인 경우는 O(n)임을 알 수 있다. 이와 같은 순차탐색은 데이터의 수가 많지 않고 정렬되어 있지 않은 경우 간단하게 탐색할 수 있는 기본방법으로 사용될 수 있다. 하지만 데이터의 수가 많고 대부분의 데이터와 같이 정렬되어 있다면 다음의 이진탐색 방법으로 성능을 개선할 수 있다.

[프로그램 1-10] 이진탐색 함수 bsearch()

```c
int bsearch(int passdb[], int n, int item_num) {
    int mid;
    int left = 0, right = n-1;

    while (left <= right) {
        mid = (left + right) / 2;
        if (item_num > passdb[mid]) left = mid + 1;
        else if (item_num < passdb[mid]) right = mid - 1;
        else return mid;
    }
    return -1;
}
```

함수 bsearch()는 다음과 같이 정렬되어 있는 데이터 집합에서 주어진 값을 찾을 때 중앙값과 비교하여 검색구간을 줄여가는 알고리즘이다. 이렇게 반씩 검색구간을 줄이게 되면 while 반복문 안의 문장들은 최악의 경우 $\log_2 n$번 수행하게 된다.

112	155	173	177	201	207	225	257	279	301	377	405	510	577	590

그러므로 이진탐색 알고리즘은 $O(\log_2 n)$이고 O(n)인 순차탐색에 비하여 현격한 성능 향상을 이룬 훌륭한 방법으로 평가받고 있다. n개의 데이터를 대상으로 처리하는 경우 O(n)과 $O(\log_2 n)$연산의 실행횟수를 나열하면 [표 1-3]과 같다. 데이터의 수가 증가함에 따라 이진탐색의 성능이 우월하다는 것을 [표 1-3]에서 확인할 수 있다. 단순하게 설명하면, 원소의 개수 n이 1000이면 이진탐색은 최대 10번의 비교로 탐색이 끝나고 순차탐색 경우 최대 1000번 비교해야 하므로 100배의 성능차이가 있게 된다.

표 1-3 O(n)과 O(logn)의 비교

원소개수	O(n)	O(logn)
8	8	3
16	16	4
32	32	5
64	64	6
128	128	7
256	256	8
512	512	9
1024	1024	10

다음 그래프는 n이 증가함에 따라 $\log_2 n$, n, $n\log_2 n$, n^2, 2^n의 증가 곡선을 보여주고 있다. 알고리즘의 점근적 분석은 n의 증가함에 따라 곡선이 완만한 결과를 내는 방법을 찾아내는 것이 효율적인 알고리즘 설계의 방향이 되는 것임을 알 수 있다.

O(1)	상수시간
$O(\log_2 n)$	로그시간
O(n)	선형시간
$O(n\log_2 n)$	로그선형시간
$O(n^2)$	이차시간
$O(2^n)$	지수시간

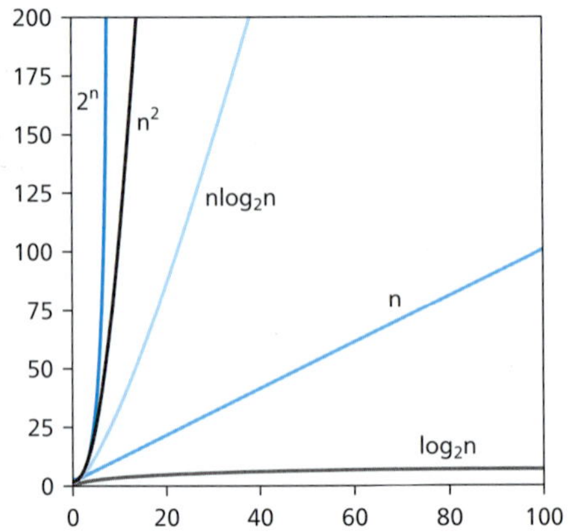

그림 1-18 시간복잡도의 종류와 비교

[확인학습 1-5]

1. 알고리즘이 갖추어야 하는 5가지 조건을 설명하시오.

2. 컴퓨터가 수행할 수 있는 보편적인 명령어 문장 5가지를 설명하시오.

3. 알고리즘 표현방법 중 의사코드(pseudo-code) 방법의 장점을 쓰시오.

4. 다음을 구하는 알고리즘을 의사코드로 작성하시오.

❶ 양의 정수를 입력받아 3으로 나눈 나머지가 0이면 "group1"이라고 출력하고 나머지가 1이면 "group2"라고 출력하고 2이면 "group3"이라고 출력한다.

❷ 10개의 숫자를 입력받아 최대값과 최소값의 차를 출력하시오.

1.4.3 알고리즘의 작성

이제 주어진 예제 문제를 가지고 앞에서 학습한 알고리즘의 정의, 알고리즘의 조건 및 반복에 따른 논리구조 등을 보편적인 명령어 문장으로 작성하는 연습을 통하여 자료구조가 어떻게 활용되어 프로그래밍으로 완성되는지 확인해 보도록 하자.

알고리즘 작성 연습은 주어진 문제로부터 입력 데이터(Input)와 출력 데이터(Output)를 변수로 정하는 문제분석을 시작으로 입력데이터에서 출력데이터가 만들어지는 과정을 Process로 요약하고 의사코드로 작성해보자. 작성이 끝나면 임의의 입력 데이터를 주고 출력 데이터가 만들어지는 과정을 따라(simulation) 하면서 알고리즘의 논리에 익숙해지도록 하자.

▶ 알고리즘 작성 연습(1)

n 개의 양의 정수를 입력받아 홀수의 합과 짝수의 합을 구하는 알고리즘을 작성하시오.

(1) 문제분석

- Input: n, num
- Output: oddsum, evensum
- Process: %(나머지 연산자)를 이용

  num %2 → 0이면 짝수

  → 1이면 홀수

(2) 알고리즘 작성

```
START
   oddsum = 0, evensum = 0
   count = 0
   read(n)
   while (count < n) do
     read(num)
     if (num % 2 == 0)
        evensum = evensum + num
     else
        oddsum = oddsum +  num
     endif
     count = count + 1
   endwhile
   print(evensum, oddsum)
END
```

▶ 알고리즘 작성 연습(2)

양의 정수를 읽어 끝자리 숫자부터 출력하는 알고리즘을 작성하시오.

(1) 문제분석

- Input: num(num > 0)
- Output: r

  예) num이 1 2 3 4이면
  4 3 2 1이 출력되도록 한다.

- Process

r = num % 10	4	3	2	1
nun = num / 10	123	12	1	0

(2) 알고리즘 작성

```
START
   read(num)
   while(num > 0) do
      r = num % 10
      num = num / 10
      print(r)
   endwhile
END
```

▶ 알고리즘 작성 연습(3)

0~100점인 n명 학생의 성적을 입력받아 평균과 최고점을 출력하는 알고리즘을 작성하시오.

(1) 문제분석

- Input: n, score
- Output: avg, max
- Process: ① n명을 세는 변수 count를 0으로 초기화한다.
  ② 평균을 구하기 위해서는 우선 합을 구해야 한다(avg = 0).
  ③ 최고점을 0으로 초기화해야 한다(max = 0).

(2) 알고리즘 작성

```
START
   avg = 0, max =0
   read(n)
   for i ← 0 to n-1 do
      read(score)
      avg = avg + score
      if(score > max) max = score
   endfor
   avg = avg / n
   print(avg, max)
END
```

▶ 알고리즘 작성 연습(4)

다음의 ssum과 psum을 계산하는 알고리즘을 작성하시오.

```
ssum = 1 + (1+2) + . . . + (1+2 +. . . +n)
psum = 1 + (1*2) + . . . + (1*2 *. . . *n)
```

(1) 문제분석

- Input: n
- Output: ssum, psum
- Process: ① ssum과 psum을 0으로 초기화한다.
  ② 1부터 n까지 반복하여 부분 합 temp1과 부분 곱 temp2를 구한다.
  (즉, 반복문 안에 반복문을 사용해야 한다.)

(2) 알고리즘 작성

```
START
   read(n)
   ssum = 0, psum = 0
   for i ← 1 to n do
      temp1 = 0
      temp2 = 1
      for j ← 1 to i do
         temp1 = temp1 + j
         temp2 = temp2 * j
      endfor
      ssum = ssum + temp1
      psum = psum + temp2
   endfor
   print(ssum, psum)
END
```

▶ 알고리즘 작성 연습(5)

0이나 음수가 나올 때까지 양수를 읽은 후, 입력된 데이터 수와 최대값을 구하는 알고리즘을 작성하시오(단 처음부터 음수를 입력하는 경우 “No data!!”라고 출력하고 끝낸다).

(1) 문제분석

- Input: num
- Output: size, max
- Process: ① max는 0으로 초기화한다. 데이터의 수 size는 0으로 초기화한다.
  ② 데이터 num은 우선 1개 읽어 양수인 경우 처리 과정을 시작한다.
  ③ 예로 num ← 70 15 27 99 85 92 10 -1인 경우 size는 7이고 max는 99가 된다.

(2) 알고리즘 작성

```
START
   max = 0, size =  0
   read(num)
   while(num > 0) do
      size = size + 1
      if (num > max) max = num
      read(num)
   endwhile
   print("데이터 수: ", size)
   if(size = 0) print("No data!!")
   else print("최대값: ", max)
END
```

▶ 알고리즘 작성 연습(6)

n명의 성적 데이터를 배열에 읽어 들여 평균을 구한 후 각 학생의 성적을 평균과 비교하여 출력하는 알고리즘을 작성하시오.

(1) 문제분석

- Input: n, scores(n)
  (scores는 scores(0)부터 scores(n-1)에 데이터를 가진 배열이다.)
- Output: avg
  n이 5인 경우 출력의 예는 다음과 같다(avg = 78.4).
  1: 80: 평균보다 1.6점 높다.
  2: 95: 평균보다 16.6점 높다.
  3: 70: 평균보다 8.4점 낮다.
  4: 65: 평균보다 13.4점 낮다.
  5: 82: 평균보다 3.6점 높다.
- Process: ① 배열 scores n개의 데이터를 읽으면서 합을 구하여 avg를 구한다.
  ② 각 데이터를 avg와 비교한다.

(2) 알고리즘 작성

```
START
   read(n)
   avg = 0;
   for i ← 1 to n do
      read(score(i))
      avg = avg + scores(i)
   endfor
   avg = avg / n
   for i ← 1 to n do
      if(scores(i) > avg)
         print(i+1, scores(i), "평균보다", scores(i) - avg, "높다")
      else if(scores(i) < avg)
         print(i+1, scores(i), "평균보다", avg - scores(i), "낮다")
      else print(i+1, scores(i), "평균과 같다")
   endfor
END
```

▶ 알고리즘 작성 연습(7)

n명의 학생의 학번과 성적을 이차원 배열에 읽어 들여 학번을 입력하면 그의 성적과 등수를 출력하는 알고리즘을 작성하시오.

(1) 문제분석

- Input: n, sdata(n, 2), sid

  sdata는 n * 2의 이차원 배열이다.

- Output: jumsu, rank

- Process: n = 10인 경우

  sdata(10, 2)에 다음과 같이 데이터를 입력 받았고 sid가 810이라고 가정하자.

	Input	
0	717	88
1	625	92
2	810	80
3	707	75
4	530	98
5	424	70
6	877	65
7	701	85
8	628	70
9	505	78

→ Output

jumsu = 80
rank = 5

① 2차원 배열 sdata에 데이터를 읽어 들인다.

② 임의의 sid를 입력받아 해당 학생의 성적 jumsu를 출력해 준다.
만약 sid가 sdata(i, 0)라면 jumsu는 sdata(i, 1)이 된다.

③ 학생의 등수 rank는 각 sdata(i, 1)가 jumsu보다 큰 학생수 +1이 된다.
이 예의 경우 80점보다 큰 학생의 수가 4명이므로 rank는 5가 된다.

(2) 알고리즘 작성

```
START
   read(n)
   print("Input id and score: ")
   for i ← 0 to n-1 do
      read(sdata(i, 0), sdata(i, 1))
   endfor
   print("Input student id to be searched...")
   read(sid)
   for i ← 0 to n-1 do
      if (sid = sdata(i, 0))
         jumsu = sdata(i, 1)
         break
      endif
   endfor
   rank = 0;
   for i ← 0 to n-1 do
      if(scores(i, 1) > jumsu) rank = rank +1
   endfor
   print(sid, "의 점수: ", jumsu)
   print(sid, "의 등수: ", rank +1)
END
```

▶ 알고리즘 작성 연습(8)

[알고리즘 작성 연습 3]과 [알고리즘 작성 연습 7]을 바탕으로 다음을 해결하기 위하여 함수를 호출하는 예를 살펴보자. n명의 학생의 학번과 0~100점 사이의 학생성적을 이차원 배열에 읽어 들여 성적의 평균과 최고점을 출력하고 학번을 입력하면 그의 등수를 출력하는 알고리즘을 작성하시오.

(1) 문제분석

main()에서는 이차원 배열 sdata에 데이터를 입력받고 함수 호출한 결과를 출력한다.

- 성적의 평균을 구하는 함수 find_avg를 작성한다.
- 성적의 최고점을 구하는 함수 find_max를 작성한다.
- 학번을 가지고 등수를 구하는 함수 find_rank를 작성한다.

(2) 알고리즘 작성

```
START(main)
   read(n)
   print("Input id and score: ")
   for i ← 0 to n-1 do
      read(sdata(i, 0), sdata(i, 1))
   endfor
   print("평균: ", find_avg(sdata, n))
   print("최대값: ", find_max(sdata, n))
   print("Input student id to be searched...")
   read(sid)
   print(sid, "의 등수: ", find_rank(sdata, n, sid))
END

START(find_avg(sdata, n))
   sum = 0
   for i ← 0 to n-1 do
      sum = sum + sdata(i,1)
   return sum/n
END

START(find_max(sdata, n))
   max = sdata(0,1)
   for i ← 1 to n-1 do
      if (sdata(0,i) > max) max = sdata(i,1)
```

```
   return max
END

START(find_rank(sdata, n, sid))
   for i ← 0 to n-1 do
      if (sid = sdata(i, 0))
         jumsu = sdata(i, 1)
         break
      endif
   endfor
   rank = 0;
   for i ← 0 to n-1 do
      if(scores(i, 1) > jumsu) rank = rank +1
   endfor
   return rank+1
END
```

요약정리

1. 컴퓨터는 하드웨어 측면에서는 이진 데이터를 처리하는 기계이고, 소프트웨어 측면에서는 변수로 추상화된 여러 타입의 데이터와 자료구조를 처리하는 프로그램의 집합이다.

2. 컴퓨터 하드웨어는 인간의 입력기능, 기억기능, 처리기능, 출력기능을 모방하여 중앙처리장치(CPU), 저장장치(Memory) 그리고 주변장치로 구성되어 있다.

3. 컴퓨터 하드웨어는 두 가지 신호를 구분할 수 있는 전기신호를 바탕으로 설계된 디지털 이진 시스템(digital binary system)이다. 그러므로 컴퓨터가 가장 쉽게 이해할 수 있는 수의 체계는 2진수이다.

4. 컴퓨터 하드웨어 입장에서 데이터의 단위는 비트, 바이트, 워드이다. 비트(bit)는 2진수(binary digit)의 약자로, 2진수의 한 자릿수를 나타내는 기본 단위이다. 1비트로 표현할 수 있는 값은 0과 1이다. 바이트(byte)는 8개의 비트로 구성되며, 키보드에서 제공하는 기본 자료를 서로 다르게 표현하기 위한 최소 비트 수를 바탕으로 한 단위이다. 단어(word)는 두 개 이상의 바이트를 묶어 컴퓨터의 기억 장치로부터 자료를 입출력하는 단위이다. 컴퓨터의 기종마다 하나의 단어는 바이트의 수가 다르다.

5. 다양한 실세계의 정보를 컴퓨터에 표현하기 위해 긴 이진패턴이 필요하다. 이진패턴으로부터 변환이 쉽게 이루어지는 8진수와 16진수도 컴퓨터가 많이 사용하는 수의 체계이다. 그러나 우리가 사용하는 수의 체계는 10진수이므로 2진수를 10진수로 또는 그 반대로의 변환 알고리즘이 자주 사용된다.

6. 컴퓨터에서 다루는 정수는 음의 부호를 가진 수도 표현하기 위하여 부호와 절대값 표기, 초과코드 표기, 1의 보수표기, 2의 보수표기 등의 방법이 있다. 특히 2의 보수표기는 덧셈, 뺄셈 등의 연산을 적용하기 쉽기 때문에 주로 사용되고 있다.

7. 컴퓨터에서 다루는 실수는 주로 부동소수점 표기를 사용하여 부호, 지수부, 가수부분으로 나누어 표현하고 자릿수를 표시하는 지수부는 정수표기법으로 표현된다.

8. 컴퓨터에서 다루는 문자자료는 7비트 기준의 미국표준인 ASCII 코드, IBM 계열 컴퓨터에서 주로 사용된 8비트 EBCDIC 코드 등이 있다. 또한 8비트로 모든 글자를 표현할 수 없었던 여러 나라의 언어를 표현할 수 있도록 정의한 국제표준코드(ISO/IEC 10646) 유니코드가 있다.

9. 적절한 형식과 구조의 자료를 준비하여 원하는 목적을 출력할 수 있는 명령어들의 모임으로 이루어져 있다. 즉 **프로그램 = 자료구조 + 알고리즘**이다.

10. 단순 자료구조는 각 프로그래밍언어에서 기본 자료형(primitive data type)으로 제공된다. 예를 들면 C 프로그래밍 언어에서는 int, float, double, char과 같은 자료형을 기본으로 제공하고 있다. 포인터 자료(pointer data)는 기억 공간에 저장된 자료의 위치나 주소를 지정하는 것으로 다른 변수의 메모리 주소 값을 가지는 자료형이다. 문자열은 자료 표현의 입장에서는 문자의 배열이지만 대부분의 많은 언어에서는 프로그래머 입장에서 낱개자료로 사용할 수 있도록 라이브러리를 제공하고 있다.

11. 자료구조는 배열, 연결리스트, 스택, 큐와 같은 선형 구조와 트리, 그래프와 같은 비선형 구조로 구분한다.

12. 알고리즘(algorithm)은 "어떤 문제를 해결해 나가는 특별한 방법", 또는 "문제의 해결을 위해 컴퓨터가 수행할 수 있는 단계적 절차의 논리적 기술"이다.

13. 알고리즘은 다음과 같은 5가지 조건을 만족하도록 작성되어야한다.

❶ 입력(input): 알고리즘의 수행을 위해 필요한 자료가 외부에서 입력되어야 한다.
❷ 출력(output): 적어도 하나 이상의 결과를 출력해야 한다.
❸ 명확성(definiteness): 각 명령은 애매모호하지 않고 명확해야 한다.
❹ 유한성(finiteness): 정해진 명령의 실행 단계 후에는 반드시 종료되어야 한다.
❺ 유효성(effectiveness): 모든 명령어는 기본적이며 실행 가능한 것이어야 한다.

14. 알고리즘은 일상에서 사용하는 자연어 또는 순서도와 같은 도표로도 표현할 수 있다. 그리고 프로그래밍언어와 유사하지만 컴파일러가 존재하지 않는 의사코드(pseudo code)와 C, Java, Python과 같은 특정 프로그래밍 언어로도 표현할 수 있다.

15. 알고리즘의 성능분석방법으로, 수행하는 연산의 횟수를 입력 데이터 크기(보통 n)의 함수로 계산하여, 빅오 점근 분석 방법으로 표기하는 시간복잡도를 사용한다. n이 커짐에 따라 $O(1) < O(\log n) < O(n) < O(n\log n) < O(n^2) < O(2^n)$ 의 순으로 시간복잡도가 커진다.

연습문제

1. 다음 데이터 단위 중 성격이 다른 하나는? (   )

❶ 비트　　❷ 바이트
❸ 레코드　　❹ 워드

2. 30층 건물의 엘리베이터의 각 층을 서로 다르게 이진패턴으로 표현하기 위해 최소 몇 비트가 필요한가? (   )

❶ 7　　❷ 6
❸ 5　　❹ 4

3. 2의 보수표기법에서 2 byte를 가지고 표현할 수 있는 값의 범위는? (   )

❶ $-2^{15} \sim 2^{15} - 1$　　❷ $-2^{16} \sim 2^{16} - 1$
❸ $-2^{8} \sim 2^{8} - 1$　　❹ $-2^{15} \sim 2^{15}$

4. 다음 2진 비트패턴의 10진수와 16진수값은? (   )

0	0	1	0	1	1	0	0

❶ 34, 1C　　❷ 38, 2A
❸ 44, 2C　　❹ 48, 2B

5. 2의 보수 표기법에서 다음 8비트의 비트패턴의 10진수 값은? (   )

1	1	0	0	1	1	0	1

❶ −50　　❷ −51
❸ −52　　❹ −53

6. 'a'의 ASCII코드 값은 97이다. 'f'의 ASCII 코드값은? (   )

❶ 102 ❷ 101
❸ 100 ❹ 99

7. 선형 구조가 아닌 것은? (   )

❶ 스택 ❷ 그래프
❸ 큐 ❹ 연결리스트

8. 비선형 자료 구조에 해당하는 것은? (   )

❶ 큐 ❷ 스택
❸ 리스트 ❹ 트리

9. 프로그램을 2가지 구성요소로 표현하면? (   )

❶ 자료형과 연산 ❷ 자료구조와 알고리즘
❸ 선형구조와 비선형구조 ❹ 조건과 반복

10. 여러분이 가진 컴퓨터가 다음의 기본 자료형을 위해 몇 바이트를 사용하는지 알아보기 위한 다음 프로그램의 출력결과를 쓰시오.

```
void main()
{
    printf("int size = %u\n", sizeof(int));
    printf("float size = %u\n", sizeof(float));
    printf("double size = %u\n", sizeof(double));
    printf("char size = %u\n", sizeof(char));
}
```

11. 문자 'A', 'a', '0', ' ', '*'의 ASCII 코드 값을 확인하는 다음 프로그램을 실행해보고 출력 결과를 쓰시오.

```
void main()
{
    printf("%c의 ASCII 값 = %u\n", 'A', 'A');
    printf("%c의 ASCII 값 = %u\n", 'a', 'a');
    printf("%c의 ASCII 값 = %u\n", '0', '0');
    printf("%c의 ASCII 값 = %u\n", ' ', ' ');
    printf("%c의 ASCII 값 = %u\n", '*', '*');
}
```

12. 알고리즘이 처리하는 데이터의 수 n이 충분히 크다고 가정하고 두 알고리즘 A, B의 시간복잡도가 O(n), O(logn) 라고 할 때, 다음 설명 중 틀린 것은? (   )

❶ O(n)은 선형시간 걸린다고 한다.

❷ n이 1000인 경우 O(logn)이 O(n) 보다 2배 빠른 것으로 분석된다.

❸ n이 커짐에 따라 O(logn)이 O(n) 보다 더 성능이 좋아진다.

❹ O(logn)인 알고리즘A가 O(n)인 알고리즘B 보다 더 성능이 좋다.

13. 다음 알고리즘의 시간복잡도를 빅오 표기로 적으시오.

프로그램 코드	빅오
read(x,y) tmp = x x = y y = tmp print(x,y)	

14. 다음 프로그램의 시간복잡도를 빅오 표기로 적으시오.

프로그램 코드	빅오

read(n)
count = 0
while (count < n)
   read(data)
   sum = sum + data
endwhile
print(sum/n)	

15. 다음 프로그램의 시간복잡도를 빅오 표기로 적으시오.

프로그램 코드	빅오

read(n)
psum = 0
for j ← 1 to n do
   tmp = 1
   for k ← to j do
      tmp = tmp * j
   endfor
   psum = psum + temp
endfor
print(psum)	

Introduction to **Data Structure Plus**

CHAPTER

02

프로그래밍 기초

자료구조와 알고리즘은 컴퓨터가 문제 해결하기 위해 필요한 자료 구조를 준비하고 정확한 논리와 순서로 표현한 명령들의 집합이다. 이를 이용하여 실행 결과를 얻기 위해서는 프로그램언어로 코딩해야 한다.

프로그램 언어는 크게는 저급언어와 고급언어로 나눌 수 있다. 저급언어는 기계어나 어셈블리어와 같이 프로그램을 작성하는 하드웨어 환경에 종속적이며 하드웨어 특성을 알아야 사용할수 있다. 이 경우는 특정한 컴퓨터에서는 효율적이지만 기계 특성에 의존적이며 프로그램 작성과 이해가 어렵다. 고급 프로그래밍언어는 기계어로의 번역과정이 필요하지만, 프로그램을 작성하기 쉽고 자료구조와 알고리즘을 적용하기 편하다.

컴퓨터의 역사와 함께 많은 고급 프로그램 언어가 개발되어 사용되어 왔다. 널리 사용되는 좋은 프로그램 언어의 조건을 정리해 보면 다음과 같다.

가독성

작성된 프로그램을 쉽게 이해할 수 있는가? 예를 들어 C 언어 문장 끝의 세미콜론 사용, 블록구조의 { }의 사용, 함수 명세(function specification)의 통일성 등의 일관성 있는 프로그램구조는 가독성(readability)을 향상 시킨다.

간결성

알고리즘이 쉽게 코딩되고 단순하게 표현할 수 있는가와 관련된 것으로 가독성에 큰 영향을 미치는 요소이다.

추상화

이미 구현된 자료구조나 라이브러리를 사용할 때 내부구조를 모두 알 필요 없이, 인터페이스만을 사용하여 쉽게 프로그래밍 작업을 단순화할 수 있도록 하는 것이다. 각 객체의 내부구조를 블랙박스로 생각하고 처리하므로 문제를 단순화, 분업화할 수 있다.

기계 독립성

실행되는 하드웨어의 특성에 영향을 받지 않고 프로그램을 코딩할 수 있는가? 즉 지금 개발하고 있는 프로그램을 다른 컴퓨터 시스템에 실행시킬 때 큰 어려움 없이 사소한 수정으로 가능한지에 대한 것으로 프로그램의 이식성(portability)을 향상 시키는 중요한 요소이다.

편리한 개발환경

효율적으로 구현된 컴파일러는 물론 프로그램 개발을 쉽게 도와주는 편집기, 디버깅 도구 등의 편리한 프로그램 개발환경을 가지고 있는가에 대한 것으로 프로그램 언어의 활용성을 높이는 요소이다.

C, Java, Python 등의 고급프로그래밍 언어는 좋은 프로그램 언어의 조건을 갖추고 있어 널리 사용되고 있으며 자료구조와 알고리즘을 학습하기에도 적합한 언어이다. 본 교재에서는 자료구조와 알고리즘을 학습하기 위해 C 언어를 사용하고 있다.

2.1 프로그램 구성요소와 번역과정

2.1.1 프로그램 구성요소

프로그램을 구성하는 요소에 대하여 정리하는 것은 알고리즘을 구현하기 위한 프로그래밍 개념을 갖추는 데 도움이 될 것이다.

식별자

식별자(identifier)는 변수이름, 구조체와 멤버의 이름, 열거형과 멤버의 이름, 함수 이름 등을 말하며 하나의 프로그램 안에서 서로 다른 객체를 나타내기 위하여 동일한 식별자를 사용할 수 없다. 이와 같은 식별자는 컴파일러에게 프로그램의 구성요소를 구별하게 해 주는 역할을 하며 프로그래머가 임의로 식별자 이름을 정할 수 있다. C 언어의 경우 최대 31자까지 허용되며 밑줄(_)을 포함하며 영문자와 숫자의 조합으로 구성되며 첫 글자는 밑줄(_) 또는 문자이어야 한다.

변수

변수(variable)는 이름, 주소, 범위, 값, 형 등의 속성을 가지고 있다. 변수의 이름은 식별자로 정해지고 특정한 형의 기억장소를 그 형이 차지하는 크기만큼 가진다. 이와 같은 변수는 선언문에 의하여 여러 속성(변수의 형, 변수의 이름, 배열의 크기 등)에 관한 정보를 컴파일러에게 알려 주게 된다. 다음은 C 선언문이다.

```
int b[100], number, *ptr;
```

위의 선언문을 통하여 변수 b는 100개의 `int` 데이터를 선언하여 첨자 0에서 99까지 범위를 허용하는 배열이며, `number`는 `int` 형의 단일 데이터이고 `ptr`은 간접적으로 `int` 형의 데이터를 가리키는 포인터 변수임을 알 수 있다. 대부분의 컴파일 언어는 실행문 전에 변수 선언을 요구한다.

컴파일러는 변수 선언을 이용하여 프로그램에서 사용할 변수의 형과 크기에 대한 정보를 이용하여 효율적으로 주기억장치를 사용할 수 있다. 또한, 컴파일 시간에 미리 변수의 형을 검사하여 서로 맞지 않은 연산자와 변수 형이 연관되어 있는 의미 없는 수식을 컴파일시간에 미리 알아냄으로 오류를 줄일 수 있다. 이렇게 컴파일 언어에 있어 선언문은 중요한 역할을 수행한다.

이러한 변수의 값이 결정되는 것을 바인딩(binding)이라고 한다. 다음 식을 예로 변수 sum에 어떠한 바인딩이 이루어지는지 알아보자.

```
sum = sum + a[i];
```

표 2-1 변수 sum에 이루어지는 바인딩

속성	binding 시간
이름	코딩 시
형(type)	컴파일 시
주소	적재 시
값	실행 시

이와 같은 바인딩은 정적 바인딩(static binding)과 동적 바인딩(dynamic binding)으로 나눌 수 있다. 정적 바인딩은 프로그램이 실행되기 전 주로 컴파일 시간에 바인딩이 이루어지며, 동적 바인딩은 실행시간에 바인딩이 이루어진다. 수치계산을 목적으로 하여 실행시간에 오버헤드를 줄여야 하는 프로그래밍 언어는 정적바인딩을 수행하며 문자열처리나 인터프리터에 의하여 실행하는 경우는 변수의 형이나 기억장소 할당이 실행시간에 이루어지도록 동적 바인딩을 수행한다. 즉, 정적 바인딩은 효율성을 중시하며 동적 바인딩은 융통성을 중요시하는 언어에 채택된다.

리터럴(literal)

C 언어에서 상수도 정해진 자료형을 가지고 있다. 10, 20, 30과 같은 값은 정수형(int) 상수이고, 'A', 'B', 'C'와 같은 값은 문자형(char) 상수이며, 3.14, 78.123과 같은 값은 실수형(double) 상수이다.

연산자

변수나 상수는 그 형에 맞는 연산을 할 수 있다. C 언어에서 허용하는 연산을 예로 간단하게 소개하겠다. 연산자(operator)는 산술 연산자, 관계 연산자, 논리 연산자로 나눌 수 있다. 산술 연산자는 +, -, *, /, %가 있으며 비교를 위하여 관계 연산자 <, >, ==, !=, <=, >= 등이 있다. 논리 연산자로 &&(and), ||(or), !(not) 등이 있다.

키워드

특정 언어에서 이미 특별한 의미를 가지고 있으므로 임의로 변경할 수 없으며 변수 이름 등의 다른 목적으로 사용할 수 없는 예약어(reserved word)를 키워드(keyword)라고 한다. 다음은 C 언어에서 사용하는 키워드의 예이다.

```
int        char       float      double     struct     union
long       short      auto       unsigned   extern     register
typedef    static     goto       return     sizeof     break
if         continue   else       for        do         while
switch     case       default
```

연산식

연산식(expression)은 프로그램 문장을 구성하는 기본적인 구문 단위로서 필요한 변수에 값을 가져와 지정된 연산자의 우선순위에 맞게 값을 계산하고 그 값을 반환한다. 다음의 연산식에서 변수 x는 int 형이고 50의 값을 가지고 있으며 변수 y는 int 형이며 20의 값을 가지고 있으면 아래의 연산식을 계산하여 55의 값을 돌려준다.

```
x + 100 / y
```

다음과 같이 연산식이 여러 형이 혼합되어 있는 경우 C 언어에서는 자동 형 확장 규칙에 의하여 더 정확도가 높은 형으로 자동 변환되어 연산식이 계산된다. 상수 5.0은 double 형이므로 y / 5.0의 계산에서 y가 double로 형 전환하여 4.0의 결과를 반환하고 x + 4.0을 하게 되면 x가 double 형으로 형 전환하여 54.0의 double 값을 반환해 준다.

```
x + y / 5.0
```

문장

하나의 프로그램은 문장(statement)의 집합으로 구성된다. 프로그램 문장은 크게 선언문과 실행문으로 나누어진다. 선언문은 앞의 변수 부분에서 살펴보았으므로 실행문을 중심으로 간략하게 보자.

가장 많이 쓰이는 프로그램 문장은 대입문이다. 대입문은 변수의 값을 변화시킨다. 대입문의 일반적인 형태는 lvalue = rvalue이다.

예를 들어 a = b의 경우 변수 b의 값을 변수 a의 주소에 저장하게 되므로 lvalue는 변수의 주소를 의미하고 rvalue는 변수의 값 또는 연산식에 의해 계산된 값이 된다. rvalue가 연산식인 다음의 경우 오른쪽의 식을 계산 하여 반환받은 그 값을 lvalue의 주소에 할당하게 된다.

```
z = x + y / 5.0
```

또 다른 프로그램 문장은 조건문을 테스트하여 참인 경우 관련 문장을 수행하는 선택문이 있다. 대부분의 프로그래밍 언어가 가지고 있는 `if` 문이나 `case` 문이 여기에 속한다. 또한 정해진 횟수나 조건이 만족하는 동안 프로그램 문장을 반복하는 `while` 문이나 `for` 문과 같은 문장이 있다. 그 외에 입출력문이나 함수호출문 등이 보편적으로 사용하는 프로그램 문장이다.

주석

주석(comment)은 프로그램의 각 부분에 필요한 설명을 기록하는 것으로 프로그램의 문서화와 가독성을 증가시키는 요소이므로 그 형식은 다르지만 모든 프로그래밍 언어가 제공하고 있다. 주석에 의해 표시된 경우 컴파일러는 이를 무시하고 넘어가기 때문에 프로그램의 실행과는 무관한 프로그램 구성요소이다.

이상과 같이 우리가 새로운 프로그램 언어의 구문을 배우려고 할 때 위의 8가지 기본 프로그램 구성요소를 익히면 기본적인 프로그램은 작성할 수 있게 된다.

2.1.2 프로그램 번역과정

인간이 각 컴퓨터가 가지는 명령어(instruction)를 가지고 특정 하드웨어에 종속적인 기계어로 다음과 같은 프로그램을 한다고 가정해 보자.

```
00001111 10111111 01000101 11111000
00001111 10111111 01001101 11111000
00000011 10100001
01100110 10001001 01000101 11111010
```

이렇게 특정 하드웨어가 가지는 명령어 코드로 작성된 기계어 프로그램은 프로그램 코딩도 힘들 뿐 더러 다른 기종의 하드웨어에서는 사용할 수 없다는 치명적인 단점이 있다. 그러므로 우리가 C, Python, Java 등의 고급언어로 작성하면 그 소스코드는 중간에서 번역기가 기계어로 변경하는 과정을 통해 목적코드를 생성해 준다.

이렇게 특정 기계에 종속적이지 않는 고급언어 프로그램 코드가 실행 가능한 코드가 되기까지 복잡한 과정을 거친다. 우리가 작성한 프로그램 코드는 원시코드라고 부르며 문제를 해결하는 단계를 간결하고 쉽게 표현할 수 있다. 이러한 원시코드를 가지고 다음의 두 단계를 거쳐 실행 가능한 상태가 된다. 각 단계에서 수행하는 일을 정리하면 다음과 같다.

소스코드 분석 단계
어휘 분석(lexical analysis)
구문 분석(syntax analysis)
의미 분석(semantic analysis)

목적코드 생성 단계
코드 최적화(code optimization)
코드 생성(code generation)
링크(link)

첫 번째 단계인 코드 분석 단계에서 이루어지는 어휘 분석 과정은 소스코드를 영문자, 숫자 및 기타 특수문자로 구성된 문자열로 보고 기본 요소로 구분하는 작업을 말한다. 즉 입력된 소스 프로그램을 식별자, 분리자, 연산자, 숫자, 키워드, 주석과 같이 정해진 토큰의 집합으로 구분하는 과정으로 비교적 긴 처리시간을 요구한다. 구문분석 과정은 보통 파싱이라고 부르며 주어진 원시코드가 문법에 맞게 작성되었는지 체크하는 과정이다. 어휘분석 단계에서 얻은 토큰을 사용하여 프로그램을 문장, 수식 등의 구조로 분석하고 그 결과로 파싱 트리를 만들어 낸다. 이렇게 만들어진 파싱트리를 가지고 의미분석 단계에서 실행 가능한 중간코드를 만들어 냄으로써 소스코드 분석 단계를 마치게 된다. 이러한 과정을 그림으로 나타내면 [그림 2-1]과 같다.

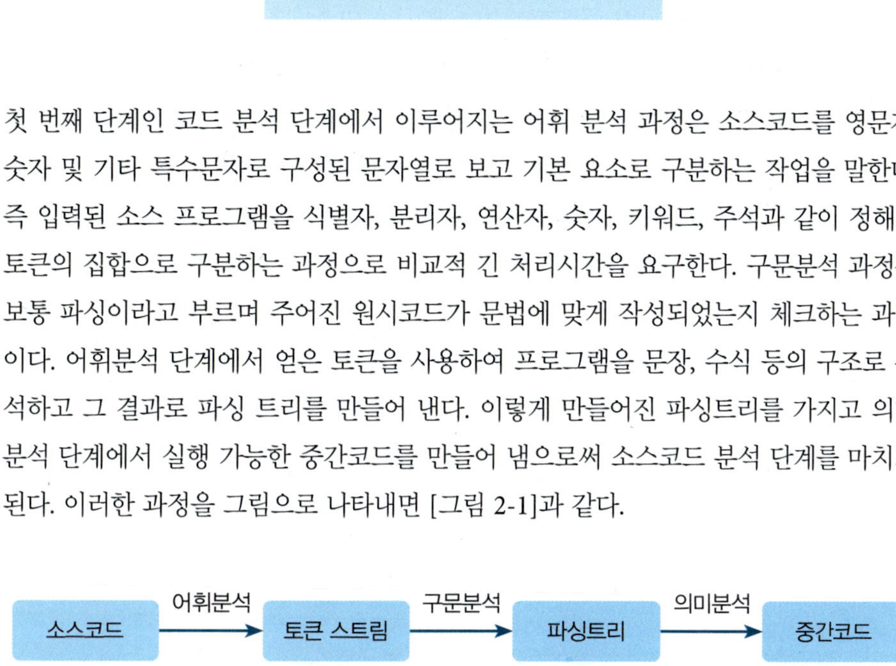

그림 2-1 소스코드 분석 단계

두 번째 단계는 첫 번째 단계에서 만들어 낸 중간코드를 가지고 실행결과에 변화를 주지 않으면서 보다 빠르고 적은 기억장소를 사용하는 코드로 최적화하는 단계로부터 시작된다. 이러한 최적화 코드는 목적코드로 만들어진다. 이렇게 고급언어로 작성된 소스코드를 목적코드로 번역하는 것을 컴파일이라고 한다. 하지만 이렇게 생성된 목적코드가 다른 목적코드나 라이브러리 함수를 호출한다면 그대로 실행될 수 없다. C 프로그램의 경우 `scanf`나 `printf`와 같은 입출력 함수조차 항상 프로그램에서 라이브러리 함수를 호출하여 사용하게 된다. 그러므로 목적코드에서 호출된 또 다른 코드를 서로 연결하는 과정이 필요하다. 이와 같이 목적코드에서 호출되는 코드를 연결하여 하나의 커다란 코드를 만들어내면 비로서 실행 가능한 코드(executable code)가 된다. 이를 링크 과정이라 부르는데, 이 과정을 거친 실행 가능한 코드가 주기억 장치에 로드되면 비로소 소스 프로그램을 실행할 수 있게 된다. 이와 같은 두 번째 단계를 요약하면 [그림 2-2]와 같다.

그림 2-2 목적코드 생성 단계

이러한 번역기의 종류는 파이썬과 같이 명령어를 하나씩 해석하고 실행하면서 결과를 출력해주는 인터프리터 방식과 우리가 프로그래밍한 소스 파일 전체를 기계어 파일로 변경하여 그것을 가지고 실행하는 컴파일러방식이 있다. 즉 인터프리터는 통역사의 역할과 유사하고 컴파일러는 번역가의 역할과 유사하다. 이 교재에서 사용하는 C언어는 컴파일러에 의해 번역되어 실행되는 언어이다.

2.2 C 프로그램 기초

프로그램은 컴퓨터로 문제해결 하는 논리적인 절차를 특정한 프로그래밍 언어를 통하여 코딩하는 것이다. 여기서는 C 프로그램의 기본적인 구조를 예제를 통하여 알아봄으로써 프로그램을 시작할 수 있는 준비를 하려고 한다. 프로그램에는 필요한 입력 데이터와 출력에 대한 분석을 기본으로 하는 자료구조와 이를 활용하기 위한 선언문의 작성이 프로그램의 시작이 된다. 그 다음 그 처리과정을 나타내는 실행문으로 구성되어 있는 프로그램 문장은 대입문과 입출력문을 중심으로 하지만 더욱 중요한 것은 이러한 문장이 여러 제어구조에 따라 실행된다. 컴퓨터로 문제해결 하는 프로그램은 아무리 복잡한 문제라도 다음의 네 가지 제어구조로 구성할 수 있도록 되어 있다.

1. 명령어들의 순차적인 제어
2. 선택 제어
3. 반복 제어
4. 함수의 호출과 복귀

우리가 사용하려는 C 언어도 위의 제어구조를 지원하는 문장을 가지고 있다. 특히 C 프로그램은 여러 개의 함수들로 구성이 되는데, 그 함수들 중 한 개는 그 이름이 반드시 `main()`이어야 한다. 함수는 문장의 집합으로 구성되어 있다. 각 제어구조는 그 구조에 제어를 받는 문장들이 {} 안에 각 문장을 세미콜론(;)으로 분리하여 가지고 있다.

2.2.1 프로그램 기본구조

지금부터 C 프로그램의 예제를 바탕으로 간략하게 C 언어 프로그램의 구조와 구성요소에서부터 자세한 구문을 소개하고자 한다.

[프로그램 2-1]　C 프로그램 예제

```
/*  C 프로그램 예제(주석-comment) 1   */

void main()
{
   int a, b, c;
   char op;

   printf("Input two numbers: ");
   scanf("%d %d", &a, &b);
   printf("Input an operator: ");
   scanf("%c", &op);
   if (op == '+') c = a + b;
   else if (op == '-') c = a - b;
   else if (op == '*') c = a * b;
   else if (op == '/') c = a / b;
   printf("%d %c %d = %d\n", a, op, b, c);
}
```

C 프로그래밍 언어는 크게 선언문과 실행문으로 구성되어 있다. [프로그램 2-1]의 프로그램에서 다음의 처음 두 문장은 선언문이다.

```
int a, b, c;
char op;
```

C 언어에서 모든 변수는 사용되기 전에 선언되어야 한다. 만약 선언되지 않은 변수를 실행문에서 사용하였다면 컴파일러는 오류 메시지를 보내 선언되어야 함을 알려줄 것이다. 선언문은 형(type)과 그 형을 갖는 변수들의 나열로 표현된다.

C 언어에서는 다음의 자료형을 기본으로 제공하고 있다.

char	• 한 개의 문자를 저장할 수 있는 character 형
int	• 정수 하나를 저장할 수 있는 정수형 • int를 2byte, 즉 16비트로 저장하는 경우 −32768에서 32767 사이의 값을 저장할 수 있다.
float	• 부동소수점(floating point) 숫자를 저장할 수 있는 실수형
double	• float보다 2배 정도(double precision)의 부동소수점(floating point) • 숫자를 저장할 수 있는 실수형

이외에 void라는 기본형이 있는데 이는 형을 써야 하는데 특별한 형을 명시할 수 없는 경우 사용한다. 함수 print_title()이 돌려주는 값이 없을 때 다음과 같이 사용한다.

```
void print_title()
```

[프로그램 2-1]의 예제 프로그램에서 첫 번째 실행문은 출력문으로 이중인용부호 안의 문자열을 그대로 출력해 준다.

```
printf("Input two numbers: ");
```

이를 위하여 이미 C 라이브러리에 작성해 놓은 C 함수를 사용하게 되는데, 함수 이름이 printf로 위의 문장은 표준 출력장치인 화면에 Input two numbers :를 출력하게 된다. 이를 위하여 printf 함수의 정의를 포함하고 있는 헤더파일을 포함시키기 위하여 다음의 지시문을 사용한다.

```
#include <stdio.h>
```

다음 문장인 scanf는 이중 인용부호 안의 형식에 맞는 주어진 변수에 값을 입력받도록 해 주는 함수이다. 이 경우 int 변수 a와 b에 값을 읽어 들이게 된다. 이와 같이 형식을 지정하는 %d의 경우 int 형식을, %f는 float 형식을, %lf는 double 형식을 %c는 char 형식을, %s는 문자열(character string) 형식을 지정한다. 여기서 scanf의 두 번째 인수부터는 읽어 들이는 변수 앞에 &가 있음에 유의해야 한다.

```
scanf("%d %d", &a, &b);
```

이는 그 변수에 주소를 지시하는 것으로 scanf 기능을 수행하고 나면 그 변수에 새로운 값이 저장됨을 의미한다. scanf 또한 printf와 마찬가지로 stdio.h에 정의되어 있다. 이 예제와 같이 scanf로 변수에 값을 읽어 들이기 전에는 사용자에게 어떤 값을 입력해야 하는지에 대한 정보를 주는 printf문을 먼저 작성하는 것이 실행을 고려한 좋은 프로그래밍의 요령이 될 것이다.

```
printf("Input an operator: ");
scanf("%c", &op);
```

다음은 다중 선택 구조의 예로 입력된 변수 op의 값에 따라 c를 결정하는 구문이다.

```
if (op == '+') c = a + b;
else if (op == '-') c = a - b;
else if (op == '*') c = a * b;
else if (op == '/') c = a / b;
```

이 경우 C 언어에서는 `switch`문을 이용하여 작성할 수도 있다. 보다 자세한 내용은 2.2.2절 "기본 제어구조로 익히기"에서 예제를 통하여 살펴보자.

이 예제의 마지막 문장은 결과를 출력하는 다음 문장이다. `printf` 문장의 첫 인수인 이중인용부호안에는 `scanf`의 경우처럼 출력되는 변수의 형식, 그대로 출력하는 문자열과 `\n`과 같은 escape sequence를 가지고 있다. `\n`은 단지 하나의 문자로서 출력 라인을 한 줄 다음으로 이동하라는 것을 의미한다.

```
printf("%d %c %d = %d\n", a, op, b, c);
```

위의 `printf`의 경우 a=100, op='/', b=20인 경우 다음과 같이 출력하게 된다.

```
100 / 20 = 5
```

C에서 제공하는 다른 escape sequence는 tab을 나타내는 '`\t`', backspace를 나타내는 '`\b`', 인용부호를 나타내는 '`\"`' 등이 있다.

사용자인터페이스 관점에서 앞에서 언급한 바와 같이 입력문 전에 어떤 데이터를 입력해야 하는지에 대한 정보를 주는 것과 마찬가지로 출력문도 실행결과를 염두에 두고 escape sequence를 적절히 사용해야 한다.

프로그램 구조 입장에서 가장 중요시 되는 것 중의 하나가 들여쓰기(indentation)이다. C 언어 프로그램은 문장과 제어구조를 중심으로 블록화 되어 있기 때문에 같은 블록에 속하는 문장들은 줄을 맞추어 작성해야 한다. 즉, 같은 제어구조에 종속되는 문장들은 그 제어문에 들여 써서 작성해야 한다.

마지막으로 프로그램의 주석은 컴파일러나 프로그램 실행과는 무관하게 프로그램에 대한 정보를 주는 문서화 작업이다. 자신이 작성한 프로그램이라도 나중에 보면 무슨 아이디어로 프로그램을 작성했는지, 입력이 무엇이고 출력이 무엇인지 알 수 없는 경우가 많다. 이를 위한 메모로 주석을 작성하고 나중에 개발자로 활동하면 다른 사람과 함께 작업할 때 주석 작성은 개발에 많은 도움을 주므로 처음에 배울 때부터 습관화하는 것이 좋다.

2.2.2 제어구조 익히기

프로그램 안에 문장을 작성할 때 기본적으로 다음의 세 가지 제어구조를 고려하게 된다.

1. 순차구조: 명령어의 순차적 순서를 결정
2. 선택구조: 조건 테스트한 결과에 의한 제어
3. 반복구조: 반복수행에 의한 제어

1, **2**는 비교적 쉽게 구성할 수 있으나 **3**의 경우 주의를 요한다. 우선 반복수행은 유한한 시간 안에 끝나므로 그 수행을 제어하는 변수(이하 `lcv`라 한다)가 필요하며, 종료조건(이하 `exit_cond`라 한다)이 존재한다. 대부분 다음의 순서에 의하여 반복이 진행된다.

- 단계 1: `lcv`를 초기화한다.
- 단계 2: `lcv`가 종료조건을 만족하지 않으면 반복해야 할 명령들을 수행한다. 만족하면 반복문의 제어를 종료한다.
- 단계 3: `lcv`를 갱신하고 단계 2로 간다.

반복이 진행되는 동안 `lcv`가 변경되지 않으면 무한 루프를 돌 수 있으므로 주의를 기울여야한다. 또한 `exit_cond`가 적절하지 않으면 프로그램이 작성된 의도대로 결과를 얻을 수 없기 때문에 경계조건에 대하여 검토하여야 할 것이다.

이러한 세 가지 제어구조 중 순차구조는 주어진 명령이 차례대로 수행된다는 것으로 x = 5; x = 10; x = 20;과 같은 문장이 연속적으로 있다면 변수 x는 마지막 대입문의 20의 값을 가지게 된다.

이제 나머지 두 제어구조인, 선택구조와 반복구조에 대하여 실습프로그램을 중심으로 문제를 풀어가며 학습하도록 하자.

실습프로그램

다음의 C 프로그램은 n1, n2, n3의 세 변수에 정수 값을 읽어 들여 그 중 가장 큰 값을 출력하는 프로그램이다.

[프로그램 2-2] 선택구조를 이용한 예제 프로그램

```c
#include <stdio.h>
void main()
{
   int n1, n2, n3, large;

   printf("Enter three integers: ");
   scanf("%d %d %d", &n1, &n2, &n3);

   if (n1 > n2) large = n1;
   else large = n2;

   if (n3 > large) large = n3;

   printf("The largest value: %d\n", large);
}
```

위 프로그램은 단순하지만 조건 테스트에 의한 선택구조의 대표적인 예를 보여준다. 첫 번째 조건문은 n1 > n2인 경우 수행하는 문장과 그렇지 않은 경우 문장이 다른 문장을 수행하게 된다. 반면에 두 번째 조건문은 n3 > large이면 수행하는 문장이 있지만 그렇지 않은 경우 수행하는 문장이 없다.

1. 입력으로 n1에 45, n2 에 60, n3 에 10을 받은 경우 위의 조건문에서 수행하는 문장을 쓰시오.

2. 위의 조건문에서 large = n1과 large = n3을 수행하는 입력의 예를 쓰시오.

실습프로그램

다음은 주어진 입력에서 여백문자(공백문자, tab), 0~9까지의 10개의 숫자, 그리고 나머지 문자가 몇 개인지 세는 프로그램이다. 빈곳을 채우면서 프로그램을 완성하고 다중 선택구조에 대하여 이해하자.

[프로그램 2-3] 다중 선택구조를 이용한 예제 프로그램

```
void main()
{
    int ch, i, nwhite, nother, ndigit[10];
    nwhite = nother = 0;
    for (i=0; i < 10; i++)
        ndigit[i] = 0;
    printf("Input characters: \n");
    while ((ch = getchar()) != '\n') {
        if (ch >= '0' && ch <= '9')
            ndigit[ch - '0']++;
        else if (ch == ' ' || ch == '\t')
            nwhite++;
        else
            nother++;
    }
    for (i = 0; i < 10; i++)
        printf("숫자 %d 이 개수: %d\n", ______________________);
    printf("공백문자의 개수: %d\n", ______________________);
    printf("나머지 문자의 개수: %d\n", ______________________);
}
```

실습프로그램

다음은 3월 한 달 동안의 오전 9시 섭씨온도를 입력받아 화씨온도로 변경하여 출력하는 프로그램이다. 이와 같이 반복 처리할 데이터의 개수가 정해진 경우 for 문을 이용하여 처리하는 것이 간편하다.

처리할 데이터의 개수가 31개로 정해진 경우가 아니라 n개 섭씨온도를 화씨온도로 변경하여 출력하는 경우를 고려해 프로그램으로 작성하자. 대부분의 프로그램은 이 예의 경우 31과 같이 특정한 값에 의하여 실행되는 것이 아니고 n과 같이 일반적인 경우로 작성하는 것이 좋다.

[프로그램 2-4] 반복구조를 이용한 예제 프로그램

```
void main()
{
   float cel, fah;
   int i, n;
   printf("처리할 섭씨온도의 수:");
   scanf("%d", &n);

   for (i=0; i < n; i++) {
     printf("섭씨온도: ");
     scanf("%f", &cel);
     fah = cel * (9/5.0) + 32;
     printf("%d: 화씨온도: %.2f\n", i+1, fah);
   }
}
```

이제 while문을 사용하기에 더욱 적합한 경우를 [확인학습 2-1]에서 생각해 보자.

[확인학습 2-1]

섭씨온도를 화씨온도로 변경하여 출력하는 위의 예제에서 처리할 데이터의 개수가 정해져 있는 것이 아니고 계속되는 입력을 처리하다가 −50보다 같거나 작은 데이터가 입력되면 변경을 종료하도록 프로그래밍해 보자. 빈 곳을 채워 프로그래밍을 완성하자.

```
void main()
{
   float cel, fah;
   int n=0;

   printf("섭씨온도: ");
   scanf("%f", &cel);

   while (cel > -50) {
      fah = cel * (9/5.0) + 32;
      printf("화씨온도: %.2f\n", fah);
      ________________________________
      ________________________________
      ________________________________
   }
   printf("%d data processed ...", n);
}
```

이와 같이 입력의 끝을 지시하는 입력에 대하여 반복을 제어하는 경우도 많이 사용되며 반복문 안에서 특정한 상황이 되면 break문에 의하여 반복문에서 빠져나오기도 한다. 예를 들면 위의 경우 계산된 화씨온도가 특정한 범위 안의 값이 아니면 while문에서 빠져나오게 제어할 수 있다.

대부분의 프로그래밍 안에 항상 순차구조는 가지고 있게 마련이다. 하지만 앞의 예제처럼 선택구조 또는 반복구조로만 이루어진 경우 보다는 반복구조와 선택구조가 함께 있는 경우가 훨씬 많을 것이다. 관련된 하나의 예를 들어 보자.

실습프로그램

n개의 정수를 읽어 들여 0이 아닌 수를 곱하여 그 결과를 mult에 넣어 출력하는 프로그램이다.

[프로그램 2-5] 반복구조와 선택구조가 함께 있는 예제 프로그램

```
void main()
{
   int n, i, x;
   long mult = 1;

   printf("Enter the number of to be processed: ");
   scanf("%d", &n);

   printf("Enter %d numbers: ", n);
   for (i=0; i < n; i++) {
      scanf("%d", &x);
      if (x != 0) {
         mult *= x;
      }
   }
   printf(" The result = %ld \n", mult);
}
```

1. 위의 프로그램에서 n개의 입력 데이터가 모두 0인 경우 결과 mult의 값은 얼마로 출력되는가?

2. 입력 x가 모두 0인 경우 결과 mult가 0으로 출력되도록 프로그램을 변경해 보자.

이를 위하여 모두 0이 입력되었는지를 알 수 있는 어떤 상태를 지시하는 플래그 변수가 필요하다. 여기서 allzero라는 플래그 변수를 두어 1로 초기화한다. 값을 읽어 들이면서 x가 0이 아니면 allzero의 값을 0으로 변경한다. x의 값이 모두 0인 경우 위의 프로그램에서 allzero 변수의 초기치는 1인 상태로 그대로 있게 된다. 그러므로 반복문 for 문 밖으로 나오면 allzero의 값으로 입력값이 모두 0인지 아닌지 알 수 있게 된다. 이와 같은 내용을 프로그래밍해 보면 다음과 같다.

[프로그램 2-6] [프로그램2-5]의 예외적인 경우를 처리한 프로그램

```
void main()
{
   int n, i, x, allzero=1;
   long mult = 1;

   printf("Enter the number of to be processed: ");
   scanf("%d", &n);
   printf("Enter %d numbers: ", n);
   for (i=0; i < n; i++) {
      scanf("%d", &x);
      if (x != 0) {
         mult *= x;
         allzero = 0;
      }
   }
   if (allzero) mult = 0;
   printf("Answer = %d \n", mult);
}
```

이와 같이 프로그램을 작성할 때 입력의 일반적인 경우와 예외적인 경우를 나누어 생각해 보고 프로그래밍하는 연습을 하도록 하자.

또한 이러한 제어구조들이 중첩되어 사용되는 경우도 많다. 반복문 안에 조건문이 있고 그 안에 반복이 되어 있는 경우를 말한다. 그러므로 프로그램 구조에 있어 제어를 받는 프로그램 문장은 나란히 들여 쓰고 같은 블록에 속하는 문장임을 표현하는 연습을 하는 것이 바람직하다. 사실 컴파일러는 문장의 들여쓰기는 관여하지 않고 괄호의 개수만 맞추어 보지만 프로그램은 읽기 쉽도록 작성되어 다른 사람에게도 제공되어야 하고 작성하는 사람도 논리적인 것을 반영하면서 코딩하면 실수를 줄일 수 있다.

실습프로그램

다음 덧셈 연습용 프로그램은 중첩 제어구조를 가지는 예제 프로그램이다. 5개의 문제를 제공하기 위하여 for 반복문을 사용하고 for 반복문 안에 각 문제에 대하여 3번의 기회를 주기 위하여 while 문을 사용하였고 while문 안에서 답을 맞힌 경우와 틀린 경우를 처리하기 위하여 if 문을 사용하였다.

이와 같이 다음 프로그램의 main() 함수 안에 반복구조 for 제어문 그 안에 while 제어문, 그 안에 선택구조 if-else 제어문을 앞서 학습한 문장의 구조와 들여쓰기를 고려하고 살펴보자.

[프로그램 2-7] 중첩 제어구조를 가지는 예제 프로그램

```
void main()
{
   int i, answer, score=0, num, correct;

   for (i=0; i<5; i++) {
      correct = 0;
      num=0;
      while (num < 3 && !correct) {
         printf("%d + %d = ", i*i, i*10);
        scanf("%d", &answer);
         if (answer == (i*i)+(i*10)) {
            printf("Correct!!\n");
            correct = 1;
            score += (20-num*3);
         }
         else
            printf("Try Again!!\n");
         num++;
      }
   }
   printf("당신의 덧셈성적은 ? %d\n", score);
}
```

[확인학습 2-2]

[프로그램 2-7]의 예제 프로그램을 보고 다음 물음에 답하시오.

1. 위의 프로그램에서 제공되는 덧셈문제는?

2. 한 문제에 대하여 기회는 몇 번 주어지는가?

3. 문제를 맞힌 경우 몇 번 만에 맞혔는지 출력하려면 프로그램 어디를 수정해야 하나?

4. 다섯 문제를 다음과 같이 맞힌 경우 위의 프로그램에 의하여 산출되는 점수를 계산해 보시오. ( ) 안에 증가되는 score값을 쓰시오.
    - 1번 문제: 처음에 맞힘 ( )
    - 2번 문제: 두 번째 맞힘 ( )
    - 3번 문제: 맞히지 못함 ( )
    - 4번 문제: 세 번째 맞힘 ( )
    - 5번 문제: 맞히지 못함 ( )

2.2.3 함수와 재귀호출

C 프로그래밍은 함수들의 모임과 활용으로 구성되어 있다. 우리가 이미 사용한 표준입출력 함수인 printf와 scanf조차도 기본 C 언어의 구성요소가 아니라 라이브러리에 작성되어 있는 함수를 활용하는 예이다. 그러므로 C 프로그래머들은 파일 및 입출력과 수치 연산, 메모리관리 등에 사용되는 라이브러리 함수를 익숙하게 사용할 수 있어야 한다. 이 때 사용하고자 하는 함수의 정의를 포함하는 헤더 파일을 include시켜야 한다. 이렇게 이미 작성된 유용한 함수를 활용하는 것 외에 프로그램 개발자가 자신에게 유용한 함수를 직접 작성하는 방법도 알아 활용해야 한다.

여기서 함수의 의미를 명확히 하고 사용자가 유용한 함수를 작성하고 활용하는 방법을 익히는 것은 C 프로그래밍을 시작하는 기초가 될 것이다.

C 함수는 프로그램 개발 시 주로 사용하는 하향식 접근방식을 지원하기에 적합하다. 커다란 프로그램을 한 번에 개발하는 것이 아니고 작은 단위로 나누어 함수로 작성하면 프로그램 개발과정뿐 아니라 테스트 과정에도 용이함이 알려져 있다. 함수의 개념을 명확하게 하기 위하여 예를 통하여 다음의 개념을 학습해 보자.

- 함수의 원형(function prototype)
- 함수의 정의(function definition)
- 매개변수(parameter)
- 값에 의한 호출(call by value)

함수 원형은 다음의 일반적인 형식을 가지고 있다.

```
type function_name(type1 parameter1, type2 parameter2,
                   ...... , typeN parameterN)
```

원형에는 함수와 관련된 함수의 반환값의 형(type), 함수이름(function_name), 각 매개변수의 형과 이름을 포함하고 있다. 예를 들어 `double sqrt(double x)`의 경우 함수 `sqrt`는 `double` 형의 매개변수 x의 값을 입력으로 `square root`를 계산하고 `double`형의 결과를 만들어 반환해주는 함수와 관련된 사항을 모두 가지고 있다. 다음 [예제 2-7]의 함수 `my_pow`는 `int` 형의 두 개의 매개변수 x, y를 가지고 x^y를 계산한 후 `int` 형의 결과를 반환해 주는 함수이다. 실제 함수 프로그램은 원형 다음에 프로그램 코드에 의하여 정의되며 `main()` 이외의 함수는 다른 프로그램에서 호출할 때 비로소 그 때 상황에서의 매개변수 값을 할당하여 함수 정의가 실행되게 된다. 이 예제의 경우 `main()` 안의 `for` 문에 의하여

```
my_pow(2, 3)
my_pow(3, 4)
my_pow(4, 5)
my_pow(5, 6)
```

을 실행하게 된다.

[프로그램 2-8] 함수 작성 예제 프로그램

```
int my_pow(int x, int y);
void main()
{
   int k;
   for (k=2; k < 6; k++)
      printf("%d ** %d = %d\n", k, k+1, my_pow(k, k+1));
}

int my_pow(int x, int y)
{
   int i, ans=1;
   for (i=0; i < y; i++)
      ans = ans * x;
   return ans;
}
```

다시 말하면 이와 같은 함수는 함수가 호출되면서 매개변수에 실제 값을 가지고 함수 정의의 프로그램 문장을 실행한 후 그 결과 값이 반환되는 것이다. 위의 예제의 경우 함수 정의가 함수 사용 다음에 있기 때문에 원형을 기준으로 다음과 같이 선언하였다.

```
int my_pow(int x, int y);
```

함수 선언이 일반 변수의 선언과 다른 것은 각 매개변수의 형과 변수이름을 지정하는 것이다.

이와 같이 정해진 기능을 수행하는 함수 정의 프로그램 코드를 작성하고 실제로 함수를 사용하기 위해서는 매개변수 값을 가지고 함수를 호출해야한다. [프로그램 2-8]의 main()에서는 다음 for문의 출력문에서 각 k의 값에 따라 4번의 함수 호출, my_pow(2, 3), my_pow(3, 4), my_pow(4, 5), my_pow(5, 6)을 한다.

```
for (k=2; k < 6; k++)
     printf("%d ** %d = %d\n", k, k+1, my_pow(k, k+1));
```

이렇게 함수가 호출되어 프로그램을 실행한 후 다음과 같이 출력되는 것을 확인할 수 있다.

```
2 ** 3 = 8
3 ** 4 = 81
4 ** 5 = 1024
5 ** 6 = 15625
```

이렇게 함수를 정의하고 매개변수를 입력으로 호출하여 실행하는 특별한 경우로서 재귀호출(recuursive call) 함수가 있다. 재귀란 스스로 다시 돌아온다는 뜻으로 함수에서 자기 자신을 다시 호출하여 문제를 해결하는 방법이다. 재귀(recursive) 호출이 함수를 실행시키는 방법은 문제를 분할해서 해결하는 컴퓨터 문제방식과도 일치하므로 의외로 문제를 쉽게 해결하는 기법으로 많이 사용된다.

재귀호출 함수의 예로서 가장 널리 사용된 팩토리얼을 구하는 문제를 생각해 보자. n! (n 팩토리얼)은 1부터 n까지의 자연수를 곱을 구하는 문제로 다음과 같이 정의할 수 있다.

$$
\begin{aligned}
n! &= 1 & ,\text{if } n \le 1 \\
&= n \times (n - 1)! & ,\text{otherwise}
\end{aligned}
$$

위의 정의는 n!을 구하기 위해서 (n − 1)!이 필요하다는 것을 알 수 있다.

또한 (n − 1)! = (n − 1) × (n − 2)! 이므로 (n − 1)!을 구하기 위하여 (n − 2)!을 먼저 구해야 한다는 것을 알 수 있다. 그럼 언제까지 이러한 과정을 반복해야 하는가? 계속해야 한다면 무한 루프에 걸리겠지만 이러한 과정은 n이 1보다 큰 경우에 재귀호출하므로 n이 1이 되면 탈출할 수 있게 된다. 즉 재귀호출은 탈출조건(exit condition)이 있어야 한다는 것을 알 수 있다.

위의 재귀적 정의를 이용하여 다음과 같이 재귀호출하는 함수 `factorial`을 작성할 수 있다.

[프로그램 2-9] 팩토리얼을 구하는 재귀함수

```
int factorial (int n) {
   if (n <= 1)
      return 1;
   else
      return n * factorial(n-1);
}
```

`fatorial(4)`를 호출한 경우 함수 호출과 수행과정은 그림과 같다.

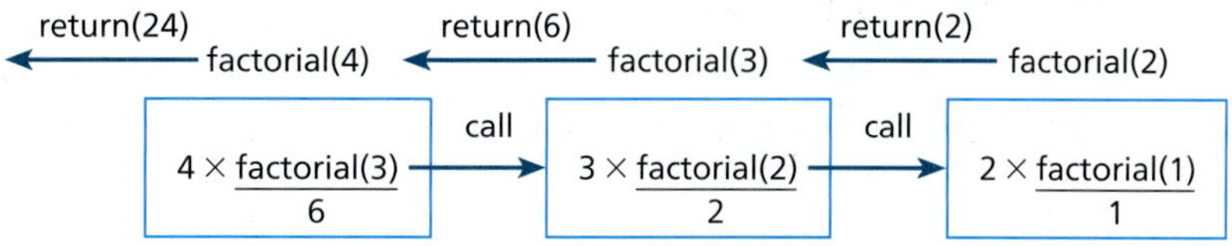

그림 2-3 재귀함수의 호출과 실행과정

또한 어떤 규칙에 따라 차례로 나열된 수열의 항들 사이의 규칙에 따라 n번째 항의 값을 구하기 위하여 재귀호출이 사용될 수 있다. 수열 중에 항의 개수가 많아질수록 인접한 두 항의 비율이 황금비에 가까워진다는 사실로도 널리 알려져 있는 피보나치 수열의 예를 들어보자.

피보나치 수열은 르네상스 이전의 이탈리아 수학자인 피보나치가 처음 제기한 토끼 번식 문제로부터 유래되었다. 한 쌍의 토끼가 있고 암컷 토끼는 2달이 지면서 매달 1쌍의 토끼를 낳는다고 한다. 또한 새로 태어난 암컷 토끼도 2달이 지면서 매달 1쌍의 토끼를 낳는다고 하고 모든 토끼는 계속 살아있다고 가정할 때, n개월 후 전체 토끼는 몇 쌍인지를 계산하기 위하여 재귀호출의 개념이 어떻게 사용되는지 알아보자.

개월	0	1	2	3	4	5	6	7	8	9	10	11	12
어미토끼	1	1	1	2	3	5	8	13	21	34	55	89	144
새끼토끼			1	1	2	3	5	8	13	21	34	55	89
전체	1	1	2	3	5	8	13	21	34	55	89	144	233

위 표에서 전체 토끼의 수 1, 1, 2, 3, 5, 8, 13, . . . 등이 피보나치 수열이 된다. 이렇게 피보나치 수열의 값은 1, 1로 주어진 값에서 앞의 두 항의 값을 더하여 다음 항을 구하는 과정을 반복한다. 피보나치 수열을 일반화하여 점화식으로 표현하면 다음과 같다.

$$\begin{aligned} \text{fibo(n)} &= 1, \text{ if } n < 2 \\ &= \text{fibo}(n-1) + \text{fibo}(n-2), \text{ if } n \geq 2 \end{aligned}$$

재귀적으로 표현되어 있는 위의 점화식을 [프로그램 2-10]과 같이 함수 `fibo()`로 쉽게 작성할 수 있다.

[프로그램 2-10] 피보나치 수열을 구하는 재귀함수

```
int fibo(int n) {
   if (n == 0 || n == 1)
      return 1;
   else
      return(fibo(n-2) + fibo(n-1));
}
```

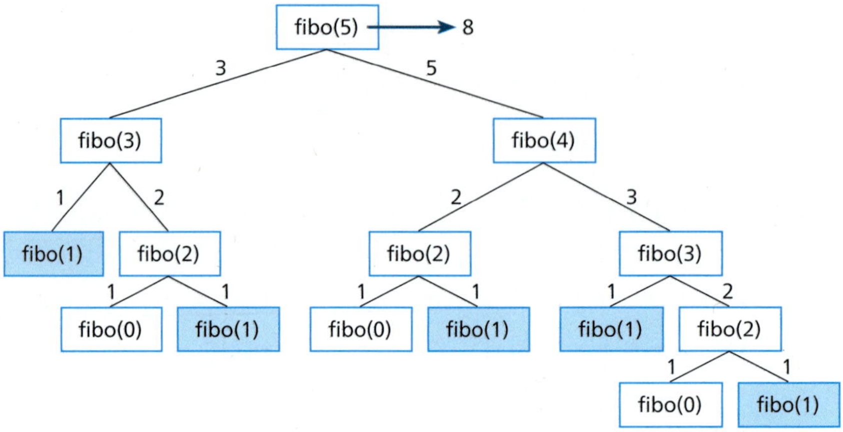

그림 2-4 피보나치 수열을 구하는 재귀함수 호출 구조

실습프로그램

재귀호출 함수를 이용하여 피보나치 수열을 구하는 [프로그램 2-10]의 함수를 이용하여 12개월까지의 피보나치 수열을 구하는 main()함수를 작성하여 결과를 확인하시오.

[프로그램 2-11] 중첩 제어구조를 가지는 예제 프로그램

```
#include <stdio.h>
int fibo(int);
void main() {
   int n, k;
   printf("Input n: ");
   scanf("%d", &n);
   for (k=0; k <= n; k++)
      printf("After %d months: %d\n", n, fibo(k));

}
int fibo(int n) {
   if (n == 0 || n == 1)
     return 1;
   else
      return(fibo(n-2) + fibo(n-1));
}
```

실행결과

```
Input n: 12
After 12 months: 1
After 12 months: 1
After 12 months: 2
After 12 months: 3
After 12 months: 5
After 12 months: 8
After 12 months: 13
After 12 months: 21
After 12 months: 34
After 12 months: 55
After 12 months: 89
After 12 months: 144
After 12 months: 233
```

지금까지 팩토리얼과 피보나치 수열을 구하는 문제를 가지고 재귀(호출)함수의 개념을 알아보았다. 두 예제 모두 재귀호출을 이용하지 않고 반복을 이용해서도 쉽게 구할 수 있다. 특히 피보나치 수열은 재귀호출을 이용하는 경우 위의 [그림 2-4]에서 같은 호출을 반복하므로 비효율적이라는 것을 확인할 수 있다.

하지만 다음과 같이 재귀적인 성질을 가지는 이진트리 자료구조에서의 순회와 같이 재귀호출을 사용하지 않으면 복잡한 경우에 재귀함수의 호출을 통하여 간단하게 구현될 수 있다.

[이진트리의 정의]

이진트리는 비어있거나 루트와 왼쪽 서브트리, 오른쪽 서브트리 2개의 분리된 이진트리로 구성된 노드의 유한 집합이다. 왼쪽 서브트리와 오른쪽 서브트리도 또한 이진트리이다.

이진트리의 정의와 [그림 2-5]의 이진트리의 예를 가지고 이진트리가 재귀적인 자료구조를 가지고 있음을 알아보자.

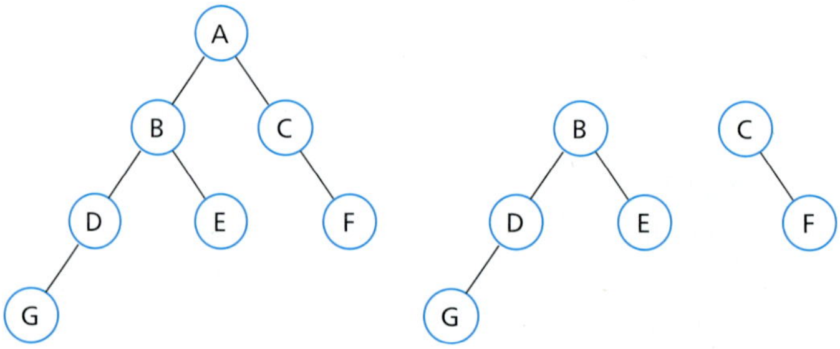

그림 2-5 재귀적인 성질을 가지는 이진트리의 예

이 트리는 A노드인 루트와 B노드를 루트로 하는 왼쪽 서브트리, C노드를 루트로 하는 오른쪽 서브트리로 구성되어 있으며 왼쪽 서브트리와 오른쪽 서브트리도 또한 이진트리이므로 루트, 왼쪽 서브트리, 그리고 오른쪽 서브트리로 분리시킬 수 있으며 계속하다보면 서브트리가 비어있는 노드를 만나게 된다. 다음의 기본 자료구조를 `struct tnode` 가지고 이진트리를 운행하는 함수 `itraverse`를 간단하게 몇 줄로 작성할 수 있음을 확인해 보자.

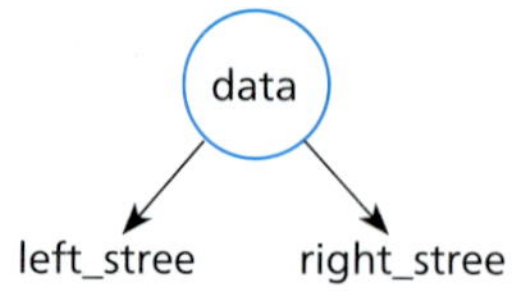

[프로그램 2-12] 이진트리의 순회

```
typedef struct tnode *Tpointer;
struct tnode {
   char data;
   Tpointer left_stree, right_stree;
};


void itraverse(Tpointer root)
{
   if (root) {
      itraverse(root->left_stree);
      printf("%c  ", root->data);
      itraverse(root->right_stree);
}
```

재귀적인 정의를 가진 자료구조 이진트리의 중위순회를 재귀호출을 사용할 수 없다면 어떻게 프로그램 코드로 작성해야하는지 알아보자. 우선 왼쪽 서브트리의 가장 말단으로 저장하면서 내려가야 할 것이고 다시 위로 올라오면서 오른쪽도 저장하면서 올라와야할 것이다. 재귀호출 없이 순회를 할 수도 있지만 복잡한 코드를 사용해야하고 재귀호출에 의한 함수 itraverse()보다 버그가 생길 확률도 높다. 위의 예제에 대하여 각 노드를 모두 순회하면서 출력하는 itraverse()의 결과는 G D B E A C F 가 됨을 확인해보자.

이렇게 유용한 재귀호출에 의한 함수로 작성된 프로그램은 팩토리얼을 구하는 문제처럼 간단하게 반복문을 사용할 수도 있지만 이진트리 자료구조에서의 순회 등과 같이 반복문만으로는 복잡한 프로그램 코드를 재귀적인 정의를 사용하여 몇 줄의 코드로 프로그래밍할 수도 있다. 8장의 재귀기법에서 유클리드알고리즘과 하노이탑 문제를 통해 더 자세히 알아보도록 하자.

2.2.4 함수의 매개변수

함수를 작성하기 전에 함수 코드가 수행해야 하는 기능 정의를 명확하게 함과 동시에 함수이름, 함수 매개변수(parameter) 각각의 자료형과 함수 결과값의 자료형(return type)을 결정해야한다. 그 중 매개변수는 C 프로그래밍에서 값에 의하여 참조(call by value) 되므로 함수의 입력값의 역할을 한다. 함수의 매개변수에 대한 중요한 사항을 정리하여 앞으로 자료구조와 알고리즘 실습을 위한 준비를 하도록 하자.

배열을 매개변수로 넘겨주기

배열은 같은 형의 데이터의 모임으로 배열의 각 데이터를 매개변수로 넘겨주는 것이 아니라 배열의 대표적인 정보를 넘겨준다. 배열의 대표적인 정보는 배열 이름으로 배열의 첫 데이터의 주소를 말한다. 즉 이 예제에서 `data = &data[0]`이다. 매개변수로 데이터의 이름을 넘겨주면 이를 a로 받는 각 함수는 다음과 같이 실제 배열 `data`의 각 값을 넘겨받아 처리하게 된다.

```
a[0] ← data[0]
a[1] ← data[1]
 ⋮
a[n-1] ← data[n-1]
```

실습프로그램

다음 [프로그램 2-13]은 배열을 매개변수로 넘겨주는 함수 작성 예제 프로그램이다. 다음 ①~③을 고려하며 함수에 대한 개념을 좀 더 확실히 한 후 예제 프로그램을 작성하여 실행시켜 본다.

❶ 각 함수의 원형을 살펴보자.

```
int pcount(int a[], int n);
double avg(int a[], int n);
int large(int a[], int n);
int small(int a[], int n);
```

❷ 함수를 호출한 문장을 살펴보자.

```
printf("The number of positive data: %d\n", pcount(data, n));
printf("Average = %.2f\n", avg(data, n));
printf("Maximum value = %d\n", large(data, n));
printf("Minimum value = %d\n", small(data, n));
```

❸ 각 함수의 정의를 살펴보자.

[프로그램 2-13] 배열을 매개변수로 넘겨주는 함수 작성 예제 프로그램

```
#define DNUM 100
int pcount(int a[], int n);
double avg(int a[], int n);
int large(int a[], int n);
int small(int a[], int n);
void main()
{
   int data[DNUM], k, n;

   printf("The number of data: ");
   scanf("%d", &n);
   printf("Enter %d data\n", n);

   for (k=0; k < n; k++)
      scanf("%d", &data[k]);
   printf("The number of positive data: %d\n", pcount(data, n));
   printf("Average = %.2f\n", avg(data, n));
   printf("Maximum value = %d\n", large(data, n));
   printf("Minimum value = %d\n", small(data, n));
}

int pcount(int a[], int n)
{
   int j, result=0;
   for (j=0; j < n; j++)
      if (a[j] > 0) result++;
   return result;
}
double avg(int a[], int n)
{
   int i, sum=0;
   for (i=0; i < n; i++)
      sum = sum + a[i];
   return (double)sum / n;
}

int large(int a[], int n)
{
   int i, max;
```

```
    max = a[0];
    for (i=1;i < n; i++)
       if (a[i] > max) max = a[i];
    return max;
}

int small(int a[], int n)
{
    int i, min;
    min = a[0];
    for (i=1;i < n; i++)
       if (a[i] < min) min = a[i];
    return min;
}
```

포인터를 매개변수로 넘겨주기

C 함수는 매개변수의 값을 가지고 함수 정의를 실행하는 call by value 방식을 채택하고 있기 때문에 매개변수는 입력의 역할만을 하게 된다. 다음의 예제의 경우 세 수를 오름차순으로 바꾸려는 프로그램이다. 세 번의 비교를 하여 각각이 오름차순이 아니면 두 수를 교환해야 한다. 이때 swap(x, y) 함수를 사용할 수 있는데 함수 수행 후에 리턴 되었을 때 매개변수 값의 변화를 가지고 있으려면 포인터에 의하여 간접적으로 접근해야 한다. 다음 프로그램을 잘 살펴보면 각 변수의 주소 값을 포인터 변수를 통하여 매개변수로 넘겨주었기 때문에 swap함수에서 주소를 통하여 간접적으로 실제 변수 x, y, z의 값을 변경할 수 있음을 알 수 있다. 만약 변경하고자하는 변수를 직접 매개변수로 주었다면 swap함수 실행 후에 복귀하여 main()에서 값을 출력하면 항상 변경되지 않은 값을 출력함을 알 수 있다.

마찬가지로 scanf 함수의 경우도 매개변수를 포인터로 주는데 이는 함수 수행 후 복귀하였을 때 읽어 들인 새로운 값을 변수가 갖도록 하기 위해서임을 알 수 있다.

실습프로그램

다음 [프로그램 2-14]는 포인터를 매개변수로 넘겨주는 예제 프로그램이다. x = 10, y = 30, z = 5의 값이 입력되었다고 가정하면 아래 main() 함수 안의 3개의 if 문 중에 어느 것이 실행되는지 생각하며 다음 프로그램을 수행시켜 보자.

[프로그램 2-14] 포인터를 매개변수로 넘겨주는 예제 프로그램

```
void main()
{
   int x, y, z;
   printf("세 수를 입력하시오. ");
   scanf("%d %d %d", &x, &y, &z);
   if (x > y) swap(&x, &y);
   if (y > z) swap(&y, &z);
   if (x > y) swap(&x, &y);
   printf("%d **** %d **** %d\n", x, y, z);
}
void swap(int *px, int *py)
{
   int temp;
   temp = *px;
   *px = *py;
   *py = temp;
}
```

main() 함수의 매개변수

우리는 지금까지 main()의 매개변수가 없는 경우를 주로 사용해왔다. 하지만 main()도 2개의 매개변수를 사용할 수 있다. 그 변수를 다음의 예제에서와 같이 argc, argv라고 하자. argc 매개변수는 명령어 라인에 있는 매개변수(인수)의 수를 말하며 int로 선언한다. argv는 각 매개변수(인수)의 첫 문자로의 포인터 배열이므로 char *argv[]와 같이 선언한다.

이와 같은 main()함수의 파라메터는 여러분이 사용하는 개발환경에서 넣어줄 수 있도록 되어 있다. 설명을 편하게 하기 위하여 우리가 리눅스환경에서 실행파일 paratest를 생성한 후에 프로그램 실행을 위하여 다음과 같은 명령어를 사용할 수 있다.

```
% paratest this is a test
```

이때 예제 프로그램을 실행하면 argc는 5이고 argv[0]은 "paratest"의 첫 문자 p를, argv[1]은 "this"의 첫 문자 t를, argv[2]는 "is"의 첫 문자 i를, argv[3]은 "a"의 첫 문자 a를, argv[4]는 "test"의 첫 문자 t를 각각 가리킨다.

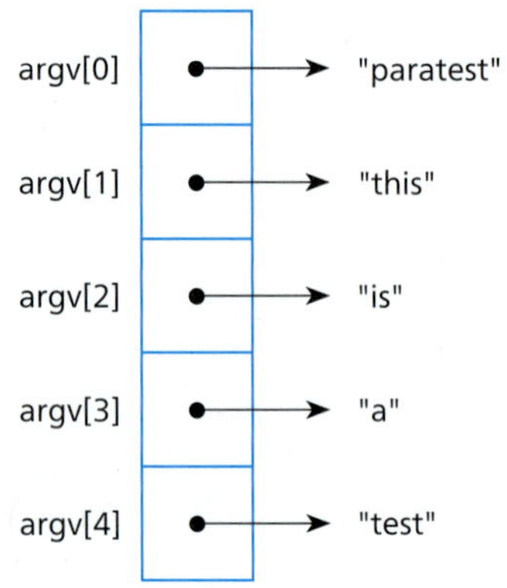

그림 2-6 main()의 인수

이와 같은 main()의 매개변수는 프로그램에서 사용할 입력파일이나 출력파일의 이름을 지정하는 경우가 많다. 3.1.3절의 구조체와 파일에서 활용해 보도록 하자.

[확인학습 2-3]

여러분이 사용하는 프로그래밍 환경에서 main()의 매개변수(인수)를 지정하고 다음 프로그램을 실행해 출력결과를 확인해 보시오.

[프로그램 2-15] main()의 매개변수 확인하기

```
void main(int argc, char *argv[])
{
   int i;
   for (i=0; i < argc; i++) printf("%s", argv[i]);
}
```

2.3 프로그래밍 연습

프로그래밍 과정은 일반적으로 다음의 절차에 의하여 진행된다.

1. 주어진 문제를 파악하고 입력데이터와 출력데이터를 정한다.
2. 입력데이터와 출력데이터에 대한 변수명을 정하고 문제를 재정의하여 본다.
3. 문제에서 요구하는 출력결과를 얻기 위한 과정을 구상한다.
4. **3**의 과정에서 프로그램 문장으로 표현 가능할 때까지 세분화하여 표현한다.
5. 정해진 프로그래밍 언어로 코딩한다.

위의 과정에서 **3**, **4**의 과정이 알고리즘을 구상하여 표현하는 단계로 프로그래밍 과정에서 가장 중요한 부분이다. 이를 위하여 문제의 입력을 임의로 정하여 구상한 과정을 시뮬레이션하여 그 과정을 더욱 명확하게 하기도 한다. 1장에서 알고리즘의 정의와 표현을 학습하고 보편적인 제어구조를 익힐 수 있는 몇 가지 예제 문제를 가지고 알고리즘을 작성하여 프로그래밍의 개념에 익숙해지는 연습을 하였다.

이렇게 일단 알고리즘을 작성하고 나면 이를 특정 프로그래밍 언어로 구현하기 전에 정해진 문제에 맞게 알고리즘이 기술되었는지 확인하는 과정이 필요하다. 이러한 과정에서 알고리즘의 여러 단계를 검토해 볼 수 있는 테스트 데이터를 준비하여 알고리즘을 실행시켜 보고 원하는 출력이 나오는지 확인한다. 이러한 과정에서 알고리즘의 오류를 수정하기도 한다. 또한 알고리즘이 원하는 횟수만큼 실행되는지, 예외적인 입력에는 어떤 답을 내는지도 확인해야 한다. 이러한 과정을 거쳐 알고리즘이 정리되면 특정한 언어로 구현하게 된다. 이러한 구현은 코딩과정이며 원시 프로그램을 작성하는 것이다.

여기서는 C 언어를 사용하여 구현할 때 과정을 다음과 같이 정리하고 1장에서 다룬 알고리즘 작성 예제를 C 프로그램으로 작성해 보자.

1. 주어진 알고리즘을 보고 변수의 형과 배열의 크기 등을 정해 선언문을 작성한다. 특히 정수의 경우 허용하는 범위를 넘으면 잘못된 결과가 나올 수 있으므로 형 선언을 적절히 해야 한다.
2. C 프로그램 구조에 맞게 실행문을 작성한다.

- 실행문의 기본인 대입문의 오른쪽의 연산식이 구문에 맞도록 작성한다.
- 알고리즘 순서에 따라 선택구조가 필요하면 조건을 잘 명시하여 조건문을 작성한다.
- 반복구조가 필요하면 반복하려는 횟수만큼 제어 되도록 반복제어 변수를 활용한다.

3. 변수의 형에 따른 오류 등 계산 방식에 따른 검토를 해야 한다. 예를 들어 다음의 식은 `fah`의 값에 상관없이 `cel`의 값이 항상 −32가 된다.

```
cel = fah * 5/9 - 32
```

정수 나누기 정수는 항상 정수의 값을 내기 때문에 5/9는 항상 0이 되기 때문이다. 이를 위해서는 5와 9중 어느 하나를 `double` 형인 5.0, 9.0으로 변경하여 표현해야 한다. 같은 예로 우리는 다음과 같은 식을 많이 쓰는데

```
avg = sum / n
```

`sum`과 `n`이 모두 `int`라면 어느 하나를 `double`로 형 변환(type casting)하지 않으면 정확한 평균값을 얻지 못하고 소수점이하가 잘린 정수 값을 얻게 될 것이다. 형 변환은 변수 이름 앞에 괄호 안에 변경하려는 형을 써주면 된다. 다음은 변수 `sum`이 임시로 `double`로 변경되는 경우이다.

```
avg = (double) sum / n
```

4. 프로그램 코딩 시에는 실행 후의 출력 화면을 고려하여 입력을 받기 전에 어떤 값을 사용자에게 입력해 주어야 하는 등의 안내문을 출력해 주는 것이 좋다. 대부분 이와 같은 사용자인터페이스를 고려하여 입력함수 `scanf` 문장 앞에 `printf` 문장이 자주 나온다.
5. 주프로그램에서 다른 함수의 호출을 사용할 경우 이미 라이브러리에 정의된 경우라면 정의된 헤더파일을 `include` 해야 한다. 프로그래머가 작성하는 경우라면 파라메터로 받을 데이터와 복귀할 때 돌려주는 결과 값에 대하여 설계하여 함수를 제대로 정의하고 사용할 수 있도록 해야 한다.

프로그래밍 실전 연습을 위하여 1.4.3에서 작성한 8개의 알고리즘을 프로그램으로 작성하고 난수(random number)를 사용하는 프로그램을 작성해보자. 난수는 통계학, 수학, 공학 등의 분야에서 실험데이터로서 자주 사용된다. 컴퓨터공학 분야에서도 알고

리즘의 테스트를 위하여 충분히 크고 다양한 데이터를 필요로 한다. C 언어에서 난수를 발생시키려면 rand() 함수를 사용해야 한다. rand() 함수는 0에서 RAND_MAX-1의 정수값을 난수로 발생시켜 리턴해 주는 함수이다. rand() 함수는 seed 값을 가지고 난수를 만들어 주는데 실행 도중 seed 값을 달리 해 주어야 실행할 때마다 같은 난수가 발생하는 것을 방지해 준다. 이를 위하여 seed 값을 설정해 주는 srand() 함수를 사용해야 한다.

실습프로그램

0부터 100 사이의 난수를 발생하여 출력하는 [프로그램 2-16]을 실행시키면 C프로그래밍에서의 난수 발생에 대하여 확인하시오.

[프로그램 2-16] 난수 발생 연습 예제 프로그램

```c
#include <stdio.h>
#include <stdlib.h>
#include <time.h>
void main()
{
   int i, num;

   srand((unsigned int) time(NULL));

   for (i=0; i < 10; i++) {
      num = rand() % 101;
      printf("%d\n", num);
   }
}
```

[프로그램 2-16]은 (rand() % n)은 0에서 n − 1 사이의 정수를 발생하게 되고, srand((unsigned int) time(NULL))을 통하여 현재 시각을 시드로 하여 난수 발생기를 초기화한다. 이 문장을 통하여 실행할 때마다 다른 수를 발생하므로 임의의 수를 프로그램 테스트에 활용할 수 있게 된다. 이들 함수는 <stdlib.h>와 <time.h>에 정의되어 있으므로 이를 include 문으로 추가시켜야 한다.

프로그래밍 연습

1. n개의 양의 정수를 입력받아 홀수의 합과 짝수의 합을 구하는 프로그램을 작성하시오.

- Input: n, num
- Output: oddsum, evensum

```
void main()
{
   int i, n;
   int oddsum=0, evensum=0;
   int num;

   printf("처리데이터 수를 입력하세요 : ");
   scanf("%d", &n);
   for (i=0; i<n; i++){
      printf("정수를 입력하세요 : ");
      scanf("%d", &num);
      if (num%2)
         oddsum += num;
      else
         evensum += num;
   }
   printf("oddsum=%d evensum=%d", oddsum, evensum);
}
```

[실행결과 예]

```
처리데이터 수를 입력하세요 : 7
정수를 입력하세요 : 35
정수를 입력하세요 : 28
정수를 입력하세요 : 12
정수를 입력하세요 : 15
정수를 입력하세요 : 90
정수를 입력하세요 : 85
정수를 입력하세요 : 77
oddsum=212 evensum=130
```

2. 양의 정수를 읽어 끝자리 숫자부터 출력하는 프로그램을 작성하시오.

- Input : num(num > 0)
- Output : r

```
void main()
{
    int r, num;
    printf("숫자를 입력하세요 : ");
    scanf("%d", &num);
    while( num != 0 )  {
        r = num % 10;
        num = num / 10;
        printf("%d   ", r);
    }
}
```

[실행결과 예]

```
숫자를 입력하세요 : 24765
5   6   7   4   2
```

3. 0~100점인 n명 학생의 성적을 입력받아 평균과 최고점을 출력하는 프로그램을 작성하시오.

- Input : n, score
- Output : avg, max

```
void main()
{
    int i, n, score, max=0;
    float avg = 0;

    printf("처리할 데이터의 수 : ");
    scanf("%d", &n);
    printf("%d개의 성적 데이터 입력 : \n", n);
    for (i=0; i < n; i++) {
       scanf("%d", &score);
       avg += score;
       if (score > max) max = score;
    }
    printf("평균 : %.2f\n", avg/n);
    printf("최대성적 : %d\n", max);
}
```

[실행결과 예]

```
처리할 데이터의 수 : 6
6개의 성적 데이터 입력 :
50 64 76 85 34 69
평균 : 63.00
최대성적 : 85
```

4. 다음의 ssum과 psum을 계산하는 프로그램을 작성하시오. main()의 선언에서 psum은 long으로 선언한 이유에 대하여 생각해 보자.

```
ssum = 1 + (1+2) + . . . + (1+2+ . . . +n)
psum = 1 + (1*2) + . . . + (1*2* . . . *n)
```

- Input : n
- Output : ssum, psum

```
void main()
{
   int n, i, j, ssum = 0, temp1, temp2;
   long psum = 0;

   printf("Enter n : ");
   scanf("%d", &n);
   for (i=1; i <= n; i++)  {
      temp1 = 0;
      temp2 = 1;
      for (j=1; j <= i; j++) {
         temp1 = temp1 + j;
         temp2 = temp2 * j;
      }
      ssum += temp1;
      psum += temp2;
   }
   printf("ssum = %d\n", ssum);
   printf("psum = %ld\n", psum);
}
```

[실행결과 예]

```
Enter n : 10
ssum = 220
psum = 4037913
```

5. 0 또는 음수가 나올 때까지 양수를 읽어 들인 후 읽어 들인 데이터 수와 최대값을 구하는 프로그램을 작성하시오(단, 처음부터 음수를 입력하는 경우 "No data!!"라고 출력하고 끝낸다).

- Input : num
- Output : size, max

```
void main()
{
   int num, size=0, max=0;
   printf("데이터 입력 : \n");
   scanf("%d", &num);
   while (num > 0) {
      size++;
      if (num > max) max= num;
      scanf("%d", &num);
   }
   printf("데이터 수 : %d\n", size);
   if (size) printf("최대값 : %d\n", max);
   else printf("No data!!\n");
}
```

[실행결과 예]

```
데이터 입력 :
87 45 97 33 60 85 76 59 88 55 -1
데이터 수 : 10
최대값 : 97
```

```
데이터 입력 :
0
데이터 수 : 0
No data!!
```

6. n명의 성적 데이터를 배열에 읽어 들여 평균을 구한 후 각 학생의 성적을 평균과 비교하여 출력하는 프로그램을 작성하시오.

- Input : n, scores(n)

  (scores는 scores(0)부터 scores(n-1)에 데이터를 가진 배열이다.)

- Output : avg

  각 성적을 평균과 비교한 결과

```
#define MAXDATA 50
void main()
{
   int n, i, scores[MAXDATA];
   float avg=0;

   printf("처리할 데이터 수는 = ");
   scanf("%d", &n);
   printf("%d개 데이터 입력 : \n", n);
   for (i=0; i<n; i++) {
      scanf("%d", &scores[i]);
      avg += scores[i];
   }
   avg /= n;
   printf("평균 : %.2f\n", avg);
   for (i=0; i < n; i++) {
      if (scores[i] > avg)
         printf("%d : %d : 평균보다 %.2f 높다 \n", i+1, scores[i],
                                                scores[i]-avg);
      else if (scores[i] < avg)
         printf("%d : %d : 평균보다 %.2f 낮다 \n", i+1, scores[i],
                                                avg-scores[i]);
      else
         printf("%d : %d : 평균과 같다.\n", i+1, scores[i]);
   }
```

[실행결과 예]

```
처리할 데이터 수는 = 5
5개 데이터 입력 :
65
39
53
87
```

```
47
평균 : 58.20
1 : 65 : 평균보다 6.80 높다
2 : 39 : 평균보다 19.20 낮다
3 : 53 : 평균보다 5.20 낮다
4 : 87 : 평균보다 28.80 높다
5 : 47 : 평균보다 11.20 낮다
```

7. n명의 학생의 학번과 성적을 이차원 배열에 읽어 들여 학번을 입력하면 성적과 등수를 출력하는 프로그램을 작성하시오.

- Input : n, sdata(n, 2), sid

  sdata는 n * 2의 이차원 배열이다.

- Output : jumsu, rank

```
#include<stdio.h>
#define NUM 100
void main()
{
   int i, scores[NUM][2], sid, jumsu, rank, n;
   printf("the number of data: ");
   scanf("%d", &n);

   for (i=0; i < n; i++){
      printf("Input id and score: ");
      scanf("%d %d", &scores[i][0], &scores[i][1]);
   }
   printf("Input student id to be search: ");
   scanf("%d", &sid);

   for (i=0; i < n; i++)
      if (sid == scores[i][0]) {
         jumsu = scores[i][1];
         break;
      }
```

```
    rank = 0;
    for (i=0; i < n; i++)
      if (scores[i][1] > jumsu) rank++;
    printf("%d번의 점수: %d\n", sid, jumsu);
    printf("%d번의 등수: %d\n", sid, rank+1);
}
```

[실행결과 예]

```
the number of data : 7
Input  id and score : 155 90
Input  id and score : 210 88
Input  id and score : 200 75
Input  id and score : 177 70
Input  id and score : 250 95
Input  id and score : 220 80
Input  id and score : 150 85
Input student id to be search : 210
210번의 점수 : 88
210번의 등수 : 3
```

8. 앞의 예제3과 예제7의 내용을 포함하여 함수를 작성하는 예를 C로 프로그래밍 해보자. n명의 학생의 학번과 0-100점 사이의 학생성적을 이차원 배열에 읽어 들여 성적의 평균과 최고점을 출력하고 학번을 입력하면 등수를 출력하는 프로그램을 작성하시오.

main()에서는 이차원배열 scores에 데이터를 입력 받고 함수 호출한 결과를 출력한다.

- 성적의 평균을 구하는 함수 find_avg를 작성한다.
- 성적의 최고점을 구하는 함수 find_max를 작성한다.
- 학번을 가지고 등수를 구하는 함수 find_rank를 작성한다.

```
#include<stdio.h>
#define NUM 100
double find_avg(int sdata[][2], int n);
int find_max(int sdata[][2], int n);
int find_rank(int sdata[][2], int n, int sid);

void main()
{
   int i, scores[NUM][2], sid,n;
   printf("The number of data: ");
   scanf("%d", &n);
   for (i=0; i < n; i++){
      printf("Input id and score: ");
      scanf("%d %d", &scores[i][0], &scores[i][1]);
   }
   printf("성적평균 = %.2f\n", find_avg(scores, n));
   printf("성적최대값 = %d\n", find_max(scores, n));
   printf("Input student id to be search: ");
   scanf("%d", &sid);
   printf("%d 의 등수 = %d\n", sid, find_rank(scores, n, sid));
}
double find_avg(int sdata[][2], int n)
{
   int i, sum=0;

   for (i=0; i < n; i++){
      sum += sdata[i][1];
   }
   return (double)sum/n;
}
```

```
int find_max(int sdata[][2], int n)
{
   int i, max;

   max = sdata[0][1];
   for (i=1; i < n; i++)
      if (sdata[i][1] > max) max = sdata[i][1];
   return max;
}
int find_rank(int sdata[][2], int n, int sid)
{
   int i, jumsu, rank;

   for (i=0; i < n; i++)
      if (sid == sdata[i][0]) {
         jumsu = sdata[i][1];
         break;
      }
   rank = 0;
   for (i=0; i < n; i++)
      if (sdata[i][1] > jumsu) rank++;
   printf("%d번의 점수: %d\n", sid, jumsu);
   return rank+1;
}
```

[실행결과 예]

```
The number of data : 3
Input id and score : 2 67
Input id and score : 3 49
Input id and score : 1 87
성적평균 = 67.67
성적최대값 = 87
Input student id to be search : 2
2번의 점수 : 67
2 의 등수 = 2
```

9. −100 ~ 100 사이의 50개 난수(random number)를 배열에 저장한 후 양수와 음수의 합을 구하는 프로그램을 작성하시오.

```c
#include <time.h>
#include <stdlib.h>
#define DNUM 50
#define random(n) rand() % n
#define randomize() srand((unsigned int) time(NULL))

void main()
{
    int data[DNUM], i, psum=0, nsum=0;

    randomize();
    for (i=0; i < DNUM; i++)
        data[i] = -100 + random(201);

    for (i=0; i < DNUM; i++) {
        printf("%5d ", data[i]);
        if ((i+1) % 10 == 0) printf("\n");
        if (data[i] > 0) psum = psum + data[i];
        else nsum = nsum + data[i];
    }
    printf("\nSum of positive number : %d\n", psum);
    printf("Sum of negative number : %d\n", nsum);
}
```

[실행결과 예]

```
  -55   20    6  -66   57   96  -76  -94  -36   50
   55  -40   61  -41  -32   16   45   97   24    4
  -14  -19  -21  -46   27   -5  -63  -12  -35   76
    2   55  -88   70   52   90   47   37  -95  -58
  -77  -58  -11  -51  -87  -93  -99  -16  -42   34

Sum of positive number : 1021
Sum of negative number : -1430
```

10. 0.00 ~ 99.99 사이의 실수 난수를 20개 만들어 소수 부분의 합과 정수 부분의 합을 구하는 프로그램을 작성하시오.

```
#include <time.h>
#include <stdlib.h>
#define NUM 20
#define random(n) rand() % n
#define randomize() srand((unsigned int) time(NULL))

void main()
{
   float rdata[NUM], fsum=0.0;
   int i, isum=0, temp;

   randomize();
   for (i=0; i < NUM; i++) {
      rdata[i] = random(100) + random(100)/100.0;
      printf("%.2f  ", rdata[i]);
      if ((i+1)%7 == 0) printf("\n");
   }

   for (i=0; i < NUM; i++) {
      temp = rdata[i];
      isum += temp;
      fsum += (rdata[i] - temp);
   }

   printf("\n\n정수부분의 합 : %d\n", isum);
   printf("\n소수부분의 합 : %.3f\n", fsum);
}
```

[실행결과 예]

```
43.24  94.26  26.10  53.35  85.70  70.93  56.38
55.42  62.40  56.81  23.43  41.56  6.31  17.25
27.64  86.45  15.93  86.36  91.98  13.79

정수부분의 합 : 1005

소수부분의 합 : 10.290
```

요약정리

1. 자료구조와 알고리즘을 구현하기 위하여 C, Java, Python 과 같은 고급 프로그래밍 언어가 필요하다.

2. 프로그램언어는 식별자, 변수, 리터럴, 연산자, 키워드, 연산식, 문장, 주석 등과 같은 공통요소를 가지고 있다.

3. 고급프로그래밍언어는 기계어로의 번역기가 필요하다. 번역기의 종류는 파이썬과 같이 명령어를 하나씩 해석하고 실행하면서 결과를 출력해주는 인터프리터 방식과 우리가 작성한 소스 파일 전체를 기계어 파일로 변경하여 그것을 가지고 실행하는 컴파일러 방식이 있다. 즉 인터프리터 방식은 통역사의 역할과 유사하고 컴파일러 방식은 번역가의 역할과 유사하다.

4. C 언어는 컴파일러에 의해 번역되어 실행되는 언어이고, 선언문과 실행문으로 구성되어 있다. 필요한 자료는 실행 전에 미리 선언되어 있어야한다.

5. C 언어 프로그램의 제어문은 조건문과 반복문으로 구성되고 프로그래밍 문제에 따라 중첩된 제어문이 사용되기도 한다.

6. C 프로그래밍은 함수들의 모임과 활용으로 구성되어 있다. 우리가 이미 사용한 표준입출력 함수인 printf와 scanf조차도 기본 C 언어의 라이브러리에 작성되어 있는 함수이다. 라이브러리 함수와 마찬가지로 필요에 따라 함수를 직접 작성하여 사용할 수 있다.

7. C 함수의 직접 작성을 위하여 다음의 개념을 알고 적용해야한다.

- 함수의 원형(function prototype)
- 함수의 정의(function definition)
- 매개변수(parameter)
- 값에 의한 호출(call by value)

8. 함수를 정의하고 매개변수를 입력으로 호출하여 실행하는 특별한 경우로서 재귀호출(recursive call) 함수가 있다. 재귀란 스스로 다시 돌아온다는 뜻으로 함수에서 자기 자신을 다시 호출하여 문제를 해결하는 방법이다. 재귀호출이 함수를 실행시키는 방법은 문제를 분할해서 해결하는 컴퓨터 문제방식과도 일치하므로 의외로 문제를 쉽게 해결하는 기법으로 많이 사용된다.

9. 어떤 규칙에 따라 차례로 나열된 수열의 항들 사이의 규칙에 따라 n번째 항의 값을 구하기 위하여 재귀호출이 사용될 수 있다. 수열 중에 항의 개수가 많아질수록 인접한 두 항의 비율이 황금비에 가까워진다는 사실로도 널리 알려져 있는 피보나치 수열도 재귀함수로 구현할 수 있는 대표적인 예이다.

10. 많은 재귀호출함수는 반복을 이용하는 것이 효율적인 경우가 많다. 하지만 재귀적인 구조를 가지는 트리의 순회와 같은 경우 재귀호출의 개념을 바로 적용하면 간단하게 몇 줄의 코드로 작성할 수 있다.

연습문제

1. 고급프로그래밍언어는 기계어로의 번역기가 필요하다. 이러한 번역기의 2가지 방식을 설명하시오.

2. 다음 C 프로그램을 이해하고 출력하는 것을 모두 쓰시오.

```
void main()
{
    int i, n=5, tmp=0, what=0;

    for (i=1; i <= n; i++) {
        tmp += i;
        printf("%d  ", tmp);
        what += tmp;
    }
    printf("\n무엇일까요?  %d\n", what);
}
```

3. 다음 프로그램을 이해하고 물음에 답하시오.

```
void main()
{
    int num, n, p, count = 0;

    printf("양의정수 입력  : ");
    scanf("%d", &n);

    num = n;
    while ((num % 2) == 0) {
        printf("%4d", 2);    // ①
        num = num / 2;
        count++;
    }
    p=3;
    while (num != 1) {
        if ((num % p) == 0) {
            printf("%4d", p);  // ②
```

```
            num = num / p;
            count++;
        }
        else p=p+2;
    }
    printf("\ncount = %d\n", count);  //③

}
```

❶ n이 다음과 같이 입력되었을 때 ①, ②, ③의 printf 문에서 출력되는 것을 쓰시오.

입력(n)	출력
1	
120	
210	

❷ 무엇을 하는 프로그램인지 설명하시오.

4. n개의 정수(data)를 읽어 양수의 데이터 개수(pnum)와 평균(pavg)을 구하는 프로그램을 다음의 입력 예와 출력 예를 참고하여 작성하시오(단, 0과 음수는 무시한다).

```
입력 예) n(10), data(70, -10, 90, 30, 50, 0, -75, 95, -50, 65)
출력 예) pnum(6), pavg(66.67)
```

5. n개의 물건값에 대하여 원가격(price)과 할인비율(r)을 읽어 들여 지불금액(total_price)를 출력하는 프로그램을 다음의 입력 예와 출력 예를 참고하여 작성하시오.

```
입력 예) n(3), price(7800, 3500, 14600), rate(0.2, 0.3, 0.1)
출력 예) total_price(21830)
```

6. 다음 중 함수 원형(Function Prototype)에 포함되지 않는 것은? (   )

❶ 함수이름
❷ 리턴값의 자료형
❸ 파라메터의 자료형
❹ 지역변수의 자료형

7. 함수 호출시 파라메터(인자)로 정수 배열을 넘겨줄 때 실제로 넘어가는 데이터가 아닌 것은? (   )

❶ 배열의 이름
❷ 배열 첫 원소의 데이터
❸ 배열 첫 원소의 주소
❹ 정수 데이터 주소

8. 다음 main()의 배열 data안의 데이터 중 최대값(max)과 최소값(min)의 차를 구하여 return하는 함수 range()를 작성하시오.

```
int range(int a[], int n);
void main()
{
   int data[DNUM], k, n;

   printf("The number of data : ");
   scanf("%d", &n);
   printf("Enter %d data\n", n);
   for (k=0; k < n; k++)
      scanf("%d", &data[k]);
   printf("Rage of data values  = %d\n", range(data, n));
}
```

9. 다음은 피보나치 수열을 재귀호출로 구현한 함수이다. fibo(4)을 수행하기 위하여 fibo(1)을 몇 번 호출하는가? (   )

```
int fibo(int n)
{
   if (n == 0 || n == 1)
      return 1;
   else
      return(fibo(n-2) + fibo(n-1));
}
```

❶ 1번　　❷ 2번　　❸ 3번　　❹ 4번

10. 다음은 두 수 a, b의 최대공약수를 구하는 함수 gcd를 재귀적으로 정의한 것이다. 다음 물음에 답하시오.

```
gcd(a, b) = b             ,if b=0
          = gcd(b, a%b)   ,otherwise
```

❶ a, b에 각각 96,36의 값을 가지고 gcd(96,36)을 호출하여 b가 0이 될 때까지 재귀적으로 호출되는 gcd(a, b)를 적으시오.

```
gcd(96,36) =>
```

❷ C 함수 int gcd(int a, int b)로 작성하시오.

CHAPTER 03

배열과 구조체

프로그램의 중요한 요소인 기본 자료는 변수로서 주로 하나의 값이 저장되고 그들 사이의 연산과 처리에 의하여 변수에 새로운 값이 대입된다. 하지만 세상에는 이러한 낱개자료들만으로 데이터 처리가 일어나는 경우보다는 여러 개의 묶음 자료를 가지고 처리하는 경우가 많다. 예를 들어 다음의 경우를 생각해 보자.

(case1) 자료구조 A반 수강생 성적의 평균, 최대값, 최소값 구하기

(case2) 매일 새벽 6시, 정오, 오후 6시, 오전 12시 4번의 일주일 기온을 저장하여 각 시간대별 기온의 평균 구하기, 매일의 평균기온 구하기

(case3) 학번, 이름, 주소, 평균평점, 전화번호 등의 학생등록정보를 가지고 필요한 정보 검색하기

(case1)에서 수강생 수가 40명이라면 40명의 성적을 저장하기 위하여 40개의 정수 데이터 보관함이 필요하다. 이를 위하여 정수 데이터 `dsscore0, dsscore1, dsscore2, . . . , dsscore39`와 같이 40개의 변수를 사용할 수도 있다. 하지만 만약 처리하려는 수강생 수가 1000명이라면 이를 낱개로 다루는 것은 무척 불편할 것이다. 이를 위하여 전체 묶음 데이터의 보관함 이름으로 선언하여 보관함의 위치정보(인덱스)로 데이터를 처리하는 것이 배열이다.

(case2)에서 4개의 시간대별 각 요일의 기온을 저장해야 하므로 4 × 7 또는 7 × 4의 2차원 배열이 필요하다. 이렇게 행과 열이 있는 경우 하나의 보관함 이름으로 두 개의 위치정보(인덱스)를 가지고 처리한다.

(case3)에서 예를 들면 다음과 같은 학생등록 정보가 묶음으로 저장된다.

학번	이름	주소	평균평점	전화번호
1001	Hong,Kildong	Seoul Guro	4.18	70121340

이때 (case1)과 (case2)에서 묶음 자료안의 각 항목은 모두 성적 데이터이거나 기온 데이터로서 같은 자료형의 보관함 이름을 가지고 위치정보로 각 항목을 접근한다. 하지만 (case3)의 각 항목이 정수형, 문자열, 실수형 등 다양한 자료형이 묶여 있어서 이름으로 접근해야 한다. 이를 C 프로그램에서는 구조체로 구현할 수 있다. 데이터베이스에서는 (case3)과 같은 어떤 객체를 표현하는 자료의 항목을 필드 또는 속성이라고 하고 한 객체에 대한 속성자료의 모임을 레코드라고 한다. 레코드들의 모임이 관계형 데이터베이스의 기본이 되는 테이블이다. 이러한 테이블은 각 구조체가 여러 개 묶여 있는 구조체의 배열로 구현할 수 있다.

지금까지 설명한 배열, 구조체 그리고 구조체의 배열은 자주 사용되는 자료구조이며 앞으로 학습하게 될 스택, 큐, 트리, 그래프 등의 개념적인 자료구조를 구현하는 데도 사용되고 있다. 본 장에서는 배열과 구조체의 개념과 응용에 대하여 C 프로그램 실습을 통하여 알아보자.

3.1 배열

가장 기본적이고 많이 사용되는 자료구조가 배열(array)이다. 배열은 각 원소의 위치 정보를 나타내는 인덱스와 데이터 값의 쌍으로 이루어지는 같은 자료형을 갖는 데이터들의 집합이다. 이제 배열의 개념을 정확하게 익혀 활용하기 위한 다음 개념을 학습한다.

- 배열의 접근과 주소계산
- 배열의 연산: 삽입, 삭제, 검색
- 배열 응용 프로그램: 1차원, 다차원배열
- 마방진 알고리즘 구현

3.1.1 배열의 접근과 주소계산

배열은 같은 자료형을 갖는 순서화된 데이터 항목들의 집합으로 다음의 3가지 정보를 가지고 정의되는 자료구조이다.

- 배열 항목의 자료형
- 배열의 이름
- 배열의 크기(항목의 개수)

예를 들면, 다음의 선언을 통하여 이름이 a인 배열은 크기는 10이고, 각 요소의 자료형은 int라는 것이 결정된다.

```
int     a  [10];
자료형  이름 배열의 크기
```

배열 자료구조의 각 데이터는 어떤 순서와 관계없이 임의의 요소에 자유롭게 입력 또는 출력할 수 있다. 위와 같이 선언된 배열에서 a[0], a[1], a[2], …, a[9]의 각 요소를 정수형 낱개 변수와 똑같이 사용할 수 있으며 배열이름과 인덱스를 사용하여 프로그램을 간단하게 작성할 수 있다. 다음은 배열의 인덱스로서 i를 사용하는 예를 보인다. 이때 n은 배열의 크기를 나타낸다.

```
for(i=0; i<n; i++)
   sum = sum + a[i];
```

배열은 인덱스를 두 개 이상 사용할 수도 있으며, 이때 사용되는 인덱스의 수에 따라 차원(dimension)이 정해진다. 즉, 인덱스 하나로 정의된 a[10]과 같은 자료구조는 1차원 배열이라 하고, 인덱스 두 개로 정의된 b[10][5]와 같은 것은 2차원 배열이다. 일반적으로 프로그램에서 허용되는 만큼의 n차원 배열의 사용이 가능하다. 그러나 4차원 이상이 되면 프로그래머가 자료의 논리적 구조를 컨트롤하기 어렵기 때문에 자유롭게 프로그래밍 할 수 없게 된다.

배열은 선언될 때에 배열의 요소의 수가 결정되는데, 그 요소의 수를 배열의 크기라 한다. 예를 들면 a[10]으로 선언된 배열 a의 크기는 10이고 b[7][9]로 선언된 2차원 배열은 그 크기가 7 × 9 = 63이다. 일반적으로 n차원 배열에서 배열의 크기는 각 차원별 첨자의 범위를 모두 곱한 값으로서

$$\prod_{i=1}^{n} d_i$$

와 같이 표현할 수 있는데 d_i는 i번째 차원의 범위가 된다. 이 식을 차원별로 나열하면 다음과 같다.

1차원 배열, a[d_1]의 크기는 d_1,

2차원 배열, a[d_1][d_2]의 크기는 $d_1 \times d_2$,

3차원 배열, a[d_1][d_2][d_3]의 크기는 $d_1 \times d_2 \times d_3$,

⋮

n차원 배열, a[d_1][d_2] ⋯ [d_n]의 크기는 $d_1 \times d_2 \times d_3 \times \ldots \times d_n$이다.

예를 들어 배열, a[3][11][6]의 크기는 3 × 11 × 6 = 198이 되므로 198이다.

배열은 메모리에 연속적으로 그 원소를 저장되기 때문에 임의 원소의 주소를 계산할 수 있다. 1차원배열의 주소계산은 메모리도 주소로 인덱스된 1차원배열 때문에 간단하다.

```
int a[5] = {10, 20, 30, 40, 50}
```

으로 선언되어 있는 경우 배열의 첫 원소 a[0]의 주소를 기본 주소 α라고 하면 정수의 크기 sizeof(int)가 4일 때, 각 원소에 대하여 다음과 같은 메모리 주소를 얻을 수 있다.

컴파일러가 α를 1000번지에 지정한 경우 a[3]는 1012번지에 위치하게 된다.

변수	메모리 주소
a[0]	α
a[1]	α + sizeof(int)
a[2]	α + 2·sizeof(int)
a[3]	α + 3·sizeof(int)
a[4]	α + 4·sizeof(int)

다차원 배열에 있어 각 원소의 주소 계산은 다소 복잡하다. n차원 배열은 배열 안의 각 데이터 항목에 접근하기 위하여 n개의 인덱스가 필요하다. 여기서는 2차원 배열인 경우 예를 들어 배열 안의 특정항목에 접근하기 위한 주소를 계산해보자.

2차원 이상의 다차원 배열의 경우는 행을 우선으로 한 순서(row major order)와 열을 우선으로 한 순서(column major order)의 두 가지가 있다.

1. 행 우선 순서(row major order): 첫째 행에 있는 원소들을 모두 먼저 저장하고 두 번째 행, 세 번째 행 등의 순서에 의하여 기억시키는 방법이고, 한 행 내에서는 열의 순서대로 기억시킨다.
2. 열 우선 순서(column major order): 첫째 열에 있는 원소들을 모두 먼저 저장하고 두 번째 열, 세 번째 열 등의 순서에 의하여 기억시키는 방법이고, 한 열 내에서는 행의 순서대로 기억시킨다.

이러한 방법은 2차원 배열을 메모리주소로 나열된 1차원 배열에 기억시키는 방법이다.

$d_1 \times d_2$로 구성된 2차원 배열에서 α를 배열의 첫 원소 b[0][0]의 주소라 가정하고, 각 항목이 차지하는 메모리소자의 수(자료 사이즈)는 s라고 하자. 이때 행 우선으로 저장되는 경우 임의의 배열안의 데이터 b[i][j]의 주소를 계산하는 식을 다음과 같이 정리할 수 있다.

```
b[i][j]의 주소 = α + (i × d₂ + j) × s
```

이렇게 행 우선으로 저장되는 경우는 $(i \times d_2 + j)$개의 데이터가 b[i][j]보다 먼저 메모리에 저장되어야 하는 데이터의 수이다.

마찬가지로 열 우선으로 저장되는 경우 임의의 배열안의 데이터 b[i][j]의 주소를 계산하는 식을 다음과 같이 정리할 수 있다.

```
b[i][j]의 주소 = α + (i + j × d₁) × s
```

마찬가지로 열 우선으로 저장되는 경우 $(i + j \times d_1)$개의 데이터가 b[i][j]보다 먼저 메모리에 저장되어야 하는 데이터의 수이다.

이를 [그림 3-1]의 5 × 3 이차원 배열 b에 대하여 예를 들어 살펴보자. [그림 3-2]는 배열 b의 각 원소가 a) 행 우선으로 배정되는 경우, b) 열 우선으로 배정되는 경우 각 원소의 배정순서를 보여주고 있다.

이때 행 우선으로 저장되는 경우, b[0][0]의 주소 α는 100이고, sizeof(int) 즉 s는 4라고 가정하자. 이때 b[1][2]의 주소는 120번지이다. b[1][2]보다 먼저 저장된 것이 5개임을 알 수 있다.

```
100 + (1 × 3 + 2) × 4 = 120
```

또한 열 우선으로 저장되는 경우, 같은 조건에서 이때 b[1][2]보다 11개가 먼저 저장되고 주소는 144번지이다.

```
100 + (1 + 2 × 5) × 4 = 144
```

b[0][0]	b[0][1]	b[0][2]
b[1][0]	b[1][1]	b[1][2]
b[2][0]	b[2][1]	b[2][2]
b[3][0]	b[3][1]	b[3][2]
b[4][0]	b[4][1]	b[4][2]

그림 3-1 5 × 3 이차원 배열의 논리적 구조

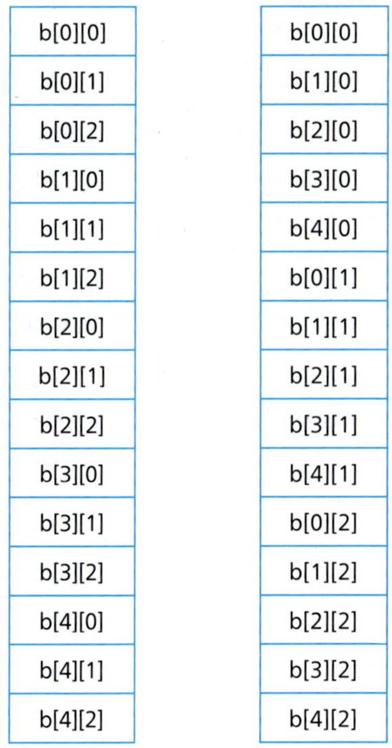

그림 3-2 (a) 행 우선 기억 장소 배정, (b) 열 우선 기억 장소 배정

C언어를 비롯한 대부분의 언어가 행 우선 방식으로 저장되어 있으므로 행 우선 방식으로 저장되는 경우를 3차원 배열로 확장해서 알아보자. 다음과 같이 5 × 8 × 10로 선언 배열 ex를 가정하고, α는 100이고, `sizeof(int)` 즉 s는 4라고 가정하자.

```
int ex[5][8][10];
```

행 우선저장이라면 ex[1][3][8]의 주소는

$$100 + (1 \times 8 \times 10 + 3 \times 10 + 8) \times 4 = 572$$

여기서 특정 배열 요소가 그 배열에서 몇 번째 데이터인지 묻는다면 기본주소 s를 1로 하면 된다. ex[1][3][8]은 행 우선 저장방식에서 앞에 118개가 먼저 저장되므로 119번째로 저장되는 데이터임을 알 수 있다.

이것을 일반화 해보면 $d_1 \times d_2 \times d_3$로 선언된 3차원 배열 ex[i][j][k]의 주소는 다음과 같다.

```
ex[i][j][k]의 주소 = α + (i × d₂ × d₃ + j × d₃ + k) × s
```

최근의 보통 프로그래밍 언어는 C언어처럼 행 우선 방식으로 다차원 배열의 각 항목을 1차원 기억장소에 배정한다. 배열의 묶음 데이터가 연속적으로 이러한 배정방식에 의해 메모리에 자리를 차지하는 것에 대한 정보는 컴파일러에게 배열의 첫 원소의 위치 정보로 배열을 처리할 수 있도록 하는 중요한 정보이다.

[확인학습 3-1]

double a[10][12]으로 선언된 배열 a의 첫 원소 a[0][0]은 200번지에 저장되어 있으며 sizeof(double)은 8일 때,

1. 행 우선 저장방식에서 a[3][10]의 주소는 몇 번지인가? 또 a[5][10]는 몇 번째 데이터인가?

2. 열 우선 저장방식에서 a[3][10]의 주소는 몇 번지인가? 또 a[5][10]는 몇 번째 데이터인가?

이와 같이 배열의 이름은 배열 첫 데이터의 주소로서 포인터 타입의 변수이다. 포인터는 다른 자료의 주소를 가리키는 변수이다. 배열의 이름은 배열 안의 여러 데이터를 대표하는 정보로 첫 데이터의 주소값을 가지고 있으므로 두 번째 데이터의 주소 또 다음 데이터의 주소를 자동 계산할 수 있다는 것을 배웠다.

이를 이용하여 C 프로그래밍에서는 배열을 함수의 매개변수로 넘겨 줄 때 **배열의 이름**을 전달한다. 배열의 이름을 통하여 첫 데이터의 주소를 함수의 매개변수로 전달하면 이를 통하여 배열의 각 항목을 접근하여 사용할 수 있게 된다. 또한 배열의 이름으로부터 전달받은 배열의 첫 데이터의 주소는 배열의 각 항목을 수정할 수도 있다.

배열과 포인터의 관계를 다음 프로그램에서 확인해 보도록 하자.

[프로그램 3-1] 배열과 포인터의 관계

```
float trunc_sum(float *data);
void main()
{
   float xarray[10], fsum = 0.0;
   int i;
   printf("Enter 10 reals: ");
   for (i=0; i<10; i++) {
      scanf("%f", xarray+i);
      fsum = fsum + *(xarray + i);
   }
   printf("Sum = %.2f\n", fsum);
   printf("Truncation Value = %.2f\n", trunc_sum(xarray));
}
float trunc_sum(float data[])
{
   float sum=0.0;
   int i, ivalue;
   for (i=0; i < 10; i++) {
      ivalue = data[i];
      sum += (data[i]-ivalue);
   }
   return sum;
}
```

[프로그램 3-1] main()에서의 trunc_sum(xarray) 호출과 함수 정의 trunc_sum(float data[])을 통하여 배열 xarray는 함수에서 data라는 이름으로 접근이 된다는 것을 알 수 있다. 또한 배열과 포인터의 관계에 의하여 다음의 2가지 표현은 같은 데이터를 표현한 것이다.

포인터표현	배열표현
xarray	&xarray[0]
xarray+i	&xarray[i]
*(xarray+i)	xarray[i]

3.1.2 배열의 연산

자료구조를 마련하고 활용하기 위하여 어떤 자료구조에 데이터를 저장하고 어떤 항목에 접근, 삽입, 삭제하는 연산들이 필요하다. 배열의 데이터는 배열의 인덱스에 의해 값을 넣어줄 수 있고 접근할 수 있다. [프로그램 3-2]는 100개까지 저장할 수 있는 배열 exarray와 배열의 항목에 접근하기 위한 인덱스 변수로 k를 선언하였다. for 반복문으로 10개의 데이터 exarray[0], exarray[1], . . . , exarray[9]를 입력 받아 저장하고 다시 for 반복문에 의하여 거꾸로 exarray[9], exarray[8], . . . , exarray[0]을 출력하면서 배열의 각 항목에 접근하는 예를 보여주고 있다.

[프로그램 3-2] 배열의 데이터 저장과 접근

```
void main()
{
   int exarray[100], k;

   printf("Input 10 test data: ");
   for (k=0; k < 10; k++)
      scanf("%d", &exarray[k]);
   for (k=9; k >= 0; k--)
      printf("%d ",exarray[k]);
}
```

다음과 같이 순차적으로 데이터가 주어진 배열에 새로운 데이터를 삽입하는 경우를 생각해 보자.

23	65	10	5	33	7	98	55	75	40		. . .	

맨 앞에 삽입하는 경우는 마지막 데이터부터 뒤로 하나씩 옮겨 맨 앞쪽에 새로운 데이터를 삽입할 자리를 만들어 주어야 한다.

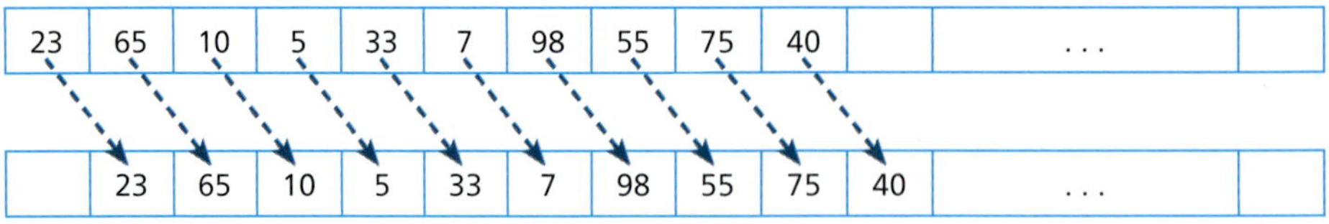

그럼 이제 인덱스 k에 삽입하는 경우를 생각해 보자(k = 0, . . . , 10).

k가 4이면 다음과 같이 인덱스 4에 공간을 마련해 주어야 한다.

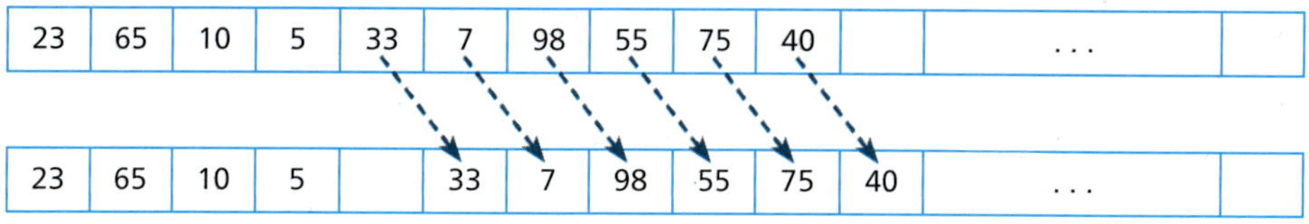

이와 같은 내용은 다음과 같이 프로그래밍 코딩으로 나타낼 수 있다.

```
i = 9;
while (i >= k) {
   exarray[i+1] = exarray[i];
   i--;
}
```

이렇게 공간을 확보하고 exarray[k]에 삽입할 데이터를 넣으면 된다. 이러한 과정을 다음 프로그램으로 실습하고 결과를 확인해 보자.

실습프로그램

[프로그램 3-3] 배열의 항목 삽입

```
void main()
{
   int exarray[100], n, i, k, idata;

   printf("  Input the number of given data : ");
   scanf("%d", &n);
   printf("  Input %d data : ", n);

   for (i=0; i < n; i++)
      scanf("%d", &exarray[i]);

   printf("  Input index k and its data : ");
   scanf("%d%d", &k, &idata);

   i = n-1;
   while (i >= k) {
      exarray[i+1] = exarray[i];
      i--;
   }
   exarray[k] = idata;
   printf("  After inserting : ");
   for (i=0; i < n+1; i++)
      printf("%d  ",exarray[i]);

}
```

실행결과

```
Input the number of given data : 10
Input 10 data : 23 65 10 5 33 7 98 55 75 40
Input index k and its data : 4 70
After inserting : 23  65  10  5  70  33  7  98  55  75  40
```

n개의 데이터를 가지고 있는 배열의 인덱스 k에 있는 데이터를 삭제하려면 k+1의 인덱스의 데이터부터 마지막 데이터까지 하나씩 앞으로 가져오면 된다.

k가 4인 경우

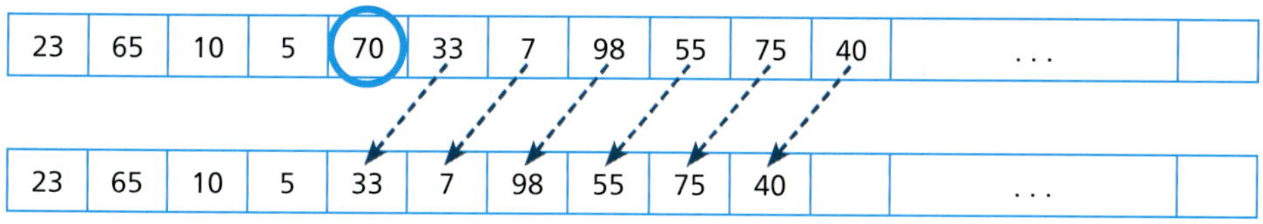

xarray[4]의 70의 값이 삭제된다.

이 과정을 코딩으로 나타내면 다음과 같다.

```
i = k;
while (i < n) {
   exarray[i] = exarray[i+1];
   i++;
}
```

또 다른 대표적인 배열 연산으로 주어진 데이터를 찾는 탐색이 있다. 배열 안의 데이터를 확인하여 찾으려는 값이 있는지 조건을 통해 탐색하는 과정이다. 예를 들면 n명의 합격자 수험번호를 가지고 있는 배열 passdb로부터 어떤 수험번호의 지원자가 합격했는지 탐색하는 함수 pass_search()는 [프로그램 3-4]와 같다.

[프로그램 3-4] 배열의 데이터 검색

```
int pass_search(long passdb[], int n, long sid)
{
   int i;
   for (i=0; i < n; i++)
      if (passdb[i] == sid) return 1;
   return 0;
}
```

위의 과정을 통하여 배열안의 데이터 접근은 인덱스에 의하여 상수시간 O(1)에 의해 수행되고, 배열에 데이터의 삽입, 삭제, 검색은 배열 안의 데이터의 수 n에 의하여 좌우되는 O(n)임을 알 수 있을 것이다.

[확인학습 3-2]

[프로그램 3-3]을 참고하여 배열의 인덱스 k에 있는 데이터를 삭제하는 main()을 작성하여 프로그램으로 실습 하시오.

3.1.3 배열 응용 프로그램

배열은 같은 자료형의 데이터의 묶음을 하나의 변수 이름으로 편리하게 사용할 수 있는 자료구조임을 배웠다. 이제 몇 가지 실습프로그램을 통하여 배열의 활용과 프로그래밍 기법을 익히자.

배열의 차원은 배열의 각 항목에 접근하기 위해 필요한 인덱스의 수를 말한다. 시리즈 형태로 데이터의 리스트가 주어진 경우 데이터 항목에 접근하기 위한 인덱스가 1개이므로 1차원 배열, 행과 열로 구성된 타임 테이블 등은 행의 인덱스와 열의 인덱스를 2개 값을 통해 각 항목에 접근하므로 2차원 배열이 된다. 그 외 다차원 배열도 마찬가지로 인덱스 수의 확장으로 해석하면 된다. 하지만 자료의 형태가 그려지지 않으면 프로그래밍에서 다루기 쉽지 않기 때문에 1차원, 2차원 배열이 주로 활용되고 있다.

실습프로그램

1차원 배열에 n개의 데이터를 읽어들여 평균을 구하고 평균보다 더 큰 값의 데이터 수를 구하는 프로그램을 작성하시오. 평균을 구하는 함수 avg()의 결과를 받고 평균보다 더 큰 데이터 수를 구하는 함수 over_avg()를 작성하자.

[프로그램 3-5] 1차원 배열 연습

```
#define DNUM 100
double avg(int a[], int n);
int over_avg(int a[], int n, double average);
void main()
{
   int data[DNUM], k, n;
   double aver;
   printf("The number of data: ");
   scanf("%d", &n);
   printf("Enter %d data \n", n);
   for (k=0; k < n; k++)
```

```
        scanf("%d", &data[k]);
    aver = avg(data, n)
    printf("Average : %.2f\n", aver);
    printf("The number of data (over average):
                %d \n", over_avg(data, n, aver));
}
double avg(int a[], int n)
{
    int sum=0, i;
    for (i=0; i < n; i++)
        sum += a[i];
    return (double)sum/n;
}

int over_avg(int a[], int n, double average)
{
    int over=0, i;
    for (i=0; i < n; i++)
        if (a[i] > average) over++;
    return over;
}
```

실행결과

```
The number of data : 6
Enter 6 data
25
34
76
87
94
56
Average : 62.00
The number of data (over average) : 3
```

실습프로그램

영어학원에 4개의 시간(1교시~4교시)에 Susan, Hellen, Mike 3분의 강사 선생님께서 수업을 개설하였을 때, 각 시간의 각 선생님께 수강 신청한 학생의 수를 2차원 배열에 입력받아 저장하고 각 선생님 클래스의 학생수를 출력해 주는 프로그램을 작성하시오.

[프로그램 3-6] 2차원 배열 연습

```
void main()
{
   char tname[][10]={"Susan", "Hellen", "Mike"};
   int i, j, ctable[4][3], cnum, total=0;

   printf("This is English Academy.\n");
   printf("There are 3 teachers: %s   %s   %s\n", tname[0],
                     tname[1], tname[2]);
   for (i=0; i < 4; i++) {
      printf("Enter the class size for %d: ", i+1);
         for (j=0; j < 3; j++)
            scanf("%d", &ctable[i][j]);
   }
   for (j=0; j < 3; j++) {
      cnum = 0;
      for (i=0; i < 4; i++)
         cnum = cnum + ctable[i][j];
      printf("Student number of %s's class: %d\n",
                     tname[j], cnum);
      total = total + cnum;
   }
   printf("The number of students in this Academy:%d\n", total);
}
```

4 × 3의 2차원 배열에 중첩된 for 반복문으로 데이터를 입력하고 강사들에 해당하는 1~4교시 수강생의 수를 합하여 cnum을 출력하고 마지막으로 전체 수강생 수 total을 출력한다.

실습프로그램

전화번호부 정보를 가지고 있는 문자열의 2차원 배열, 즉 문자형의 3차원 배열 telbook에 이름과 전화번호 데이터를 준비하고 있다고 하자. 이때 전화번호부에 저장 되어 있는 이름을 순서대로 번호를 붙여 출력해 주고 그 번호를 통해 전화번호를 검색해 주는 프로그램을 작성하시오.

[프로그램 3-7] 3차원 배열 연습

```
void main()
{
    char telbook[][2][30] = {
        "Kim kyung sook", "2674-1316",
        "Ro mee jin", "2645-1597",
        "Lee woo jin","7345-9578",
        "Kim min sook","264-9578",
        "Ko cheol","689-1285",
        "Kang min kook","365-8596",
        "Park gi seok","369-1258",
        "Choi kyung min","659-4859",
        "Hong jungsook", "9017-1211",
        "Lee soyoung", "2121-3737",
        "Kim hongsuk", "5232-4537",
        "",""
    };
    int i=0, num;

    while (strcmp(telbook[i][0],"")) {
        printf("%d: %s\n", i+1, telbook[i][0]);
        i++;
    }
    printf("==============================\n");
    printf("Enter the number(1-%d): ", i);
    scanf("%d", &num);
    printf("Telephone number of %s: %s", telbook[num-1][0],
                                                telbook[num-1][1]);
}
```

실행결과

```
1 : Kim kyung sook
2 : Ro mee jin
3 : Lee woo jin
4 : Kim min sook
```

```
5 : Ko cheol
6 : Kang min kook
7 : Park gi seok
8 : Choi kyung min
9 : Hong jungsook
10 : Lee soyoung
11 : Kim hongsuk
==============================
Enter the number(1-11):9
Telephone number of Hong jungsook : 9017-1211
```

3.1.4 마방진 프로그램

2차원 배열을 이용한 예제로서 오락 수학문제인 [그림 3-3]과 같은 정사각행렬을 만들어 보자.

문제의 n×n의 정사각행렬은 1에서 n^2까지의 정수로 채워진 행렬로서 각 행과 열 그리고 두 개의 주 대각선의 합이 모두 같다. 이 문제는 마방진(magic square) 프로그램으로 알려져 있다. [그림 3-3]은 n = 3인 경우 만들어진 마방진은 3개의 행, 3개의 열 그리고 2개의 주 대각선의 합이 모두 15인 신기한 정사각행렬이 된다. 모두 같은 이 합을 magic_sum이라고 하자.

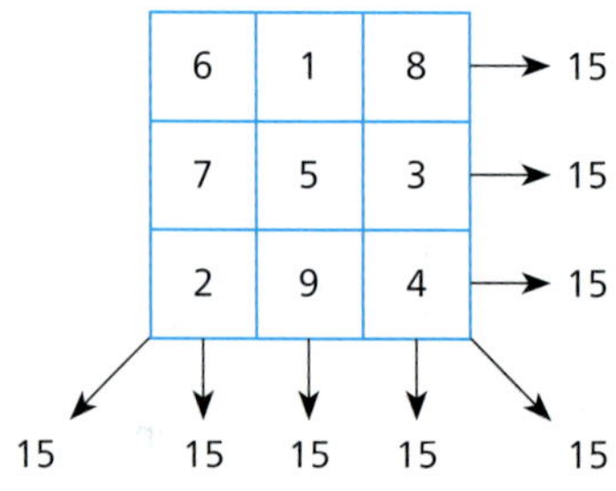

그림 3-3 3 × 3의 마방진

이러한 마방진 문제는 정사각행렬을 2차원 배열로 준비하여 1부터 n^2까지의 수를 채워 간다. n이 홀수일 때 신기하게도 합이 같은 마방진을 만들기 위해서 정방행렬을 만드는 다음과 같은 간단한 규칙을 제시했다.

1. 첫 번째 행의 중앙에 1을 넣는다.
2. 왼쪽 대각선 방향으로 올라가면서 빈자리에 1씩 큰 수를 놓는다. 이때 행렬의 밖으로 벗어나면 그 방향의 반대편에서 계속하라. 즉 상단을 벗어나면 같은 열의 최하단으로, 왼쪽으로 벗어나면 같은 행의 제일 오른쪽으로 이동한다.
3. 만약 이동하려는 자리에 숫자가 이미 채워져 있으면 바로 밑으로 내려 가서 계속한다.

이 규칙을 이용하여 n이 5인 경우, 1부터 25의 수를 2차원 배열에 놓아보자. [그림 3-4]는 위의 규칙을 이용하여 수를 채웠고 5개의 행의 합, 5개의 열의 합, 그리고 2개의 주 대각선의 합이 모두 65인 정사각행렬을 만들어 낸 것을 확인할 수 있다. 즉 n이 5인 경우 `magic_sum`은 65 이다.

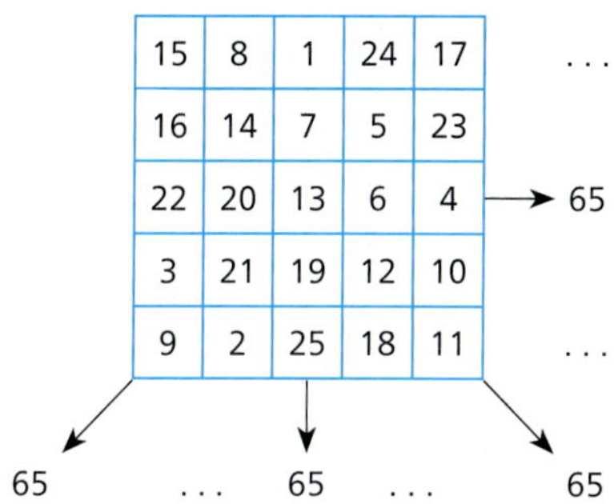

그림 3-4 5 × 5의 마방진

위의 규칙 ①을 이용하여 첫 번째 행의 중앙에 1을 넣기 위하여 행과 열의 위치를 저장하는 인덱스 변수 r, c가 필요하다. r은 첫 번째 행의 인덱스 0을, c는 중앙의 인덱스(n-1)/2를 지정하고 그곳에 1을 넣는다.

다음 스텝으로, 규칙 ②를 적용하기 위하여 숫자 2부터는 왼쪽 대각선으로 움직이기 때문에 하나 위로 하나 왼쪽으로 움직인다. 즉, 현재 행의 인덱스 r과 열의 인덱스 c를 하나씩 감소시킨다. 이때 위로 벗어나서 r이 −1이 되면 n − 1로 지정하고, c가 −1이 되면 n − 1로 지정하면 규칙 ②가 적용된다. 규칙 ③을 적용하기 위하여 만약 다음 스텝으로 이동하는 위치에 숫자가 이미 놓여져 있는지를 확인하기 위하여 준비된 2차원 배열은 초기에 모두 0으로 초기화 되어 있어야 한다.

이러한 규칙을 C 코드로 프로그래밍하면 다음과 같다.

[프로그램 3-8] 마방진 만드는 규칙 코딩

```
r = 0; c = (n-1)/2;
table[r][c] = 1;

for (digit = 2; digit <= n*n; digit++) {
    row = r-1;
    col = c-1;
    if (row < 0) row = n-1; //up
    if (col < 0) col = n-1; //left
    if (table[row][col]) r++;
    else {
        r = row;
        c = col;
    }
    table[r][c] = digit;
}
```

실습프로그램

마방진을 만드는 규칙을 이해하고 다음 순서에 따라 15×15까지 수행할 수 있도록 다음 순서에 따라 프로그램을 작성하고 실행결과를 확인하시오.

- 필요한 변수를 선언한다.
- n을 입력 받는다.
  n이 정해진 범위에 있는지, 홀수인지를 체크한다.
- n × n의 이차원배열 table을 모두 0으로 초기화한다.
- 규칙에 따라 table안에 숫자를 놓는다.
- 결과 table을 출력한다.
- magic_sum을 출력한다.

[프로그램 3-9] 마방진 프로그램

```
#define MAX_SIZE 15

void main()
{
    int n, r, c, sum=0, digit, row, col;
    int table[MAX_SIZE][MAX_SIZE];
```

```c

    printf("Enter a number: ");
    scanf("%d", &n);

    if ( (n < 1) || n > MAX_SIZE) {
        printf("Error! size is out of range.\n");
        exit(0);
    }
    if (!(n%2)) {
        printf("Error! size is even.\n");
        exit(0);
    }

    for (r=0; r < n; r++)
        for (c=0; c < n; c++)
            table[r][c] = 0;

    r = 0; c = (n-1)/2;
    table[r][c] = 1;

    for (digit = 2; digit <= n*n; digit++) {
        row = r-1;
        col = c-1;
        if (row < 0) row = n-1; //up
        if (col < 0) col = n-1; //left
        if (table[row][col]) r++;
        else {
            r = row;
            c = col;
        }
        table[r][c] = digit;
    }
    for (r = 0; r < n; r++) {
        for (c = 0; c < n; c++)
            printf("%5d", table[r][c]);
        printf("\n");
    }
    for (c=0; c < n; c++)
        sum += table[0][c];

    printf("Row/Column/Diagonal Sum = %d\n", sum);

} /* main */
```

실행결과

```
Enter a number: 7
  28  19  10   1  48  39  30
  29  27  18   9   7  47  38
  37  35  26  17   8   6  46
  45  36  34  25  16  14   5
   4  44  42  33  24  15  13
  12   3  43  41  32  23  21
  20  11   2  49  40  31  22
Row/Column/Diagonal Sum = 175
```

[확인학습 3-3]

[프로그램 3-9]를 참고하여 다음 물음에 답하시오.

1. 정방행렬에 숫자를 넣기 전에 table을 모두 0으로 초기화한 이유는 무엇인가?

2. 다음과 같이 두 개의 함수를 분리하여 다시 작성하고 실행시켜 보자. [프로그램 3-8]의 마방진을 만드는 규칙을 함수 make_msquare()로 작성하고 결과를 출력하는 코드부분을 함수 display()로 작성한다.

```
void make_msquare(int table[][MAX_SIZE], int n);
void display(int table[][MAX_SIZE], int n);
```

3.2 구조체

우리가 활용하고자 하는 데이터가 숫자나 문자와 같은 자료형의 모임인 배열만 있는 것은 아니다. 컴퓨터가 다루는 정형화된 데이터들의 저장과 운영을 맡고 있는 데이터베이스의 자료들은 어떤 객체를 표현하는 속성으로 구성되어 있다. 이 속성을 보통 필드라고 부르고 이러한 필드들의 모임을 레코드라고 부른다. 예를 들면 어떤 회사에 근무하는 사원에 대하여 다음과 같이 아이디, 이름, 부양가족수, 연봉 데이터를 저장하고 있다고 하자.

아이디	이름	부양가족수	연봉
10011	Hong,Kildong	3	41,270,500

이때 하나의 레코드는 4개의 필드(속성)로 구성되어 있다. 또한 여러 개의 레코드를 테이블로 저장하여 처리하는 것이 관계형 데이터베이스 시스템의 기본 구조이다. 이러한 우리 일상의 레코드 데이터를 위하여 마련된 C 프로그램의 자료구조가 구조체이다. 또한 테이블은 이러한 구조체의 배열로 구현할 수 있다. 이제부터 구조체와 구조체의 배열을 프로그래밍을 통하여 알아보자.

3.2.1 구조체의 정의와 응용

구조체는 다양한 자료형의 연관된 자료를 묶어 새로운 자료형을 만들어 준다. 기워드 struct를 이용하여 member를 구조체 태그 이름으로 정하여 중괄호 사이에 연관된 자료를 다음과 같이 선언하면 struct member라는 새로운 타입이 생기게 된다. 구조체 태그이름은 프로그래머가 정할 수 있고 생략도 가능하다.

```
struct member {
    int id;
    char name[20];
    float score;
};
```

이렇게 struct member 타입이 마련되면 다음과 같은 선언문에 의하여 구조체를 프로그램에서 변수로 사용하게 된다.

```
struct member onep, exmember[20];
```

위의 선언에 의하여 1개의 레코드를 저장할 수 있는 변수 onep와 20개의 레코드를 저장할 수 있는 struct member 타입의 배열 exmember를 그 안의 구성원 변수를 나타낼 수 있는 멤버 연산자(.)에 의하여 다음과 같이 사용할 수 있다.

구조체의 각 멤버변수에 값을 배정하는 배정문

```
onep.id = 2102;
strcpy(onep.name, "Hong Gildong");
onep.score = 4.23;
```

구조체 배열 exmember 안의 데이터 중 성적이 4.0 이상인 학생의 id를 출력하는 문장

```
for (k=0; k < 20; k++)
    if (exmember[k].score >= 4.0) printf("%d\n", exmember[k].id);
```

또한 이와 같은 구조체는 형 정의문(typedef)에 의하여 하나의 타입으로 선언하여 사용할 수 있다. 다음 선언문에 의하여 struct member 타입은 example로도 정의되어 둘 다 같은 구조체 타입으로 사용할 수 있게 된다. 이 경우 example을 구조체 타입명으로 사용한다면 구조체의 태그이름 member는 생략할 수 있다.

```
typedef struct member {
    int id;
    char name[20];
    float score;
} example;
```

구조체의 멤버로 중첩해서 구조체를 가질 수도 있다. 구조체 타입 date를 구조체의 멤버로 포함시켜 다음과 같은 sstruct라는 타입을 만들었다.

```
typedef struct {
    int year;
    int month;
    int day;
} date;
```

```
ypedef struct member {
    int id;
    char name[20];
    float score;
    date eday;
} sstruct;
```

다음과 같이 struct로 선언된 변수 student는 중첩된 멤버 연산자(.)를 사용할 수 있다.

```
sstruct student;
student.id = 1107;
strcpy(student.name, "Kim Dokyung");
student.score = 4.21;
student.eday.year = 2021;
student.eday.month = 3;
student.eday.day = 2;
```

또한 다음 장에서 학습하게 될 자기 자신과 같은 구조체의 포인터를 멤버로 가지고 연결리스트를 구성하는 자기참조구조체도 있다.

이제 다음 [실습프로그램]을 통하여 지금까지 학습한 구조체의 개념과 정의를 프로그래밍으로 익히도록 하자.

실습프로그램

앞에서 정의하고 선언한 구조체 타입 example의 배열 exmember를 함수 over40()의 매개변수로 넘겨주고 학점이 4.0이상인 학생을 출력해 준다. 또한 함수 find_max()는 최대 성적을 가진 구조체를 리턴해 주는 프로그래밍 코드로 작성해 보자. 이를 통해서 구조체를 다루는 연습을 해보고 다른 자료구조에 적용할 수 있는 준비를 하도록 하자.

[프로그램 3-10] 구조체와 함수 활용 프로그램

```
typedef struct member {
   int id;
   char name[20];
   float score;
} example;
void over40(example *a, int n);
example find_max(example *a, int n);

void main()
{
   example onep, exmember[20];
   int i, n;

   printf("\nInput the number of data: ");
   scanf("%d", &n);

   for (i = 0; i < n; i++) {
      printf("데이터 입력: ");
```

```
        scanf("%d  %s  %f", &exmember[i].id, exmember[i].name,
            &exmember[i].score);
    }
    over40(exmember, n);
    onep = find_max(exmember, n);

    printf("Information of the highest score student  = %d:
            %s: %.2f\n", onep.id, onep.name, onep.score);
}

void over40(example a[], int n)
{
    int k;

    printf("List of high score  students(over 4.0)\n");
    for (k = 0; k < n; k++)
        if (a[k].score > 4.0)
            printf("%d -- %s\n", a[k].id, a[k].name);
}

example find_max(example a[], int n)
{
    int k, max_index;

    max_index = 0;

    for (k = 1; k < n; k++)
    if (a[k].score > a[max_index].score)
        max_index = k;

    return a[max_index];
}
```

실행결과

```
Input the number of data : 6
데이터 입력 : 121 Park 4.01
데이터 입력 : 170 Lee1 3.98
데이터 입력 : 200 Kim1 3.33
데이터 입력 : 100 Lee2 4.32
데이터 입력 : 300 Kim2 4.11
데이터 입력 : 210 Lim  3.88
List of high score  students(over 4.0)
```

```
121 -- Park
100 -- Lee2
300 -- Kim2
Information of the highest score student  = 100 : Lee2 : 4.32
```

3.2.2 파일과 구조체의 배열

[프로그램 3-10]의 프로그램 실행에서 비록 6개의 구조체 데이터이지만 표준 입력으로 입력하는 것이 불편했을 것이다. 하지만 대부분의 많은 데이터는 레코드들의 모임으로 여러 형식의 파일로 제공된다. 이러한 파일에 저장된 데이터를 처리하기 위한 구조체의 배열은 자주 사용되는 자료구조이다. 우리 일상생활에서 정형화된 데이터를 처리하는 가장 흔한 예로서 테이블을 기본으로 하는 관계형 데이터베이스에서의 쿼리 처리도 구조체의 배열을 사용한다.

예를 들어 강좌코드, 담당 교수 이름, 수강생 수, 강의실 번호로 구성된 입력 파일을 구조체 타입의 배열로 선언하고 다음의 데이터베이스 쿼리와 같은 [처리 예]를 위한 프로그래밍 코드를 작성해 보자. 이를 통하여 파일이 구조체의 배열로 선언되어 활용되는 예를 C 프로그래밍의 파일처리와 함께 알아보고 실습해 보자.

입력 파일의 예

강좌 코드	담당 교수 이름	수강생 수	강의실 번호
db01	YSKIM	37	1217
dmath	DHLEE	42	2301
arch01	HJCHOI	33	1108
ds01	HSRHEE	45	1307
db02	HJCHO	28	2311
algo01	HSRHEE	35	1305
ds02	HSRHEE	37	1307
arch02	HJCHOI	36	1108
algo02	HSRHEE	43	1305
network	HJYOON	22	2200
web	YSKIM	43	2100

처리 예

- 수강인원이 40명 이상인 강좌 코드를 출력하시오.
- 교수이름이 "HSRHEE"인 교수님이 강의하시는 강좌 코드와 강의실 번호를 출력하시오.

- 강의실 번호 1108에서 강의하는 강좌 코드와 담당 교수를 출력하시오.

1. 파일 안의 데이터에 적합한 구조체 타입의 정의와 파일 안의 데이터를 읽어오기 위한 구조체 배열 cdb를 다음과 같이 선언한다.

```
typedef struct course {
    char courseid[10];
    char tname[20];
    unsigned snum;
    unsigned roomnum;
} cinform;

cinform cdb[50];
```

2. 파일 타입을 선언하는 방법, fopen, fscanf, fprintf의 사용법을 이해한다.

❶ 파일 타입의 선언

```
FILE *fp, *coursedb;
```

❷ 함수 fopen()의 사용

파일을 열어 프로그램에서 그 파일을 다룰 수 있는 파일 포인터를 리턴해 주는 함수로서 <stdio.h>에 정의되어 있다. fopen()에는 두 개의 매개변수가 있다. 첫 번째는 오픈할 파일의 위치를 알려주고, 두 번째 매개변수는 이 파일이 어떤 용도로 프로그램에서 접근하는지 알려준다. 파일의 위치와 파일의 용도(입력용(r)인지, 출력용(w)인지)는 모두 문자열로 명시해 준다. 다음은 실습프로그램에서 사용될 fopen()문장이다. 첫 번째 매개변수 argv[1]은 외부 인터페이스를 통하여 지정된 위치에 있는 파일을 입력용(r)으로 오픈하여 파일 포인터를 coursedb에 대입하는 문장이다. 2.2.4절에서 main()함수의 외부 매개변수에 대하여 복습하도록 하자.

```
coursedb = fopen(argv[1], "r")
```

❸ 다음은 지정된 파일 포인터 coursedb가 가리키는 파일로부터 지정된 형식의 데이터를 차례로 읽어 EOF(End Of File)까지 배열 cdb에 저장하는 C 언어 문장이다. 파일의 데이터를 읽으면서 배열 cdb의 인덱스를 하나씩 증가시키면 while문을 빠져 나올 때 i의 값이 읽은 데이터의 수가 된다.

```
while (fscanf(coursedb, "%s %s %u %u", cdb[i].courseid,
   cdb[i].tname, &(cdb[i].snum), &(cdb[i].roomnum)) != EOF)
   i++;
```

3. 프로그램을 작성한다.

주어진 처리 내용에 해당하는 프로그램 코드를 작성한다.

실습프로그램

주어진 수강신청 입력파일을 구조체의 배열 cdb에 저장하고 처리하는 과정을 프로그래밍으로 익히자.

[프로그램 3-11] 구조체의 배열을 이용한 파일의 처리 예

```
#include <stdio.h>
#include <stdlib.h>
#include <string.h>
#define MAX_CNUM 50
typedef struct course {
   char courseid[10];
   char tname[20];
   unsigned snum;
   unsigned roomnum;
} cinform;

void main(int argc, char *argv[])
{
   int i=0, dnum;
   char sprof[20];
   unsigned sroomnum;
   cinform cdb[MAX_CNUM];
   FILE *coursedb;

   if ((coursedb = fopen(argv[1], "r")) == NULL) {
      printf("데이터 파일을 열 수 없습니다 \n");
      exit(1);
   }
   while (fscanf(coursedb, "%s %s %u %u", cdb[i].courseid,
   cdb[i].tname, &(cdb[i].snum), &(cdb[i].roomnum)) != EOF)
      i++;
   dnum = i;
```

```
    printf("수강인원이 40명 이상인 강좌 코드 번호를 출력하시오.\n");
    for (i=0; i < dnum; i++)
       if (cdb[i].snum >= 40) printf("%s\n", cdb[i].courseid);

    printf("검색하고자 하는 교수이름 입력: ");
    scanf("%s", sprof);
    printf("%s 교수가 강의하는 강좌 코드와 강의실 번호를 출력하시오.
                                                        \n", sprof);
    for (i=0; i < dnum; i++)
       if (!strcmp(cdb[i].tname, sprof))
          printf("%s\t%u\n", cdb[i].courseid, cdb[i].roomnum);

    printf("검색하고자 하는 강의실 번호 입력: ");
    scanf("%u", &sroomnum);
    printf("%u 강의실에서 수업하는 강좌 코드와 담당 교수를 출력하시오.
                                                        \n", sroomnum);

    for (i=0; i < dnum; i++)
       if (cdb[i].roomnum == sroomnum)
          printf("%s\t%s\n", cdb[i].courseid, cdb[i].tname);
    fclose(coursedb);
}
```

실행결과

```
수강인원이 40명 이상인 강좌 코드 번호를 출력하시오.
dmath
ds01
algo02
web
검색하고자 하는 교수이름 입력 : HSRHEE
HSRHEE 교수가 강의하는 강좌 코드와 강의실 번호를 출력하시오.
ds01    1307
algo01  1305
ds02    1307
algo02  1305
검색하고자 하는 강의실 번호 입력 : 1108
1108 강의실에서 수업하는 강좌 코드와 담당 교수를 출력하시오.
arch01  HJCHOI
arch02  HJCHOI
```

요약정리

1. 배열은 각 원소의 위치 정보를 나타내는 인덱스와 데이터 값의 쌍으로 이루어지는 같은 자료형을 갖는 데이터들의 집합이다.

2. 배열은 정의될 때 배열 항목의 자료형, 배열의 이름, 배열의 크기(항목의 개수)를 명시한다. 예를들어 선언문 `double rate[12];`은 `double`형의 12개의 데이터를 rate라는 배열이름으로 사용한다는 의미이다.

3. 배열이 가진 원소를 접근할 때 1차원 배열은 1개의 위치정보(인덱스)가 필요하고 n차원 배열이면 n개의 위치정보가 필요하다.

4. 배열의 원소는 프로그래밍에서 인덱스에 의해 접근하며 전체원소는 인덱스를 0에서부터 증가시켜가면서 처리하므로 `for` 반복문과 함께 사용된다.

5. 배열은 순차적으로 메모리에 저장되기 때문에 배열의 첫 번째 데이터의 주소만 알면 임의의 위치의 데이터의 주소를 자동 계산하여 접근할 수 있다. 다차원 배열은 행 우선방식 또는 열 우선방식에 의하여 임의의 데이터의 주소를 계산할 수 있다.

6. 배열의 이름은 배열 첫 데이터의 주소로서 포인터 타입의 변수이다. 배열의 이름은 배열 안의 여러 데이터를 대표하는 정보로 배열을 함수의 매개변수로 넘겨 줄 때 배열의 이름을 전달한다.

7. 배열안의 데이터 접근은 인덱스에 의하여 상수시간 O(1)에 의해 수행되고, 배열에 데이터의 삽입, 삭제, 검색은 배열 안의 데이터의 수 n에 의하여 좌우되는 O(n)으로 분석된다.

8. 마방진(magic square) 만들기 프로그램은 n × n의 2차원 배열을 준비하여 n개의 행의 합, n개의 열의 합 그리고 두 개의 주 대각선의 합이 모두 같도록 1에서 n^2까지의 수를 채워가는 규칙을 구현한 것이다.

9. 컴퓨터가 다루는 정형화된 데이터들의 저장과 운영을 맡고 있는 데이터베이스의 많은 자료들은 어떤 객체를 표현하는 속성으로 구성되어 있다. 이 속성을 보통 필드라고 부르고 이러한 필드들의 모임을 레코드라고 부른다. 구조체는 이러한 레코드를 C 프로그램에서 사용할 수 있도록 준비한 서로 다른 자료형으로 구성되어 멤버연산자(.)를 통해 이름으로 접근하는 자료구조이다.

10. fopen()함수는 지정된 파일을 다루기 위한 파일 포인터를 리턴해 준다. 이 파일 포인터를 통하여 레코드의 모임으로 구성된 파일을 구조체의 배열로 저장하여 프로그래밍에 활용할 수 있다.

연습문제

1. 배열의 특징으로 맞는 것은? (　)

❶ 원소 간의 순서를 파악하기 쉬우므로 원소 삽입이 빠르다.

❷ 원소 간의 순서를 파악하기 쉬우므로 원소 삭제가 빠르다.

❸ 모든 원소가 연속된 메모리에 위치하므로 원소 조회가 빠르다.

❹ 효율적인 메모리 구성으로 인해 모든 연산이 빠르다.

2. 배열 `int arr[10];`과 `int *ptr = arr;`이 있을 때, 배열 arr의 3번째 원소를 지칭하지 않는 것은? (　)

❶ *(arr+2)　　❷ ptr+2

❸ arr[2]　　❹ ptr[2]

3. 배열 `int alist[] = { 10, 20, 30, 40, 50 };` 의 원소를 역순으로 출력하는 프로그램이다. 빈 칸에 알맞은 것은? (　)

```
n = sizeof(alist)/sizeof(int);
for (int i = ⓐ; i >= ⓑ;i--)
   printf("%d", alist[i]);
```

❶ ⓐ 0　ⓑ n　　❷ ⓐ 0　ⓑ n-1

❸ ⓐ n　ⓑ 0　　❹ ⓐ n-1　ⓑ 0

4. 배열 `int arr[10];`과 `int *ptr = arr;`이 있을 때 배열 arr의 모든 원소를 출력하는 프로그램이다. 빈 칸에 적합하지 않은 것은? (   )

```
for (int i = 0; i < 10; i++)
    printf("%d", __________ );
```

❶ `*(arr+i)` ❷ `*ptr++` ❸ `*arr++` ❹ `*(ptr+i)`

5. 행 우선으로 배열의 C 프로그램에서 `int a[10][12]`로 선언된 배열 a의 첫 원소 `a[0][0]`는 100번지에 저장되어 있으며 int 타입은 메모리 4 byte를 차지한다고 할 때 `a[6][7]` 원소는 실제 메모리 상에서 몇 번째 원소인가? (   )

❶ 1번째 ❷ 78번째 ❸ 79번째 ❹ 80번째

6. 위 문제와 같은 조건에서 `a[6][7]` 원소는 메모리 몇 번지에 위치하는가? (   )

❶ 412번지 ❷ 416번지 ❸ 364번지 ❹ 368번지

7. 선언문 `int *arr[10];`를 맞게 표현한 것은? (   )

❶ int형의 데이터가 10개 연속으로 있는 배열이다.

❷ int형의 데이터가 10개 연속으로 있는 배열의 포인터 타입이다.

❸ int형의 포인터가 10개 연속으로 있는 배열이다.

❹ int형의 포인터가 `arr[1]`부터 `arr[10]`까지 연속으로 있는 배열이다.

8. 7 × 5의 2차원 배열 `d1[7][5]`를 전치(transpose)하여 5 × 7의 `d2[5][7]`를 만드는 프로그램 코드를 작성하시오.

9. n이 홀수인 경우 마방진(magic square)을 만드는 다음 프로그램 코드에 대하여 물음에 답하시오.

```
r = 0; c = (n-1)/2;
table[r][c] = 1;
for (digit = 2; digit <= n*n; digit++) {
   row = r-1;
   col = c-1;
   if (row < 0) row = n-1;
   if (col < 0) col = n-1;
   if (table[row][col]) r++;
   else {
      r = row;
      c = col;
   }
   table[r][c] = digit;
}
```

❶ 이 프로그램 코드 중 `if (table[row][col]) r++;`은 무엇을 말하는지 설명하시오.

❷ 위 프로그램이 제대로 동작하기 위하여 위 코드를 시작하기 전에 table을 초기화하는 코드를 쓰시오.

❸ 완성된 마방진의 첫 행에 있는 숫자의 합을 구하는 프로그램 코드를 쓰시오.

10. 다음은 등록코드와 배기량을 보여주는 자동차등록 파일의 일부분이다. 이를 구조체에 저장하여 프로그램에서 활용하고자 한다. 다음 물음에 답하시오.

등록코드	배기량
M2018_1	1600
A2021_7	990
D2020_3	3800
B2017_2	2500
M2019_7	1300
....	

❶ 주어진 파일을 위한 구조체타입 ctype과 최대 사이즈가 1000인 배열 car를 선언하시오.

❷ 배기량이 3000cc이상인 차량의 등록코드를 출력하고, 3000cc이상인 차량수를 `return` 하는 함수 `int over3000(ctype a[], int n)`을 작성하시오(주어진 파일의 자료구조인 배열을 a로, 배열의 데이터 개수를 n으로 넘겨받는다고 하자).

Introduction to **Data Structure Plus**

CHAPTER 04

연결리스트

4.1 포인터와 연결리스트

4.1.1 순차리스트와 연결리스트

3장에서 학습한 배열로 구현된 순차 리스트 구조는 연속적인 순서를 유지해야 하기 때문에 다음과 같은 단점을 가지고 있다.

첫째, 리스트의 중간에 자료를 삽입, 삭제하기 어렵다. 자료를 중간에 삽입하려면 마지막 자료로부터 그 위치의 자료까지 자료를 이동한 후 공간을 마련하고 삽입해야 한다. 또한 중간에 자료를 삭제하려면 그다음 자료부터 마지막 자료까지 앞쪽으로 자료를 이동해야 한다. 이처럼 자료의 삽입과 삭제를 위하여 많은 자료가 이동해야 한다.

둘째, 리스트의 크기나 모양을 바꾸고자 하는 경우 문제가 발생한다. 예를 들어 100개의 기억 장소를 갖는 리스트가 있다고 하자. 이것은 기억 장소 내의 어딘가에 100개의 연속된 자료를 위한 공간이 있어야 한다. 이 리스트의 크기를 두 배로 한다면 지금 할당된 리스트 다음에 위치해야 200개의 자료를 연속적으로 저장할 수 있다. 대부분의 프로그래밍 언어에서는 리스트의 크기를 조절해야 한다면 다시 컴파일해야 한다.

셋째, 프로그램 수행 도중 리스트의 크기가 가변적이라면 최대 크기를 산정하여 처음부터 미리 이를 준비해 두어야 하므로 기억 장소를 낭비하게 된다. 학생 성적을 저장하는 배열의 경우 최대 수강 인원이 200명이면 200개의 자료를 저장할 수 있도록 미리 기억 공간을 마련해 두어야 한다. 하지만 200명이 모두 수강하는 경우는 드물 것이다.

이와 같은 단점을 보완하기 위한 방법으로 자료와 그다음 자료의 위치를 하나의 단위로 저장하여 연결고리 형태로 리스트를 구성하는 연결리스트 구조가 제안되었다. 연결리스트에서 하나의 단위를 보통 노드(node)라고 하는데 이 노드는 데이터 요소와 리스트의 다음 노드를 연결(리크)하는 포인터(pointer)로 구성된다. 데이터 요소는 정보처리에 필요한 1개 이상의 필드(속성)를 데이터로 포함할 수 있다.

배열과 같은 리스트의 구조는 데이터 크기가 컴파일 시간에 정해진다. 연결리스트는 삽입과 삭제가 자주 일어나고 크기가 가변적인 경우 편리한 자료구조이다. 연결리스트는 필요할 때마다 기본 단위인 노드(node)를 실행시간에 만들어 기존의 리스트에 삽입한다.

본 장에서는 연결리스트를 구성하기 위한 포인터와 자기 참조 구조체, 그리고 연결리스트의 기본 유형인 단순 연결리스트, 원형 연결리스트, 이중 연결리스트에 대하여 구조와 응용 프로그램에 대하여 학습하자.

4.1.2 포인터와 자기참조구조체

C 언어에는 메모리 주소값을 가지는 포인터 타입이 마련되어 있고 이를 지원하는 여러 가지 기능이 있다. C 언어에서는 어떤 타입 T에 대해서 T의 포인터 타입이 존재한다. 또한 배열의 이름은 배열의 첫 번째 데이터의 주소값이고 a+i는 배열 a의 i번째 원소가 저장되어 있는 위치를 가리키는 포인터이다. 포인터 타입에는 주소연산자(&)와 역참조(간접 지시) 연산자(*)가 사용된다.

다음의 예제를 통하여 포인터의 개념을 복습해 보자.

[예제]

[프로그램 4-1]에서 포인터 변수 p와 정수변수 q에 의하여 참조되는 데이터값 *p는 모두 같은 값 100을 갖게 됨을 확인할 수 있다. 포인터 변수 p는 간접적으로 주소 p가 가리키는 값은 int라는 의미로 int *로 선언되기 때문에 포인터변수 p와 일반변수 q가 함께 선언될 수 있다.

[프로그램 4-1] 포인터 개념확인 예제(1)

```
void main()
{
   int *p, q;
   q = 100;
   p = &q;
   printf("%d", *p);
}
```

[예제]

[프로그램 4-2]의 포인터 변수 p와 fp는 모두 포인터 변수이지만 이 두 변수가 가리키는(참조하는) 값의 형은 int와 float로 각각 다르다. 그래서 p와 fp는 같은 포인터 변수이지만 int *p; float *fp;와 같이 따로 선언되어 있음을 확인할 수 있다. 또한 scanf("%f", fp);문장에서 fp가 가리키는 float 변수 공간이 이 프로그램에서는 지정되어 있지 않기 때문에 완전히 맞는 코드는 아니다. 맞게 고치려면 어떻게 변경해야 할까?

2.5678을 입력했다면 *fp와 x는 모두 입력한 값을 가지게 된다.

[프로그램 4-2] 포인터 개념확인 예제(2)

```
void main()
{
    int *p, q;
    float *fp, x;
    p = &q;
    *p = 199;
    scanf("%f", fp);     →    fp = &x;
    x = *fp;                  scanf("%f", fp);
    printf("%d --- %.2f\n", q, x);
}
```

[예제]

[프로그램 4-3]은 포인터를 매개변수로 보내는 예제이다. 값에 의한 호출(call by value) 방식으로 리턴되었을 때 변경된 매개변수의 값을 사용하려면 포인터를 매개변수로 보내야한다. 세 수를 오름차순으로 변경하기 위하여 두 수에 대하여 세 번의 비교를 하고 각각이 오름차순이 아니면 두 수를 교환해야 한다. 이때 swap(x,y) 함수를 사용할 수 있는데 함수 수행 후 리턴되었을 때 매개변수 값의 변화를 가지고 있으려면 포인터에 의하여 간접적으로 접근해야 한다.

x = 10, y = 30, z = 5의 값이 입력되었을 때를 예로 하여 다음 프로그램을 수행시켜 보자.

[프로그램 4-3] 포인터를 매개변수로 보내는 예제

```
void main()
{
   int x, y, z;
   printf("세 수를 입력하시오. ");
   scanf("%d %d %d", &x, &y, &z);
   if (x > y) swap(&x, &y);
   if (y > z) swap(&y, &z);
   if (x > y) swap(&x, &y);
   printf("%d **** %d **** %d\n", x, y, z);
}

void swap(int *px, int *py)
{
   int temp;
   temp = *px;
   *px = *py;
   *py = temp;
}
```

함수호출시 매개변수로서 일반 변수를 사용하는 경우와 포인터 변수를 사용하는 대표적인 비교 예로서 우리가 흔히 사용하는 입출력문을 들 수 있다.

```
printf("%d", num);
scanf("%d", &num);
```

와 같이 printf()의 일반변수 num을 scanf()는 포인터변수 &num을 두 번째 매개변수로 지정한다. printf()는 num의 값을 출력하고 리턴한후 num의 값이 변경되는 것이 아니지만, scanf()는 입력을 수행한 후 리턴되었을 때 변수 num의 값이 변경되기 때문에 포인터를 매개변수로 지정한 것을 비교하여 확인할 수 있다.

[확인학습 4-1]

다음 함수 add_product()를 수행한 후 main()의 printf문에서 출력되는 변수 x, y, z의 값을 쓰시오.

```
void main()
{
    int x = 10, y = 20, z;
    z = add_product(&x, y);
    printf("x = %d  ::  y = %d  :: z = %d\n", x, y, z);
}

int add_product(int *a, int b)
{
    int temp=b;
    b = *a + b;
    *a = *a * temp;
    return b;
}
```

이 밖에 포인터를 활용하는 대표적인 예는 다음의 예제와 같이 프로그램 실행시간에 메모리를 할당받는 malloc() 함수의 리턴값을 받아 사용하는 경우이다. 이때 함수 malloc()이 제대로 기억 공간을 할당하지 못하면 NULL의 값을 리턴해 준다. 이러한 malloc()은 메모리의 새로운 공간이 필요할 때마다 함수 호출을 통하여 필요한 양의 기억 장소를 요구할 수 있다. 사용 가능한 기억 장소가 있으면 요구한 크기의 메모리 영역에 대한 시작 주소를 가진 포인터를 리턴한다. malloc()에 의해 할당받은 메모리 영역이 더 이상 필요 없게 되면 free() 함수 호출을 통하여 그 영역을 시스템에 돌려줄 수 있다. 다음 [프로그램 4-4]는 포인터 변수에 어떻게 기억 장소를 할당하고 반환하는가를 보여준다.

실습프로그램

[프로그램 4-4]를 실행해 보고 malloc() 함수가 어떻게 사용되는지를 확인해 보자. (type *) malloc(sizeof(type))을 통해 주어진 type의 size의 메모리 배열을 할당받아 첫 주소를 넘겨준다.

[프로그램 4-4] malloc()의 활용

```
void main()
{
   int *ip;
   float *fp;
   ip = (int *) malloc(sizeof(int));
   fp = (float *) malloc(sizeof(float));
   *ip = 2018;
   *fp = 7.123;
   printf("year = %d: point = %.3f\n", *ip, *fp);
   free(ip);
   free(fp);
}
```

malloc 호출에는 int나 float를 저장하는 네 필요한 기억 장소의 크기를 결정하는 매개 변수를 포함한다. malloc 호출의 반환값은 적당한 크기의 메모리 영역에 대한 첫 번째 주소를 가리키는 포인터이다. 반환값의 타입은 다양하다. 어떤 시스템에서는 malloc의 결과가 char에 대한 포인터, char *이나. 그러나 ANSI C에서는 void *이다. 위의 예에서 (int *)이나 (float *) 등은 타입 변환식을 나타낸다. 이 식은 결과 포인터를 적당한 타입의 포인터로 변환시키고, 이 포인터는 적절한 포인터 변수에 지정된다. 함수 free는 이전에 malloc으로 할당된 메모리 영역을 반환한다. 어떤 버전의 C에서는 free의 인자로 char *를 요구하는데, ANSI C에서는 void *를 요구한다. 그러나 free에서는 일반적으로 인자의 타입 변환을 생략한다.

위의 예제에서 다음 문장을 printf 문 바로 다음에 추가한다면

```
fp = (float *)malloc(sizeof(float));
```

7.123의 값을 저장하고 있는 기억 장소에 대한 포인터가 없어진다. 이렇게 되면 이 기억 장소를 접근할 수 있는 방법이 없어지는 것이다. 이것이 허상 참조(dangling reference)의 예이다. 동적으로 할당된 기억 장소에 대한 모든 포인터가 없어지면 프로그램의 입장에서 볼 때 그 기억 장소도 없어지게 되는 것이다. 포인터와 동적 기억 장소를 활용하는 프로그램을 살펴보면 기억 장소가 더 이상 필요 없게 되면 항상 그 기억 장소를 반환한다는 것을 볼 것이다.

연결리스트는 노드들의 집합으로 구성되는데 그 노드들이 연결되기 위하여 각 노드는 다음 노드의 주소를 가지고 있어야 한다. 노드의 구조는 C 언어에서 구조체로 정의할 수 있으며 구조체의 멤버 안에 자기 자신과 같은 타입의 노드를 가리키는 주소를 가지고 있어야 한다. 이를 자기참조 구조체(self-referential structure)라고 하고 다음과 같은 예를 생각해 보자.

```
typedef struct self_ex  *self_ex_pointer;
struct self_ex {
   long id;
   char grade;
   int escore;
   self_ex_pointer link;
};
```

위와 같이 정의되어 있는 경우 각 노드는 `id`, `grade`, `escore`의 3가지 데이터와 자기와 같은 노드구조(struct self_ex)를 가리키는 포인터로 구성되어 있다. 이 포인터는 다음 노드를 가리키며 이를 이용하여 노드들이 서로 연결되어 자료구조를 형성하게 된다.

4.2 단순 연결리스트

4.2.1 구조와 구현방법

연결리스트를 구성하기 위하여 노드의 구조에 저장하려는 데이터와 함께 다음 데이터의 포인터를 포함한다.

그러므로 저장하려는 연결리스트 구조의 노드들은 첫 노드부터 꼬리에 꼬리를 물고 한 방향으로 연결되어 있으며 마지막 노드의 포인터는 `NULL` 값을 가진다.

이와 같은 연결 리스크를 단순 연결리스트(singly linked list)라고 하며, 간단한 예로 문자열의 집합 {`"bake"`, `"cake"`, `"sake"`, `"take"`}을 알파벳 순서로 연결리스트에 저장하는 경우를 [그림 4-1]에서 살펴보자.

이와 같은 연결리스트에서는 헤드 노드라고도 부르는 첫 번째 노드의 포인터가 중요하다. [그림 4-1]에서는 `ptr`로 표현한 이 포인터를 잃으면 리스트 안의 전체 데이터에 접근(access)할 수 없게 된다. 화살표는 다음 자료의 기억 장소 번지이며 마지막 노드의 다음 데이터는 없으므로 `NULL` 값을 가지게 된다. 이렇게 단순 연결리스트는 헤드 노드로부터 `NULL` 값을 링크로 가지는 노드까지 한 방향으로 연결되어 있다.

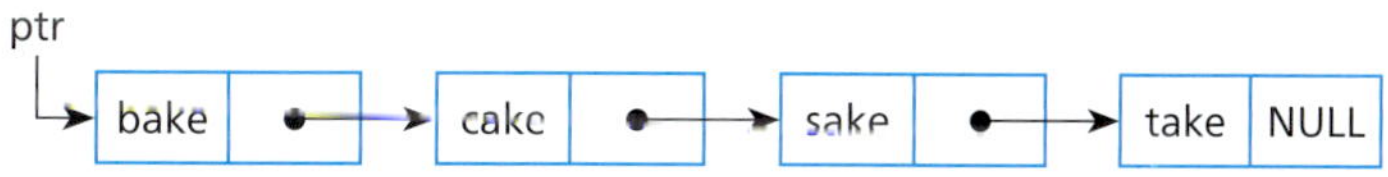

그림 4-1 연결리스트를 표현하는 일반적인 방법

이와 같은 단순 연결리스트는 순차 리스트인 배열의 경우 배열의 첫 데이터의 주소를 특별하게 취급하는 것과 같이 헤드 노드의 주소가 가장 중요하며 프로그램에서 특별하게 관리해야 한다. 연결리스트를 사용하여 프로그램을 작성할 때, 리스트의 끝을 검사하는 경우를 제외하고는 대부분의 경우 특정 주소값을 검색하지 않는다.

순차 리스트보다 연결리스트에서 임의의 삽입 및 삭제 연산이 더 편리한 이유를 살펴보자. [그림 4-1]에서 `cake`와 `sake` 사이에 `fake`를 삽입하기 위해서는 다음과 같은 절차에 따른다.

1. 현재 사용하고 있지 않은 노드 하나를 가져온다. malloc 함수에 의하여 할당받으면 노드의 첫 주소를 돌려주는데 이를 npointer에 저장하였다고 하자.
2. 이 노드의 데이터 필드에 fake를 저장한다.
3. npointer의 링크 필드를, 현재 cake를 가진 노드의 링크 필드 내의 주소를 가리키도록 한다.
4. cake를 가진 노드의 링크 필드가 npointer를 가리키도록 한다.

[그림 4-2]은 fake를 삽입한 뒤의 리스트 변화를 보여주고 있다. [그림 4-2]에서 cake를 가진 노드에서 나오는 점선은 삽입 전의 링크이며 실선은 새로운 링크이다. fake를 삽입할 때 리스트에 있는 어떤 원소도 이동되지 않았다는 것을 알 수 있다. 즉, 데이터를 이동시킬 필요가 없는 대신에 링크 필드를 위한 저장 공간이 추가로 필요하다.

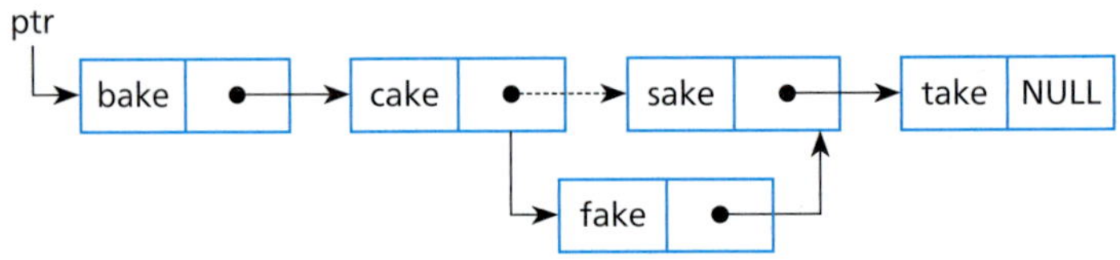

그림 4-2 cake 뒤에 fake를 삽입

이제 리스트에서 fake를 삭제해 보자. 필요한 작업은 [그림 4-3]에서 보는 바와 같이 단지 fake 바로 앞의 원소 cake를 찾아서 그 링크 필드값을 fake의 링크 필드값을 바꾸는 것이다. 마찬가지로 어떠한 데이터 이동도 필요 없다. 비록 fake의 링크 필드가 여전히 sake를 가리키고 있지만 fake는 더 이상 리스트 상에 존재하지 않게 된다. 이렇게 되면 첫 노드의 포인터를 따라 연결리스트의 데이터를 처리할 때 bake, cake 다음의 링크는 sake로 연결되어 take를 끝으로 처리하게 된다.

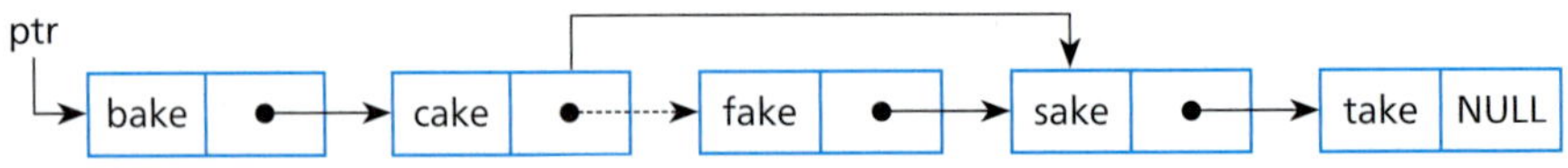

그림 4-3 리스트에서 fake를 삭제

위에서 간단히 살펴보았듯이 연결리스트를 만들기 위해서는 다음과 같은 기능이 필요하다는 것을 알 수 있다.

1. 노드의 구조, 즉 노드의 필드들을 정의하는 방법: 이를 위해 설명하였던 자체참조 구조를 사용한다.

2. 필요 시 노드를 생성하는 방법: malloc 함수가 이 연산을 처리한다.
3. 더 이상 필요하지 않은 노드의 삭제 방법: free 함수가 이 연산을 처리한다.

이와 같이 연결리스트에 각 데이터항목(노드)를 삽입하거나 삭제할 때 몇 번의 대입문으로 가능하기 때문에 시간복잡도는 O(1)으로 상수시간에 가능하다. 앞장의 배열에서의 데이터의 삽입과 삭제는 다른 데이터 항목의 이동이 필요하기 때문에 데이터 항목의 수가 n인 경우 O(n)임을 확인한 것과 비교하여 효율적인 것을 알 수 있다.

앞의 ake로 끝나는 단어의 단순 연결리스트의 예를 가지고 연결리스트의 생성 및 사용 방법을 프로그램 코드를 가지고 알아보도록 하자.

먼저 단어들의 연결리스트를 생성하기 위하여 먼저 리스트를 위한 노드 구조를 정의한다. 이 구조에서는 각 필드들의 타입을 정의한다. 앞에서 보았듯이, 이 구조는 문자 배열과 다음 노드에 대한 포인터를 포함해야 하며, 이를 위해 다음과 같은 선언이 필요하다.

```
typedef struct list_node *list_pointer;
struct list_node  {
   char data[5];
   list_pointer link;
};
list_pointer ptr = NULL;
```

앞의 선언은 자기참조 구조체(self-referential structure)의 예를 포함하고 있다. struct list_node를 정의하기 전에 그 구조체에 대한 포인터(list_pointer)를 먼저 정의하고 있다. 이 정의로부터 C 언어는 자기참조 구조체를 구현하기 위하여 존재하지 않는 구조체 포인터 타입의 생성을 지원하고 있음을 알 수 있다.

노드의 구조를 정의한 뒤에, 새로운 공백 리스트는 다음 문장으로 생성된다.

```
list_pointer ptr = NULL;
```

이 문장을 ptr이라는 새로운 리스트를 만든다는 것을 의미한다. ptr은 리스트의 시작 주소를 가지고 있으며, 보통의 경우, 새로운 리스트는 공백으로 시작하므로 NULL로 초기화한다.

새로운 노드를 생성하기 위해서는 <stdlib.h>에서 지원하는 표준 메모리 할당 함수 malloc을 사용해야 한다. 리스트의 새 노드를 얻기 위해 이 함수는 다음과 같이 사용된다.

```
ptr = (list_pointer)malloc(sizeof(struct list_node));
```

malloc은 사용 가능한 메모리로부터 struct list_node 구조를 포함할 수 있는 기억 장소 블록을 얻는다. 이때 필요한 블록의 크기는 sizeof를 통해 malloc에 전달된다. 이 블록은 시작 주소를 통해서만 접근할 수 있기 때문에 반환된 시작 주소의 타입이 list_pointer로 재정의된 struct list_node에 대한 포인터 타입으로 변환되었고 대입문에 의해 ptr 변수에 이 포인터 값을 저장하게 된다.

이제 노드의 필드들에 값을 지정해 보자. 이를 위해 새로운 연산자 '->'가 사용되며 만약 ptr이 data 필드를 포함하고 있는 구조체의 포인터라면 ptr->data으로 구조체 안의 멤버변수에 접근하게 된다. 예를 들면 ptr 포인터가 가리키는 struct list_node 구조의 노드에 "take"라는 단어를 data 필드에 넣고 link 필드에 NULL 값을 넣는 문장은 다음과 같다.

```
strcpy(ptr -> data, "take")
ptr -> link = NULL;
```

또한 구조체의 포인터가 아니고 다음과 같이 구조체 변수 one_node를 통하여 그 멤버에 접근하기 위해서는 -> 대신 마침표(.)를 사용한다.

```
struct list_node one_node;
strcpy(one_node.data, "sake");
```

지금까지 설명한 단순 연결리스트의 구조구현에 대한 기본 지식을 바탕으로 실제 프로그램으로 연결리스트를 만들고 자료구조를 활용해 보도록 하자.

4.2.2 응용 프로그램

다음과 같이 struct simple_list 타입으로 정의된 노드를 기본으로 하여 [그림 4-4]와 같은 단순 연결리스트를 만드는 프로그램을 작성하면서 앞의 설명을 활용해 보자.

```
typedef struct simple_list *simple_pointer;
struct simple_list {
   char state[3];
   int count;
   simple_pointer next;
};
```

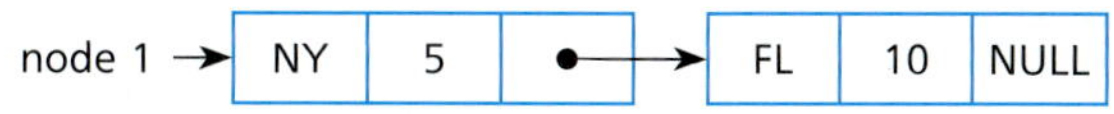

(a) 단순 연결리스트 예제 I

(b) 단순 연결리스트 예제 II

그림 4-4 단순 연결리스트 프로그래밍을 위한 예제

[프로그램 4-5]에서는 [그림 4-4]의 (a)와 같이 두 노드를 가진 단순 연결리스트를 만들어준다. 각 노드는 malloc 함수에 의하여 노드를 위한 공간을 마련하고 그 메모리 공간의 첫 주소를 포인터로 넘겨준다. 그 포인터를 통하여 노드의 필드에 다음과 같이 데이터 값을 줄 수 있다.

```
strcpy(node1->state, "NY");
node1->count = 5;
node1->next = node2;
```

위의 세 개의 프로그램 문장은 node1의 각 필드에 -> 연산자에 의하여 데이터 값을 주며 node1->next = node2;문장에 의하여 두 노드가 연결된다. [프로그램 4-5]의 마지막 문장에서 이 연결리스트의 첫 노드 주소인 node1을 리턴해 준다. 모든 자료구조에서 첫 데이터의 주소는 가장 중요한 정보이므로 프로그램에서 유의하여 다루어야 한다.

[프로그램 4-5] 2-노드 연결리스트 만들기

```
simple_pointer state_list()
{
    simple_pointer node1, node2;
    node1 = (simple_pointer) malloc(sizeof(struct simple_list));
    node2 = (simple_pointer) malloc(sizeof(struct simple_list));

    strcpy(node1->state, "NY");
    node1->count = 5;
    node1->next = node2;

    strcpy(node2->state, "FL");
    node2->count = 10;
    node2->next = NULL;

    return node1;
}
```

[프로그램 4-6]에서는 [프로그램 4-5]에서 마련된 리스트의 끝을 찾아 새로운 노드 inode를 마지막 노드로 삽입하는 프로그램이다. 함수 append를 호출할 때 2개의 매개변수가 있는데 ptr은 연결리스트의 첫 노드의 포인터이고 inode는 삽입하려는 노드이다. 할당받은 inode에 다음과 같이 데이터 값을 할당하고 append를 호출하고 실행하면 [그림 4-4]의 (b)와 같은 연결리스트를 구성하게 된다.

```
strcpy(inode->state, "TX");
inode->count = 7;
```

[프로그램 4-6] ptr이 가리키는 연결리스트의 마지막에 노드를 삽입하는 프로그램

```
void append(simple_pointer ptr, simple_pointer inode)
{
   simple_pointer before;

   while (ptr != NULL) {
   before = ptr;
   ptr = ptr -> next;
   }
   before -> next = inode;
   inode -> next = NULL;
}
```

[프로그램 4-7]는 ptr이 가리키는 연결리스트에 있는 노드들의 데이터 필드를 출력하는 프로그램이다. 먼저 첫 노드의 데이터, ptr->state와 ptr->count를 출력하고 다음 노드를 출력하기 위하여 ptr을 ptr->next로 옮긴다. 이와 같은 처리는 ptr이 NULL까지 이동하여 리스트의 끝에 도달할 때까지 계속된다.

[프로그램 4-7] 단순 연결리스트 안의 데이터 출력

```
void print_list(simple_pointer ptr)
{
   printf("The singly linked list contains: \n");
   while (ptr != NULL) {
      printf("%s:  %d\n", ptr->state, ptr->count);
      ptr = ptr -> next;
   }
}
```

실습프로그램

지금까지 학습한 struct simple_list 타입으로 정의된 노드를 가지고 설명한 함수를 합쳐서 프로그램으로 완성하시오

[프로그램 4-8] state 연결리스트 완성 프로그램

```
typedef struct simple_list *simple_pointer;
struct simple_list {
   char state[3];
   int count;
   simple_pointer next;
};

simple_pointer state_list();
void append(simple_pointer ptr, simple_pointer inode);
void print_list(simple_pointer ptr);

void main()
{
   simple_pointer ptr, inode;

   ptr = state_list();
   inode = (simple_pointer)malloc(sizeof(struct simple_list));
   strcpy(inode->state, "TX");
   inode->count = 7;
   append(ptr, inode);
   print_list(ptr);
}
```

실습프로그램

동물농장에 있는 5가지 동물의 종류(문자배열)와 동물의 수를 연결리스트로 구축하여 출력하는 프로그램을 작성하자. 우선 dog 10개 하나의 데이터 항목 1개의 노드가 초기에 주어져 있고 4가지 동물의 종류와 동물의 수를 받아 차례로 연결하는 프로그램이다. 프로그램을 보면서 연결리스트의 구현 방법을 익히도록 하자.

[프로그램 4-9] 동물연결리스트 예제

```
typedef struct fnode *fpointer;
struct fnode {
   char animal[10];
   int item;
   fpointer next;
};


void main()
{
   fpointer head=NULL, ptr, another, before;
   int k, how_many=0;

   head = (fpointer) malloc(sizeof(struct fnode));
   strcpy(head->animal, "dog");
   head->item = 10;
   head->next = NULL;

   for (k=0; k < 4; k++){
      another = (fpointer) malloc(sizeof(struct fnode));
      printf("Enter the sort of animal and its number: ");
      scanf("%s %d", (another->animal), &(another->item));
      ptr = head;
      while (ptr != NULL) {
         before = ptr;
         ptr = ptr -> next;
      }
      before -> next = another;
      another -> next = NULL;
   }
   printf("=====================\n");
   ptr = head;
   while (ptr != NULL) {
```

```c
        printf("%s:  %d\n", ptr->animal, ptr->item);
        how_many += ptr->item;
        ptr = ptr -> next;
    }
    printf("Total number of items: %d\n", how_many);
}
```

실행결과

```
Enter the sort of animal and its number : cat 7
Enter the sort of animal and its number : rabbilt 12
Enter the sort of animal and its number : chicken 11
Enter the sort of animal and its number : monkey 3
======================
dog  :   10
cat  :   7
rabbilt  :   12
chicken  :   11
monkey  :   3
Total number of items: 43
```

[확인학습 4-2]

단순 연결리스트를 이해하는 예제 프로그램이다. ptr이 가리키는 연결리스트의 data값을 모두 합하는 함수 nodesum()을 작성하여 프로그램을 완성하고 연결되는 리스트의 모양을 그리시오.

```
typedef struct list_node *list_pointer;
struct list_node {
   int data;
   list_pointer link;
};

void print_list(list_pointer ptr);
list_pointer make_node();
int nodesum(list_pointer ptr);
int nodenumber(list_pointer ptr);

void main()
{
   list_pointer ptr;
   ptr = make_node();
   print_list(ptr);
   printf("list안의 data 합: %d\n", nodesum(ptr));
   printf("list안의 node 수: %d\n", nodenumber(ptr));

}

list_pointer make_node()
{
   list_pointer first, second, third;
   first = (list_pointer) malloc(sizeof(struct list_node));
   second = (list_pointer) malloc(sizeof(struct list_node));
   third = (list_pointer) malloc(sizeof(struct list_node));
   third -> link = NULL;
   second -> link = third;
   first -> link = second;
   first -> data = 100;
   second -> data = 200;
   third -> data = 300;
   return first;
}

```

```
void print_list(list_pointer ptr)
{
   printf("The list contains: ");
   for (; ptr; ptr = ptr -> link)
      printf("%4d", ptr -> data);
   printf("\n");
}

int nodenumber(list_pointer ptr)
{
   int count = 0;
   for (; ptr; ptr = ptr -> link)
      count++;
   return count;
}
```

4.3 원형 연결리스트

4.3.1 구조와 구현방법

단순 연결리스트의 마지막 노드의 포인터는 NULL이었다. 이 링크를 사용하기 위하여 마지막 노드의 포인터를 NULL이 아닌 첫 번째 노드(head node)의 주소를 가리키도록 할 때, 이 리스트를 원형 연결리스트(circular linked list)라고 한다. 원형 연결리스트는 단순 연결리스트와 비교하여 유리한 점은 어느 하나의 노드로부터 다른 모든 노드로 접근이 가능하다는 것이다.

그러므로 검색 작업 시 단순 연결리스트처럼 처음 노드부터 찾지 않고, 현재의 노드로부터 검색할 수 있다. 리스트를 결합하는 작업도 효율적이다. 그러나 리스트의 하나의 노드를 찾을 때, 무한 루프에 빠질 염려가 있으므로 노드 중에 검색을 끝낼 수 있는 노드가 존재해야만 한다.

[그림 4-5]와 같은 원형 연결리스트에 대해 살펴보자. 먼저 이 리스트의 앞에 새로운 노드를 삽입해 보자. 이를 위해서는 x_3을 가진 노드의 링크 필드를 변경해야 하는데, 이것은 마지막 노드를 찾을 때까지 a의 전체 길이만큼 이동해야 한다는 것을 의미한다.

따라서 [그림 4-6]에서처럼 원형 연결리스트의 이름이 첫 번째 노드를 가리키기보다는 마지막 노드를 가리키도록 하면 편리할 것이다. 이렇게 되면 일정 시간 내에 원형 연결리스트의 앞이나 뒤에 노드를 삽입하는 함수를 작성할 수 있다.

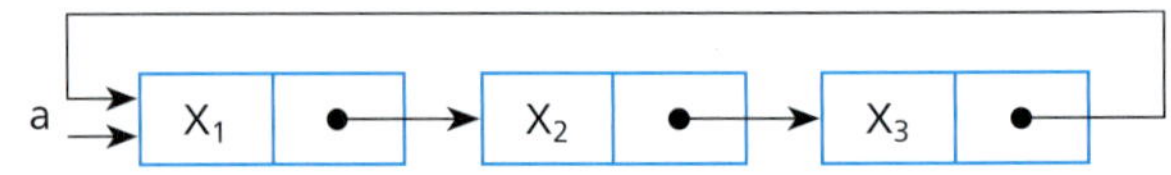

그림 4-5 원형 연결리스트의 예

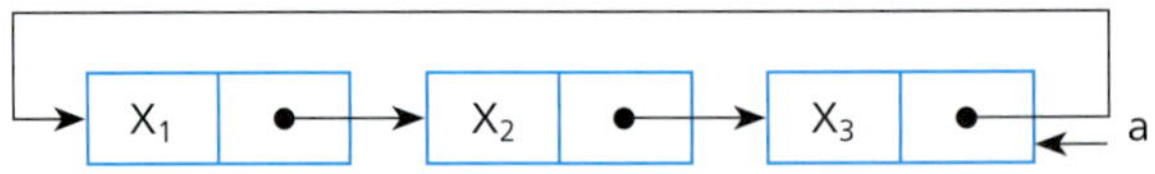

그림 4-6 원형 연결리스트의 마지막 노드에 대한 지시

이제 학생 번호와 학점을 노드에 저장한 자기참조구조체 `struct cnode`를 다음과 같이 정의하고 이를 기본으로 원형 연결리스트의 구조와 구현방법에 대하여 알아보자.

```
typedef struct cnode *npointer;
struct cnode {
    int num;
    char grade;
    npointer link;
};
npointer ptr = NULL;
```

이러한 노드구조를 가진 연결리스트에 노드를 원형 연결리스트로 구축하는 함수 build()를 살펴보자.

[프로그램 4-10] 원형 연결리스트 구축 함수 build

```
01  void build(npointer inode)
02  {
03      if (!ptr) {
04          ptr = inode;
05          inode->link = inode;
06      }
07      else {
08          inode->link = ptr->link;
09          ptr->link = inode;
10      }
11  }
```

원형리스트에 노드가 하나도 없는 빈 리스트인 경우, 리스트의 포인터 ptr은 NULL로 초기화 되어 있다. 이때 처음 노드를 삽입하기 위해 할당받은 inode의 num에 170, grade에 B의 값을 가지고 [프로그램 4-10]의 bulid 함수에 적용하면, 코드 1열의 if 문의 조건을 만족하여 2열과 3열의 문장을 수행한 후 [그림 4-7]과 같은 원형 연결리스트를 만들게 된다.

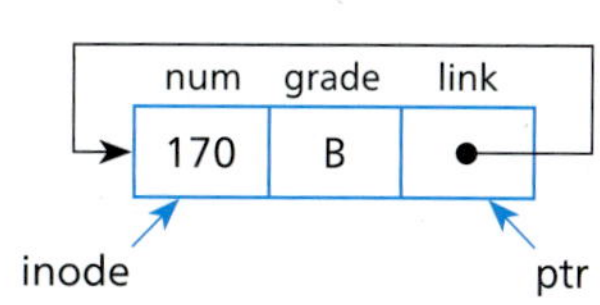

그림 4-7 빈 원형 연결리스트에서 하나의 노드 만들기

다음 노드로 새롭게 할당받은 inode의 num에 220, grade에 C의 값을 가지고 build()

함수를 적용하면 코드 1열의 if 조건을 만족하지 못하므로 else문의 6열과 7열의 문장을 수행한 후 [그림 4-8]과 같이 된다.

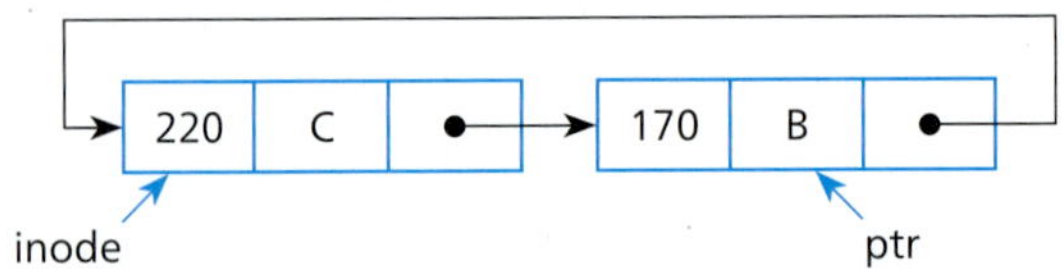

그림 4-8 2개의 노드 원형 연결리스트 만들기

마찬가지로 다음 노드로 새롭게 할당받은 inode의 num에 100, grade에 B의 값을 가지고 build() 함수 적용하면 [그림 4-9]와 같이 된다.

위 원형 연결리스트는 앞에 삽입하면서 구축되기 때문에 2열의 문장 ptr=inode;을 유의하여 살펴보자. 앞에 삽입되므로 구축이 완성되면 처음 할당 받은 노드가 마지막 노드에 있게 된다. 그러므로 2열에서 첫 노드를 원형 연결리스트의 대표 포인터로 가리키도록 함으로 [그림 4-6]과 같은 형태가 된다. 여기서 ptr은 전역변수이므로 함수 build의 매개변수로 전달하지 않음에 유의하자.

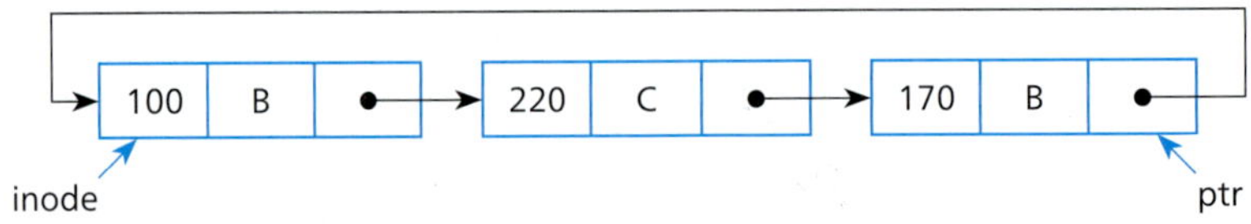

그림 4-9 3개의 노드 원형 연결리스트 만들기

4.3.2 응용 프로그램

4.3.1절에서 설명한 노드구조 cnode를 가지고 원형 연결리스트를 구축하고 구축된 자료구조를 순회하여 데이터를 출력하는 함수 c_print()와 연결리스트의 데이터 수를 구하는 함수 how_many()를 작성하여 실습하면서 원형 연결리스트의 개념을 더 명확히 하자.

실습프로그램

[프로그램 4-11] 원형 연결리스트 구조 실습(1)

```
#include <stdio.h>
#include <stdlib.h>

typedef struct cnode *npointer;
struct cnode {
   int num;
   char grade;
   npointer link;
};

void build(npointer node);
void c_print();
int how_many();
npointer ptr = NULL;

void main()
{
   int cond = 1;
   npointer temp;
   while (cond) {
      temp = (npointer)malloc(sizeof(struct cnode));
      printf("Enter id and grade: ");
      scanf("%d %c", &(temp->num), &(temp->grade));
      build(temp);
      printf("Continue?(0/1): ");
      scanf("%d", &cond);
   }
   c_print();
   printf("The number of nodes in this list = %d\n", how_many());
}

void build(npointer inode)
{
   if (!ptr) {
      inode->link = inode;
      ptr = inode;
   else {
```

```
        inode->link = ptr->link;
        ptr->link = inode;
    }
}

void c_print()
{
    npointer temp = ptr;
    if (ptr) {
        do {
            temp = temp->link;
            printf("%d: %c\n", temp->num, temp->grade);
        } while (temp != ptr);
    }
}
int how_many()
{
    npointer temp;
    int count = 0;
    if (ptr) {
        temp = ptr;
        do {
            count++;
            temp = temp->link;
        } while (temp != ptr);

    }
    return count;
}
```

실행결과

```
Enter id and grade : 170 B
Continue?(0/1) : 1
Enter id and grade : 220 C
Continue?(0/1) : 1
Enter id and grade : 100 B
Continue?(0/1) : 0
100 : B
220 : C
170 : B
The number of nodes in this list = 3
```

다음의 실습 프로그램은 자기 참조 구조체 struct service_node에 상담원 이름과 대기 고객의 수를 입력받으면서 원형 연결리스트를 구성하는 프로그램이다. n명의 상담원에 대하여 build()함수를 n번 호출하여 연결리스트를 만들고 함수 print_consultant();는 자료구조를 순회하면서 상담원정보를 출력한다. 그리고 함수 find_minimum_waiting()는 대기 인원수가 가장 적은 상담원 노드를 찾아준다.

실습프로그램

[프로그램 4-12] 원형 연결리스트 구조 실습(2)

```
#include <stdio.h>
#include <stdlib.h>

typedef struct service_node *spointer;
struct service_node {
   char cname[10];
   int cnum;
   spointer next;
};

void cbuild(spointer node);
void print_consultant();
spointer find_minimum_waiting();
spointer ptr = NULL;

void main()
{
   int sslot, i;
   spointer temp;

   printf("Input the number of consultants: ");
   scanf("%d",&sslot);
   for (i=0; i < sslot; i++) {
      temp = (spointer)malloc(sizeof(struct service_node));
      printf("Input consultant name and the number of
                                          waiting customers: ");
      scanf("%s %d", temp->cname, &(temp->cnum));
      cbuild(temp);
   }
   printf("The data contain in the circular linked list ==== \n");
```

```
    print_consultant();
    temp = find_minimum_waiting();
    printf("minimum waiting line = %s: %d\n", temp->cname,
                                                  temp->cnum);
}

void cbuild(spointer inode)
{
    if (!ptr) {
        inode->next = inode;
        ptr = inode;
    }
    else {
        inode->next = ptr->next;
        ptr->next = inode;
    }
}

void print_consultant()
{
    spointer temp = ptr;
    if (ptr) {
        do {
            temp = temp->next;
            printf("%s: %d\n", temp->cname, temp->cnum);
        } while (temp != ptr);
    }
}

spointer find_minimum_waiting()
{
    spointer temp, mptr;
    mptr = ptr;
    temp = ptr->next;
    while (temp != ptr) {
        if (temp->cnum < mptr->cnum)
            mptr = temp;
        temp = temp -> next;
    }
    return mptr;
}
```

실행결과

```
Input the number of consultants : 5
Input consultant name and the number of waiting customers : Lee 8
Input consultant name and the number of waiting customers : Kim 3
Input consultant name and the number of waiting customers : Oh 10
Input consultant name and the number of waiting customers : Park 7
Input consultant name and the number of waiting customers : Choi 5
The data contain in the circular linked list ====
Choi : 5
Park : 7
Oh : 10
Kim : 3
Lee : 8
minimum waiting line = Kim : 3
```

4.4 이중 연결리스트

4.4.1 구조와 구현방법

단순 연결리스트는 단지 링크의 방향으로만 쉽게 이동할 수 있다는 제한점이 있다. 예를 들어, 현재 ptr이 특정노드를 가리키고 있을 때, ptr의 앞 노드를 찾아내려면 리스트의 처음부터 시작하여 ptr을 가리키는 link 필드를 가진 노드를 발견할 때까지 조사해야만 한다.

따라서 삭제 연산을 수행하려면 전위 노드를 알아야 하므로 단순 연결리스트로는 이 연산을 효과적으로 수행할 수 없다. 그러므로 포인터를 양방향으로 이동해야 할 필요가 있는 문제에 대해서는, 이중 연결리스트(doubly linked list)를 사용하는 것이 편리하다.

이중 연결리스트의 각 노드는 적어도 세 개의 필드, 즉 왼쪽 링크 필드(llink), 데이터 필드(item), 그리고 오른쪽 링크 필드(rlink)를 가진다. 이를 위해 다음과 같은 선언이 필요하다.

```
typedef struct node *node_pointer;
   struct node {
      node_pointer llink;
      element item;
      node_pointer rlink;
   };
```

이중 연결리스트는 원형 구조일 수도 있고 아닐 수도 있다. 그러나 보통은 실제 데이터는 포함하지 않는 헤드노드를 하나 두고 맨 앞 노드의 전 노드가 되기도 하고 맨 뒤 노드의 다음 노드가 되기도 하도록 원형으로 연결한다. [그림 4-10]은 세 개의 노드를 가진 원형으로 연결된 형태의 이중 연결리스트의 예를 보여 준다. 세 개의 노드 외에 데이터가 없는 헤드 노드가 첨가되어 연산을 더욱 쉽게 수행할 수 있게 해준다.

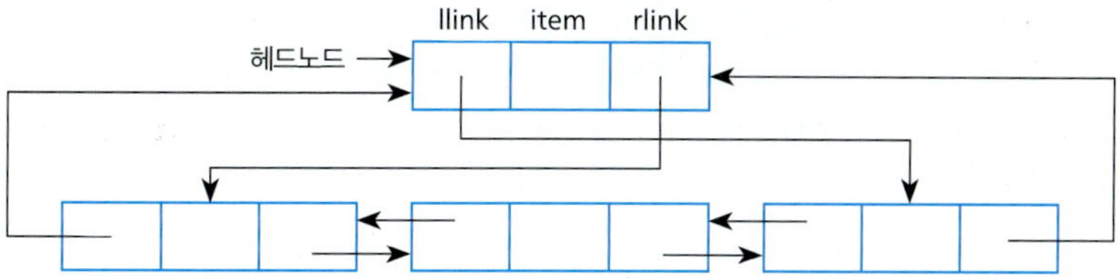

그림 4-10 헤드 노드를 가진 이중 연결리스트

이러한 연결구조는 이중 연결리스트에서 dptr이 임의의 노드를 가리키고 있다면, 다음 관계가 성립한다.

```
dptr = dptr -> llink -> rlink = dptr -> rlink -> llink
```

이러한 관계는 전위(왼쪽) 노드나 후위(오른쪽) 노드로 쉽게 이동할 수 있도록 이중 연결리스트의 장점을 쉽게 구현하도록 해 준다.

단순 연결리스트나 원형 연결리스트는 노드가 없는 경우 대표 포인터가 NULL로 초기화되어 시작하고 프로그램에서 활용한다. 하지만 이중 연결리스트의 경우 공백 리스트는 [그림 4-11]와 같이 항상 헤드 노드를 가지고 시작한다.

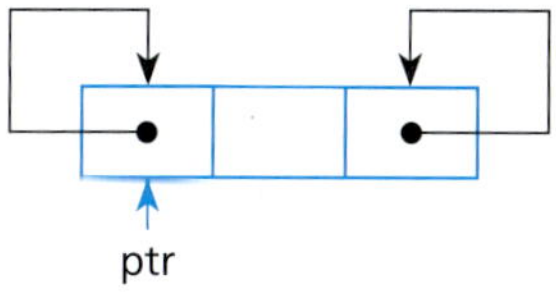

그림 4-11 헤드 노드를 가진 공백 이중 연결리스트

다소 복잡해 보이지만 이러한 헤드노드를 이용하여 원형으로 연결된 이중 연결리스트는 자료구조들을 사용하기 위해서 필요한 노드의 접근, 삽입과 삭제 등의 연산이 의외로 쉽고 프로그램 코드도 간단하다.

여러 경우가 있겠지만 어떤 특정한 node의 오른쪽에 새로운 노드 newnode를 삽입하는 함수 dinsert()는 [프로그램 4-13]에서 몇 개의 문장을 통해 삽입연산을 수행한다. [그림 4-12]는 헤드 노드인 head를 dinsert()함수의 파라메터 inode로 받아 newnode의 삽입 과정을 보여주고 있다.

[프로그램 4-13] 이중 연결리스트에서의 삽입

```
void dinsert(node_pointer inode, node_pointer newnode)
{
    // inode의 오른쪽에 newnode를 삽입
    newnode -> llink = inode;                   //①
    newnode -> rlink = inode -> rlink;          //②
    inode -> rlink -> llink = newnode;          //③
    inode -> rlink = newnode;                   //④
}
```

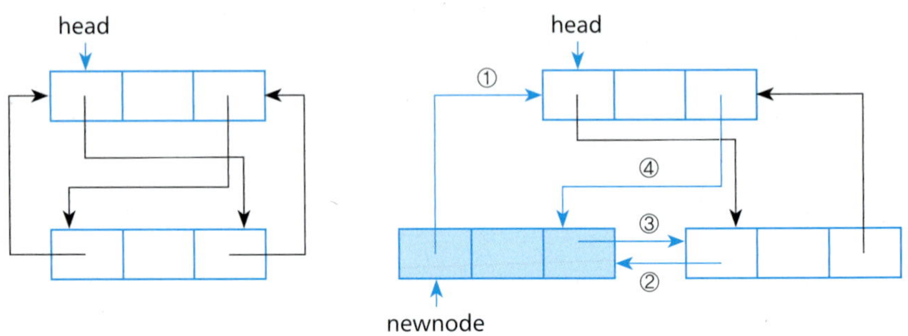

그림 4-12 이중 연결리스트에 삽입

이중 연결리스트에서의 삭제도 마찬가지로 쉽다. [프로그램 4-14]의 함수 ddelete()는 head 노드가 가리키고 있는 리스트로부터 deleted 노드를 삭제한다. 이 삭제 연산은 삭제될 노드의 전위 노드의 링크 필드(deleted -> llink -> rlink)와 후위 노드의 링크 필드(deleted -> rlink -> llink)를 변경하기만 하면 된다. 여기서 dhead는 주어진 이중 연결리스트의 대표 정보인 헤드노드를 가리키는 포인터를 말한다.

[그림 4-13]은 [그림 4-12]의 노드가 삽입된 이중 연결리스트에서 다시 노드를 삭제하여 원래 리스트가 되는 것을 보여주고 있다.

[프로그램 4-14] 이중 연결리스트에서의 삭제

```
void ddelete(node_pointer deleted)
{
   /* 이중 연결리스트에서 삭제 */
   if (deleted == head)
      printf("Deletion of head node not permitted. \n");
   else {
      deleted -> llink -> rlink = deleted -> rlink; //①
      deleted -> rlink -> llink = deleted -> llink; //②
      free(deleted);
   }
}
```

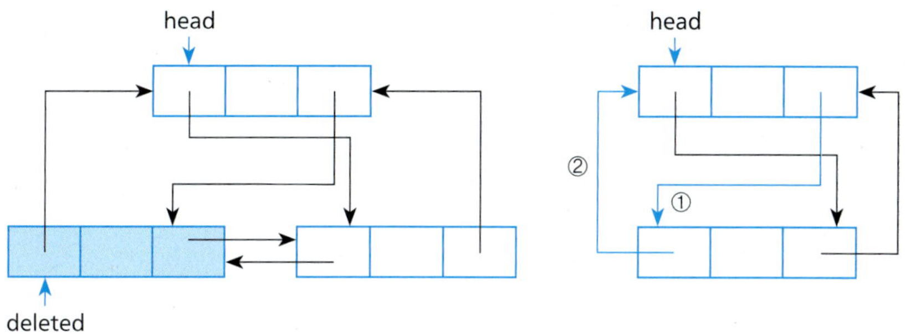

그림 4-13 이중 연결리스트에서의 삭제

4.4.2 응용 프로그램

단지 링크의 한쪽(오른쪽) 방향으로만 자료의 접근이 가능한 단순 연결리스트나 원형 연결리스트의 단점을 극복하고자 양쪽으로 링크를 갖는 이중 연결리스트 구조를 살펴보았다. 이중 연결리스트는 구조체의 멤버로서 자기참조의 포인터가 2개 있으므로 다소 복잡해 보이지만 자료구조에 기본적인 연산인 자료의 삽입과 삭제도 간단하게 몇 개의 문장으로 실행될 수 있음을 보았다.

실습프로그램

[프로그램 4-13]과 [프로그램 4-14]의 함수를 포함하여 이중 연결리스트의 구조에 노드를 삽입, 삭제하는 기본 함수의 동작을 이해하고 활용할 수 있도록 프로그램을 작성하여 그 결과를 확인하시오.

[프로그램 4-15] 이중 연결리스트 활용 예제

```
void dinsert(node_pointer inode, node_pointer newnode)
void ddelete(node_pointer deleted)
void dprint();

typedef struct node *node_pointer;
struct node {
   node_pointer llink; // left node
   int id; // data
   char grade;
   node_pointer rlink; // right node
};
node_pointer head = NULL;

void main()
{
   node_pointer newnode;
   int i;

   head = (node_pointer)malloc(sizeof(struct node));
   head->llink = head->rlink = head;

   for (i = 0; i < 3; i++)
   {
      newnode = (node_pointer)malloc(sizeof(struct node));
      printf("id와 grade 입력: ");
      scanf("%d %c", &newnode->id, &newnode->grade);
      dinsert(head, newnode);
   }
   printf("삽입 후 출력 :\n");
   dprint();
   // node 1개 삭제
   printf("\n\n삭제 후 출력 :\n");
   ddelete(head->rlink);
   dprint();
}
```

```c

void dprint()
{
   node_pointer node = head->rlink;
   while (node != head) {
      printf("%d %c\n", node->id, node->grade);
      node = node->rlink;
   }
}
```

지금까지 살펴본 연결리스트의 삽입과 삭제는 상수 시간에 실행되어 시간복잡도는 O(1)이다. 노드의 수 n개인 리스트의 원소에 접근(조회, 읽기)하기 위해서는 링크를 따라 순회해야 하므로 선형시간이 걸려 시간 복잡도는 O(n)이다. 반면 앞서 학습한 배열의 삽입과 삭제에는 순서를 유지하기 위한 자료 이동이 필요하므로 O(n)이고, 배열의 원소에 접근하기 위한 시간복잡도는 인덱스를 사용하여 O(1)이다.

요약정리

1. 배열과 같은 순차리스트는 자료구조 안의 순서를 유지해야하므로 삽입과 삭제가 자주 일어나는 경우에는 연결리스트로 구축하여 사용한다.

2. 연결리스트의 구성요소인 노드는 저장하려는 자료와 다음 데이터의 포인터를 멤버로 가지는 자기참조 구조체로 정의되고 구현된다. 예를 들면 다음 struct snode와 같다.

```
struct snode {
   int m1;
   char m2[10];
   struct snode *next;
}
```

3. 단순 연결리스트는 리스트의 대표정보인 첫 노드 포인터를 따라 마지막 포인터로 NULL을 가리키는 연결리스트로서 자료구조의 순회는 다음과 같이 이루어진다.

```
void slist_access(struct snode *ptr)
{
   while (ptr != NULL)
      process_node(ptr);
      ptr = ptr -> next;
}
```

4. 원형 연결리스트는 단순 연결리스트의 마지막 노드의 포인터 NULL을 맨 앞의 노드를 가리키도록 원형으로 연결한 구조이다. 모든 노드가 접근 가능하다는 장점이 있지만, 링크를 따라 가다가 무한루프에 빠지지 않도록 주의해야한다.

5. 이중 연결리스트는 단지 링크의 방향으로만 자료의 접근이 가능한 단순 연결리스트나 원형 연결리스트의 단점을 극복하고자 양방향으로 링크를 갖는 구조이다. 다소 복잡해 보이지만 실제 자료는 없으나 헤드노드를 가지고 원형으로 구축한다면 단지 몇 번의 링크 변경으로 삽입이나 삭제 연산이 가능하다.

6. 연결리스트의 삽입과 삭제는 상수 시간에 실행되어 시간 복잡도는 O(1)로 효율적이다. 특정 원소에 접근(조회, 읽기)하기 위해서는 노드의 수 n개의 자료에 대하여 링크를 따라 순회해야 하므로 시간 복잡도는 O(n)이다.

연습문제

1. 연결리스트와 배열의 특징에 대한 설명 중 틀린 것은? (   )

   ❶ 배열은 모든 원소가 연속된 영역에 있으므로 노드 위치를 계산에 의해 알 수 있어 조회가 효율적이다.

   ❷ 연결리스트는 노드를 따라가야 하므로 배열보다 조회가 비효율적이다.

   ❸ 배열은 모든 원소가 연속된 영역에 있으므로 원소의 삽입/삭제가 효율적이다.

   ❹ 연결리스트는 인접한 노드의 연결 정보만 수정하면 되므로 원소의 삽입/삭제가 효율적이다.

2. 연결리스트 자료구조가 가장 적합한 경우는? (   )

   ❶ 주어진 자료를 찾는 경우

   ❷ 자료를 정렬하는 경우

   ❸ 자기구조에 데이터수가 고정되어 있는 경우

   ❹ 새로운 자료의 삽입이나 주어진 자료의 삭제가 자주 일어나는 경우

3. 다음의 struct snode의 구조체 타입으로 정의된 단순 연결리스트에 대하여 멤버 count 값의 합을 구하는 코드를 작성하시오(ptr이 첫 노드를 가리키는 포인터로 선언되어 있다고 가정한다).

```
struct snode {
    char word[10];
    int count;
    struct snode *next;
}
for (; ptr ; ________________ )
    sum += ____________
```

4. 원형 연결리스트에 대한 설명 중 틀린 것은? (　)

❶ 어떤 노드에서 나머지 노드로의 접근이 가능하다.

❷ 마지막 노드를 삽입하기가 간단하다.

❸ 첫 노드를 삽입하기가 간단하다.

❹ 마지막 노드 삭제가 간단하다.

5. 단순 연결리스트에 비하여 원형 연결리스트가 갖는 장점이 아닌 것은? (　)

❶ 탐색할 때 매번 맨 앞부터 찾을 필요가 없다.

❷ 추가적인 메모리 사용 없이 모든 노드를 연결한다.

❸ NULL 포인터를 사용하지 않음으로써 메모리를 절약한다.

❹ 마지막 노드 삽입이 간단하다.

6. 다음의 struct snode의 구조체 타입으로 정의된 원형 연결리스트를 가리키는 대표 노드 포인터 ptr이 마지막 노드를 가리킬 때, 함수 printlist()의 실행을 맞게 설명한 것은? (　)

```
struct snode {
   char word[10];
   int count;
   struct snode *next;
}
void printlist()
{
   struct snode  *temp = ptr;
   if (ptr) {
      do {
         printf("%s: %d\n", temp->word, temp->count);
         temp = temp -> next;
      } while ( temp != ptr );
   }
}
```

❶ 첫 노드부터 마지막 노드까지 출력된다.

❷ 마지막 노드가 출력되고 첫 노드부터 맨 뒤에서 두 번째 노드까지 출력된다.

❸ 두 번째 노드부터 마지막 노드까지 출력된다.

❹ 마지막 노드가 출력되고 첫 노드부터 맨 뒤에서 두 번째 노드까지 출력된다.

7. 다음 함수 nofnode()는 6번 문제에서 정의한 노드구조 struct snode로 연결된 원형 연결리스트의 노드의 개수를 구하는 다음 함수 nofnode()의 2개의 문장을 쓰고 함수를 완성하시오.

```
int nofnode(struct snode *ptr)
{
   int ncount = 0;
   struct snode *temp = ptr;
   if (ptr) {
      do {
         ____________
         ________________
      } while ( temp != ptr );
   }
}
```

8. 이중 연결리스트에 대한 설명 중 틀린 것은? (   )

❶ 원형 연결리스트에 비하여 추가적인 메모리를 사용한다.

❷ 리스트 탐색 없이도 임의의 노드를 삭제할 수 있다.

❸ 이중 연결리스트는 원형 연결리스트 형태로 구현하면 프로그램이 복잡해진다.

❹ 임의의 위치로부터 앞 또는 뒤쪽으로 탐색이 가능하다.

9. 이중 연결리스트의 노드 포인터 ptr이 있을 때 아래 내용 중 ptr과 같은 것은? (   )

❶ ptr->rlink->llink ❷ ptr->rlink

❸ ptr->llink ❹ ptr->rlink->rlink

10. 이중 연결리스트에서 특정 노드의 주소가 ptr이라고 할 때 노드 ptr을 삭제하기 위해서는 관련된 다른 노드의 포인터 값을 수정해 주어야 한다. 수정해야 할 주변 노드의 포인터를 맞게 쓴 것은? (　　)

❶ ptr->llink, ptr->rlink

❷ ptr->llink->rlink, ptr->rlink->llink

❸ ptr->llink->rlink

❹ ptr->rlink->llink

Introduction to **Data Structure Plus**

CHAPTER

05

스택과 큐

5.1 스택

5.1.1 스택의 정의

스택은 선형 리스트의 끝 부분에서만 자료의 입력(삽입)과 출력(삭제)이 가능하도록 제한된 자료구조이다. 좀 더 구체적으로 설명하면 스택이란 선형 리스트의 한쪽 끝에서 삽입과 삭제 작업이 수행되는 선형 리스트의 한 형태로 이를 운영하기 위해서 리스트에 끝부분에 대한 정보를 가지고 있는 변수가 필요하다. 이 변수를 top이라고 할 때, 리스트로 표현된 스택 $S = (a_0, \ldots, a_{n-1})$의 top은 마지막에 삽입된 a_{n-1}을 가리키게 된다. 이때 현재 top이 가리키는 데이터가 제일 먼저 삭제되는 구조이다.

[그림 5-1]은 원소를 넣거나 꺼내는 위치 `top`을 가지고 스택의 구조를 설명하고 있다. 스택은 리스트의 한쪽 끝 `top`에서만 삽입과 삭제 작업이 일어나므로 제일 나중에 들어온 원소가 제일 먼저 삭제되는 특성을 가지고 있는 후입선출(LIFO: Last-In First-Out) 구조이다. 즉 접시를 쌓아놓고 위에 놓인 접시부터 사용하는 것과 같은 구조이다.

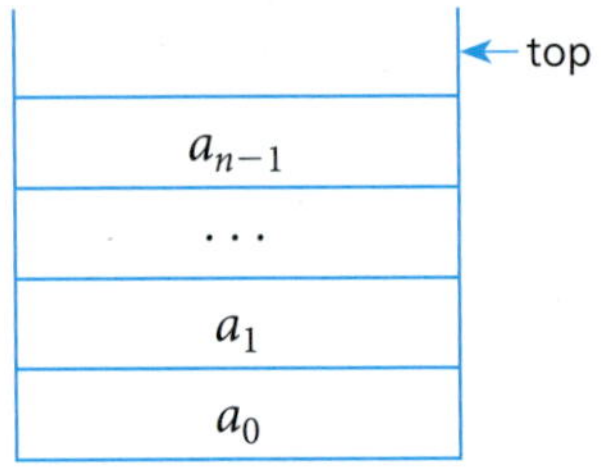

그림 5-1 스택 구조

예를 들어 235, 177, 333번의 데이터가 삽입된 후 삭제가 이루어지면 333이 삭제되어 처리되고 255번이 삽입되면 스택은 [그림 5-2]의 (f)와 같이 된다.

이때 2번의 삭제가 이루어지면 가장 최근에 삽입된 255와 177이 삭제되어 [그림 5-2]의 (h)와 같이 된다. 이와 같은 스택을 구현하는 가장 쉽고 대표적인 방법은 일차원 배열로 선언하여 사용하는 것이다. 다음과 같이 선언하면 정수형(`int`)의 데이터를 100개까지 저장할 수 있다. 스택의 첫 번째 원소는 `stack[0]`에 저장되고, 두 번째 원소는 `stack[1]`, 그리고 i번째 원소는 `stack[i-1]`에 저장된다. 먼저 스택에 자료를 삽입하려면 스택의 상태를 나타내는 변수인 `top`을 증가시켜 삽입할 공간을 확보하고 데이터를 삽입시킨다. 그러면 top은 현재 삽입된 데이터를 가리키게 된다. 또한 삭제하려면 현재 가리키는 데이터를 출력시키고 top을 하나 감소시켜 다음 데이터를 가리키게 한다.

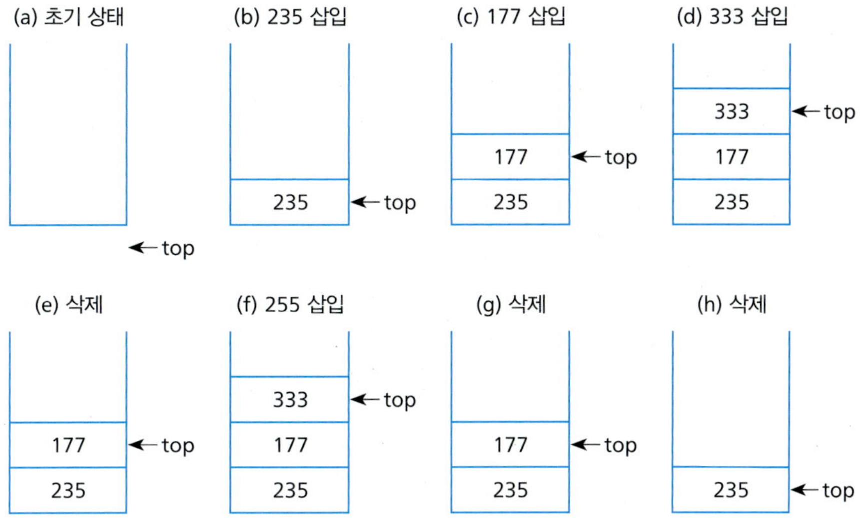

그림 5-2 스택 구조에서의 데이터의 삽입, 삭제의 예

5.1.2 배열을 이용한 스택의 구현

지금까지 설명한 스택은 선형리스트의 한 형태이므로 배열의 인덱스를 top으로 처리하여 배열로 구현할 수 있다. 우선 스택이 빈 상태에서 top은 -1의 값을 갖고 배열 stack을 준비한다.

```
#define MAX_STACK_SIZE 100   /* 최대 스택 크기 */
int stack[MAX_STACK_SIZE];
int top =  -1;
```

위와 같이 선언하면 top의 값으로서 스택의 상태를 알 수 있다. top이 -1이면 스택이 비어있는(empty) 상태를 말하며 top이 MAX_STACK_SIZE-1과 같으면 스택이 꽉 차(full) 있는 상태를 말한다. 이와 같은 스택은 기본적으로 데이터를 스택에 삽입하고 스택으로부터 삭제하는 연산에 의하여 응용된다. [프로그램 5-1]은 int 스택에 데이터를 삽입하는 함수 push()를 구현한 것이다. 스택이 꽉 찬 상태가 아니면 top을 증가하고 그 위치에 삽입하려는 데이터 item을 넣는다. [프로그램 5-2]는 int 스택으로부터 데이터를 삭제하는 함수 pop()을 구현한 것이다. 스택이 비어있지 않으면 현재 top이 가리키는 data를 꺼내고 top을 감소한 후 data를 리턴한다.

[프로그램 5-1] 스택에 데이터 삽입

```
void push(int item)
{
   if (top >= MAX_STACK_SIZE -1)
      printf("Stack is overflow !!!\n");
   else {
      top++;
      stack[top] = item;
   }
}
```

[프로그램 5-2] 스택으로부터 데이터 삭제

```
int pop()
{
   if (top == -1) {
      printf("Stack is empty!!!");
      exit(1)
   }
   else {
      data = stack[top];
      top--;
      return data;
   }
}
```

지금까지 스택의 기본 개념과 연산을 설명하기 위하여 처리하는 자료의 기본형으로 정수형을 사용하였다. 다음 예제에서는 사용자가 정의한 구조체인 `element` 형의 데이터를 스택에서 활용하는 예를 보여주고 있다. 스택의 기본 연산 push()와 pop()이 어떻게 변경되었는지 살펴보고 실습 예제 프로그램이 실행한 결과 화면에 나타나는 것을 따라가며 프로그램을 이해하자.

실습프로그램

다음의 프로그램을 실행시켜 보고 스택의 연산을 이해해 보자.

[프로그램 5-3] 배열로 구현된 스택의 연산 이해 프로그램

```
#include <stdio.h>
#define MAX_STACK_SIZE 10

typedef struct {
   int key;
   char grade;
} element;
int top = -1;
element stack[MAX_STACK_SIZE];
void push(element data);
element pop();
void main()
{
   element data;
   int i, n, cond = 1;

   while (cond) {
      printf("데이터 입력: ");
      scanf("%d %c", &data.key, &data.grade);
      if (data.key != 0) {
         push(data);
      }
      printf("스택에 데이터를 계속 입력하실래요?(1/0)");
      scanf("%d", &cond);
   }

   printf("스택에서 몇 개의 데이터가 필요하세요? ");
   scanf("%d", &n);

   printf("스택에서 삭제한 데이터: \n");
   for (i=0; i < n; i++)  {
      data = pop();
      printf("%d\t%c\n", data.key, data.grade);
   }
}

```

```
void push(element item)
{
   if (top >= MAX_STACK_SIZE -1)
      printf("Stack is overflow !!!\n");
   else {
      top++;
      stack[top] = item;
   }
}

element pop()
{
   if (top == -1) {
      printf("Stack is empty!!!");
      exit(1);
   }
   else return stack[top--];
}
```

5.1.3 연결리스트를 이용한 스택의 구현

지금까지 배열로 구현된 스택을 연결리스트로도 구현할 수 있다. 스택은 가장 최근에 들어온 데이터가 가장 먼저 나갈 수 있도록 구성하는 LIFO(Last In First Out) 구조로서 이를 연결리스트로 구성하기 위해서 우선 노드 구조를 정의해야 한다. 비교하면서 이해를 돕기 위하여 [프로그램 5-3]의 배열로 구현된 스택의 예를 그대로 연결리스트로 구성하여 활용해 보자.

우선 스택의 데이터 항목을 정의한 element 타입의 구조체를 데이터 멤버로 넣고 추가하여 연결하기 위한 포인터로 next를 멤버로 마련한 구조체 타입 StackNode를 다음과 같이 정의한다.

```
typedef struct node {
   element data;
   struct node *next;
} StackNode;
```

처음에 스택이 비어 있는 초기상태를 StackNode 포인터 타입인 top을 NULL로 초기화하고 시작한다.

```
StackNode *top=NULL;
```

이렇게 준비하고 스택에 데이터를 넣는 함수 pushlist()는 [프로그램 5-4]와 같다. StackNode 타입의 포인터 inode를 마련하고 함수 malloc(sizeof(StackNode))으로 스택의 노드를 위한 공간을 할당받는다. 여기에 삽입할 데이터로 전달받은 element 타입의 데이터 item을 대입하고 inode의 next는 현재 top포인터의 값을 가지게 한다. 마지막으로 이제 막 입력된 inode가 새로운 top이 되도록 top = inode;를 수행한다. 이와 같은 연결리스트 스택의 노드 삽입 과정은 [그림 5-3]과 같이 그림으로 표현할 수 있다.

[프로그램 5-4] 연결리스트 스택에 데이터 삽입

```
void pushlist(element item)
{
   StackNode *inode;
   inode = (StackNode *)malloc(sizeof(StackNode));
   inode -> data = item;
   inode -> next = top;
   top = inode;
}
```

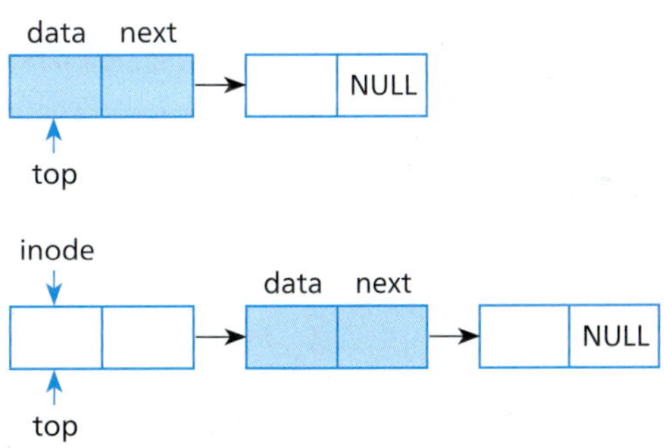

그림 5-3 연결리스트 스택에 삽입과정

마찬가지로 스택으로부터 데이터를 삭제하는 함수 poplist()는 [프로그램 5-5]와 같다. 우선 top의 값이 NULL인 상태는 스택 리스트에 데이터가 없이 비어 있는 경우이므로 스택이 비어있다고 출력하고 함수를 나간다. 그렇지 않으면 현재 스택이 가리키는 노드를 삭제 노드 dnode에 주고 dnode의 data는 element 타입의 item에 주어 리턴할 때 가져

간다. 이제 리스트의 상태를 top = top->next로 top이 다음 노드를 가리키도록 변경하고 더 이상 필요 없는 dnode는 free 시킨다.

[프로그램 5-5] 연결리스트 스택에 데이터 삭제

```
element poplist()
{
   element item;
   StackNode *dnode;

   if (top == NULL) {
      printf("Stack is empty!!!");
      exit(1);
   }
   else {
      dnode = top;
      item = dnode -> data;
      top = top->next;
      free(dnode);
      return item;
   }
}
```

이렇게 연결리스트로 구현된 스택의 경우, 데이터를 삽입할 때는 malloc()으로 메모리 공간을 할당받고 데이터를 삭제할 때는 free()로 메모리 공간을 돌려주는 동적 자료 활용의 예를 보았다. 앞서 학습한 배열로 구현된 스택의 경우는 MAX_STACK_SIZE 만큼 스택의 최대공간을 확보하고 사용하는 정적 자료 활용의 예이다.

지금까지 스택이라는 LIFO 구조의 개념을 정적인 자료구조인 배열로 구현한 경우와 동적인 자료구조인 연결리스트로 구현한 경우를 비교하여 살펴보았다. 이제 [프로그램 5-3]의 배열로 구현된 스택의 예를 그대로 연결리스트로 구성하여 활용하는 실습 프로그램을 작성해보자.

실습프로그램

연결리스트로 구현된 스택에 데이터를 삽입하고 삭제하는 기본 연산을 바탕으로 활용하는 실습 프로그램을 작성해보자. [프로그램 5-4]와 [프로그램 5-5]의 함수를 포함하여 결과를 확인하며 이해해 보자.

[프로그램 5-6] 연결리스트로 구현된 스택의 연산 이해 프로그램

```
typedef struct {
   int key;
   char grade;
} element;

typedef struct node {
   element data;
   struct node *next;
} StackNode;

StackNode *top=NULL;

void pushlist(element data);
element poplist();

void main()
{
   element data;
   int i, n, cond = 1;
   i = 0;
   while (cond) {
      printf("데이터 입력: ");
      scanf("%d %c", &data.key, &data.grade);
      if (data.key != 0) {
         pushlist(data);
         i++;
      }
      printf("스택에 데이터를 계속 입력하실래요?(1/0)");
      scanf("%d", &cond);
   }
   printf("입력한 데이터의 개수: %d \n", i);

   printf("스택에서 몇개의 데이터가 필요하세요 ? ");
   scanf("%d", &n);
   printf("스택에서 삭제한 데이터: \n");
```

```
    for (i=0; i < n; i++) {
        data = poplist();
            printf("%d \t%c\n", data.key, data.grade);
    }
}
```

실행결과

```
데이터 입력 : 100 B
스택에 데이터를 계속 입력하실래요?(1/0)1
데이터 입력 : 150 A
스택에 데이터를 계속 입력하실래요?(1/0)1
데이터 입력 : 200 C
스택에 데이터를 계속 입력하실래요?(1/0)1
데이터 입력 : 250 B
스택에 데이터를 계속 입력하실래요?(1/0)1
데이터 입력 : 300 A
스택에 데이터를 계속 입력하실래요?(1/0)1
데이터 입력 : 350 C
스택에 데이터를 계속 입력하실래요?(1/0)0
입력한 데이터의 개수 : 6
스택에서 몇개의 데이터가 필요하세요 ? 3
스택에서 삭제한 데이터 :
350	C
300	A
250	B
```

5.2 큐

스택은 가장 최근에 들어 온 자료를 먼저 사용하는 경우이나 운영체제가 작업을 처리하거나 은행 등에서 서비스를 받는 대기열 처리와 같은 경우 스택과 반대로 들어온 순서대로 처리해 주는 큐의 구조를 가지고 있다. 일반큐와 원형큐 2가지 자료구조에 대한 구조와 연산을 학습하도록 하자.

5.2.1 일반큐의 정의와 구현

큐(queue)는 한쪽 끝에서 데이터가 삽입되고 그 반대쪽 끝에서 삭제가 일어나는 선형 리스트이다. 임의의 큐 $Q = (q_0, \ldots, q_{n-1})$가 있을 때 q_0는 앞(front) 원소이고, q_{n-1}은 뒤(rear) 원소이다. 또 i의 값이 $0 \le i < n-1$일 때 q_i은 q_{i-1}의 뒤에 있다고 말한다. [그림 5-4]는 이러한 큐의 일련의 동작을 보여준다. 이와 같은 큐의 성질에 의하여 만약 원소 A, B, C, D를 순서대로 큐에 삽입한다면 제일 먼저 삭제되는 원소는 A가 된다. 이처럼 큐에서는 제일 먼저 삽입된 원소가 제일 먼저 삭제되기 때문에 선입선출(first-in-first-out: FIFO) 리스트라고도 한다.

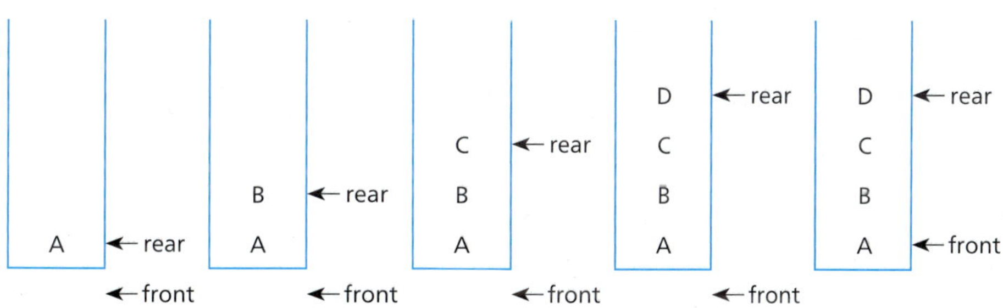

그림 5-4 큐에서의 삽입과 삭제

큐를 배열과 같은 순차리스트로 구현하기 위하여 큐를 저장하기 위한 일차원 배열과 현재 큐의 상태를 나타내 주는 두 변수 `front`와 `rear`가 필요하다.

[그림 5-4]와 같은 문자 큐를 만들기 위하여 다음과 같은 선언이 필요하다. `front`와 `rear`의 값이 같은 경우 큐가 비어 있는 상태를 나타내며 `rear`가 `MAX_QUEUE_SIZE-1`인 경우 큐가 꽉 찬 상태를 나타낸다.

```
#define MAX_QUEUE_SIZE 100  //큐의 최대 크기
char queue [MAX_QUEUE_SIZE];
int rear = -1;
int front =  -1;
```

자료구조 큐를 활용하기 위하여 큐에 삽입하는 함수 addq[프로그램 5-7]와 큐로부터 데이터를 꺼내는 deleteq[프로그램 5-8]로 직접 구현하여 사용해야 한다. 함수 addq와 deleteq는 구조적으로 스택의 경우와 유사하다. 스택의 add, delete에서는 top 변수를 사용하지만, 큐의 addq에서는 rear를 증가시키고 deleteq에서는 front를 증가시킨다. 여기서 front와 rear는 전역변수로 가정한다.

[프로그램 5-7] 배열로 구현된 큐에 데이터 삽입

```
void addq(char data)
{
   if (rear == MAX_QUEUE_SIZE-1)
      printf("Queue is full!!");
   else
      queue[++rear] = data;
}
```

[프로그램 5-8] 배열로 구현된 큐로부터 데이터 삭제

```
char deleteq ()
{
   if (front == rear) {
      printf("Queue is Empty");
      exit(1);
   }
   else
      return queue[++front];
}
```

실습프로그램

이러한 큐의 동작을 이해하기 위하여 다음의 element 타입의 데이터를 큐에 가지는 실습 프로그램을 작성하고 확인해 보자. char형에 적용된 [프로그램 5-7]의 addq()와 [프로그램 5-8]의 deleteq()를 element 타입으로 변경하여 적용해 보자

[프로그램 5-9] 배열로 구현된 큐의 개념 이해 프로그램

```
#define MAX_QUEUE_SIZE 10

typedef struct {
    int job_num;
    char grade;
} element;

element queue[MAX_QUEUE_SIZE];
int rear = -1;
int front = -1;
void addq(element item);
element deleteq();

void main()
{
    int i, job_num, out, gradeA=0;
    element temp;

    printf("오늘 작업한 작업 수는? ");
    scanf("%d", &job_num);

    printf("작업번호와 작업상태 입력 :\n");
    for (i=0; i < job_num; i++) {
    scanf("%d %c", &temp.job_num, &temp.grade);
    addq(temp);
    }
    printf("\n\nfront = %d :: rear = %d\n\n", front, rear);

    for (i=0; i < job_num; i++) {
       temp = deleteq();
       if (temp.grade == 'A') {
          printf("%d\t%c\n", temp.job_num, temp.grade);
          gradeA++;
       }
```

```
        else
            addq(temp);
    }
    printf("A 등급인 job은 %d개입니다. \n", gradeA);

    printf("\n\nfront = %d :: rear = %d\n\n", front, rear);
}

void addq(element item)
{
    if (rear == MAX_QUEUE_SIZE-1)
        printf("Queue is full!!");
    else
        queue[++rear] = item;
    }
element deleteq ()
{
    if (front == rear)
        printf("Queue is Empty");
    else
        return queue[++front];
}
```

[확인학습 5-1]

[프로그램 5-9]를 실행하면서 다음과 같은 입력을 줄 경우, 변수 front와 rear의 값을 출력하는 2번의 printf문에 의해 출력되는 값을 쓰시오.

입력의 예

```
오늘 작업한 작업 수는? 5
작업번호와 작업상태 입력 :
100  D
199  A
170  A
200  C
177  B
```

이와 같은 배열로 구현된 큐를 연결리스트로도 구현할 수 있다. 큐는 들어온 순서대로 처리해 주는 FIFO(First In First Out) 구조로서 이를 연결리스트로 구성하기 위해서 우선 노드 구조를 정의해야 한다. 비교하면서 이해를 돕기 위하여 [프로그램 5-9]의 배열로 구현된 큐의 예를 그대로 연결리스트로 구성하여 활용해 보자.

우선 큐의 데이터 항목을 정의한 element 타입의 구조체를 데이터 멤버로 넣고 추가하여 연결하기 위한 포인터로 next를 멤버로 마련한 구조체 타입 QueueNode를 다음과 같이 정의한다.

```
typedef struct node {
   element qdata;
   struct node *next;
} QueueNode;
```

처음에 큐가 비어 있는 초기상태를 QueueNode 포인터 타입인 rear와 front를 NULL로 초기화하고 시작한다.

```
QueueNode *rear=NULL, *front=NULL;
```

이렇게 준비된 큐에 데이터를 넣는 함수 addqlist()는 [프로그램 5-10]과 같다. QueueNode 타입의 포인터 inode를 마련하고 함수 malloc(sizeof(QueueNode))으로 큐의 노드를 위한 공간을 할당받는다. 여기에 삽입할 데이터로 진달받은 element 타입의 데이터 item을 대입하고 inode의 next는 마지막 노드가 되기 때문에 NULL로 한다.

이때 (front == NULL)인 조건으로 테스트하여 빈 리스트에 처음 노드로 들어 온 경우라면 inode를 front와 rear가 가리키도록 한다. 그렇지 않으면 현재 rear의 next를 inode로 하고 rear를 inode로 변경한다. 이와같은 연결리스트 큐의 노드 삽입 과정은 [그림 5-5]와 같이 그림으로 표현할 수 있다.

[프로그램 5-10] 연결리스트로 구현된 큐에 데이터 삽입

```
void addqlist(element item)
{
   QueueNode *inode;
   inode = (QueueNode *)malloc(sizeof(QueueNode));
   inode -> qdata = item;
   inode -> next = NULL;
   if (front==NULL) {
      front = rear = inode;
      }
   else {
      rear -> next = inode;
      rear = inode;
   }

}
```

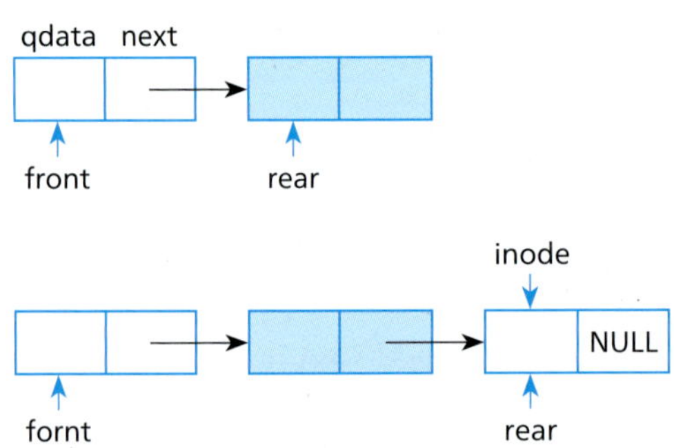

그림 5-5 연결리스트 큐의 삽입과정

마찬가지로 큐로부터 데이터를 삭제하는 함수 `deleteqlist()`는 [프로그램 5-11]과 같다. 우선 `front`가 `NULL`인 상태는 큐 리스트에 데이터가 비어 있는 경우이므로 큐가 비어 있다고 출력하고 함수를 나간다. 그렇지 않으면 현재 큐의 `front` 가리키는 노드의 `qdata`는 `element` 타입의 `item`에 주어 리턴할 때 가져간다. 이제 문장 `front = front->next`에 의하여 `front`를 `next`로 옮기면 삭제한 리스트의 상태를 반영하게 되어 삭제 연산이 실행된다.

[프로그램 5-11]　연결리스트로 구현된 큐로부터 데이터의 삭제

```
element deleteqlist()
{
   element item;

   if (front == NULL) {
      printf("Queue is Empty");
      exit(1);
   }
   else {
      item = front -> qdata;
      front = front -> next;
      return item;
   }
}
```

지금까지 들어온 대로 서비스해 주는 큐 자료구조의 개념을 정적인 자료구조인 배열로 구현한 경우와 동적인 자료구조인 연결리스트로 구현한 경우를 비교하여 살펴보았다. 다음 [프로그램 5-12]의 함수 printlist()는 큐 연결리스트가 가지고 있는 데이터를 front부터 next 포인터를 따라가며 출력하는 함수이다. 실습 프로그램에서 프로그램 중간에 큐의 상태를 확인하기 위해 현재 큐가 가지고 있는 데이터를 출력할 때 호출하여 사용한다.

[프로그램 5-12]　연결리스트로 구현된 큐의 데이터 출력

```
void printlist()
{
   QueueNode *q=front;

   while (q != NULL) {
      printf("%d\t%c\n", q->qdata.job_num, q->qdata.grade);
      q = q->next;
   }
}
```

실습프로그램

연결리스트로 구현된 큐에 데이터를 삽입하고 삭제하는 기본 연산을 바탕으로 활용하는 실습 프로그램을 작성해보자. [프로그램 5-10], [프로그램 5-11], [프로그램 5-12]의 함수를 포함하여 결과를 확인하며 이해해 보자.

[프로그램 5-13] 연결리스트로 구현된 큐의 개념 이해 프로그램

```
typedef struct {
   int job_num;
   char grade;
} element;

typedef struct node {
   element qdata;
   struct node *next;
} QueueNode;

QueueNode *rear=NULL, *front=NULL;
void addqlist(element item);
element deleteqlist();
void printlist();

void main()
{
   int i, job_num, out, gradeA=0;
   element temp;

   printf("오늘 작업한 작업 수는? ");
   scanf("%d", &job_num);

   printf("작업번호와 작업상태 입력 :\n");
   for (i=0; i < job_num; i++) {
      scanf("%d %c", &temp.job_num, &temp.grade);
      addqlist(temp);
   }
   printf("\n 연결 큐 안의 데이터 = \n");
   printlist();
   printf("\n 1개 삭제 후 삽입 연산 테스트\n");
   temp=deleteqlist();
   addqlist(temp);
   printlist();
   printf("A등급인 제품번호 = ");
```

```
    for (i=0; i < job_num; i++) {
        temp = deleteqlist();
        if (temp.grade == 'A') {
            printf("%d\t", temp.job_num);
            gradeA++;
        }
        else
            addqlist(temp);
    }
    printf("\nA 등급인 제품은 %d개입니다. \n", gradeA);
    printf("%d 개의 등급 A 삭제 후 큐 안의 데이터 = \n", gradeA);
    printlist();

}
```

[확인학습 5-2]

[프로그램 5-13]에 다음과 같은 입력을 주고 결과를 확인하면서 이해하시오.

```
오늘 작업한 작업 수는? 7
작업번호와 작업상태 입력 :
100 B
200 A
300 B
400 C
500 A
600 B
700 C

 연결 큐 안의 데이터 =
100   B
200   A
300   B
400   C
500   A
600   B
700   C
```

```
 1개 삭제 후 삽입 연산 테스트
200   A
300   B
400   C
500   A
600   B
700   C
100   B
A등급인 제품번호 = 200 500
A 등급인 제품은 2개입니다.
2 개의 등급 A 삭제 후 큐 안의 데이터 =
300   B
400   C
600   B
700   C
100   B
```

5.2.2 원형큐의 정의와 구현

이제 배열을 이용한 순차리스트 큐를 구현하는 경우 운영체제에 의한 작업 큐(job queue)의 생성을 예로 생각해 보자. 만약 운영체제가 우선순위를 사용하지 않는다면 작업들은 시스템에 들어간 순서대로 처리될 것이다. [그림 5-6]은 큐를 배열로 구현할 때 운영체제가 작업들을 처리하는 과정의 예를 보여준다.

예를 들어 큐의 크기가 7이고 다음과 같이 연산이 주어진 경우 `front`와 `rear`의 값의 변화를 통하여 큐 안의 데이터를 알 수 있다.

1. 4개의 작업 J0, J1, J2, J3가 삽입된다.
2. 2개의 작업이 삭제된다.
3. 3개의 작업 J4, J5, J6이 삽입된다.
4. 3개의 작업이 삭제된다.

이때 `front`는 4이고 `rear`는 6이므로 다른 작업이 들어오는 경우 `rear`의 값으로 큐의 포화상태를 체크하기 때문에 작업을 큐에 삽입할 수 없다.

front	rear	Q[0]	Q[1]	Q[2]	Q[3]	Q[4]	Q[5]	Q[6]
−1	−1							
−1	3	J0	J1	J2	J3			
1	3			J2	J3			
1	6			J2	J3	J4	J5	J6
4	6						J5	J6

그림 5-6 배열로 구현된 큐에서의 삽입과 삭제

이처럼 실제로 큐에 공간이 있으나 포화상태로 인식되어 다른 데이터를 삽입할 수 없는 경우를 보완하여 원형 큐의 개념이 등장하여 널리 활용되고 있다.

배열 queue[MAX_QUEUE_SIZE]를 원형으로 취급하면 큐를 효율적으로 활용할 수 있다. 이 방법에서는 front와 rear를 −1이 아닌 같은 위치를 가리키기만 하면 된다. 지금부터는 설명을 위하여 0으로 초기화한다. front는 항상 큐의 첫 번째 원소로부터 시계 반대방향으로 하나 앞 위치를 가리키게 한다. rear는 큐의 현재 끝을 가리키다. 그리고 front = rear가 되기만 하면 큐는 공백 상태이다. 이러한 원형 큐에 꽉 차게 데이터를 저장하면 front = rear가 되어 공백 상태와 포화 상태를 구별할 수 없게 된다. 그러므로 크기가 MAX_QUEUE_SIZE인 원형 큐에는 최대 MAX_QUEUE_SIZE-1개의 데이터만을 저장할 수 있다.

원형 큐에 대한 함수 caddq와 cdeleteq의 구현은 원형 회전을 시켜야 하므로 약간 더 복잡하다. 이것은 모듈로(modulo) 연산자를 이용해서 달성할 수 있다. [프로그램 5-14]의 함수 caddq에서 rear 인덱스의 원형 회전은 다음 문장에서 처리한다.

```
next_rear = (rear + 1) % MAX_QUEUE_SIZE;
```

데이터를 큐에 삽입하기 전에 먼저 rear를 회전시킨 후 그 값이 front와 같으면 사실 큐의 공간은 한자리 남아있지만 원형 큐를 유지하기 위하여 꽉 찬 상태로 인지하고 데이터를 삽입하지 않는다. 이렇게 데이터가 삽입되지 않는 경우에 rear값을 변경시키면 안 되므로 next_rear를 통해 임시 저장하는 방법을 사용한다. 마찬가지로 [프로그램 5-15]의 함수 cdeleteq에서는 다음 문장에서 front 인덱스를 원형 회전시킨 뒤에, 그 원소를 삭제한다.

```
front = (front + 1) % MAX_QUEUE_SIZE;
```

[프로그램 5-14] 원형 큐에서의 삽입

```
void caddq(element item)
{
   int next_rear = (rear + 1) % MAX_QUEUE_SIZE;
   if (next_rear == front)
      printf("Queue is Full!!");
   else {
      rear = next_rear;
      queue[rear] = item;
   }
}
```

[프로그램 5-15] 원형 큐에서의 삭제

```
element cdeleteq()
{
   /* queue의 front 원소를 삭제하여 그것을 item에 놓음 */
   if (front == rear)
      printf("Queue is empty!!!");
   else {
      front = (front + 1) % MAX_QUEUE_SIZE;
      return queue[front];
   }
}
```

[확인학습 5-3]

주어진 원형 큐의 최대 크기가 10이고 front=2, rear=9일 때 두 번의 삭제와 두 번의 삽입을 한 후에 front와 rear의 값은 무엇인지 쓰시오.

실습프로그램

[프로그램 5-14]와 [프로그램 5-15]의 함수를 추가하여 프로그램을 완성한 후 입력을 주면서 실행결과를 통하여 원형큐의 동작을 이해하자

[프로그램 5-16] 원형 큐의 개념 이해 프로그램

```
#include <stdio.h>
#define MAX_QUEUE_SIZE 7

typedef struct {
   int job_num;
   char grade;
} element;

element queue[MAX_QUEUE_SIZE];
int rear = 0;
int front = 0;

void caddq(element item);
element cdeleteq();

void main()
{
   int i, job_num, out, cond=1;
   element temp;
   while (cond) {
      printf("완료한 작업 수는? ");
      scanf("%d", &job_num);

      printf("작업번호와 작업상태 입력 :\n");
      for (i=0; i < job_num; i++) {
         scanf("%d %c", &temp.job_num, &temp.grade);
         caddq(temp);
      }
      printf("몇 개의 작업을 출고하실래요? ");
      scanf("%d", &out);
      for (i=0; i < out; i++) {
         temp = cdeleteq();
         printf("%d\t%c\n", temp.job_num, temp.grade);
      }
      printf("front = %d :: rear = %d\n", front, rear);
      printf("작업의 입출력을 계속하실래요(1/0)?");
```

```
        scanf("%d", &cond);
    }
}
```

[확인학습 5-4]

[프로그램 5-16]의 프로그램을 완성하고 다음 입력을 주면서 특히 front와 rear의 변화에 주의하면서 확인해 보자.

```
완료한 작업 수는? 5
작업번호와 작업상태 입력 :
100 D
199 A
170 A
200 C
177 B
몇개의 작업을 출고하실래요? 3
100   D
199   A
170   A
front = 3 :: rear = 5
작업의 입출력을 계속하실래요(1/0)?1
완료한 작업 수는? 4
작업번호와 작업상태 입력 :
111 C
333 A
177 B
250 C
몇개의 작업을 출고하실래요? 4
200   C
177   B
111   C
333   A
front = 0 :: rear = 2
작업의 입출력을 계속하실래요(1/0)?0
```

5.3 스택과 큐의 응용

5.3.1 함수의 호출과 복귀

지금까지 설명한 스택이 활용된 예로서 시스템이 함수의 호출(call)과 복귀(return)를 처리하는 경우를 생각해 보자. [그림 5-7]과 같은 주프로그램 main()과 3개의 함수 f1(), f2(), f3()가 있다고 가정하자.

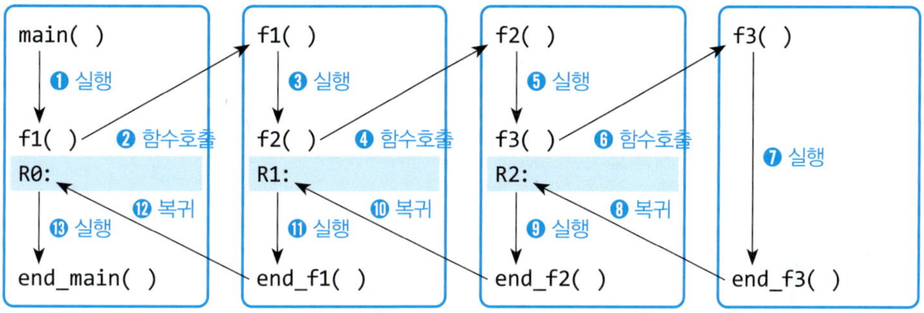

그림 5-7 함수의 호출과 복귀

프로그램 main이 부프로그램인 함수 f1()을 부르면 f1()이 실행된 후, R0의 위치에서 다시 main이 실행되어야만 한다. 이를 위하여 함수 f1()으로 실행의 제어가 옮겨지기 전에 main()의 지역변수 등의 데이터 값과 복귀주소 R0의 값이 저장되어야 한다. 이때 함수 f1이 실행되는 도중에 함수 f2()를 부른다면 마찬가지로 f2()로 제어가 넘어가서 실행 후에 f1()을 다시 시작할 수 있도록 필요한 정보를 저장해야 한다. 마찬가지로 f2()를 실행되는 도중에 함수 f3()를 부른다면 f3()로 제어가 넘어가서 실행 후에 f2()을 다시 시작할 수 있도록 필요한 정보를 저장해야 한다.

이를 정리하면 함수는 main(), f1(), f2(), f3()로 실행이 시작되어 R0, R1, R2의 정보가 저장되고 저장된 정보는 R2, R1, R0의 순서로 저장된 순서의 반대로 활용되기 때문에 스택 구조에 적합하게 된다.

5.3.2 수식의 변경

컴퓨터 과학자들은 수식의 표현 및 계산에 많은 관심을 가지고 있다. 수식을 표기하는 방식은 연산자의 위치에 따라 중위(infix)표기, 전위(prefix)표기, 후위(postfix)표기가 있다. 우리는 지금까지 두 피연산자 사이에 이항연산자가 위치하는 중위표기법을 사용하였다. 그러나 컴파일러는 후위표기라고 하는 괄호를 사용하지 않는 표기법을 일반적으로 사용한다. 이 표기법에서는 연산자가 피연산자들 뒤에 온다. 다음의 표는 몇 개의 중위표기식과 이에 대응하는 후위표기식을 보여주고 있다.

중위표기	후위표기
a + b * c + d	abc * + d +
a/b−c + d * e − a * c	ab/c − de * + ac * −
(a/(b − c + d) * (e − a) * c)	abc − d + /ea − * c *
(a/b*(c + d)) * (e − a * c)	ab/cd + * eac * − *

식을 모두 괄호로 묶은 후 각 괄호에 해당하는 연산자를 오른쪽 괄호에 놓는다. 남아 있는 왼쪽 괄호를 없앤다.

중위표기식을 후위표기식으로 변환하는 알고리즘은 다음과 같이 기술할 수 있다.

(예) 주어진 중위표기식: a/b − c + d * e − a * c
괄호로 묶은 식: ((((a/b) − c)+ (d*e)) − (a * c))
연산자의 이동: ((((ab/c − de * + ac * −
후위표기식: ab/c − de * + ac * −

위의 방법은 먼저 식을 읽고 괄호로 묶고, 그다음에 연산자를 이동하기 때문에 식을 두 번 스캔하여야 한다. 프로그램을 실행하는 동안 이와 같은 식의 변경과 계산은 빈번히 수행되므로 이는 비효율적으로 자료를 처리하게 된다. 그러나 이러한 번거로운 과정이 스택을 활용하여 연산자의 우선순위를 고려하면 한 번 식을 스캔하여도 후위표기식으로 바꿀 수 있다.

피연산자는 중위표기식을 읽으면서 순서로 출력되고 연산자는 우선순위가 높은 경우 먼저 출력되기 때문에 정확한 위치를 알 때까지 스택에 저장해 두어야 한다. LIFO(Last In First Out) 구조로 최근에 들어 온 데이터를 먼저 처리하는 스택 자료구조를 활용하여 중위표기식의 식을 후위표기식으로 변경하는 과정을 다음과 같이 6가지로 요약할 수 있다.

1. 초기 상태의 스택에서는 무조건 연산자를 저장한다. 이를 위하여 스택은 우선순위가 가장 낮은 것으로 초기화한다.

2. 피연산자를 만나면 출력한다.
3. 들어오는 연산자의 우선순위가 스택의 top의 연산자보다 우선순위가 높으면 스택에 저장된다. 그렇지 않으면 스택의 top의 연산자가 출력되고 새로운 연산자에 대하여 비교한다.
4. 왼쪽 괄호는 스택에 들어올 때는 무조건 저장되도록(즉 우선순위를 가장 높게 책정) 하고 일단 스택에 들어오면 우선순위가 가장 낮아져서 다른 연산자를 무조건 들어오도록 한다.
5. 오른쪽 괄호를 만나면 왼쪽 괄호가 나올 때까지 스택 안의 모든 연산자를 출력한다.
6. 식을 다 읽으면 스택의 연산자를 pop하여 출력한다.

[괄호가 없는 수식]

[그림 5-8]은 중위표기식 a + b/c을 입력으로 위의 규칙에 따라 스택에 연산자를 저장하며 결과 후위표기식을으로 변경되는 과정에서의 스택의 변호를 보여준다. 각 변수에 a = 5, b = 8, c = 2를 대입하여 계산하는 과정을 스택의 변화로 확인하고, 그 결과가 5가 맞는지 확인하시오.

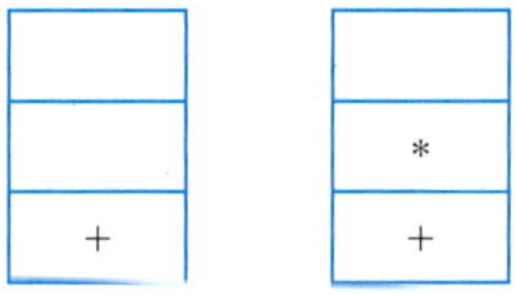

a b c / +

그림 5-8 중위표기식 a + b/c의 후위표기식으로의 변환

[괄호가 없는 수식]

중위표기식 a/b − c + d * e − a * c가 위의 규칙에 따라 [그림 5-9]와 같이 스택에 연산자를 저장하며 결과 후위표기식을 만들어 감을 확인할 수 있다. 변경된 후위표기식의 각 변수에 a = 8, b = 2, c = 3, d = 4, e = 7을 대입하여 계산하는 과정을 스택의 변화로 확인하고, 그 결과가 5가 맞는지 확인하시오.

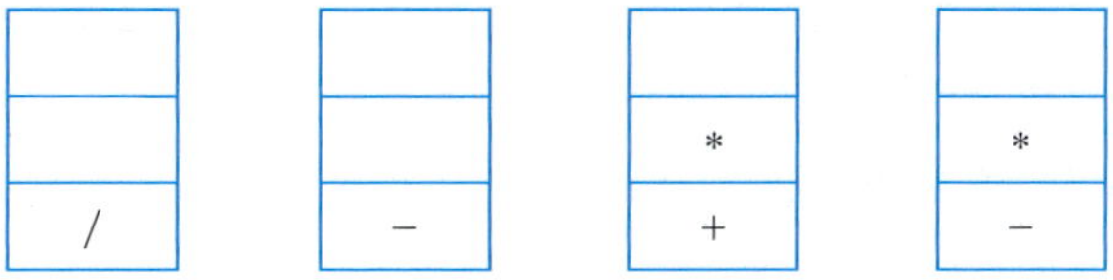

a b / c − d e * + a c * −

그림 5-9 중위표기식 a/b − c + d * e − a * c의 후위표기식으로의 변환

[괄호가 있는 수식]

중위표기식 a + (b*c − (a + d)) * e가 위의 규칙에 따라 [그림 5-10]과 같이 스택에 연산자를 저장하며 결과 후위표기식을 만들어 감을 확인할 수 있다. 변경된 후위표기식의 각 변수에 a = 3, b = 7 c = 2, d = 5, e = 5을 대입하여 계산하는 과정을 스택의 변화로 확인하고, 그 결과가 33이 맞는지 확인하시오.

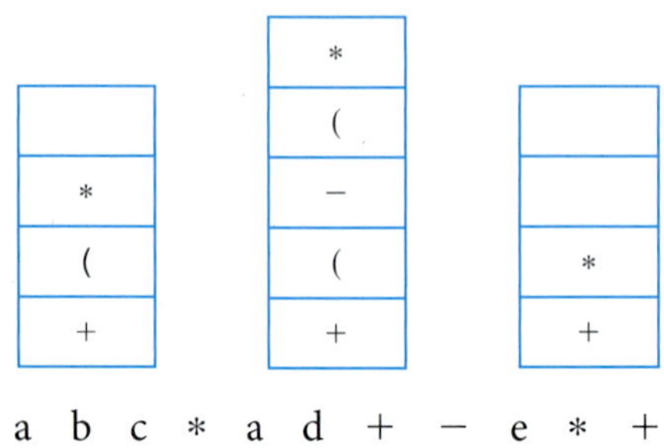

그림 5-10 중위표기식 a + (b * c − (a + d)) * e의 후위표기식으로의 변환

5.3.3 후위표기식의 연산

중위표기를 후위표기로 변경하면 쉽게 연산할 수 있다. 이 연산 과정은 고려해야 할 괄호가 없기 때문에 중위표기식보다 쉽다. 수식을 연산하기 위해서는 수식을 왼쪽에서 오른쪽으로 스캔해 가야한다. 이때 연산자를 만날 때까지 피연산자를 스택에 저장한다. 연산자를 만나면 연산에 필요한 만큼의 피연산자를 스택에서 가져와 연산을 실행하고, 연산의 결과를 다시 스택에 저장한다. 식의 끝에 도달할 때까지 이와 같은 과정을 반복한다. 이때 스택에 남아있는 데이터가 그 식의 값이 된다. 숫자는 한자리 수이고 연산자는 이항 연산자라는 가정 하에 다음의 예를 통하여 스택이 활용되는 과정을 확인할 수 있다.

[후위표기식의 연산]

중위표기식 3 + (7 * 2 − (3 + 5)) * 5를 앞의 알고리즘에 의하여 후위표기식으로 변경하면 다음과 같다.

3 7 2 * 3 5 + − 5 * +

이를 스택을 이용하여 계산하는 과정을 [그림 5-11]을 통하여 확인해 볼 수 있으며, 식

의 계산값은 예상한 대로 33임을 알 수 있다.

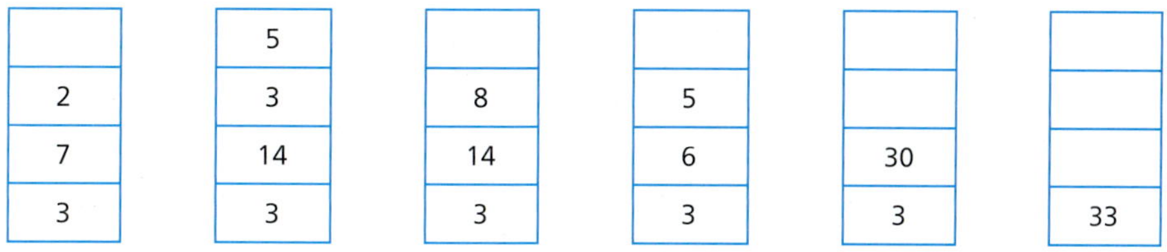

그림 5-11 스택을 이용한 후위표기식의 계산과정

[프로그램 5-17]은 위와 같은 후위표기식의 계산과정을 `cal()` 함수로 구현하였다. 함수 `cal()`은 후위표기식을 저장한 문자형 배열 pexp, 스택의 운영을 위한 정수 배열 `stack`과 `top`을 전역변수로 선언하여 활용하고 있다. 함수 `cal()`에 구현된 내용을 정리하면 다음과 같다.

문자배열 pexpr에 저장된 후위표기식을 읽어가면서

1. 피연산자는 스택에 넣는다(add_stack).
2. 연산자를 만나면 스택으로 부터2개의 피연산자(op2, op1)를 꺼내(delete_stack) 그 결과를 스택에 넣는다(add_stack).

위의 **1**, **2**의 과정을 주어진 후위표기식의 끝에 도달할 때까지 반복하면

스택에 마지막으로 남은 값이 수식을 계산한 값이 된다.

[프로그램 5-17] 후위표기식의 계산 함수

```
char pexpr[MAX_EXPR_SIZE];
int stack[MAX_STACK_SIZE];
int top;

int delete_stack();
void add_stack(int data);
int is_operator(char c);

int cal(void)
{
   char symbol;
   int op1, op2, n=0;

   top = -1;
   symbol = pexpr[n++];
   while (symbol != '\0') {
      if (is_operator(symbol)) {
      // 피연산자를 삭제하여 연산을 수행한 후, 그 결과를 스택에 삽입한다.
         op2 = delete_stack();
         op1 = delete_stack();

         switch (symbol) {
         case '+': add_stack(op1+op2);
                   break;
         case '-': add_stack(op1-op2);
                   break;
         case '*': add_stack(op1*op2);
                break;
         case '/': add_stack(op1/op2);

         }   // switch
      }
      else
         add_stack(symbol-'0');     // 스택에 삽입

      symbol = pexpr[n++];
   }
   return delete_stack();            //결과 반환
}
```

실습프로그램

[프로그램 5-17]의 cal() 함수를 실행하기 위하여 필요한 선언과 main() 함수, 스택에 데이터를 삽입, 삭제하는 함수를 작성하여 결과를 확인해 보시오.

[프로그램 5-18] 후위표기식의 연산 프로그램

```
#include <stdio.h>
#include <stdlib.h>
#define MAX_EXPR_SIZE 50
#define MAX_STACK_SIZE 30

char pexpr[MAX_EXPR_SIZE];
int stack[MAX_STACK_SIZE];
int top;

int delete_stack();
void add_stack(int data);
int is_operator(char c);
int cal(void);
void main()
{
   printf("Input the expression as a postfix notation: \n");
   gets(pexpr);
   printf("Evaluation Value: %d\n", cal());
}

int delete_stack()
{
   int data;
   if (top == -1) {
      printf("Stack is empty. \n");
      exit(1);
   }
   data = stack[top];  top--;   return data;
   // return stack[top--];
}

void add_stack(int data)
{
   if (top >= MAX_STACK_SIZE-1)  {
      printf("Stack is full. \n");
      exit(1);
```

```
    }
    ++top;  stack[top] = data;
    // stack[++top] = data;
}

int is_operator(char c)
{
    if (c == '+' || c == '-' || c == '*' || c == '/')
        return 1;
    else
        return 0;
}
```

[확인학습 5-5]

스택을 활용하여 다음 수식(중위표기식)을 후위표기식으로 바꾸고 그 값을 계산하는 과정에서 스택의 변화를 그리시오.

```
(6 / (8 - 2 * 3)) + 8 / 4
```

변경된 후위표기식을 배열 pexpr에 읽어 들여 계산하는 함수 cal()을 다음 표를 채워가며 이해하시오.

pexpr

6	8	2	3	*	-	/	8	4	/	+

n	symbol	cal()에서 수행한 함수	top

5.3.4 회문판정

지금까지 배운 스택과 큐를 이용하여 회문(palindrome)을 판별하는 응용 프로그램을 구현해 보자. 회문은 문자열을 앞에서부터 읽으나, 뒤에서부터 읽으나 같은 문장 또는 단어를 말한다. 예를 들면, rotator, mom, wow, noon, radar, level 등과 같은 단어이다. 보통은 회문판별을 위하여 [그림 5-12]와 같이 단어의 길이의 통해 중간 위치를 찾아서 양쪽 끝에서부터 비교하는 방식으로 사용한다.

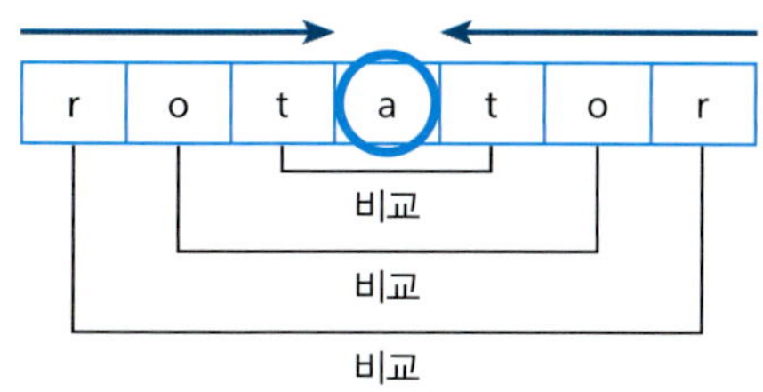

그림 5-12 rotator의 회문판별

자료구조 스택과 큐를 활용하여 단어 안의 문자를 모두 스택과 큐에 넣고(삽입하고), 빼면서(삭제하면서) 문자를 비교하여 다른 문자가 나오면 회문이 아니고 모두 같은 문자가 나오면 회문이라고 판정할 수 있다. 이는 넣은 순서와 거꾸로 출력되는 스택과 넣은 순서대로 출력되는 큐의 결과가 같은 경우 회문이라는 것을 알 수 있기 때문이다.

이를 프로그램으로 코딩해 보자.

우선 다음 for 문은 스택에 넣는 함수 push()와 큐에 넣는 함수 addq()를 이용하여 회문여부를 판정할 문자열 word의 각 문자를 스택과 큐에 삽입한다.

```
for (i = 0; i < strlen(word); i++) {
   push(word[i]);
   addq(word[i]);
}
```

그 다음 for문은 스택으로부터 문자를 삭제한 sword와 큐로부터 문자를 삭제한 qword를 비교하여 같지 않으면 False를 출력하고 더 이상 비교하지 않는다. 또한 변수 p에 주목하자. 이는 어떤 상태를 표현하는 변수로서 회문인지 여부를 체크하는 변수이다. 여기서는 p=1로 초기화되어 시작하고 회문이 아니라는 것을 알게 되면 p는 0의 값을 갖게된다.

```
for (i = 0; i < strlen(word); i++) {
   sword = pop();
   qword = deleteq();
   if (sword != qword) {
      printf("  False\n");
      p = 0;
      break;
   }
}
```

스택과 큐의 단어를 모두 검사하고 for 반복문을 빠져나오면 p가 1이면 주어진 단어는 회문이라고 판정된다.

```
if (p==1)
   printf("True\n");
```

실습프로그램

스택과 큐의 연산을 이용하여 회문을 판정하는 프로그램을 완성하고 실행시켜 결과를 확인하시오.

[프로그램 5-19] 스택과 큐의 개념을 이용한 회문 판정 프로그램

```
#include <stdio.h>
#include <string.h>
#define MAX_STACK_SIZE 100
#define MAX_QUEUE_SIZE 100
char stack[MAX_STACK_SIZE];
char queue[MAX_QUEUE_SIZE];
void push(char data);
char pop();
void addq(char data);
char deleteq();
int rear = -1;
int front = -1;
int top =-1;
void main()
{
   char word[100], sword, qword, i, p=1;

   printf("  Enter word...");
   scanf("%s",word);

   for (i = 0; i < strlen(word); i++) {
      push(word[i]);
         addq(word[i]);
   }

   for (i = 0; i < strlen(word); i++) {
      sword = pop();
      qword = deleteq();
      if (sword != qword) {
         printf("False\n");
         p = 0;
         break;
      }
   }
   if (p==1)
      printf("True\n");
}

```

```c
void addq(char data)
{
   if (rear == MAX_QUEUE_SIZE-1)
      printf("Queue is full!!");
   else
      queue[++rear] = data;
}

char deleteq ()
{
   if (front == rear)
      printf("Queue is Empty");
   else
      return queue[++front];
}

void push(char item)
{
   if (top >= MAX_STACK_SIZE -1)
      printf("Stack is overflow !!!\n");
   else {
      top++;
      stack[top] = item;
   }
}

char pop()
{
   if (top == -1)
      printf("Stack is empty!!!");
   else return stack[top--];
}
```

[확인학습 5-6]

[프로그램 5-19]를 이해하고 스택만으로 회문을 판정하는 프로그램을 작성하시오.

요약정리

1. 스택은 쌓여진 책들 중에 가장 위에 놓은 책을 선택하는 방법과 같이 리스트의 한쪽 끝에서 삽입과 삭제가 일어나는 LIFO(Last In First Out) 자료구조이다. 스택은 삽입과 삭제를 위한 끝 위치가 보통 top이라는 변수로 운영된다.

2. 스택은 배열에 의한 순차리스트 방식과 동적 자료 할당을 하는 연결리스트 방식으로 구현할 수 있다. 연결리스트 방식에서 데이터를 스택에 삽입할 때 스택이 꽉 찬(Full) 상태는 확인할 필요가 없다.

3. 스택은 함수의 호출과 복귀, 수식 표기법의 변경과 계산, 미로찾기 등에 활용될 수 있다.

4. 큐는 은행의 서비스를 받기 위해 번호표를 뽑고 대기 번호 순으로 처리해 주는 방식과 같은 FIFO(First In First Out) 자료구조이다. 큐는 데이터를 삽입하는 위치정보와 삭제하는 위치 정보를 보통 rear와 front라는 변수로 운영한다.

5. 큐는 배열에 의한 순차리스트 방식과 동적 자료 할당을 하는 연결리스트 방식으로 구현할 수 있다.

6. 크기가 MAX_QUEUE_SIZE인 원형큐는 rear나 front의 값이 (MAX_QUEUE_SIZE-1)이 되면 다음 위치는 0이 되도록 배열을 원형으로 운영하는 방식이다.

7. 큐는 대기하고 있는 손님을 서비스해 주거나 운영체제의 작업스케줄링, 프린터 버퍼 운영 등 들어온 순서대로 처리하는 응용 분야에 사용된다.

8. 회문판정 과정은 자료구조 스택과 큐를 모두 응용하는 예이다. 주어진 단어 안의 문자를 모두 스택과 큐에 넣고, 두 자료구조로부터 문자를 하나씩 삭제하면서 비교하여 다른 문자가 나오면 회문이 아니고, 모두 같은 문자가 나오면 회문이라고 판정할 수 있다.

연습문제

1. 다음 문장이 설명하는 자료구조는? (　)

An ordered list in which all insertions and deletions are made at one end, called the top.

❶ tree　❷ array　❸ queue　❹ stack

2. 스택에 대한 설명 중 맞는 것은? (　)

❶ 가장 먼저 들어간 원소가 먼저 나온다.

❷ 가장 나중에 들어간 원소가 먼저 나온다.

❸ 들어간 순서에 상관없이 가장 큰 원소가 먼저 나온다.

❹ 들어간 순서에 상관없이 가장 작은 원소가 먼저 나온다.

3. 스택을 활용하기에 적합하지 않은 분야는? (　)

❶ 함수의 복귀번지 저장　❷ 후위 수식 표기식의 계산

❸ 운영체제의 작업 스케줄링　❹ 인터럽트의 처리

4. 스택에 들어가는 순서가 A, B, C, D이고 출력하는 순서는 변동 가능하다. 이 때 출력 순서로서 나올 수 없는 것은? (　)

❶ B, A, C, D　❷ C, D, A, B

❸ D, C, B, A　❹ C, B, D, A

5. 원소가 꽉 찬 상태에서 push하거나 원소가 없는 상태에서 pop하면 무시하고 다음 연산을 계속 처리하는 스택이 있다. 이 스택의 크기가 3일 때 아래를 수행한 후의 스택 top의 내용은 무엇인가? (　)

```
push( 4 ); push( 3 ); push( 2 ); pop(); push( 1 ); push( 5 );
```

❶ 1　　❷ 2　　❸ 3　　❹ 4

6. 다음 중위표기식을 스택을 이용하여 후위표기식으로 변환할 때 나올 수 있는 스택의 상태가 아닌 것은? (먼저 push된 것부터 표시하였다) (　)

```
8 / 2 - 1 + 2 * 3
```

❶ /　　❷ / −　　❸ −　　❹ + *

7. 다음 후위표기식을 스택을 이용하여 계산할 때 나올 수 있는 스택의 모양이 아닌 것은? (먼저 push된 것부터 표시하였다) (　)

```
8 2 / 1 - 2 3 * +
```

❶ 4 1　　❷ 3 2 3　　❸ 9 4　　❹ 3 6

8. 다음은 어떤 수식의 후위표기식이다. 이 때 최초로 수행되는 연산은 어느 것인가? (　)

```
A B E + D * -
```

❶ E + A　　❷ B + E　　❸ D * B　　❹ B * E

9. 다음과 같은 중위표기식 표현을 후위표기식으로 옳게 표현한 것은? (　)

```
A*(B+C)/D-E
```

❶ +E/AB*CE- ❷ /D+*E-ABC ❸ ABC+*D/E- ❹ ABC+D/*E-

10. 다음 중 배열로 구현된 스택에서 공백상태에 해당하는 조건은? (　)

❶ `top == 0` ❷ `top == MAX_STACK_SIZE`

❸ `top == -1` ❹ `top == (MAX_STACK_SIZE-1)`

11. 최대 MAX_STACK_SIZE의 배열로 구현된 스택에서 포화상태에 해당하는 조건은? (　)

❶ `top == 0` ❷ `top == MAX_STACK_SIZE`

❸ `top == -1` ❹ `top == (MAX_STACK_SIZE-1)`

12. 스택에서 삽입작업이 발생하면 top의 값은 어떻게 변경되는가? (　)

❶ `top==0` ❷ `top==1`

❸ `top = top+1` ❹ `top = top-1`

13. 배열을 이용한 스택 구현에서 top은 최종 원소가 삽입된 위치이다. 스택에서 원소를 삭제하는 함수에서 빈 칸에 알맞은 코드는? 단, 스택의 원소는 양의 정수타입이다. (　)

```
int pop()
{
    int result;
    if (top < 0)
        return -1;
    ____________________
    return result;
}
```

❶ `top--; result = stack[top];` ❷ `result = stack[top]; top--;`

❸ `result = stack[top];` ❹ `top--;`

14. 배열로 구현된 스택에 항목들을 삽입하고 삭제하는 연산은 시간 복잡도는? ( )

❶ O(1) ❷ O(n) ❸ $O(n^2)$ ❹ O(logn)

15. 다음 문장이 설명하는 자료구조는? ( )

An ordered list in which all insertions place at one end, the rear, while all deletions take place at the other end, the front.

❶ stack ❷ queue ❸ tree ❹ graph

16. 프린터 버퍼 운영을 위해 가장 적합한 자료구조는? ( )

❶ stack ❷ queue ❸ tree ❹ graph

17. 큐를 설명한 것 중 틀린 것은? ( )

❶ 원소가 들어갈 때는 front 위치로 들어 가고, 나갈 때는 rear 위치에서 나간다.

❷ 멀티 프로세싱을 하는 운영 체제에서 작업 순서를 정할 때 사용 된다.

❸ 처리 속도가 현저히 다른 디바이스 간의 중간 버퍼로서 사용 된다.

❹ 논리적으로 직선 구조가 아닌 원형 구조를 활용한다.

다음과 같은 자료 선언을 바탕으로 일반 큐를 배열로 구현할 때 다음 물음에 답하시오. (18~21)

```
char queue[QSIZE];
int rear = front = -1;
```

18. 큐에 삽입하는 함수 addq()를 완성하시오.

```
void addq(char data)
{
    if ( __________________ )
        printf("Queue is full!!!");
    else {
        ________
        queue[rea] = data;
    }
}
```

19. 배열로 구현된 큐에서 공백상태에 해당하는 조건은? ( )

❶ front == -1 ❷ rear == -1

❸ front == rear ❹ front == QSIZE-1

20. QSIZE = 10, front=2, rear = 5 인 경우, 큐 안의 데이터는 몇 개 있는가? ( )

❶ 3개 ❷ 4개 ❸ 5개 ❹ 6개

21. QSIZE = 10, front=2, rear = 6 인 경우, 다음 연산을 수행한 후의 front와 rear의 값은? ( )

```
addq('F'), addq('G'), deleteq(), addq('A'), deleteq()
```

❶ front=3, rear=7 ❷ front=3, rear=8

❸ front=4, rear=7 ❹ front=4, rear=9

22. 최대 QSIZE인 배열로 큐를 원형으로 구현하는 이유로 맞는 것은? ( )

❶ 원형으로 구현하면 QSIZE 개의 원소까지 저장 가능하게 된다.

❷ 일반 큐로서 구현할 때 원소의 삽입/삭제 시 성능이 좋지 않던 것을 원형 큐로 구현함으로써 개선할 수 있다.

❸ 원형으로 구현함으로써 앞서 삭제된 공간을 재활용 할 수 있게 된다.

❹ 일반 큐에서 다음 원소 자리를 찾는 데 사용하는 + 연산보다 원형 큐에서 다음 원소 자리를 찾는 데 사용하는 % 연산이 더 효율적이다.

23. 원형 큐를 초기화할 때 `front`와 `rear` 값으로서 알맞지 않은 것은? (   )

❶ `front=1; rear=1;`　　❷ `front=2; rear=2;`

❸ `front=-1; rear=-1;`　　❹ `front=-2; rear=-2;`

24. 크기가 QSIZE인 배열을 이용한 원형 큐 구현에서 데이터를 삽입할 때 `rear` 값을 어떻게 변경해야 하는가? (   )

❶ `rear=(rear-1) % QSIZE;`　　❷ `rear=(rear+front-1) % QSIZE;`

❸ `rear=(rear+1) % QSIZE;`　　❹ `rear=(rear+1) / QSIZE;`

25. 크기가 QSIZE인 배열을 이용한 원형 큐 구현에서 데이터를 삭제할 때 `front` 값을 어떻게 변경해야 하는가? (   )

❶ `front=(front-1) % QSIZE;`　　❷ `front=(front+rear-1) % QSIZE;`

❸ `front=(front+1) % QSIZE;`　　❹ `front=(front+1) / QSIZE;`

26. 다음 중 원형 큐에서 공백상태에 해당하는 조건은? (   )

❶ `front == rear`

❷ `front == 0 && rear == 1`

❸ `front == (rear+1) % QSIZE`

❹ `front == (QSIZE-1) && rear == (QSIZE-1)`

27. 다음 중 원형 큐에서 포화상태에 해당되는 조건은? (   )

❶ `front == rear`

❷ `front == 0 && rear == 0`

❸ `front == (rear+1) % QSIZE`

❹ `front == (QSIZE-1) && rear == (QSIZE-1)`

28. 배열로 구현된 `QSIZE = 10, front=5, rear = 8` 인 원형 큐의 경우, 다음 연산을 수행한 후의 `front`와 `rear`의 값은? (   )

```
addq('F'), addq('G'),  deleteq(), addq('A'), deleteq()
```

❶ front=6, rear=1 ❷ front=7, rear=1

❸ front=6, rear=2 ❹ front=7, rear=2

29. 배열로 구현된 `QSIZE = 10, front=5, rear = 2` 인 원형큐의 경우, 원형 큐가 가지고 있는 데이터의 개수는? (단 `front`와 `rear`의 초기값은 0이다.) (   )

❶ 6 ❷ 7 ❸ 8 ❹ 9

30. 큐에 항목들을 삽입하고 삭제하는 연산은 시간 복잡도가 어떻게 되는가? (   )

❶ O(1) ❷ O(n) ❸ $O(n^2)$ ❹ O(logn)

Introduction to **Data Structure Plus**

CHAPTER 06

트리

6.1 트리의 개념과 표현

순차리스트, 연결리스트, 스택, 큐와 같은 자료구조는 정해진 순서대로 나열하고 처리하는 선형 자료구조(linear data structure)이다. 하지만 우리 일상생활에는 기업의 조직도나 컴퓨터의 폴더 구조와 같이 계층적인 구조로 자료를 다루어야 할 경우도 흔히 있다. 트리는 대표적인 비선형 자료구조로 나무를 거꾸로 세운 모양으로 루트로부터 시작해서 계속 가지를 뻗어 내려오는 구조이다. 트리로 표현하면 이해하기 쉽고 처리도 간편한 경우가 많아 자주 사용되는 자료구조이다.

6.1.1 트리의 정의

트리(tree)는 비선형 구조(non-linear structure)로서 나무와 비슷한 형태를 가졌다고 하여 트리란 이름이 붙여졌다. 트리가 현실 세계에 응용되는 경우는 매우 다양한데, 예를 들어 가문의 족보를 나타내거나 회사의 조직도, 운영체제의 파일 탐색기 구조를 표현하여 응용할 때 적합하다. 또한 문제를 하향식으로 분석하는 소프트웨어 개발 과정에서도 트리구조를 사용하고 있다. 이처럼 트리는 계층 구조를 갖는 데이터를 표현하고 레벨에 따라 저장하고 순회방법에 따라 처리하여 프로그래밍 언어의 구문을 정의하거나 데이터베이스를 구성할 때 또는 데이터의 정렬(sorting)이나 검색(searching) 등에도 직접 응용되어왔다.

또 하나의 비선형 자료구조인 그래프는 트리를 포함하는 광범위한 구조로서 정점인 노드(node)와 그들 사이를 연결시켜 주는 연결선(edge, arc, branch)으로 구성되어 있다. 트리는 그래프의 특수한 형태로 두 정점 사이에는 순환(cycle)이 형성되지 않는 연결 그래프(connected graph)이어야 하며, 두 노드 사이에는 하나의 경로만이 존재하여야 한다.

트리는 다음 조건을 만족하는 하나 이상의 노드로 구성된 유한 집합(finite set) 자료구조이다.

1. 루트(root)라고 하는 노드가 하나 있고
2. 나머지 노드들은 $n \geq 0$ 개의 분리집합 $T_1, \ldots, T_n$으로 분리될 수 있다.

여기서 $T_1, \ldots, T_n$은 각각 하나의 트리이며 루트의 서브트리(subtree)라고 한다.

이처럼 같은 성질을 갖는 서브트리에 의하여 트리의 개념이 정의되기 때문에 트리는 **재귀적(recursive) 성질을 갖는 대표적인 자료구조**이다.

[그림 6-1]은 트리의 한 예를 보인 것이며, Ⓐ는 루트노드이고, 노드 ⒷⒸⒹ를 루트로 하는 3개의 서브트리를 가지고 있음을 알 수 있다. 트리에 사용되는 용어는 상당히 많이 있다. 노드란 한 정보 항목에다 이것으로부터 다른 노드로 뻗어진 가지를 합쳐서 말한다. [그림 6-1]을 살펴보면, 이 트리는 16개의 노드를 가지는데, 각 정보 항목은 편의상 알파벳 한 글자로 나타내고 있다. 여기서 루트는 A인데, 보통 트리의 맨 꼭대기에 놓는다.

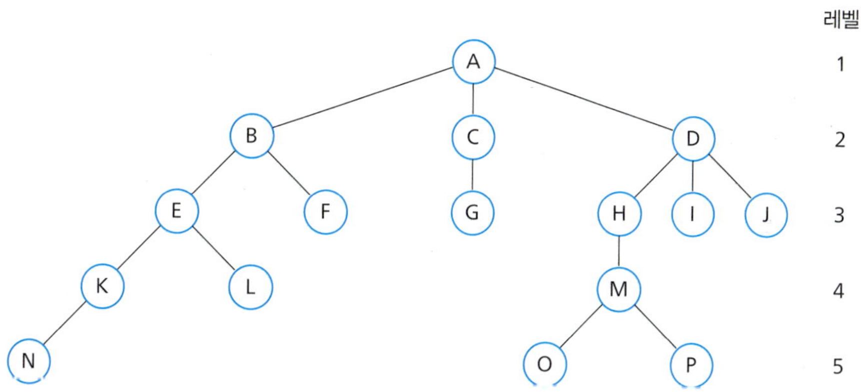

그림 6-1 트리의 예

[그림 6-1]을 예제 트리 자료구조로 트리 자료구조에서 사용하는 용어를 정리해 보자.

1. **차수**: 어떤 노드의 서브트리의 수를 그 노드의 차수(degree)라고 한다. A의 차수는 3이고, K의 차수는 1, P의 차수는 0이다. 트리의 차수란 그 트리에 있는 노드의 최대 차수이며 [그림 6-1]의 트리는 차수가 3이다.
2. **단말 노드**: 차수가 0인 노드를 리프(leaf) 또는 단말 노드(terminal node)라 하고 그 이외의 나머지 노드들은 비단말 노드(non-terminal node)라고 한다. 위의 트리에서 F, G, I, J, L, N, O, P는 단말 노드이다.
3. **부모, 자식, 조상, 자손**, 형제: 루트를 제외한 트리 안의 각 노드는 자신의 상위 레벨의 노드로부터 만들어진다. 이때 자신의 상위 레벨 노드를 부모(parent)라고 하고 그 부모가 만들어 낸 링크로 하위 레벨에 연결된 노드들은 자식(children)이라고 한다. 예를 들어 B는 E, F의 부모이다. 부모가 같은 자식들을 형제(sibling)라 한다. H,

I, J는 형제들이다. 가족 어휘를 조부와 손자로 확장하면 M의 조부는 D이고 E, F, G, H, I, J의 조부는 A이다. 한 노드의 조상(ancestors)이라 하면 루트에서부터 그 노드에 이르는 경로 상에 있는 모든 노드들을 말하는데, M의 조상들은 A, D, H이다. 반대로 자손(descendants)은 한 노드의 서브트리에 속한 모든 노드들을 말한다. E, F, K, L, N은 B의 자손이다.

4. 레벨, 높이, 깊이: 노드의 레벨(level)은 기본적으로 루트의 레벨을 1로 가정한 후에 정의된다. 루트 이외의 모든 노드에 대해 그 노드의 레벨은 부모 노드의 레벨에 1을 더한 값이다. 트리의 높이(height) 또는 깊이(depth)란 그 트리에 속한 노드의 최대 레벨을 말한다. [그림 6-1] 트리의 깊이는 5이다.

6.1.2 트리표현방법

트리를 표현하는 방법은 여러 가지 형태가 있지만, 부모와 자식 간의 관계를 잘 표현하도록 루트를 상위 레벨로 하여 레벨 순서에 따라 자식 노드를 표현한다.

[그림 6-2]는 여러 가지 형태로 트리를 표현한 예이다.

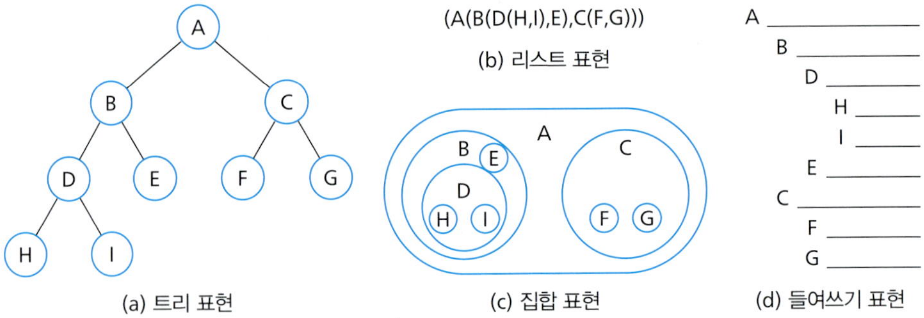

그림 6-2 트리의 여러 가지 표현 방법

위의 여러 표현방법 중 리스트 표현이 가장 간결해 보이는데 이는 트리의 정의 중 재귀적인 성질을 이용한 것이다.

[그림 6-1]의 트리를 리스트 표현으로 나타내면 다음과 같다.

(A (B (E (K(N), L), F), C(G), D(H (M(O, P)), I, J)))

이 방법에서는 루트 노드 정보를 제일 먼저 기술한 다음 그 서브 트리들의 리스트가 따라 나온다.

트리를 개념적으로는 [그림 6-2]와 같이 표현할 수 있지만, 실제 컴퓨터 내부의 기억장소에 자료구조로 표현해야 프로그램에서 사용할 수 있게 된다. 이제, 실제 기억장소에 트리를 어떻게 표현할 수 있는가를 살펴보도록 하자.

트리는 루트로부터 가지가 뻗어 나가는 형태이므로 트리의 차수만큼의 링크를 가지는 연결리스트로 표현할 수 있을 것이다.

트리의 차수가 n이라면 [그림 6-3]은 링크 표현을 위한 노드 구조를 나타낸다. 즉 각 링크 필드는 한 노드의 자식을 나타낸다.

데이터	링크 1	링크 2	…	링크 n

그림 6-3 차수가 n인 트리의 노드 표현

차수가 3인 트리의 노드 표현을 구현하는 구조체를 다음 `struct treenode`로 정의할 수 있다.

```
struct treenode {
   element data;
   struct treenode *link1, *link2, *link3;
}
```

`element` 타입은 각 트리노드가 가지는 자식 링크 외의 순수한 데이터 정보를 정의한 것이다.

그러나 각 노드마다 서로 다른 링크 필드의 수를 가지므로 노드별로 따로 선언이 필요하고, 이에 따라 프로그램의 복잡도가 증가한다. 그러므로 보통 트리의 차수만큼 링크 필드를 가지도록 하는 하나의 노드 구조를 정의하여 사용한다. 물론 트리의 차수가 크지만, 대다수의 노드의 차수가 작다면 쓰이지 않는 `NULL` 링크는 많게 된다.

이러한 문제점을 보완하여 각 노드에서 왼쪽 자식노드와 오른쪽 형제노드 2개를 링크로 가지는 이진 트리로 변경하여 사용하기도 하였다. [그림 6-4]는 이러한 방법으로 [그림 6-1]의 트리를 최대 2개의 링크만 가지도록 한 방법이다. [그림 6-4a]를 시계방향으로 틀어 이진트리 모양으로 변경한 [그림 6-4b]는 [그림 6-1]의 트리 구조와는 다소 차이가 있다. 이렇게 이진트리로의 변경은 원래 트리 자료구조가 표현하려는 노드정보 사이의 계층구조가 중요한 경우는 사용하지 않는 것이 바람직하다. 하지만 다행스럽게도 프로그램의 논리는 `if` 조건문의 참이나 거짓 두 갈래의 선택이 있는 이진구조(binary structure)이므로 이를 반영하여 문제 분석과 설계 단계에서 자연스럽게 이진트리가 자주 사용된다. 6.4절에서 학습하게 될 이진 탐색 트리의 활용예가 대표적이다.

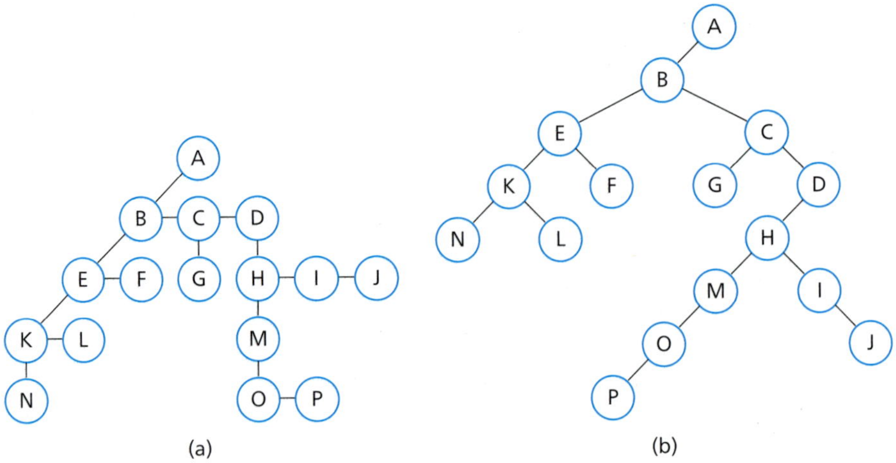

그림 6-4 일반트리를 이진트리로의 변경

6.2 이진트리

6.2.1 이진트리의 정의와 종류

실제로 이진 트리는 꽤 자주 볼 수 있는 중요한 트리 구조 중의 하나이다. 이진 트리의 특성은 실제로 모든 노드의 차수가 2 이하라는 점이다. 일반 트리에서는 서브트리의 순서가 별 관계가 없지만 이진 트리에서는 서브트리를 왼쪽 서브트리와 오른쪽 서브트리로 구분한다. 또한 왼쪽 자식이나 오른쪽 자식이 없으면 링크는 NULL이고 왼쪽 서브트리나 오른쪽 서브트리가 공백인 공집합이지만 이 또한 이진트리의 정의에 포함된다.

이진트리의 정의

이진 트리는 공집합이거나 루트와 왼쪽 서브트리, 오른쪽 서브트리라고 부르는 두 개의 분리된 이진 트리로 구성된 노드의 유한 집합이다. 또한 왼쪽 서브트리와 오른쪽 서브트리도 또한 이진 트리이다.

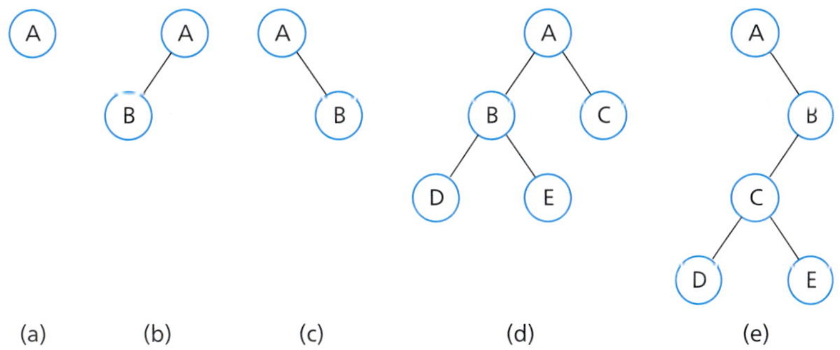

그림 6-5 이진 트리의 일반적인 형태

[그림 6-5]는 이진 트리의 특성을 잘 나타내는 예이다. (b)의 트리는 좌사향 트리이고 오른쪽 공백 서브트리를 가지고 있다. (c)의 트리는 우사향 트리이고 왼쪽 공백 서브트리를 가지고 있다. 일반 트리의 개념으로 (b)와 (c)의 트리는 같은 트리로 간주되지만, 이진 트리는 왼쪽과 오른쪽을 구분하는 **순서트리**(ordered tree)이므로 이진 트리의 개념으로 볼 때 (b)와 (c)의 트리는 서로 다른 트리이다. 이진 트리는 트리의 구조에 따라 다음과 같은 여러 형태로 구분될 수 있다. 다음에는 세 가지 형태의 특별한 이진 트리를 소개하겠다.

포화 이진 트리

트리를 구성하는 각 노드의 차수가 0이거나 정확히 2이면서, 트리의 높이(height)가 h인 트리에서 노드의 개수가 정확히

$$\sum_{i=1}^{h}(2^{i-1})$$

개로 구성된 트리를 포화 이진 트리(full binary tree)라고 한다. 또한, 임의의 레벨(level) ℓ에서 노드의 수는 $2^{\ell-1}$개이다.

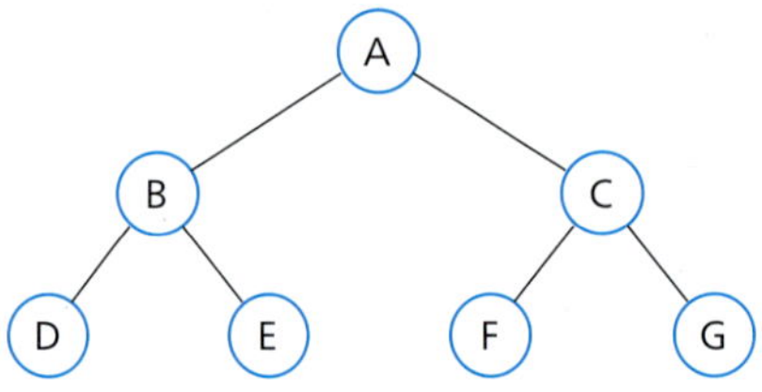

그림 6-6 포화 이진 트리

완전 이진 트리

트리의 높이(height)가 h인 이진 트리의 전체 노드 수가 n일 때, 레벨 1인 근노드(root node)로부터 시작하여 하위 레벨 순으로, 레벨이 같을 경우 왼쪽에서 오른쪽으로 번호를 붙이는 방법을 사용하여 순차적인 대응이 되는 트리를 완전 이진 트리(complete binary tree)라고 한다.

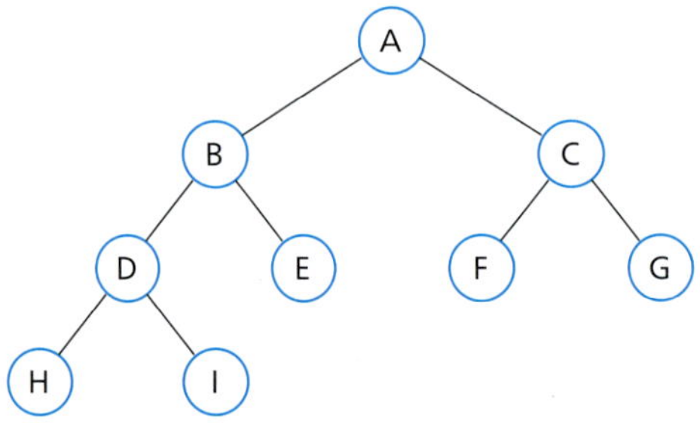

그림 6-7 완전 이진 트리

편향 이진 트리

편향 이진 트리(skewed binary tree)는 트리를 구성하는 각 노드가 왼쪽 또는 오른쪽과 같이 한 쪽 방향으로만 링크가 있는 이진 트리이다. [그림 6-8]과 같이 왼쪽으로만 링크

를 가지고 있는 경우와 오른쪽으로만 링크를 가지고 있는 2가지 편향이진트리가 있다. 높이가 h인 편향이진트리에서의 노드의 수는 각 레벨에서 하나의 노드를 가지므로 h 개라는 것을 알 수 있다.

(a) 왼쪽 편향 이진 트리 (b) 오른쪽 편향 이진 트리

그림 6-8 편향 이진 트리

[그림 6-9]는 두 개의 특별한 이진 트리를 보여주고 있다. [그림 6-9a]는 왼쪽으로 링크 사 있는 편향 이진 트리(skewed tree)이다. [그림 6-9b]의 트리는 완전 이진 트리(complete binary tree)라고 하는데 단말 노드들이 모두 인접한 두 레벨에 있다는 것을 알 수 있다.

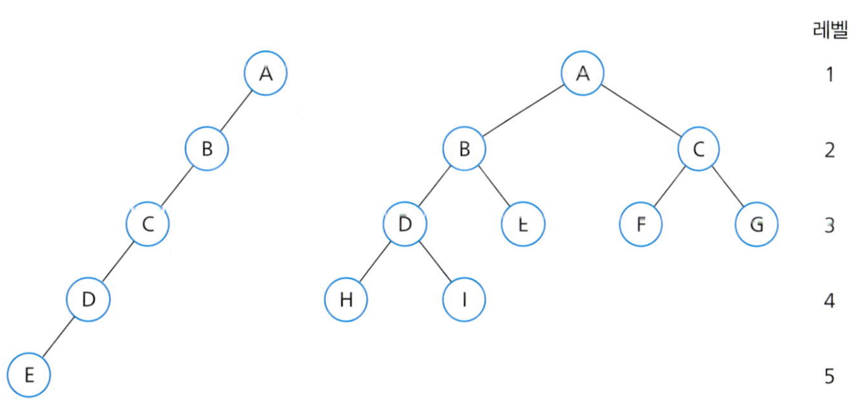

(a) 편향 이진 트리 (b) 완전 이진 트리

그림 6-9 편향 이진 트리와 완전 이진 트리

트리에 사용했던 차수, 레벨, 깊이, 루트, 리프, 부모, 자식 등과 같은 용어는 이진 트리에서도 같은 의미로 사용된다.

6.2.2 이진트리의 성질

이진 트리의 데이터 표현방법을 학습하기에 앞서 깊이가 k인 이진 트리에서 최대 노드의 수와 이진 트리에서 단말 노드수와 차수가 2인 노드 수와의 상관관계를 다음의 정리를 통해 알아보면서 이진 트리의 성질에 대하여 이해해 보자.

이진트리의 성질: 최대 노드의 수

1. 이진 트리의 레벨 i에서의 최대 노드 수는 $2^{i-1}(i \geq 1)$이다.

2. 깊이가 k인 이진 트리가 가질 수 있는 최대 노드 수는 $2^k - 1(k \geq 1)$이다.

위의 정리의 이해를 돕기 위하여 수학적 귀납법을 근거로 설명해 보고자 한다. 이진 트리의 레벨 1에서는 오직 하나의 노드, 즉 루트만이 존재하므로 레벨 변수 i가 1인 경우의 최대 노드 수는 $2^{i-1} = 2^0 = 1$이다. 또한 모든 $j(1 \leq j < \mathrm{i})$에 대해서 레벨 j에서의 최대 노드 수는 2^{j-1}이라고 가정할 때 레벨 i-1의 최대 노드 수는 2^{i-2}이다. 이 때 이진 트리에서 각 노드의 링크 수는 최대 차수인 2이므로, 각 노드는 최대 2개의 노드를 만들 수 있다. 그러므로 레벨 i의 최대 노드 수는 레벨 $i-1$에서의 최대 노드 수의 2배, 즉 2^{i-1}임을 확인할 수 있다. 즉 깊이가 k인 이진 트리가 가질 수 있는 최대 노드 수는 각 레벨에서 최대 노드 수의 합으로 다음과 같음을 알 수 있다.

$$\sum_{i=1}^{k}(\text{레벨 } i\text{의 최대 노드 수}) = \sum_{i=1}^{k} 2^{i-1} = 2^k = 1$$

이진 트리에서 최대 노드의 수로부터 깊이가 k인 포화 이진 트리(full binary tree)는 노드 수가 $2^{k-1}(k \geq 0)$인 이진 트리라는 것을 알 수 있다. [그림 6-10]에는 깊이가 4인 포화 이진 트리의 예가 있다. 레벨 1인 노드부터 점차 높은 레벨 노드 순서로 차례차례 번호를 붙이면 자연스러운 이진 트리의 순차적 표현방법이 될 것이다. 단, 같은 레벨에서는 [그림 6-10]에서와 같이 왼쪽에서 오른쪽으로 번호를 붙이도록 한다. 이러한 번호를 붙이는 방법으로 깊이가 k이고 노드 수가 n인 이진 트리가 만일 이 트리의 각 노드들이 깊이 k인 포화 이진 트리에서 1부터 n까지의 번호를 붙인 노드들과 일대일로 일치하면, 이 트리는 완전 이진 트리(complete binary tree)라고 정의할 수 있다.

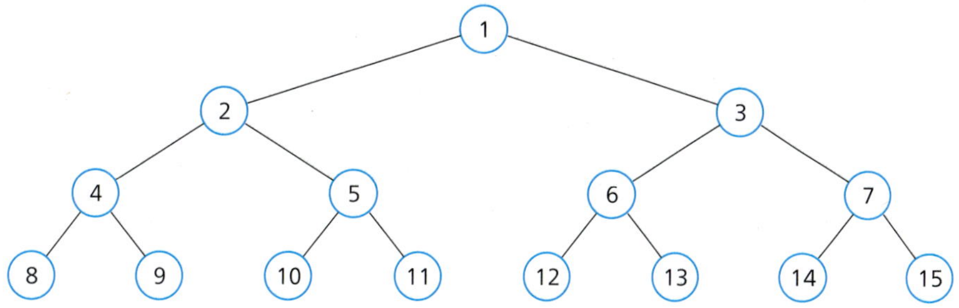

그림 6-10 노드 번호를 붙인 깊이 4의 포화 이진 트리

이진트리의 성질: 단말노드의 수와 차수가 2인 노드 수와의 관계

모든 이진 트리 *T*에 대하여, n_0는 단말 노드 수, n_2는 차수가 2인 노드 수라고 하면, $n_0 = n_2 + 1$ 이다.

위의 정리에서 제시한 이진 트리에서 단말 노드 수와 차수가 2인 노드 수와의 상관관계를 확인하기 위하여 n_1을 차수 1인 노드 수, n을 총 노드 수라고 하면, 이진 트리 T에 있는 어떤 노드도 차수 2를 넘지 못하므로 트리가 가지는 총 노드의 수 n은 $n_0 + n_1 + n_2$와 같다. 또한 이진 트리의 가짓수를 센다면 루트를 제외한 모든 노드들은 각기 자기에게 들어오는 가지가 하나씩 있게 된다. 그러므로 총 가짓수를 B라 하면 트리가 가지는 총 노드의 수 n은 B + 1이 된다. 또한 모든 가지들은 차수가 2 또는 1인 노드에서부터 뻗어 나오므로 $B = n_1 + 2n_2$이 된다. 즉 $n = n_0 + n_1 + n_2 = B + 1 = n_1 + 2n_2 + 1$이 된다. 이것으로부터 $n_0 = n_2 + 1$을 유도할 수 있다. 예를 들어 [그림 6-9(a)]에서는 $n_0 = 1$일 때 $n_2 = 0$, [그림 6-9(b)]에서는 $n_0 = 5$일 때 $n_2 = 4$가 된다는 것을 확인할 수 있다.

6.2.3 이진트리의 표현

배열 표현

[그림 6-10]에 사용된 번호 할당 방법은 기억 장치에 이진 트리를 표현하는 방법으로 사용된다. 배열의 첫 위치인 0번째 위치는 사용하지 않고 노드에 할당된 1부터 n까지 번호에 해당하는 일차원 배열의 요소에 각 노드를 저장할 수 있다. 다음의 보조정리를 이용하면 이렇게 표현된 이진 트리에서는 노드 i의 왼쪽 자식, 오른쪽 자식, 그리고 부모의 위치를 쉽게 결정할 수 있다.

배열로 표현된 이진트리에서의 부모-자식간의 관계

n개의 노드를 가진 완전 이진 트리(즉, 깊이 = $\lfloor \log_2 n + 1 \rfloor$)가 순차적으로 표현되어

있다면, 인덱스 $i(1 \le i \le n)$를 갖는 어떤 노드로부터도 다음의 정보를 구할 수 있다.

1. $i \neq 1$이면 parent(i)는 $\lfloor i/2 \rfloor$의 위치에 있게 된다. 만일 $i = 1$이면 i는 루트이므로 부모가 없다.
2. $2i \le n$이면 left_child(i)는 $2i$의 위치에 있게 된다. 만일 $2i > n$이면 i는 왼쪽 자식을 가질 수 없다.
3. $2i + 1 \le n$이면 right_child(i)는 $2i + 1$의 위치에 있게 된다. 만일 $2i + 1 > n$이면 i는 오른쪽 자식을 가질 수 없다.

이와 같은 방법은 대부분의 경우 공간 낭비는 많을지 몰라도 어떤 이진 트리도 모두 나타낼 수 있다. 그러나 완전 이진 트리의 경우에는 낭비되는 공간이 없으므로 매우 이상적이다. [그림 6-9a]의 경사 트리에서는 절반 이하의 기억 장소만이 사용된다. [그림 6-11]은 [그림 6-9]의 두 가지 트리에 대한 배열 표현(array representation)을 보여주고 있다. 최악의 경우에 깊이 k인 경사 트리는 $2^k - 1$개의 기억 장소를 필요로 하게 되는데 이중에 실제로 k개만을 사용하게 된다.

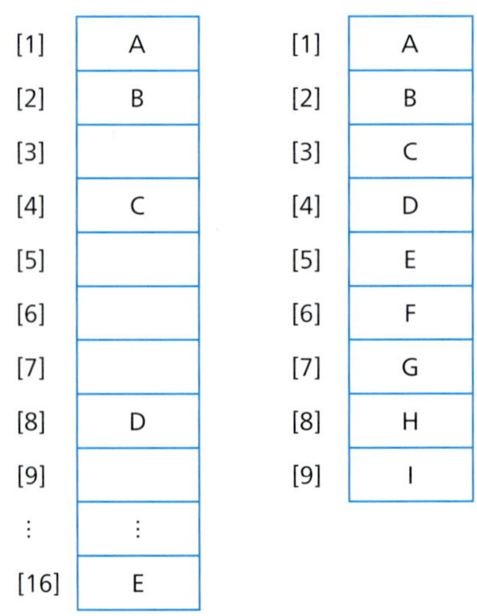

그림 6-11 [그림 6-9]의 이진 트리의 배열 표현

이와 같은 배열 표현은 heap 자료구조를 표현하는데 효율적으로 사용할 수 있다.

heap은 부모노드의 대표 데이터 값이 자식 노드의 값보다 큰 완전 이진 트리를 말한다. 배열표현이 완전 이진 트리를 표현하기 적합하고 부모노드나 자식노드로의 접근이 인덱스 값을 가지고 쉽게 운영될 수 있기 때문에 heap의 구축과 삽입, 삭제, 데이터 접근에 편리하게 할 수 있다.

링크 표현

순차 표현(sequential representation) 방법은 완전 이진 트리에 대해서는 상당히 좋지만, 다른 이진 트리에 대해서는 낭비가 매우 크다. 이 외에 또 순차적 표현방법이 부적절한 경우가 있다. 즉 트리의 중간에 노드를 삽입하거나 제거하게 되면 이 노드 레벨의 변경 등에 따라 많은 노드의 위치가 변해야 한다. 이 문제는 링크 표현(linked representation)으로 쉽게 해결할 수 있다. 각 노드들은 세 필드, 즉 `left_child`, `data`, `right_child`를 가지는데, C 언어로 정의하면 다음과 같다.

```
typedef struct tnode *tree_pointer
struct tnode  {
   int data;
   tree_pointer left_child, right_child;
};
```

이렇게 정의한 노드는 [그림 6-12]의 어떤 표현방법으로도 그릴 수 있다.

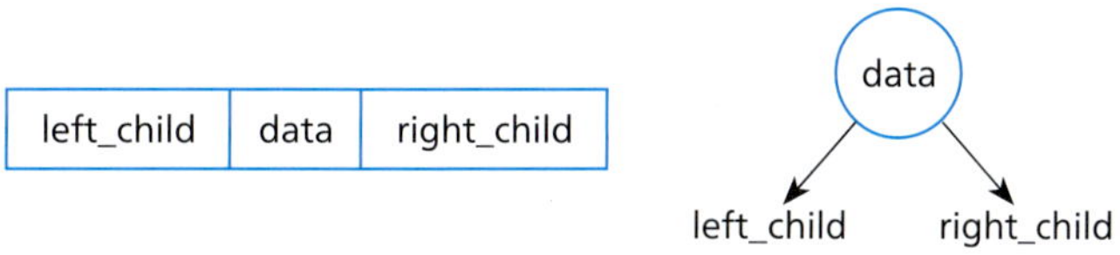

그림 6-12 이진 트리의 노드 표현

이 방법을 쓰면 한 노드의 부모를 알기가 어렵다는 단점이 있지만 대부분의 응용에는 적합하다. 어떤 노드의 부모를 알아야 할 경우 parent 필드를 하나 더 첨가하면 된다. [그림 6-13]는 이 노드 구조를 사용하여 [그림 6-9]의 트리들을 표현한 것이다. 연결리스트에서처럼 트리의 노드는 미리 정의된 구조체의 포인터를 통하여 접근할 수 있고 특히 루트를 가리키는 포인터는 트리의 대표 정보로 프로그램에서 활용하여 다른 노드들에 접근할 수 있다.

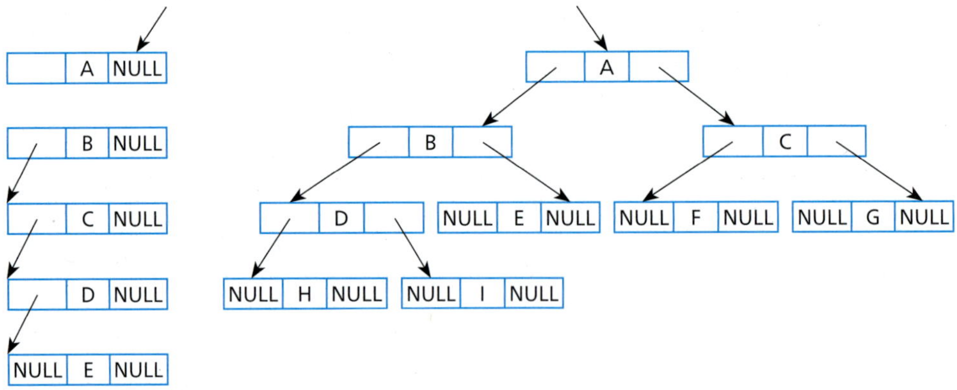

그림 6-13 [그림 6-9]의 두 이진 트리에 대한 링크 표현

6.3 트리의 순회

트리의 순회(traversal)이란 컴퓨터의 기억 공간에 표현된 트리의 각 노드를 중복되지 않게 한 번에 한 노드씩 전체 노드를 전부 검사하는 것을 의미하며, '노드를 방문(visit)' 라고도 한다.

트리의 전체 노드를 순회함으로써 트리의 노드에 대한 선형적인 순서를 얻을 수 있지만, 트리의 순회는 트리가 비선형 구조이기 때문에 선형 구조보다 더욱 복잡하게 된다. 그러므로 트리의 순회는 어느 노드로부터 방문해야 하며, 이어서 다음 노드를 어떻게 방문해야 하는가의 방법이나 순서에 따라 여러 가지 순회방법이 있다.

6.3.1 일반트리의 순회

일반 트리의 순회방법은 레벨순(level order) 순회, 전위(preorder) 순회, 후위(postorder) 순회, 족보순(family order) 순회 등으로 나눌 수 있다. [그림 6-14]는 일반 트리의 순회방법을 학습하기 위한 일반 트리의 예이다.

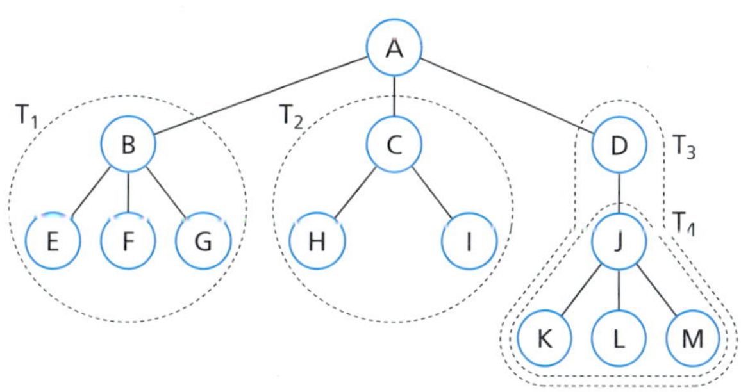

그림 6-14 일반 트리의 순회를 위한 예

레벨순 순회

레벨순(level order) 순회는 트리의 각 노드를 레벨순으로 검사하며, 동일한 레벨의 노드들은 왼쪽에서 오른쪽으로 차례대로 검사하는 가장 간단한 트리 순회방법이다.

레벨순 순회에는 하향식(top-down)과 상향식(bottom-up) 방식이 있으며, 하향식은 근 노드인 상위 레벨로부터 하위 레벨 순으로, 같은 레벨의 노드들은 왼쪽에서 오른쪽으로 방문하는 방식이다. 이에 반해, 상향식은 하위 레벨로부터 상위 레벨 순으로 같은 레벨의 노드들은 왼쪽에서 오른쪽으로 방문하는 방식이다. [그림 6-14]의 트리을 레벨순으로 순회를 한 순서는 다음과 같다.

레벨순 순회	순회순서
하향식	A B C D E F G H I J K L M
상향식	K L M E F G H I J B C D A

전위 순회

전위(preorder) 순회는 먼저 트리의 근노드를 방문하고 왼쪽 서브트리(subtree)로부터 오른쪽 서브트리 순으로 방문하는 방법이다. [그림 6-14]의 트리을 전위 순회한 순서는 다음과 같다.

내 용	노드 검사
순회방법	A (T1) (T2) (T3)
	A (BEFG) (C H I) (D T4)
	A B E F G C H I D (J K L M)
순회순서	A B E F G C H I D J K L M

후위 순회

후위(postorder) 순회는 먼저 트리의 맨 왼쪽 서브트리로부터 오른쪽 서브트리 순으로 방문한 후, 근노드를 마지막으로 방문하는 식이다. [그림 6-14]의 트리을 후위 순회한 순서는 다음과 같다.

내 용	노드 검사
순회방법	(T1) (T2) (T3) A
	(EFGB) (H I C) (T4 D) A
	E F G B H I C (K L M J) D A
순회순서	E F G B H I C K L M J D A

족보순 순회

족보순(family order) 순회는 먼저 트리의 루트를 방문한 후, 다음에 근노드의 자식 노드를 왼쪽에서 오른쪽 순으로 방문한 후 가장 늦게 방문한 자식 노드로부터 앞의 과정을 반복 수행하여 방문하는 방식이다.

족보순 순회는 스택을 이용하여 처리가 가능한데, 처리하는 과정은 다음과 같다.

1. 근노드를 스택에 PUSH한다.
2. 스택에서 한 개의 노드를 POP한 후, POP된 노드의 자식 노드를 왼쪽에서 오른쪽 순으로 PUSH한다.
3. 스택이 배워질 때까지 2를 반복한다.

[그림 6-14]의 트리를 스택을 이용하여 족보순 순회를 한 순서는 다음과 같다.

	1	3	4	5	7	9	10	11	16	17	21	22	23	← PUSH
STACK	A	B	C	D	J	K	L	M	H	I	E	F	G	
	2	20	15	6	8	14	13	12	19	18	26	25	24	← POP

6.3.2 이진트리의 순회

자료구조를 설정하고 데이터를 저장하는 이유는 이를 효율적으로 활용하기 위해서이다. 활용하기 위한 가장 기본적인 연산은 자료구조안의 데이터를 하나씩 찾아가 보는 것이다. 가장 널리 사용되고 기본적인 배열의 경우 대부분의 프로그래밍 언어에서 배열의 크기를 결정하고 첨자를 이용하여 그 구조안의 데이터를 볼 수 있도록 마련해 두었다.

이진 트리와 같은 비선형 자료구조의 경우 구조 안의 데이터를 모두 한 번씩 방문하는 것이 조금 더 복잡하다. 이를 순회(traversal)이라고 하는데 이진 트리의 재귀적인 성질로 쉽게 구현될 수 있다. 즉 이진 트리를 순회할 때는 각 노드와 그 서브트리를 똑같은 방법으로 처리할 수 있다. 현재의 각 노드에서 할 수 있는 연산을 왼쪽 링크 따라 이동하기, 현재 데이터 처리하기, 오른쪽 링크 따라 이동하기 와 같이 정의할 수 있다. 왼쪽 링크 따라 이동하기와 오른쪽 링크 따라 이동하기는 데이터를 찾아가는 과정이다.

그리고 현재 데이터 처리하기는 응용의 목적에 따라 단순하게 그 안의 데이터를 출력할 수도 있고 어떤 조건에 맞는 값만을 저장하거나 통계를 구하는 등의 일을 할 수 있다.

각각을 L, D, R하면 여섯 가지 방법, 즉 LDR, LRD, DLR, DRL, RDL 그리고 RLD가 있을 수 있다. 만약 오른쪽보다 왼쪽을 항상 먼저 처리하기로 한다면 세 가지의 순회 방법이 가능한데, 즉 LDR, LRD, DLR이다. L과 R에 대한 D의 위치에 따라 이 세 가지를 각각 중위(inorder) 순회, 후위(postorder) 순회, 전위(preorder) 순회라고 부른다.

다시 설명하면 후위 순회에서는 왼쪽 서브트리와 오른쪽 서브트리를 먼저 처리한 후 현재 노드를 방문하여 처리한다. 한편 전위 순회에서는 서브트리를 순회하기 전에 현재 노드를 방문하여 처리하고 중위 순회에서는 현재 노드를 처리하기 전에 그의 왼쪽 서브트리를 처리하고 현재노드를 처리한 후 오른쪽 서브트리를 처리하는 방식이다.

이진 트리가 가지는 재귀적인 성질 때문에 서브트리로 내려가도 일관된 같은 원칙이 적용되므로 트리순회를 위한 함수는 간단하다. 다음 [그림 6-15]의 이진 트리를 예제로 각 순회방법을 구현한 C 함수 프로그램을 이해해 보자.

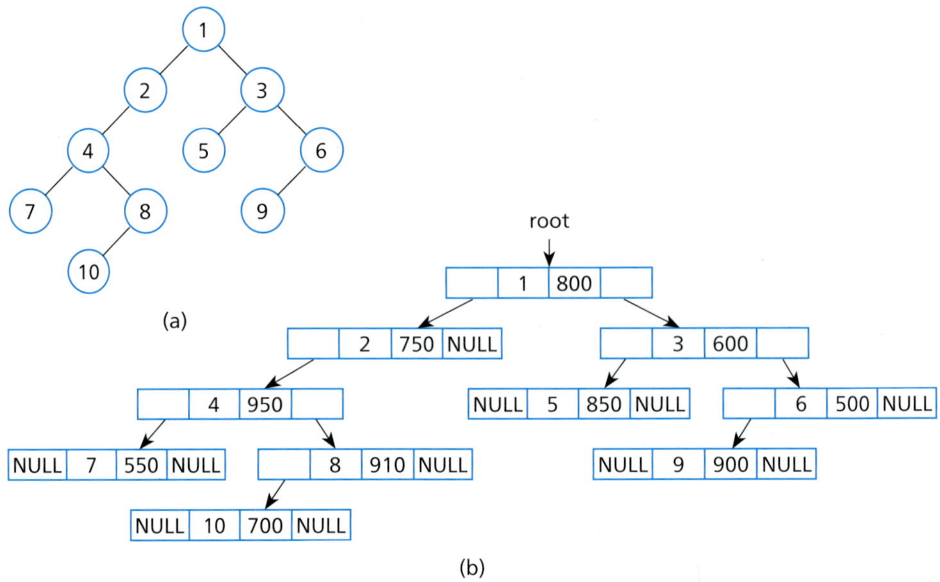

그림 6-15 (a) 샘플 이진 트리, (b) 트리의 링크 표현

중위 순회

중위 순회(inorder traversal)는 각 노드에서 왼쪽 서브트리를 모두 처리한 후 자신의 노드를 방문하고 오른쪽 서브트리를 처리하는 LDR의 방식으로 순회하는 것이다. 그러므로 루트부터 널 노드에 도달할 때까지 왼쪽 방향으로 이동하는 것이다. 널 노드에 도착하면 널 노드의 부모를 방문하고 그 노드의 오른쪽 서브트리에 대하여 순회이 계속된다. 오른쪽으로 이동할 수 없을 때에는 바로 위 레벨의 방문하지 않은 노드에서 같은 방법으로 순회이 계속된다. 이와 같은 중위 순회은 [프로그램 6-1]의 재귀함수 `inorder1`과 `inorder2`에 의하여 간결하고 정확하게 묘사하고 있다. 설명을 위하여 [그림 6-15b]의 링크 표현을 위한 각 노드의 구조를 다음과 같이 정의할 수 있다.

```
typedef struct tnode *tree_pointer;
struct tnode {
   tree_pointer left_child;
   int num;
   int score;
   tree_pointer right_child;
};
```

이러한 정의를 예로 하여 [그림 6-15]의 트리를 [프로그램 6-1](a)의 함수 inorder1에 트리의 루트 포인터를 매개변수로 주고 중위 순회하면 다음과 같은 순으로 방문한다.

7 4 10 8 2 1 5 3 9 6

이때 [프로그램 4-1](b)의 함수 inorder2에 트리의 루트 포인터를 매개변수로 주면 다음과 같이 저장된 점수가 800 이상인 데이터만을 출력하게 된다.

```
4   950
8   910
1   800
5   850
9   900
```

[프로그램 6-1] 이진 트리의 중위 순회함수 (a) inorder1(), (b) inorder2()

```
void inorder1(tree-pointer ptr)
{
   if (ptr)  {  // ptr이 NULL이 아니면, 빈 트리가 아닌 경우
      inorder1(ptr -> left_child);
      printf ("%d   ", ptr -> num);
      inorder1(ptr -> right_child);
   }
}

void inorder2(tree-pointer ptr)
{
   if (ptr)  {
      inorder2(ptr -> left_child);
      if (ptr->score >= 800)
         printf ("%d   %d\n", ptr -> num, ptr ->score);
      inorder2(ptr -> right_child);
   }
}
```

전위 순회

전위 순회(preorder traversal)는 각 노드에서 자신의 노드를 먼저 처리하고 왼쪽 서브트리, 마지막으로 오른쪽 서브트리를 처리하는 DLR의 방식으로 순회하는 것이다. 그러므로 루트부터 자신의 노드를 방문하면서 왼쪽 서브트리의 모든 노드를 방문한다.

링크를 순회하다가 널 링크를 만나면 오른쪽 서브트리를 가진 가장 가까운 조상 노드로 백트래킹하여 순회를 계속한다. [그림 6-15]의 이진 트리에 대하여 이와 같은 전위 순회을 위하여 [프로그램 6-1]의 중위 순회과 마찬가지로 재귀함수 `preorder`에 의하여 간결하고 정확하게 묘사하고 있다. [프로그램 6-2]의 결과 다음과 같은 순으로 방문하게 된다.

```
1  2  4  7  8  10  3  5  6  9
```

[프로그램 6-2] 이진 트리의 전위 순회 함수

```
void preorder (tree_pointer ptr)
{
   if (ptr)  {
      printf ("%d   ", ptr -> num);
      preorder (ptr -> left_child);
      preorder (ptr -> right_child);
   }
}
```

후위 순회

후위 순회(postorder traversal)는 각 노드에서 자신에 노드를 방문하기 전에 왼쪽 서브트리와 오른쪽 서브트리를 먼저 방문하여 처리하는 LRD의 방식으로 순회하는 것이다. 그러므로 자신을 방문하기 전에 그의 자식을 먼저 방문하는 방식이다.

[프로그램 6-3]의 함수 postorder는 후위 순회(postorder traversal) 함수로서 재귀용법에 의하여 간단하게 코딩되어 있다. [그림 6-15]의 이진 트리에 대하여 이와 같은 후위 순회의 결과 다음과 같은 순으로 방문하게 된다.

```
7  10  8  4  2  5  9  6  3  1
```

[프로그램 6-3] 이진 트리의 후위 순회 함수

```
void postorder (tree_pointer ptr)
{
   if (ptr)  {
      postorder (ptr -> left_child);
      postorder (ptr -> right_child);
      printf("%d   ", ptr -> num);
   }
}
```

[확인학습 6-1]

다음 트리를 중위 순회, 전위 순회, 후위 순회한 결과를 쓰시오.

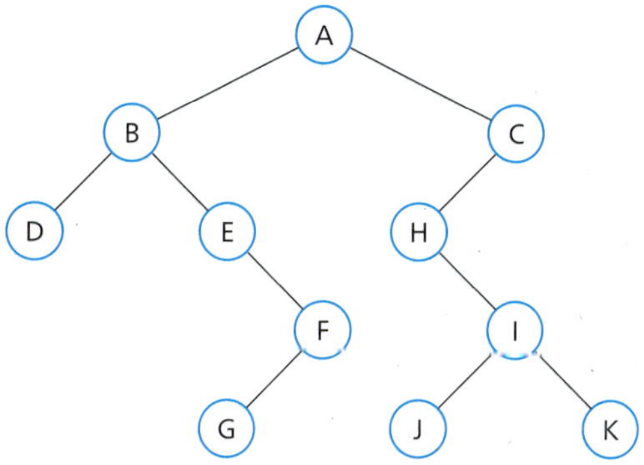

[중위 순회 결과] ______________________________

[전위 순회 결과] ______________________________

[후위 순회 결과] ______________________________

6.4 이진 탐색 트리

이진 탐색 트리(binary search tree)에서의 삽입, 삭제, 탐색 연산은 지금까지 공부했던 어떤 자료구조보다도 좋은 성능으로 자료처리의 대부분의 과정이 탐색과 연관이 있으므로 다양한 영역에서 활용된다. 그 이름에서 말해주는 바와 같이 이진 탐색 트리를 이용하면 "키값이 x인 원소를 삭제하라"와 같은 키값에 의한 연산과 "세 번째로 작은 원소를 삭제하라"와 같은 순위에 의한 연산 모두를 수행할 수 있다. 또한 이진트리가 가지고 있는 재귀적인 성질을 이용하여 순회와 같은 연산의 구현이 용이하다.

6.4.1 이진 탐색 트리의 정의

이진 탐색 트리(Binary Search Tree)는 이진트리의 특별한 경우로서 이진트리의 성질과 연산을 그대로 적용한다. 다만 각 데이터 항목이 다른 데이터와 중복되지 않는 유일한 키값을 가지고 있다.

이진 탐색 트리의 정의

이진 탐색 트리는 공백이 가능한 이진 트리이다. 만약 공백이 아니라면 다음 성질을 만족한다. 이진 탐색 트리의 각 원소는 자료구조 입장에서 노드라고 할 때

1. 모든 노드는 그 노드에만 유일한 키값을 가진다.
2. 공백이 아닌 왼쪽 서브 트리(subtree)에 있는 키들은 그 서브 트리의 루트의 키보다 작아야 한다.
3. 공백이 아닌 오른쪽 서브 트리에 있는 키들은 그 서브 트리의 루트의 키보다 큰 값을 가져야 한다.
4. 왼쪽과 오른쪽 서브트리도 이진 탐색 트리이다.

위의 정의로부터 이진 탐색 트리는 각 노드가 유일하게 가지는 노드의 키값에 의하여 구축되고 처리된다는 것을 알 수 있다. 또한 이진 탐색 트리의 성질이 그의 서브 트리에도 적용되는 재귀적인 구조를 가지고 있으므로 프로그래밍에서 재귀함수를 사용하는 것이 편리하다는 것을 알 수 있다.

[그림 6-16]는 몇 개의 이진 트리 예를 보여주고 있다. [그림 6-16a]의 트리는 오른쪽 서브트리가 성질 (4)에 만족하지 않는다. 즉 이 서브트리의 루트는 키값이 25인데 비해서 오른쪽 자식은 더 작은 키값인 22를 가지므로 이진 탐색 트리가 아니다. [그림 6-16b]와 [그림 6-16c]는 이진 탐색 트리이다.

이와 같이 이진 탐색 트리는 키값의 비교에 의해 정의되고 구축된다. 값의 비교에는 수치 비교도 있지만 문자열 비교에 의한 사전식 비교가 있다. 즉 사전에서 앞에 나는 것이 작은 값이 된다. 예를 들면 "apple"은 "banana"보다 사전에 먼저 나오므로 작은 값이 된다. 이와 같은 사전식 비교를 기준으로 [그림 6-17]의 이진 트리의 예를 살펴보자. [그림 6-17a]에서 "blue"는 "black"보다 큰데 왼쪽 자식으로 있고 "yellow"보다 작은 "white"가 오른쪽 자식으로 잇기 때문에 이진 탐색 트리가 아니다. 이와 비교하여 [그림 6-17b]는 이진 탐색 트리의 키값의 정의를 모두 만족하므로 이진 탐색 트리임을 확인하시오.

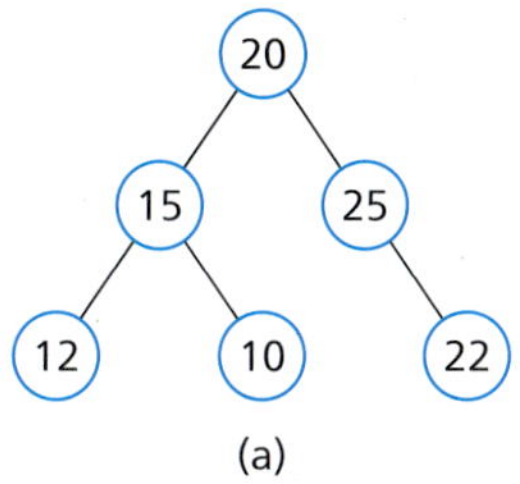

그림 6-16 예제 이진 트리(1)

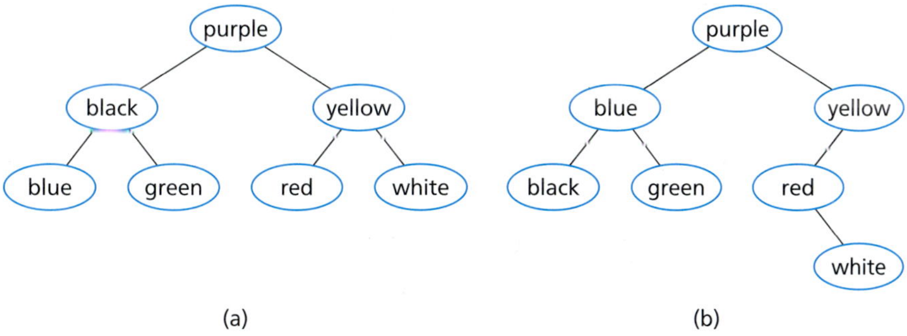

그림 6-17 예제 이진 트리(2)

이진 탐색 트리는 이진 트리의 특수한 형태이므로 이진 탐색 트리를 위한 C 선언은 이진 트리를 생성하는 데 사용한 선언과 같이 선언할 수 있다. 코드 수준에서 계속되는 설명을 위하여 다음의 `BstNode` 타입 선언한다. 마찬가지로 이진 트리에 대한 모든 연산도 이진 탐색 트리에 직접 적용된다. 예를 들어 전위, 중위, 후위 순회 등은 수정 없이 그대로 사용할 수 있다. 이 절에서는 추가로 삽입, 삭제, 탐색 연산을 설명하기로 한다.

```
typedef struct bst {
    struct bst *left;
    int key;
    double score;
    struct bst *right;
} BstNode;
```

6.4.2 이진 탐색 트리의 탐색

이진 탐색 트리는 재귀적 정의를 가지므로 탐색 방법도 재귀적으로 기술하는 것이 가장 쉬운 방법이다. 키값이 key인 원소를 탐색하는 경우를 가정하자. 탐색은 루트에서부터 시작하는데 만약 루트가 NULL이면 탐색 트리는 원소를 갖지 않으므로 탐색은 실패로 끝난다.

NULL이 아니면 key 값을 루트의 키값과 비교하는데 만일 key가 루트의 키값과 같다면 탐색은 성공적으로 종료된다. key가 루트의 키보다 작다면 오른쪽 서브트리의 어떤 원소도 key와 동일한 키값을 갖지 않으므로 루트의 왼쪽 서브트리를 탐색해야 한다. key가 루트의 키값보다 크다면 루트의 오른쪽 서브트리를 탐색한다. 함수 search[프로그램 6-4]는 서브트리들을 재귀적으로 탐색하며 찾는 key을 가지는 BSTNODE 타입인 노드의 포인터를 리턴한다. key값을 가지는 노드가 없다면 NULL을 리턴한다.

[프로그램 6-4] 이진 탐색 트리의 재귀적 탐색

```
BstNode *search(BstNode *root, int skey)
{
    if (!root) return NULL;
    if (skey == root -> key) return root;
    if (skey < root -> key)
    return search (root -> left, skey);
    return search (root -> right, skey);
}
```

재귀적 탐색 함수는 동일한 기능의 반복 함수로 쉽게 변환할 수 있다. [프로그램 6-5]의 함수 search2는 [프로그램 6-4]의 재귀함수의 사용을 while 반복문으로 바꾸어 이 기능을 수행한다.

[프로그램 6-5] 이진 탐색 트리의 반복적 탐색

```
BstNode *search2(BstNode *tree, int skey)
{
   while (tree) {
   if (skey == tree -> key) return tree;
   if (skey < tree -> key)
      tree = tree -> left_child;
   else
      tree = tree -> right_child;
   }
   return NULL;
}
```

6.4.3 이진 탐색 트리의 삽입

키값이 key인 새로운 원소를 삽입하기 위해서는 먼저 동일한 키값을 갖는 원소가 트리 내에 있는지를 확인하기 위해 트리를 탐색해야 한다. 만약 탐색이 실패하면 탐색이 종료된 그 지점에 원소를 삽입한다. 예를 들어 키값이 80인 원소를 [그림 6-18a]의 트리에 삽입하기 위해서는 먼저 트리에서 80을 탐색해야 한다. 이 탐색은 실패하고 검사한 마지막 노드는 키값이 40이다. 새로운 원소는 이 노드의 오른쪽 자식으로 삽입하면 된다.

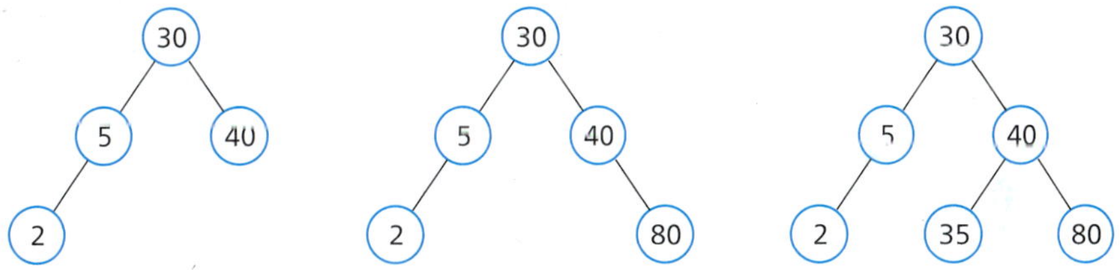

(a) 이진 탐색 트리의 예 (b) 80을 삽입 (c) 35를 삽입

그림 6-18 이진 탐색 트리에 삽입

결과의 탐색 트리는 [그림 6-18b]에 있다. 마찬가지로 [그림 6-18c]는 [그림 6-18b]의 이진 탐색 트리에 다시 키 35를 삽입한 결과를 보여준다.

지금까지 학습한 이진 탐색 트리의 삽입과정을 적용하여 트리를 구축하는 함수 `insert_bst()`를 작성해 보자. 구축을 시작할 때 트리가 공백인 경우는 즉 구축하려는 트리의 포인터 `tree`가 NULL이므로 다음 프로그램의 `if`문에서 첫노드를 마련하여 루트로 한다.

```
if (!tree) {  //공백 트리인 경우
   tree = (BSTNODE *)malloc(sizeof(BSTNODE));
   tree -> key = sid;
   tree->score = grade;
   tree->left = tree->right = NULL;
}
else
   insert_bst(tree, sid, grade);
```

두 번째 삽입되는 노드부터는 트리 포인터 tree가 NULL이 아니므로 if 조건문을을 만족하지 못한다. 그러므로 [프로그램 6-6]의 insert_bst() 함수를 호출하여 계속 삽입하면서 트리를 구축해 간다.

[프로그램 6-6] 이진검색트리로의 삽입

```
int insert_bst(BSTNODE *root, int id, float score) {

   BSTNODE *tptr = root, *before, *node;

   while (tptr) {
   if (id < tptr->key)  {
      before = tptr;
      tptr = tptr -> left;
   }
   else if (id > tptr->key) {
      before = tptr;
      tptr = tptr -> right;
   }
   else
     return 0;
   }
   node = (BSTNODE *)malloc(sizeof(BSTNODE));
   node -> key = id;
   node -> score = score;
   node->left = node->right = NULL;

   if (id < before->key) before->left = node;
   else before-> right = node;
   return 1;
}
```

함수 insert_bst()는 삽입하려는 키값인 id를 받아 root를 초기치로 받은 트리의 임시 포인터 tptr이 가리키는 키값과 비교하여 작으면 왼쪽으로(tptr = tptr -> left), 키값과 비교하여 크면 오른쪽으로(tptr = tptr -> right) 움직여 가면서 탐색 과정을 진행하다. 탐색에 실패하면 포인터 tptr이 NULL이 되어 반복을 끝내고 나오면 노드를 할당받아 각 멤버에 데이터를 넣는다. 이때 트리의 말단에 놓여지게 되므로 node->left와 node->right은 NULL의 값을 갖게 된다. 이렇게 마련된 노드를 어디에 붙여 기존의 이진탐색 트리에 삽입하게 될까? 움직이면서 만난 노드를 before에 저장했기 때문에 삽입 노드의 id와 before->key를 비교하여 before->left나 before->right가 삽입노드의 포인트 값 node를 갖게 된다.

6.4.4 이진 탐색 트리의 삭제

이진 탐색 트리에서 리프 노드의 삭제는 간단하다. 예를 들어 [그림 6-18c]의 트리에서 35를 삭제하려면 그 노드 부모의 왼쪽 자식 필드를 NULL로 만들고 노드를 반환하면 된다. 그 결과는 [그림 6-18b]의 트리이다. 하나의 자식만을 가지는 비단말 노드의 삭제도 간단하다. 노드를 삭제하고 그 노드의 자식을 삭제된 노드의 자리에 위치시키면 된다. 예를 들어 [그림 6-18b]의 트리에서 40을 삭제하면 [그림 6-19]의 트리가 된다.

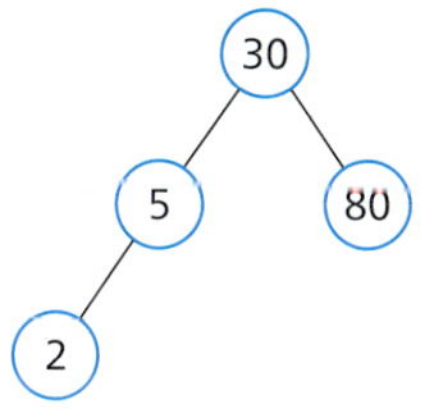

그림 6-19 이진 탐색 트리에서의 삭제

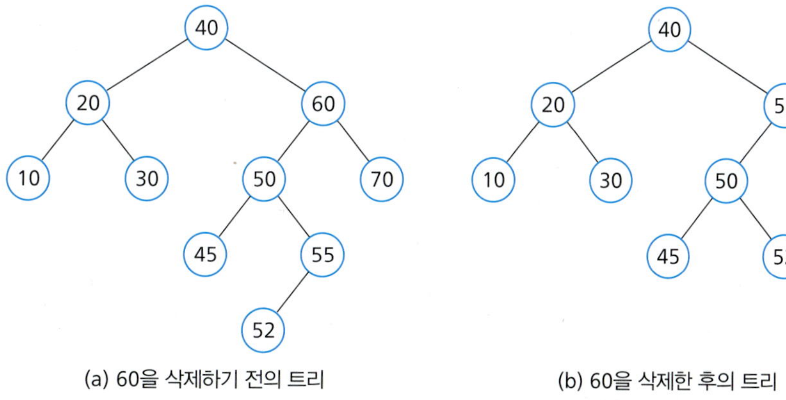

그림 6-20 두 자식을 가진 노드의 삭제

두 개의 자식을 가지는 비단말 노드를 삭제할 때는 그 노드를 왼쪽 서브트리에서 가장 큰 노드이거나 아니면 오른쪽 서브트리에서 가장 작은 노드로 대체한다. 그러고 선택된 서브트리에서 치환된 원소의 삭제 과정을 진행한다. 예를 들어 [그림 6-20a]의 60을 삭제하려면 55 또는 오른쪽 서브트리에서 가장 작은 원소인 70 중 하나와 치환해야 한다. 왼쪽 서브트리에서 가장 큰 원소와 치환한다고 가정하면 55가 서브트리의 루트로 이동한다. 다음 원래 55를 포함하고 있던 노드의 왼쪽 자식을 50을 포함하고 있는 노드의 오른쪽 자식으로 만들고 키값이 55인 구노드를 반환한다. [그림 6-20b]는 최종 결과를 보여준다.

실습프로그램

insert_bst()를 이해하여 다음 main()과 scan_bst()를 작성하여 입력을 주면서 만들어지는 이진 탐색 트리를 그리고 구축된 트리의 중위순회를 통해 출력한 자료들을 확인해보자. scan_bst()는 [프로그램 6-1]의 중위순회함수를 함수명을 변경하여 구현한 것이다. 출력된 결과를 통하여 이진 탐색 트리는 키값의 오름차순으로 순회하는 것을 확인할 수 있다.

[프로그램 6-7] 이진 탐색 트리의 구축과 순회 실습

```
typedef struct bstnode {
   struct bstnode *left;
   int key;
   float score;
   struct bstnode *right;
} BSTNODE;

int insert_bst(BSTNODE *root, int id, float score);
void scan_bst(BSTNODE *ptr);

void main()
{
   BSTNODE *tree=NULL, *ptr;
   int sid;
   float grade;

   printf(" 트리에 저장할 아이디와 평균평점을 입력하세요.\n");
   printf(" 입력의 끝에는 0 0 을 입력하세요.\n");
   scanf("%d %f", &sid, &grade);

   while (sid != 0) {
      if (!tree) {
```

```
            tree = (BSTNODE *)malloc(sizeof(BSTNODE));
            tree -> key = sid;
            tree->left = tree->right = NULL;
            tree->score = grade;
        }
        else
            insert_bst(tree, sid, grade);
        scanf("%d %f", &sid, &grade);
    }
    scan_bst(tree);
}

void scan_bst(BSTNODE * ptr) {
    if (ptr) {
        scan_bst(ptr->left);
    printf("%d == %.2f\n", ptr->key, ptr->score);
        can_bst(ptr->right);
    }
}
```

실행결과

```
트리에 저장할 아이디와 평균평점을 입력하세요.
입력의 끝에는 0 0 을 입력하세요.
1280 3.02
3140 4.21
2560 3.89
1101 4.01
3110 2.88
2210 3.27
3560 2.75
2550 3.88
0 0
1101 == 4.01
1280 == 3.02
2210 == 3.27
2550 == 3.88
2560 == 3.89
3110 == 2.88
3140 == 4.21
3560 == 2.75
```

[확인학습 6-2]

300, 170, 250, 550, 110, 700, 630, 600의 순으로 이진 탐색 트리에 노드를 삽입하여 트리를 구축할 때 다음 물음에 답하시오.

1. 구축된 이진 탐색 트리를 그리시오.

2. 구축된 이진 탐색 트리의 깊이는?

3. 구축된 이진 탐색 트리를 중위 운행한 결과를 쓰시오.

4. 구축된 이진 트리의 각 노드를 위하여 다음의 노드 포인터 tree_pointer를 이용하여 key값의 오름차순으로 출력하는 함수 void asort(tree_pointer root)를 작성하시오.

```
typedef struct bstnode *tree_pointer;
struct bstnode{
   tree_pointer left_child;
   ink key;
   tree_pointer right_child;
};
```

요약정리

1. 트리는 나무를 거꾸로 세운 모양으로 루트인 초기자료 1개로부터 계속해서 가지를 뻗어 내려오는 구조이다. 컴퓨터의 폴더 구조나 족보처럼 트리로 표현하면 이해하기 쉽고 처리도 간편한 경우가 많기 때문에 자주 사용되는 계층적인 자료구조이다.

2. 트리는 루트와 n개의 부분 트리들로 구성된 재귀적(recursive) 성질을 갖는 자료구조이다.

3. 트리에서는 부모노드, 자식노드, 조상(ancestors), 자손(descendants), 형제(sibling)처럼 족보와 관련된 용어와 차수, 단말노드, 레벨, 높이, 깊이 등의 용어가 사용된다.

4. 이진트리는 링크가 2개까지 제한된 트리로서 실제 기억장소에 표현하기 쉽고, 프로그램의 논리 또한 `if` 조건문의 참이나 거짓 두 갈래의 선택이 있는 이진구조(binary structure)이므로 자연스럽게 자주 사용된다.

5. 이진트리의 종류로는 포화 이진 트리(full binary Tree), 완전 이진 트리(complete binary tree), 편향 이진 트리(skewed binary tree) 등이 있다.

6. 깊이가 k인 이진 트리가 가질 수 있는 최대 노드 수는 $2^k - 1(k \geq 1)$이고 주어진 깊이에 자료가 꽉 채워진 경우 포화 이진 트리(full binary Tree)이다.

7. 모든 이진 트리 T에 대하여, n_0는 단말 노드 수, n_2는 차수가 2인 노드 수라고 하면 $n_0 = n_2 + 1$이다.

8. 이진트리를 프로그램에서 사용하기 위하여 기억장소에 표현하는 방법으로 배열표현과 링크표현이 있다. 배열표현은 완전 이진 트리를 표현하기 적합하고 인덱스 값으로 부모노드나 자식노드로의 접근이 쉽다. 링크표현은 자료를 구조적으로 표현하기 쉽고 이진트리의 재귀적인 성질을 이용하여 프로그램이 간단해진다.

9. 이진 트리의 자료를 모두 방문하기 위한 순회방법으로 전위순회(preorder traversal), 중위순회(inorder traversal), 후위순회(postorder traversal)가 있다. 이진트리의 재귀적인 성질은 이들 순회를 몇 줄의 코드로 가능하게 한다.

10. 이진 탐색 트리(Binary Search Tree)는 각 노드가 다른 노드와 중복되지 않는 유일한 키값을 가지고 있는 이진트리이다. 이진 탐색 트리는 어떤 노드 R에 대하여 왼쪽 자식은 R보다 키값이 작은 노드가, 오른쪽 자식은 R보다 키값이 큰 노드로 재귀적 성질을 가지고 구성된다. 이진 탐색 트리를 중위순회하면 키값의 오름차순으로 노드를 방문하게 된다.

연습문제

1. 트리 구조로 표현하기에 가장 적합한 것은? (   )

❶ 족보　❷ 배열　❸ 행렬　❹ 고객 리스트

2. 트리 구조에서 각 노드가 가진 링크의 수를 무엇이라고 하는가? (   )

❶ domain　❷ subtree　❸ degree　❹ attribute

아래 트리에 대하여 다음 물음에 답하시오. (3 ~ 7)

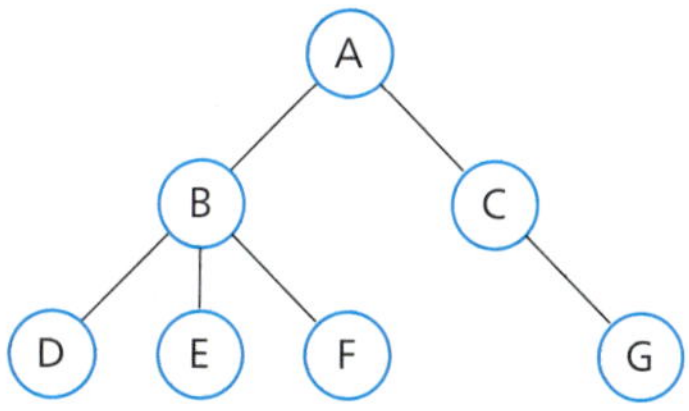

트리 T

3. 트리 T의 리스트 표현으로 바르게 나타낸 항은? (   )

❶ (A (B, C (D, E, F) (G)))

❷ (A (B, C) (D, E, F) (G))

❸ (A (B (D, E, F), C (G)))

❹ (A (B (D, E, F, C (G)))

4. 트리 T의 차수(degree)는 얼마인가? (   )

❶ 1　❷ 2　❸ 3　❹ 4

5. 트리 T에서 단 노드(terminal node)로만 구성된 것은? (   )

❶ D, E, F, G ❷ A, B, C, D ❸ C, D, E ❹ B, C, D

6. 트리 T에서 간 노드(nonterminal node)로만 구성된 것은 어느 것인가? (   )

❶ D, E, F, G ❷ A, B, C ❸ C, D, E ❹ B, C, D

7. 트리 T의 루트(root) 노드를 제거했을 때 몇 개의 부분트리(subtree)가 생기는가? (   )

❶ 1 ❷ 2 ❸ 3 ❹ 4

8. 이진 트리의 특징을 잘못 설명한 것은? (   )

❶ 좌우 부분 트리의 구분이 있는 순서 트리(ordered tree)이다.

❷ 차수(degree)가 2 이하이다.

❸ null link의 점유율이 약 1/2이다.

❹ 빈 노드(empty node)는 이진트리로 정의하지 않는다.

9. 다음 중 노드를 기억 공간에 저장할 때 링크(link)를 두어 저장하는 것이 다른 이진 트리에 비하여 상대적으로 가장 효율적인 트리는? (   )

❶ B 트리 ❷ 포화 이진 트리 ❸ 완전 이진 트리 ❹ 편향 이진 트리

10. 다음 중 배열로 표현할 때 다른 이진 트리에 비하여 상대적으로 가장 효율적인 트리는? (   )

❶ B-tree ❷ 포화 이진 트리 ❸ 완전 이진 트리 ❹ 편향 이진 트리

11. 이진 트리의 레벨 i에서 노드의 최대 수는? (   )

❶ 2^{i-1} ❷ 2 ❸ 2^{i+1} ❹ $2^i - 1$

12. 노드의 수가 5인 편향 이진 트리(skewed binary tree)의 깊이는? (   )

❶ 3 ❷ 4 ❸ 5 ❹ 6

13. 어떤 이진 트리(binary tree) T에서 n_0를 터미널 노드(terminal node)의 개수라 하고, n_2를 차수(degree)가 2인 노드의 개수라 하면 다음 중 n_0와 n_2의 관계를 옳게 나타낸 것은? (   )

❶ $n_0 = n_2 + 1$ ❷ $n_0 = n_2 - 1$ ❸ $n_0 = 2n_2 + 1$ ❹ $n_0 = 2n_2 - 1$

14. 깊이가 5인 포화 이진 트리의 노드 수는? (   )

❶ 15 ❷ 16 ❸ 31 ❹ 32

15. 노드의 수가 7인 우편향 이진 트리의 깊이는? (   )

❶ 7 ❷ 6 ❸ 5 ❹ 4

16. 다음의 순서에 따라 이진 트리의 노드(node)를 찾아가는 방법은? (   )

```
① root의 왼쪽 subtree를 traverse한다.
② root의 오른쪽 subtree를 traverse한다.
③ root를 찾아간다.
```

❶ Postorder traversal ❷ Inorder traversal

❸ Preorder traversal ❹ Family-order traversal

17. 다음 트리와 같은 이진 트리를 중위 순회(inorder traversal)한 결과는? (   )

❶ A B * C D * E / +　　❷ A * B + C * D / E

❸ + * A B / * C D E　　❹ A * B + C D * / E

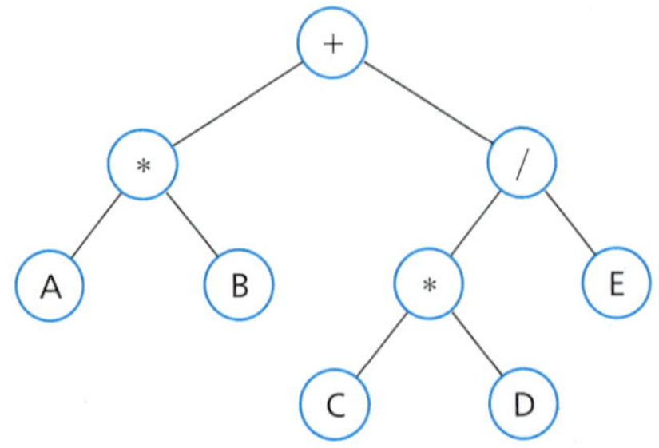

18. 다음의 트리를 후위 순회(postorder traverse)한 결과는? (   )

❶ D E B F H I G C A　　❷ D B E F C H G I A

❸ A B D E C F G H I　　❹ A B C D E F G H I

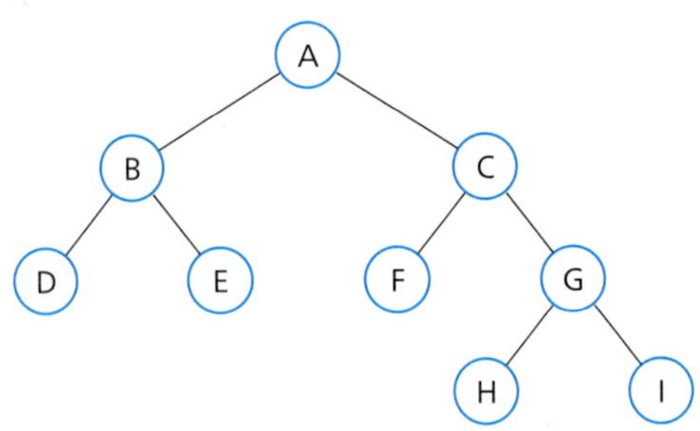

19. 다음의 트리를 전위 순회(preorder traversal)한 경우 M은 몇 번째로 방문하는가? (   )

❶ 4번째　　❷ 5번째　　❸ 6번째　　❹ 7번째

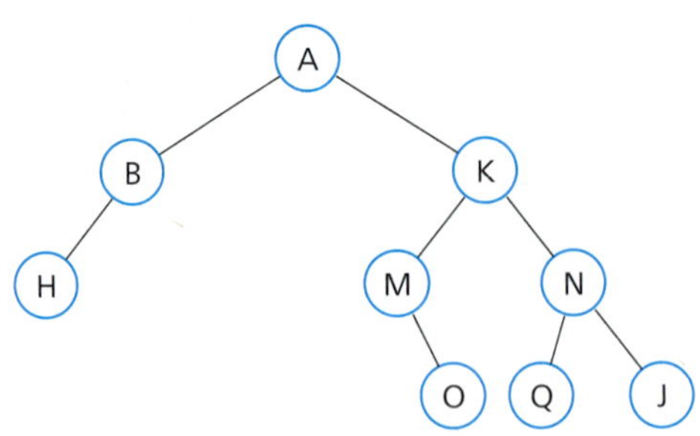

20. 다음의 이진 트리 중 전위순회 결과와 중위순회 결과가 동일한 것은? (   )

❶ 정 이진 트리(full binary tree)

❷ threaded 이진 트리(threaded binary tree)

❸ 전 이진 트리(complete binary tree)

❹ 우측 사향 이진 트리(right skewed binary tree)

CHAPTER 07

그래프

트리는 계층적 자료구조를 표현하기에 적합한 비선형자료구조이다. 그러나 실세계에는 지도나 지하철노선도와 같이 어떤 공정의 반복이나 상하 관계가 명확하지 않은 보다 자유로운 자료구조가 필요하다. 그래프는 트리에 순환구조를 허락하는 보다 일반적인 자료구조이다.

그래프(graph)는 1736년에 수학자 오일러(Euler)가 동부 프러시아의 쾨니히스베르크(Koenigsberg)에 있는 프레게르강 강의 다리 문제를 해결하는 데 처음 사용한 것으로 알려져 있다. 이 문제는 [그림 7-1]의 강에 걸쳐있는 7개의 다리를 모두 한 번씩만 지나서 원래의 위치로 되돌아 올 수 있도록 할 수가 있는가 하는 문제이다.

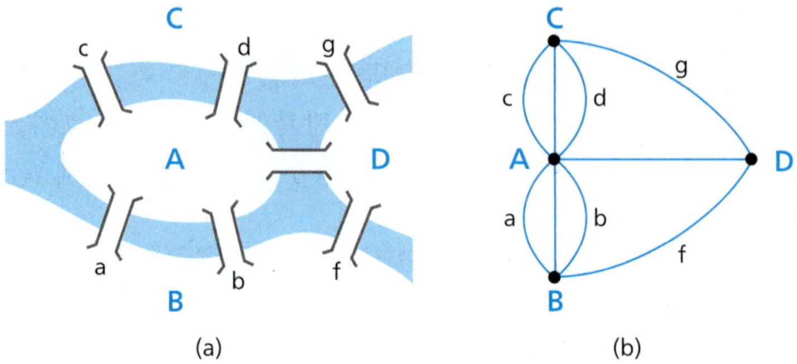

그림 7-1 프레게르강 강의 다리 문제와 그래프

오일러는 각 지역을 정점(vertex)으로, 그리고 모든 다리를 연결선(edge)으로 하는 그래프(다중그래프)를 이용하여 문제를 해결하였다. 4개의 지역과 7개의 다리를 단순화하여 [그림 7-1b]와 같은 그래프로 표현하고 연구하였다. 그 결과 쾨니히스베르크 모든 다리를 단 한 번씩만 거쳐서는 출발한 지역으로 되돌아올 수 없다는 사실을 발견했다.

정점에 접한 연결선의 수를 차수(degree)라고 할 때, 오일러는 각 정점의 차수가 짝수인 경우에만 임의의 정점에서 출발하여 각 연결선을 단 한 번씩만 거치고 출발한 정점으로 되돌아오는 길이 있음을 보였다. 이러한 길을 오일러 행로(Eulerian walk)라 부른다. 그러므로 쾨니히스베르크의 다리 문제에서는 모든 정점의 차수가 홀수이므로 오일러 행로는 존재하지 않는다.

이와 같은 오일러의 연구는 붓을 한 번도 종이 위에서 떼지 않고 같은 곳을 두 번 지나지 않으면서 어떤 도형을 그릴 수 있는지 하는 한붓그리기 문제에 대한 해답으로 사용되었다. 또한 어떤 도시 중앙에 있는 강 주변에 건설된 다리를 모두 한 번씩 둘러보고 되돌아오는 루트를 만들고자 할 때 오일러의 행로를 발견하는 문제와 같음을 알 수 있다.

이러한 연구 이후 그래프는 현실 세계의 상황을 단순화하여 표현함으로 복잡한 전기 회로의 분석, 도로망 설계 최단 경로 탐색, 통신망 정보관리, 연구계획 설정, 화학 합성물들의 식별 등 여러 분야에 광범위하게 응용되고 있으며 연결선의 종류에 따라 방향그래프, 무방향그래프, 가중치그래프 등이 있다.

7.1 그래프의 정의와 용어

7.1.1 그래프의 정의

그래프 G는 하나 이상의 정점들의 집합 V와 두 정점의 쌍으로 구성되는 연결선들의 집합 E로 이루어지며, G = (V, E)로 표현한다. 또한, V(G)는 그래프 G를 구성하는 정점들의 집합이고, E(G)는 연결선들의 집합이다.

그래프에서 정점 사이에 방향성이 없는 연결선으로 연결된 무방향 그래프(undirected graph)는 연결선을 나타내는 정점 쌍에 순서가 없다. 즉 (V_1, V_2)와 (V_2, V_1)은 같은 연결선을 의미한다.

연결선이 화살표로 표현되어 방향성을 가지는 방향 그래프(directed graph, digraph)는 연결선이 방향을 지니므로 정점 쌍에 나타난 정점의 순서가 중요하며, 방향 그래프에서 정점의 쌍은 <V_1, V_2>로 표시한다.

이때 V_1을 연결선의 꼬리(tail)라 하고 V_2는 연결선의 머리(head)라 한다. 그러므로 <V_1, V_2>와 <V_2, V_1>은 두 개의 서로 다른 연결선을 나타낸다.

[그림 7-2]은 그래프의 몇 가지 예를 나타낸 것이며, G_1과 G_2는 무방향 그래프, G_3와 G_4는 방향 그래프이다.

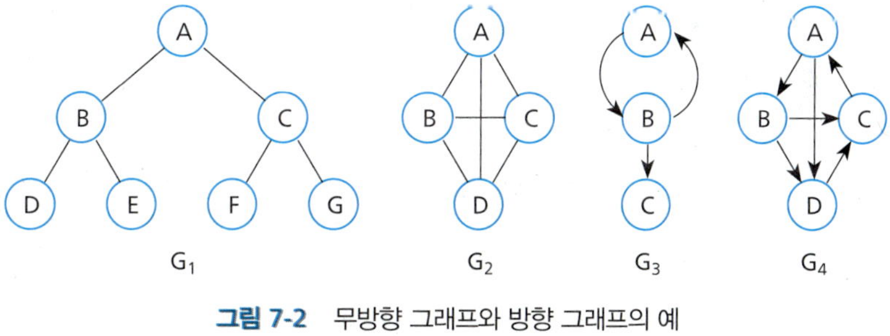

그림 7-2 무방향 그래프와 방향 그래프의 예

[그림 7-2]에서 정점들의 집합 V(G)와 연결선들의 집합 E(G)는 다음과 같다.

```
V(G1) = {A,B,C,D,E,F,G}
E(G1) = {(A,B),(A,C),(B,D),(B,E),(C,F),(C,G)}
V(G2) = {A,B,C,D}
E(G2) = {(A,B),(A,C),(A,D),(B,C),(B,D),(C,D)}
V(G3) = {A,B,C}
E(G3) = {<A,B>,<B,A>,<B,C>}
V(G4) = {A,B,C,D}
E(G4) = {<A,B>,<A,D>,<B,C>,<B,D>,<C,A>,<D,C>}
```

[확인학습 7-1]

다음과 같이 그래프 G5와 G6이 정의되어 있다. 이에 해당하는 그래프를 그리시오.

```
V(G5) = {1, 2, 3, 4}
E(G5) = {(1,3), (2,3), (2,4)}

V(G6) = {1, 2, 3, 4}
E(G6) = {<1,2>, <2,3>, <1,4>, <4,2>}
```

지금까지 살펴본 그래프의 중요한 요소인 연결선에 두 정점의 관계비용 등의 자료를 가중치로 가지고 있는 가중치 그래프가 있다. 보통 TSP(Traveling Salesman Problem)로 알려진 외판원 문제를 가중치 그래프로 표현한다. TSP 문제는 여러 도시를 정점으로 하고 다른 도시로 이동하는 비용이 가중치로 주어져 있으때 모든 도시를 단 한번만 방문하고 원래 시작점으로 돌아오는 최소비용의 이동순서를 구하는 것이다. 이 문제는 택배 회사나 인쇄회로기판을 만드는 공정 등에 실용적으로 활용될 수 있다.

7.1.2 그래프 관련 용어

그래프에서 사용되는 일반적인 용어들을 살펴보자.

인접 정점

정점의 순서쌍(V_1, V_2)가 E(G)에 있는 연결선이면, 정점 V_1과 V_2는 인접되어 있다. 즉, 연결선을 만드는 두 정점을 말한다. [그림 7-2]의 G_2에서 정점 B에 인접 정점(adjacent vertex)들은 A, C, D이다.

인접의 개념이 연결선 입장에서는 정점의 순서쌍(V_1, V_2)가 E(G)에 있는 연결선이면,

연결선 (V_1, V_2)는 정점 V_1과 V_2에 부속(incident)되었다고 한다. [그림 7-2]의 G_2에서 연결선(A, B), (A, C), (A, D)는 정점 A에 부속되어 있는 연결선이다. 즉, 부속된 연결선의 두 정점이 인접한 정점이다.

경로

그래프 G의 정점 V_1에서 V_n에 이르는 정점들의 순서를 경로(path)라고 하며, 경로상의 연결선의 수를 경로의 길이(length)라고 한다. [그림 7-2]의 G_1에서 정점 A에서 E로의 경로는 ABE이고, 이 경로의 길이, 즉 연결선의 수는 2이다. 또한 G_2에서 A에서 D로의 경로는 AD, ABD, ABCD, ACBD, ACD 등이 있다.

단순 경로

경로 상에 있는 정점들 중에서 첫 번째와 마지막 정점을 제외하고 모든 정점들이 서로 다를 때를 말한다. [그림 7-2]의 G_1에서 정점 A에서 E로의 경로 ABE는 단순 경로(simple path)이지만, ABEBE는 단순 경로가 아니다.

사이클

처음 정점과 마지막 정점이 같은 단순 경로를 말한다. [그림 7-2]의 G_2에서 경로 ((AB), (BD), (DC))를 (ABDC) 또는 ABDC와 같이 표현하며, 이 경로를 단순 경로라고 한다. 또한 ABCDA는 단순 경로로써 사이클(cycle)이다.

차수

그래프 G(V, E)에서 한 정점에 부속(incident)되어 있는 연결선들의 수를 말한다. [그림 7-2]의 G_2에서 정점 B에 교차된 연결선의 수는 3이므로 정점 B의 차수(degree)는 3이다.

진입차수

방향 그래프에서 한 정점에 들어오는 연결선의 수, 즉 한 정점을 머리(head)로 하는 연결선의 수를 정점 V의 진입차수라고 한다. [그림 7-2]의 G_3에서 정점 B의 진입차수(indegree)는 1이다.

진출차수

방향 그래프에서 한 정점에서 나가는 연결선의 수, 즉 한 정점을 꼬리(tail)로 하는 연결선의 수를 정점 V의 진출차수라고 한다. [그림 7-2]의 G_3에서 정점 B의 진출차수(out-degree)는 2이다.

연결 그래프

무방향 그래프에서 임의의 두 정점 V_i와 V_j 사이에 경로가 존재하면 V_i와 V_j는 연결되었다고 한다. 이때, 연결그래프는 그래프 G에 속하는 모든 정점들이 연결되어 있어서 임의의 두 정점 V_i와 V_j에 대하여 경로가 존재하는 그래프를 말한다. [그림 7-2]의 그래프들은 연결 그래프(connected graph)이며, [그림 7-3]에서 H_1부분 정점과 H_2부분의 정점들이 연결되어 있지 않기 때문에 연결 그래프가 아닌 단절 그래프(disconnected graph)이다.

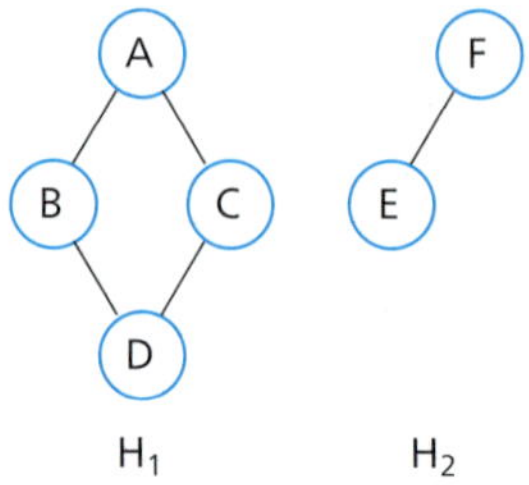

그림 7-3 단절 그래프

그래프 G에서 최대 연결 부분 그래프를 연결 요소라고 한다. [그림 7-3]에서는 H_1과 H_2의 두 연결 요소가 있다.

강력 연결 그래프(strongly connected graph)

방향 그래프 G에서 V(G)에 속한 상이한 두 정점 V_i, V_j의 모든 쌍에 대해 $V_i \rightarrow V_j$ 또는 $V_j \rightarrow V_i$로 경로가 존재하는 그래프를 말한다.

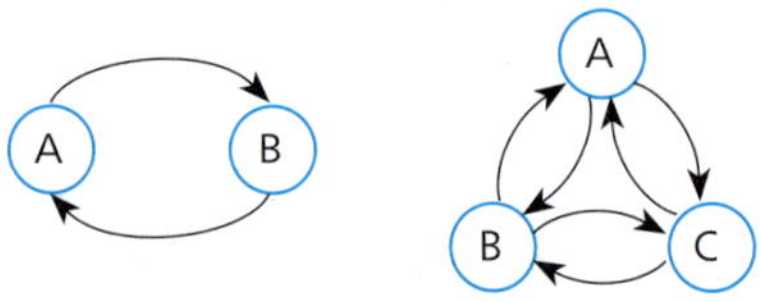

그림 7-4 강력 연결 그래프

다중 그래프

그래프 G의 임의의 두 정점 사이에 두 개 이상의 연결선이 존재하는 그래프를 말한다. [그림 7-5]의 정점 A와 D 사이에 3개의 연결선이 존재하므로 그래프 G는 다중 그래프(multigraph, multiple graph)이다. 하지만 그래프를 정점과 연결선의 집합으로 표현했을 때 일반적으로 두 정점 사이의 다중 연결선을 가지는 것은 이론적으로는 허용하지 않지만, 응용에 따라 필요하면 적합한 자료구조로 표현하여 활용할 수 있다.

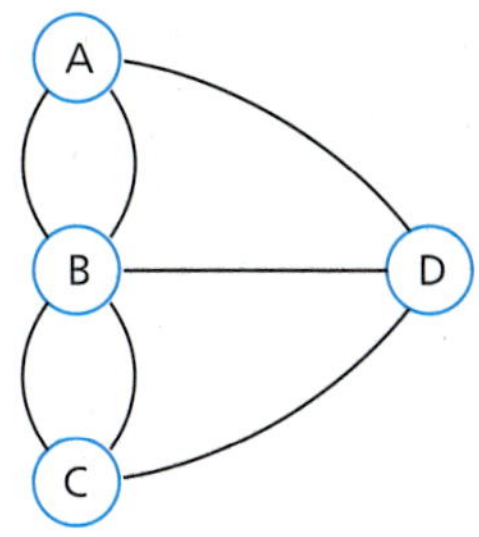

그림 7-5 다중 그래프

부분 그래프

G(V, E)에서 V의 부분 집합을 V′, E의 부분 집합을 E′라고 할 때, G′(V′, E′)를 G(V, E)의 부분 그래프(subgraph)라고 한다.

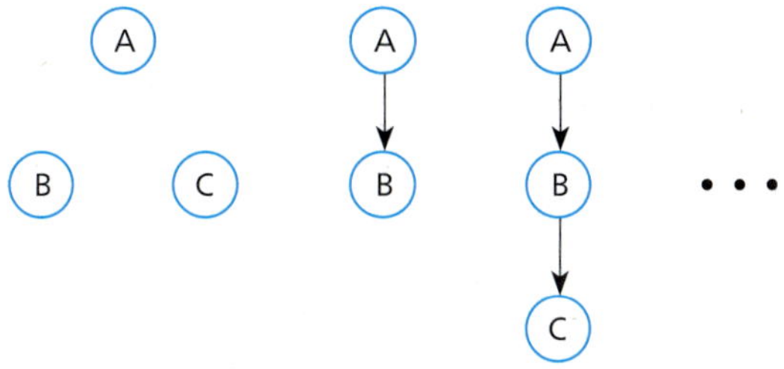

그림 7-6 [그림 7-2] G3의 부분 그래프들

완전 그래프

n개의 정점으로 구성된 무방향 그래프에서 최대 연결선의 수가 n(n − 1)/2이고, 방향 그래프에서 최대 연결선의 수가 n(n − 1)인 그래프를 완전 그래프(complete graph)라고 한다.

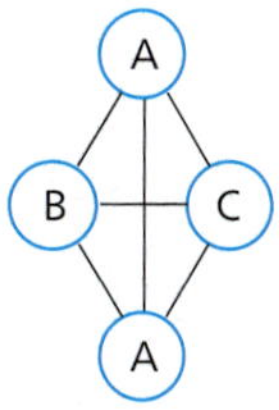

그림 7-7 완전 그래프

[확인학습 7-2]

정점이 5개인 완전그래프에 대하여 다음 물음에 답하시오.

1. 무방향그래프라면 연결선의 수는 몇 개인가?

2. 방향그래프라면 연결선의 수는 몇 개인가?

7.2 그래프의 표현

이와 같은 그래프를 앞에서 살펴본 그림 표현이나 집합 표현으로는 개념 위주의 표현을 프로그래밍에서 사용할 수 없다. 프로그래밍 속의 자료구조로 표현해야 한다. 주로 간단하게 널리 사용하는 방법으로 인접 행렬(adjacency matrix)과 인접 리스트(adjacency list)가 있다.

7.2.1 인접 행렬

정점 집합 $V(G) = \{V_1, V_2, . . . , V_n\}$인 그래프 $G = (V(G), E(G))$의 인접 행렬은 그래프를 구성하는 각 정점들 간의 인접 여부를 $n \times n$의 2차원 배열로 표현한 것이다.

2차원 배열 $A(i, j)$에서 연결선 (V_i, V_j)가 $E(G)$에 속하면 $A(i, j) = 1$이 되고, $E(G)$에 속하지 않으면 $A(i, j) = 0$이 된다.

$$A(i, j) = \begin{cases} 1 : V_i \text{ 와 } V_j \text{ 가 인접한 경우 즉, 두 정점 간에 연결선이 존재하는 경우} \\ 0 : \text{두 정점 간에 연결선이 없는 경우} \end{cases}$$

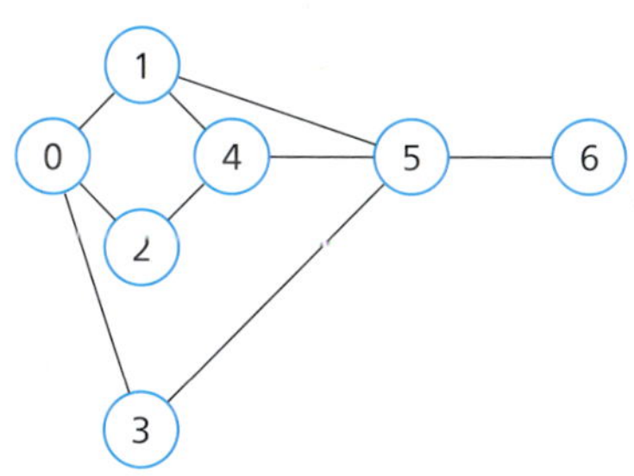

$$\begin{bmatrix} 0 & 1 & 1 & 1 & 0 & 0 & 0 \\ 1 & 0 & 0 & 0 & 1 & 1 & 0 \\ 1 & 0 & 0 & 0 & 1 & 0 & 0 \\ 1 & 0 & 0 & 0 & 0 & 1 & 0 \\ 0 & 1 & 1 & 0 & 0 & 1 & 0 \\ 0 & 1 & 0 & 1 & 1 & 0 & 1 \\ 0 & 0 & 0 & 0 & 0 & 1 & 0 \end{bmatrix}$$

그림 7-8 무방향 그래프 G7과 인접 행렬

[그림 7-8]의 무방향 그래프의 인접행렬 표현은 대부부의 프로그래밍 언어에서 제공하는 2차원 배열로 쉽게 그래프를 표현 할 수 있다. 노드가 7개인 무방향 그래프 G7은 7 × 7의 2차원 배열로 표현할 수 있으며, 연결선의 수가 9개이므로 표현된 행렬 안에 1의 개수가 18개가 됨을 확인할 수 있다.

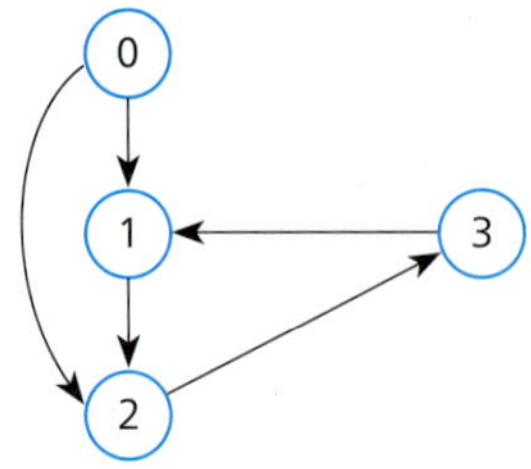

$$\begin{bmatrix} 0 & 1 & 1 & 0 \\ 0 & 0 & 1 & 0 \\ 0 & 0 & 0 & 1 \\ 0 & 1 & 0 & 0 \end{bmatrix}$$

그림 7-9 방향 그래프 G8과 인접 행렬

[그림 7-9]는 방향 그래프 G8의 인접 행렬이다. 각 행에 표현된 정점의 진출차수 만큼의 1의 개수를 가진다. 즉 정점 0은 2개의 1을, 정점 1, 2, 3은 각각 1개의 1을 가지고 있음을 확인할 수 있다.

7.2.2 인접 리스트

인접 리스트(adjacency list)는 그래프 G에 속하는 정점들의 포인터를 1차원 배열로 표현한 것을 말한다. 1차원 배열의 각 데이터는 그 정점에 인접한 노드들을 연결리스트 형태로 표현한다. 즉, 인접 리스트는 그래프의 각 정점마다 1개의 단순 연결리스트가 존재하며, 각 연결리스트 i의 노드들은 그래프 G에 있는 정점 i와 인접된 정점들을 나타낸다.

인접 리스트를 위한 C 선언문은 다음과 같다.

```
#define MAX_V 50  /* 정점의 최대수 */
typedef struct vertex *vertex_pointer;
struct vertex {
   int vertex_num;
   vertex_pointer link;
};
vertex_pointer graph[MAX_VERTICES];
```

[그림 7-10]은 [그림 7-8]의 예제 그래프를 인접리스트로 표현하였다. [그림 7-10] 의 인접리스트는 크기가 7인 위의 선언에서 vertex_pointer 타입의 1차원 배열로부터 시작된다. 또한 [그림 7-11]은 [그림 7-9] 예제 그래프를 인접리스트로 표현하였다. [그림 7-11]의 인접리스트는 크기가 4인 vertex_pointer 타입의 1차원 배열로부터 시작된다. 배열의 각 원소는 해당 정점에 인접한 정점을 단순 연결리스트로 구성하고 있음을 확인할 수 있다. 특히 방향 그래프의 경우 특정 정점으로부터 나가는 정점을 연결리스트로 구성하고 있음을 알 수 있다.

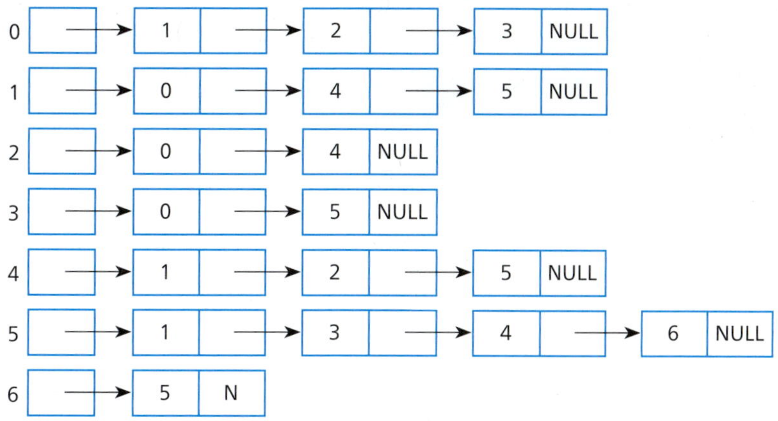

그림 7-10 무방향그래프 G7의 인접리스트

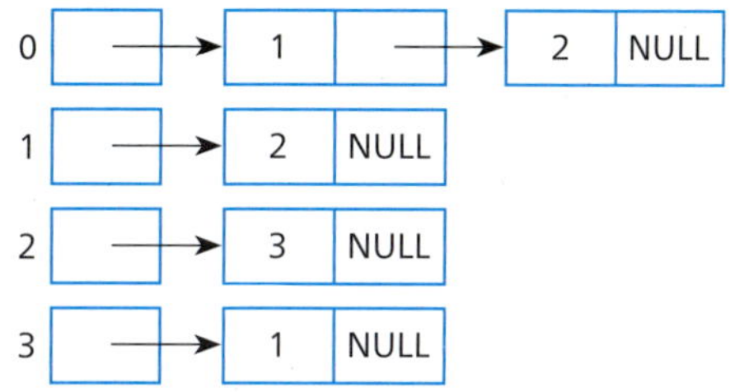

그림 7-11 방향그래프 G8의 인접리스트

[확인학습 7-3]

다음 인접리스트로 표현된 그래프를 그리고 인접행렬로 표현하시오

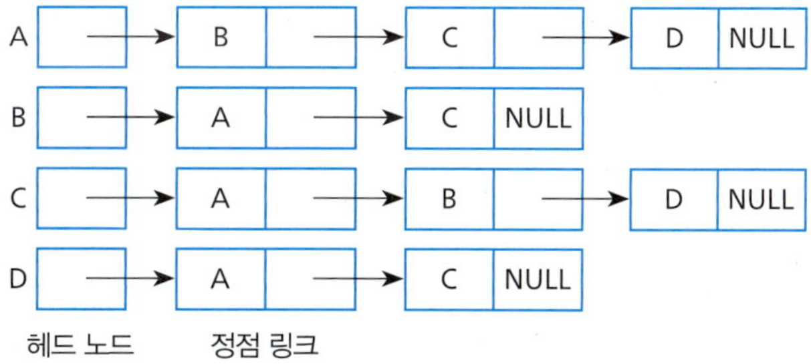

그림 7-12 인접 리스트 표현 예제

7.3 그래프 탐색

6장에서 학습한 트리에서 순회를 통하여 저장된 데이터를 모두 찾아가서 처리할 수 있도록 하는 것이 자료구조의 운영에 가장 기본적인 것임을 보았다. 그래프의 경우도 마찬가지로 무방향 그래프 G = (V, E)가 주어졌을 때, V(G)의 한 정점 υ에서 도달할 수 있는 모든 정점들을, 즉 υ에 연결된 모든 정점들을 방문해야 한다고 하자.

이에 대한 가능한 방법은 깊이 우선 탐색(depth first search)과 너비 우선 탐색(breadth first search)의 두 가지가 있다. 깊이 우선 탐색은 트리의 전위 순회 방법에 의한 탐색과 유사하다. 시작 정점에 연결된 어느 한 정점을 방문하고 지금 막 방문한 정점에 연결된 어느 한 정점을 방문하는 순으로 처리하는 것으로 스택 자료구조를 사용하여 구현된다. 너비 우선 탐색은 레벨 순 트리운행에 의한 트리 탐색과 유사하다. 시작 정점에 연결된 모든 정점을 방문하면서 큐에 방문된 정점을 넣고 모두 방문하면 큐로부터 다음 정점을 선택하여 같은 과정을 반복한다.

그래프의 탐색을 위하여 인접 리스트 표현을 가정하고, 앞서 설명한 1차원 배열 `graph` 자료구조를 활용하자. 그래프의 탐색방법을 설명하기 위하여 인접 리스트 형태로 저장되어 있다고 가정하자.

7.3.1 깊이 우선 탐색

깊이 우선 탐색(depth first search: DFS)은 시작 노드 υ를 방문함으로써 시작된다. 여기서 방문했는지에 대한 정보를 알기 위하여 노드의 `vertex_num` 필드를 출력하였다. 다음 υ에 인접하면서 아직 방문하지 않은 정점 ω를 υ의 인접 리스트로부터 선택하여 ω를 시작점으로 하는 깊이 우선 탐색을 다시 시작한다. υ의 인접 리스트에서의 현재 위치는 스택에 넣어 기억시킨다. 결국에 가서 이 탐색은 방문하지 않은 정점이 없는 인접 리스트를 가진 정점 υ에 도달하게 된다. 이때 스택에서 하나의 정점을 꺼내어 이 정점의 인접 리스트를 계속 처리한다. 이미 방문된 정점은 무시한다. 아직 방문하지 않은 정점은 방문을 한 후 스택에 넣는다. 스택이 비면 탐색이 종료된다. 이 과정은 복잡해 보이지만 재귀용법에 의해 쉽게 구현할 수 있다. 이 탐색은 한 정점을 방문한 후 아직 방문이 안 된 인접한 정점을 차례로 방문한다는 점에서 전위 운행에 의한 트리탐색 방법과 비슷하다.

이와 같은 깊이 우선 탐색을 위하여 [프로그램 7-1]과 같이 재귀적으로 C 함수로 쉽게 구현할 수 있다. 각 정점이 방문했는지 여부를 표시하기 위하여 시작할 때 0으로 초기화 되어있는 `already_visited[MAX_V]`라는 전역 변수 배열을 사용한다. 정점 `i`를 방문하면 `already_ visited[i]`의 값은 1이 된다.

[프로그램 7-1]의 함수 `dfs()`를 이해하기 위하여 [그림 7-8]의 그래프 G7가 [그림 7-10]의 인접리스트로 표현되었다고 가정하고 `dfs(1)`을 호출했을 때 [프로그램 7-1]을 따라 시뮬레이션 하면서 방문되는 순서로 정점을 출력해 보자.

[프로그램 7-1] 깊이 우선 탐색 함수 dfs()

```
void dfs(int s)
{
   vertex_pointer v;
   already_visited[s] = 1;
   printf("%d :: ", s);
   for (v = graph[s]; v != NULL; v = v -> link)
      if (already_visited[v->vertex_num] == 0)
      dfs(v->vertex_num);
```

dfs(1)

	[0]	[1]	[2]	[3]	[4]	[5]	[6]
already_visited	0	1	0	0	0	0	0

1 ::

dfs(0)

	[0]	[1]	[2]	[3]	[4]	[5]	[6]
already_visited	1	1	0	0	0	0	0

1 :: 0 ::

dfs(2)

	[0]	[1]	[2]	[3]	[4]	[5]	[6]
already_visited	1	1	1	0	0	0	0

1 :: 0 :: 2 ::

dfs(3)

	[0]	[1]	[2]	[3]	[4]	[5]	[6]
already_visited	1	1	1	1	0	0	0

1 :: 0 :: 2 :: 3 :: :

dfs(5)

	[0]	[1]	[2]	[3]	[4]	[5]	[6]
already_visited	1	1	1	1	0	1	0

1 :: 0 :: 2 :: 3 :: 5 :::

dfs(4)

	[0]	[1]	[2]	[3]	[4]	[5]	[6]
already_visited	1	1	1	1	1	1	0

1 :: 0 :: 2 :: 3 :: 5 :: 4 ::

dfs(6)

	[0]	[1]	[2]	[3]	[4]	[5]	[6]
already_visited	1	1	1	1	1	1	1

1 :: 0 :: 2 :: 3 :: 5 :: 4 :: 6 ::

위와 같이 깊이 우선 탐색과정은 재귀함수에 의하여 진행되므로 내부적으로 함수의 호출과 복귀에 사용되는 스택 자료구조를 활용하여 구현된다. 위의 예제와 같이 `dfs(1)`을 호출하면 정점 1에 연결된 모든 정점들을 방문함을 알 수 있다. 이는 방문된 모든 정점들과 이들 정점에 부속된 그래프 G의 모든 간선들이 G의 한 연결 요소가 된다는 것을 의미한다. 이처럼 그래프 G를 인접 리스트로 표현할 경우 정점 v에 인접한 노드들은 일련의 링크를 따라서 방문되고 함수 `dfs()`는 인접 리스트에 있는 노드들을 많아야 한 번씩 조사하므로 효율적으로 탐색을 끝내게 된다.

여기서는 탐색방법에 초점을 맞추고자 정점에 대한 정보로 정점 번호 출력했지만 실제 응용에서는 그래프의 적용영역에 따라 노드는 여러 멤버들을 가지고 있으므로 탐색하면서 단지 정점 번호만을 출력하지는 않을 것이다.마찬가지로 `dfs(6)`을 호출한 경우 다음과 같이 출력된 순서로 정점을 방문하게 된다.

```
6 :: 5 :: 1 :: 0 :: 2 :: 3 :: 4
```

예제 그래프는 연결 그래프이므로 처음 호출을 어떤 정점부터 시작하든지 방문 순서는 다르지만 모든 정점을 한 번씩 방문하여 처리할 수 있도록 해준다는 것을 확인할 수 있다.

7.3.2 너비 우선 탐색

너비 우선 탐색(breadth first search: BFS)은 정점 s에서 시작하여 미리 준비한 배열 `already_visited` 방문 여부를 표시하면서 s의 인접 리스트에 있는 모든 정점들을 바로 방문한다. 이때 방문된 순서로 자료구조 큐에 삽입되면 s의 인접 리스트상의 첫 번째 정점이 큐로부터 서비스될 정점이 된다. 이를 v라 하면 그다음에는 v에 인접한 방문이 안 된 정점들을 모두 방문한다. 마찬가지로 각 정점을 방문할 때마다 그 정점은 큐에 저장된다. 한 인접 리스트가 끝나면 큐에서 한 정점을 꺼내 그 정점의 인접 리스트에 있는 정점들을 같은 방법으로 계속 조사하면서 방문이 안 된 정점들을 방문을 한 뒤 큐에 넣고 이미 방문된 정점들은 무시하며 계속 진행하다가 이 과정에서 큐가 비면 탐색이 종료된다.

이와 같은 과정은 [프로그램 7-2]의 함수 bfs()에 의하여 구현될 수 있다. 너비 우선 탐색의 구현에는 큐를 사용한다. bfs()를 계속 진행할지를 체크하는 함수 check_continue는 전역변수로 선언된 자료구조 queue가 비거나 모두 방문하여 배열 already_visited[]의 값이 모두 1인 경우 1의 값을 돌려주는 함수이다.

[프로그램 7-2] 너비우선 탐색함수 bfs()

```
void bfs(int s)
{
    int v;
    vertex_pointer now;
    int stop = 0;
    already_visited[s] = 1;
    printf("%d :: ", s);
    addq(s);
    while (!stop) {
    v=deleteq()
    for (now = graph[v]; now != NULL; now = now -> link) {
        if (already_visited[now->vertex_num] == 0) {
        already_visited[now->vertex_num] = 1;
        printf("%d :: ", now->vetex_num);
        addq(now->vertex_num);
        } //if
    } //for
    stop = check_continue();
    } //while
}
```

[프로그램 7-2]의 함수 bfs()를 이해하기 위하여 깊이우선탐색 함수 dfs()의 설명에 사용한 [그림 7-8]의 그래프 G7가 [그림 7-10]의 인접리스트로 표현된 자료구조를 가지고 bfs(1)을 호출했을 때 시뮬레이션 하면서 방문되는 순서로 정점을 출력해 보자.

bfs(1)

	[0]	[1]	[2]	[3]	[4]	[5]	[6]
already_visited	0	1	0	0	0	0	0
queue	1						

v=1

	[0]	[1]	[2]	[3]	[4]	[5]	[6]
already_visited	1	1	0	0	1	1	0
queue	0	4	5				

v=0

	[0]	[1]	[2]	[3]	[4]	[5]	[6]
already_visited	1	1	1	1	1	1	0
queue	4	5	2	3			

v=4

	[0]	[1]	[2]	[3]	[4]	[5]	[6]
already_visited	1	1	1	1	1	1	0
queue	5	2	3				

v = 4인 경우 `graph[4]`에 연결된 리스트 안의 정점인 1, 2, 5가 이미 방문되어 배열 `already_visited`안에 1로 되어 있으므로 다시 방문하지 않는다. 그러므로 다음 큐로부터 삭제된 v는 5가 된다. 이때 `graph[5]`에 연결된 1, 3, 4는 이미 방문 되었으며 6을 방문하게 된다.

v=5

	[0]	[1]	[2]	[3]	[4]	[5]	[6]
already_visited	1	1	1	1	1	1	1
queue	2	3	6				

이제 모두 방문하여 배열 `already_visited`가 모두 1이므로 `bfs`는 끝나게 된다. 결론적으로 위에 시뮬레이션한 결과 다음의 순서로 정점을 방문함을 알 수 있다. 깊이우선탐색과 마찬가지로 그래프에 연결된 모든 정점을 방문하게 됨을 확인할 수 있다.

```
1 :: 0 :: 4 :: 5 :: 2 :: 3 :: 6
```

[확인학습 7-4]

[그림 7-13]의 그래프 G9와 인접 리스트 표현을 가지고, dfs(0), bfs(5)를 호출하면 방문하는 순서로 정점의 번호를 적으시오.

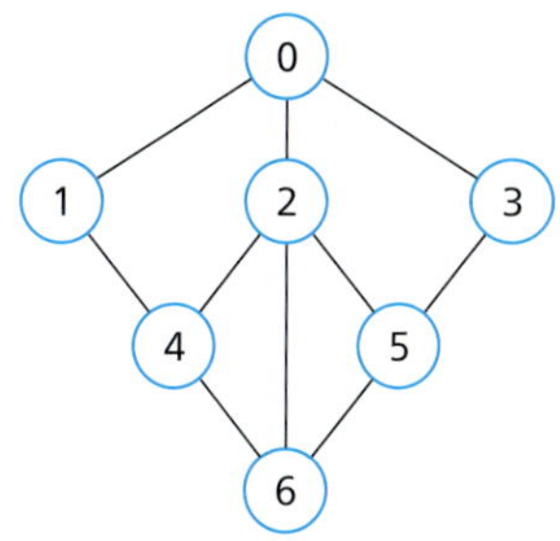

(a) 그래프 G9

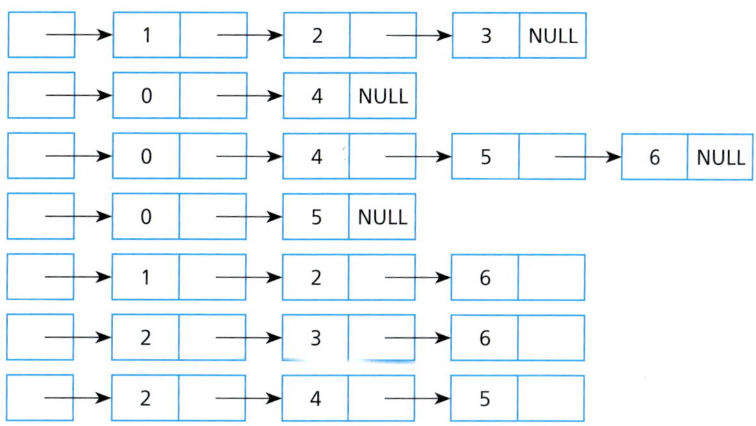

(b) G9의 인접 리스트

그림 7-13 그래프 G9와 인접 리스트

7.4 그래프의 응용

그래프의 탐색은 그래프에 필요한 데이터를 저장한 후에 문제에 따라 데이터를 처리하는 과정에서 항상 사용되는 연산이다. 마치 배열에 데이터를 저장하면 배열의 첨자를 하나씩 움직여 그 안의 데이터를 처리하는 것과 같다. 이러한 탐색 연산을 바탕으로 그래프의 기본 응용으로서 그래프의 연결 구성 요소(connected component)를 찾는 방법, 신장트리와 최소비용 신장트리를 구성하는 방법에 대해 알아보자. 이를 활용하여 위상순서(topological order), 임계경로(critical path), 최단경로(shortest path) 등의 그래프 알고리즘이 개발되었다.

7.4.1 연결 요소 찾기

깊이우선탐색과 너비우선탐색은 어떤 그래프에 연결된 모든 정점을 방문하므로 무방향 그래프의 연결 여부를 결정하는 문제를 해결하는 데 사용할 수 있다. 이 연산은 단순히 `dfs(0)` 또는 `bfs(0)`을 호출하면 정점 0과 연결된 정점은 모두 방문하므로 방문이 안 된 정점이 남아 있는지를 알아보면 된다. 방문 하지 않은 정점에 대한 정보는 앞장에서 사용한 배열 `already_visited`가 0으로 남아 있는 경우를 통해 알 수 있다.

이를 구체적으로 설명하기 위하여 다음의 정의를 따르는 그래프 G를 그림으로 [그림 7-14]와 같이 나타내면 C1, C2, C3의 3개의 연결요소를 가지고 있음을 알 수 있다.

```
V(G) = {0, 1, 2, 3, 4, 5, 6, 7, 8}
E(G) = {(0,1), (0,2), (0,3), (1,2), (1,3), (2,3), (4,5), (4,6), (7,8)}
```

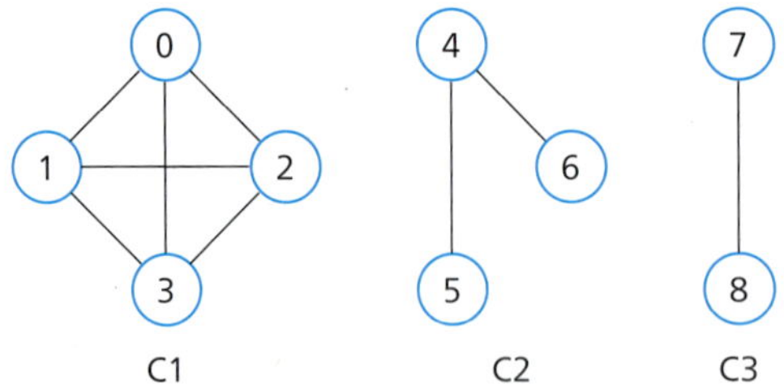

그림 7-14 세 개의 연결 요소로 된 그래프

위의 그래프에 대하여 `dfs(0)`을 부르면 0 1 2 3을 방문하고 함수가 끝나므로 나머지 정점 4 5 6 7 8이 방문되지 않았음을 배열 already_visited로부터 알 수 있다. 그 다음 dfs(4)를 부르면 이에 연결된 4 5 6이 방문되고 마지막으로 dfs(7)을 부르면 7 8이 방문된다. 이렇게 3번의 dfs() 함수 호출을 통하여 그래프가 가지고 있는 정점을 모두 방문하므로 세 개의 연결요소를 가지고 있음을 알 수 있다.

이러한 과정은 0부터 n으로 번호가 부여된 n개의 정점을 가지는 그래프에 대하여 [프로그램 7-3]의 함수 connected()에 의하여 수행된다. [프로그램 7-3]은 함수 dfs()를 사용하고 있지만 함수 bfs()를 사용해도 같은 결과를 얻을 수 있다. 물론 함수 connected()를 수행하기 전, 방문 되었는지 여부를 체크하는 배열 already_visited는 모두 0으로 초기화되어야 한다. 함수 connected()에서 함수 dfs()를 호출하는 횟수만큼 주어진 그래프가 연결 요소를 가지고 있음을 알 수 있다. 이러한 연결 요소를 찾아내는 응용은 그래프의 여러 영역에서 활용될 수 있다.

[프로그램 7-3] 그래프의 연결요소를 찾아내는 함수 connected()

```
int connected()
{
   int v, cnum=0;
   for (v = 0; v < n; v++)
   if (already_visited[v] == 0) {
      dfs(v);
      cnum++;
      printf("\n");
   }
   return cnum;
}
```

7.4.2 신장트리

그래프 G가 연결되었다면 임의의 정점에서 출발한 깊이 우선 또는 너비 우선 탐색은 G의 모든 정점들을 방문한다. 이 탐색은 그래프 G의 연결선들을 두 개의 집합 T와 N으로 나눈다. 여기서 T는 트리 연결선(tree edge)들로서 탐색 중 사용된 간선들의 집합이고, N은 비트리 연결선(nontree edge)들로서 탐색에 사용되지 않은 연결선들의 집합이다. 트리 연결선들의 집합 T는 함수 dfs()나 bfs()의 조건문 if 문장에 연결선(v, w)을 리스트에 삽입하는 문장을 추가함으로써 구할 수 있다. 이때 연결리스트로 구축한다면 T는 리스트의 헤드 포인터가 된다. T의 연결선들은 G의 모든 정점들을 포함하는 트리를 이룬다.

신장트리(spanning tree)란 G의 부분 그래프로서 G의 모든 정점들을 포함하여 모든 정점이 연결되어 있는 트리를 말한다. [그림 7-15]는 한 그래프와 이 그래프의 세 가지 신장트리들을 보여주고 있다.

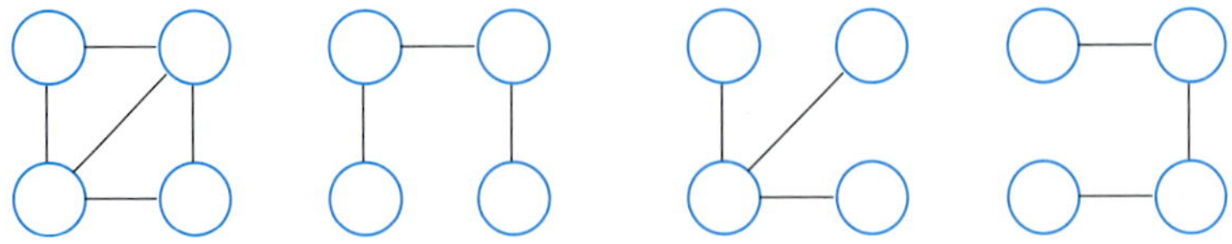

그림 7-15 예제 그래프와 이 그래프의 세 신장트리

신장트리를 생성하기 위해서는 이미 밝힌 것처럼 `dfs`나 `bfs`를 모두 이용할 수 있다. `dfs`를 이용하여 만들어진 신장트리를 깊이 우선 신장트리(depth first spanning tree), `bfs`를 이용하여 만들어진 신장트리를 너비 우선 신장트리(breadth first spanning tree)라고 한다. [그림 7-16]은 [그림 7-13]의 그래프에서 정점 0에서 시작한 경우의 깊이 우선 탐색, 너비 우선 탐색에 의해 구해진 신장트리들을 보여주고 있다.

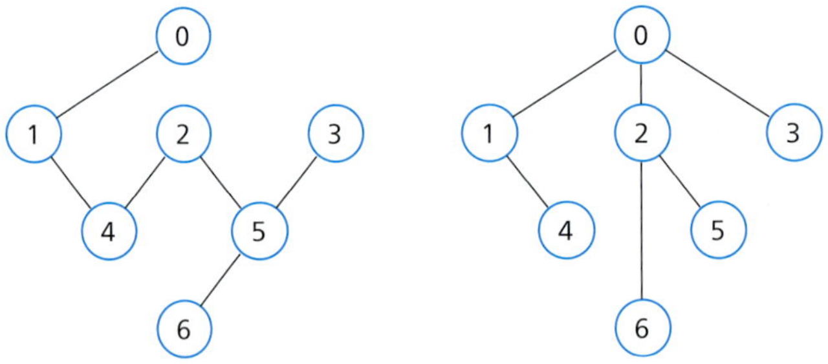

(a) dfs(0) 신장트리　　(b) bfs(0) 신장트리

그림 7-16 [그림 7-12]의 그래프에 대한 dfs 및 bfs 신장트리

이제 비트리 연결선 (v, w)를 임의의 신장트리 T에 추가해 보자. 그 결과는 연결선 (v, w)를 포함하는 경로 상에 사이클을 형성한다. 예를 들어, [그림 7-16a]의 `dfs` 신장트리에 포함되지 않는 간선(0, 3)을 추가하면 0, 1, 4, 2, 5, 3, 0의 사이클이 형성된다. 이러한 신장트리는 브리지 네트워크의 다중경로에서 가장 효율적인 경로를 사용하도록 해 주는 링크 관리 프로토콜 등에 활용된다. 보통 이중화된 네트워크 장비에서 한번에 하나의 경로만 동작하고, 나머지 경로는 장애가 발생하면 망을 신장트리로 재구성하여 다른 경로로 대체하여 멈추지 않게 해 준다. 이때 신장트리 구조를 사용하지 않으면 사이클이 발생하여 비효율적으로 운영될 수 있다.

어떤 연결그래프 G에 대하여 신장트리 G′은 V(G′) = V(G)이고 G의 최소 부분 그래프(minimal subgraph)이다. 최소 부분 그래프란 정점은 모두 연결되고 연결선의 수가 가장 적은 부분 그래프를 말한다. n개의 정점을 갖는 연결된 그래프는 최소한 n − 1개의 연결선을 가져야 하며 이렇게 연결된 그래프는 트리이다. 그러므로 n개의 정점을 갖는 신장트리는 n − 1개의 연결선을 갖게 된다.

7.4.3 최소비용 신장트리

실제 응용 분야에서는 그래프의 연결선에 가중치(weight)가 주어진 자료구조가 필요한 경우가 많다. 이때 가중치가 두 정점을 연결하는 비용에 해당 된다면, 그 비용이 최소화되도록 연결요소가 만들어져야 효율적인 것이고, 만약 가중치가 이익에 관련된 것이라면 최대의 값을 가질 수 있도록 연결요소가 만들어져야 한다. 그러므로 응용에 따라 그래프에서 최소비용이나 최대 이익을 나타낼 수 있는 신장트리(spanning tree)를 구성하고자 할 것이다.

여기서는 최소비용의 신장트리를 만드는 Kruscal이 제안한 대표적인 방법에 대하여 [그림 7-17]의 그래프를 예로 최소비용 신장트리(minimum spanning tree)를 구성하는 과정을 살펴보자.

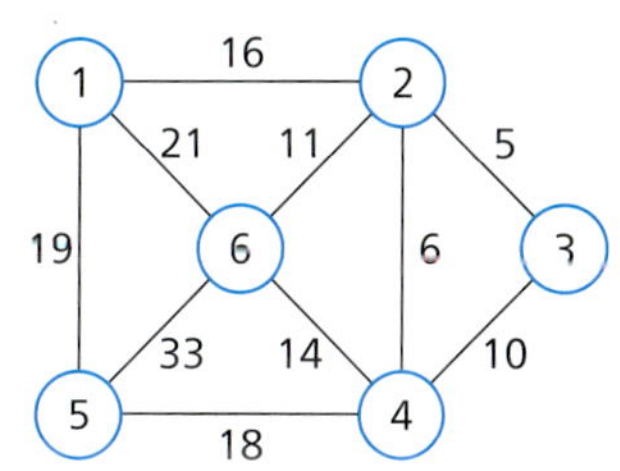

그림 7-17 가중치가 있는 그래프

Kruscal의 최소비용신장트리 알고리즘

1. 가중치가 적은 연결선부터 선택한다.
2. 만약 선택된 연결선으로 인해 사이클(Cycle)이 발생하면 제외하고 다음 연결선을 선택한다.
3. **1**과 **2**의 과정을 반복한 후 모든 정점이 연결되면 알고리즘을 끝낸다.

이 알고리즘을 [그림 7-17]의 예제 그래프에 적용시켜 보면 다음 [그림 7-18]과 같이 정리할 수 있다.

1. 가장 적은 가중치 5를 가진 연결선 (2,3) 선택한다.

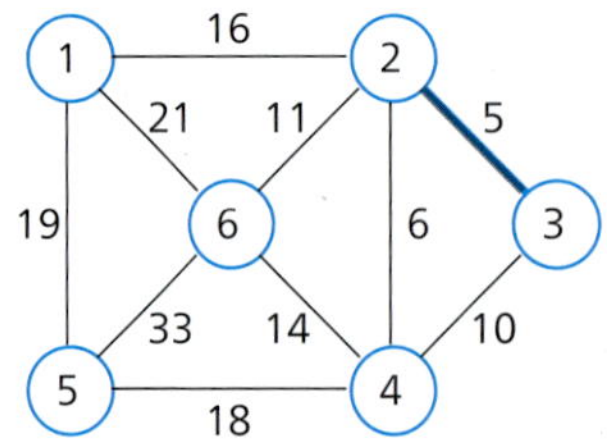

2. 다음으로 가중치 6인 연결선 (2,4)를 선택한다.

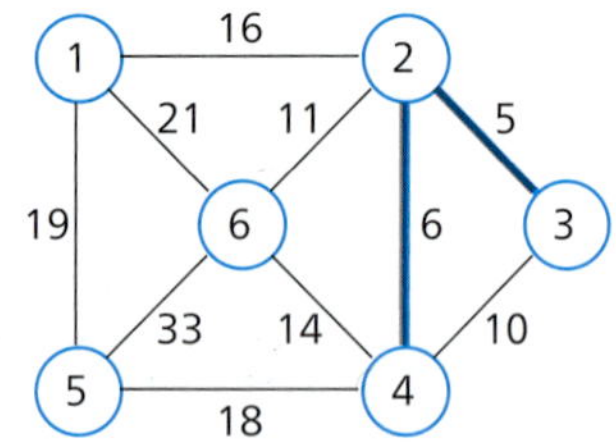

3. 가중치가 10인 연결선 (3,4)를 선택하면 Cycle이 발생하여 제외되고, 다음 가중치가 11인 (2,6)을 선택한다.

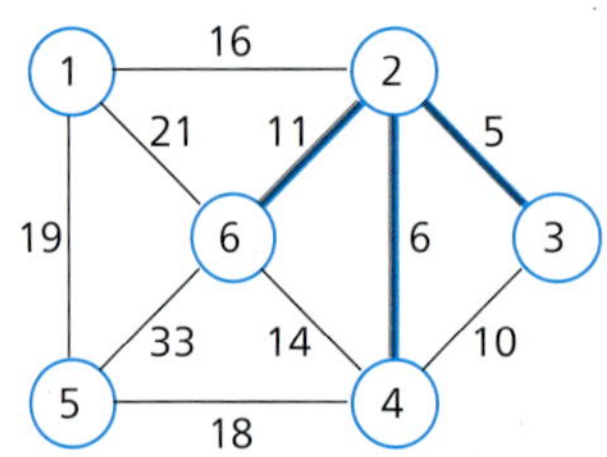

4. 가중치가 14인 연결선 (4,6)을 선택하면 Cycle이 발생하여 제외되고, 다음 가중치가 16인 (1,2)를 선택한다.

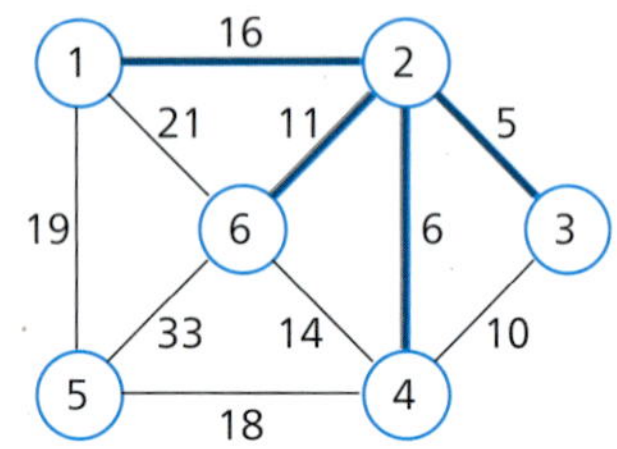

5. 다음으로 가중치 18인 연결선 (4,5)를 선택한다.

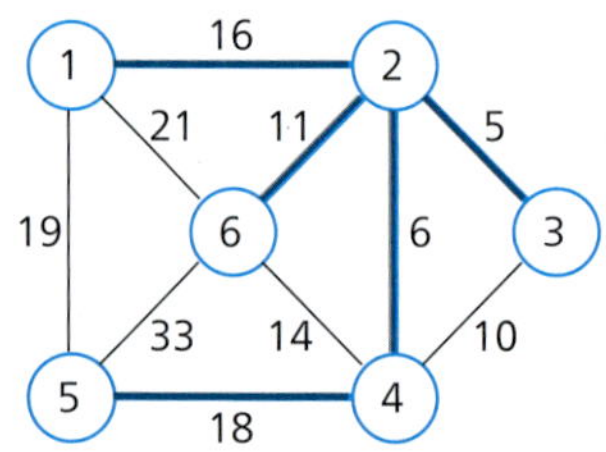

그림 7-18 Kruscal의 알고리즘 수행 순서

[그림 7-18]은 모든 정점이 연결된 신장트리가 완성되는 과정을 보여주고 있다. 6개의 정점이 모두 연결되기 위하여 5개의 연결선이 선택되는 것이 최소 부분 그래프임을 알 수 있다. 이 알고리즘에 의해 찾아진 총 비용은 5 + 6 + 11 + 16 + 18 = 56이다.

[확인학습 7-5]

[그림 7-19]의 그래프는 노드 안의 숫자 순으로 인접리스트(adjacency list)로 표현되어 있다고 하고 다음 물음에 답하시오.

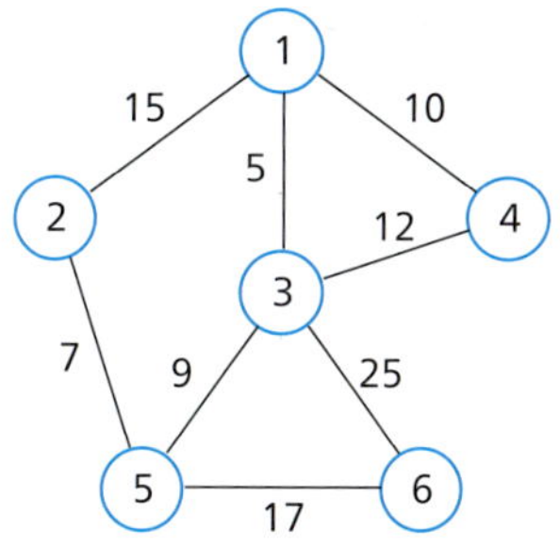

그림 7-19 가중치 그래프의 예

1. 위 그래프의 정점 {1}에서 시작한 깊이우선탐색(Depth First Search)에 의한 신장트리를 그리시오.

2. Kruskal 알고리즘에 의하여 최소비용신장트리를 그릴 때 첨가되는 연결선(edge)을 순서대로 쓰고 그 비용의 합을 구하시오.

요약정리

1. 그래프는 오일러의 한붓그리기 문제의 연구에서처럼 현실세계의 복잡한 관계를 정점과 연결선의 집합으로 단순화한 구조로서 연결선의 종류에 따라 무방향그래프, 방향그래프, 가중치그래프 등이 있다.

2. n개의 정점으로 구성된 무방향 그래프에서 최대 연결선의 수가 n(n − 1)/2이고, 방향 그래프에서 최대 연결선의 수가 n(n − 1)인 그래프를 완전 그래프라고 한다.

3. 지하철 노선도나 지도 등의 그래프를 프로그래밍에서 활용하기 위한 자료구조 표현방법으로 인접 행렬(adjacency matrix)과 인접 리스트(adjacency list)가 있다.

4. 그래프에 저장된 각 노드들을 접근하는 방법으로 깊이 우선 탐색(depth first search)과 너비 우선 탐색(breadth first search)의 두 가지가 있다. 깊이우선탐색은 스택을 이용하고 너비우선탐색은 큐를 이용하여 탐색을 진행한다.

5. 그래프의 연결요소는 주어진 정점을 모두 방문하면서 호출하는 탐색함수를 통해 알아낼 수 있다.

6. 어떤 연결그래프 G에 대하여 신장트리 G′은 V(G′) = V(G)이고 G의 최소 부분 그래프(minimal subgraph)이다. 최소 부분 그래프란 정점은 모두 연결되고 연결선의 수가 가장 적은 부분 그래프를 말한다. n개의 정점을 갖는 연결된 그래프는 최소한 n-1개의 연결선을 가져야 하며 이렇게 연결된 그래프는 트리이다. 그러므로 n개의 정점을 갖는 신장트리는 n − 1개의 연결선을 갖게 된다. 그래프 탐색을 하면서 방문하는 연결선으로 신장트리를 만들어 낼 수도 있다.

7. 실제 응용 분야에서는 그래프의 연결선에 가중치(weight)가 주어진 자료구조가 필요한 경우가 많다. 이때 가중치가 두 정점을 연결하는 비용에 해당 된다면, 그 비용이 최소화되도록 연결요소가 만들어져야 효율적인 것이다. 이러한 최소비용신장트리를 만들기 위해서 크루스칼이 제안한 방법이 대표적으로 사용된다.

연습문제

아래 그래프 Gx1과 Gx2에 대하여 다음 물음에 답하시오.(1 ~ 6)

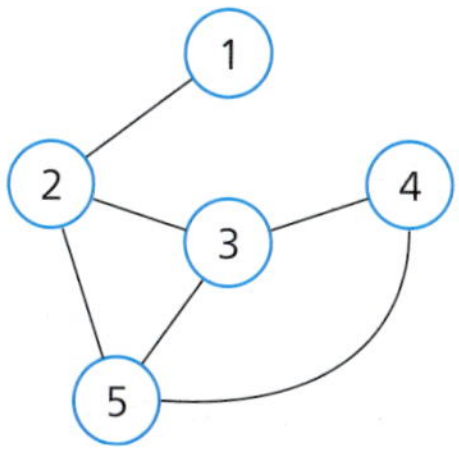

(a) 그래프 Gx1

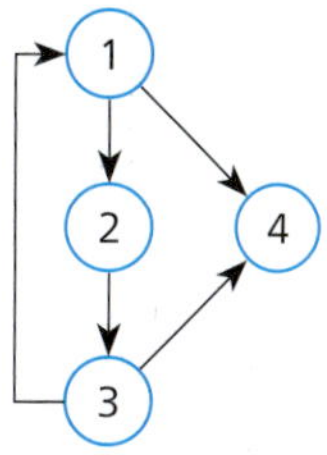

(b) 그래프 Gx2

1. 그래프 Gx1의 정점 2의 차수는? ( )

❶ 2 ❷ 3 ❸ 4 ❹ 5

2. 그래프 Gx1에서 만들어지는 다음 경로 중 사이클은 ? ( )

❶ 1-2-5-3-2-1 ❷ 2-3-4-5-3-2 ❸ 3-2-5-4-3 ❹ 4-3-2-3-4

3. 그래프 Gx1이 완전그래프(complete graph)가 되려면 몇 개의 연결선이 더 필요한가? ( )

❶ 3개 ❷ 4개 ❸ 5개 ❹ 6개

4. 그래프 Gx2의 정점 3의 진출차수와 진입차수는? ( )

❶ 1, 2 ❷ 2, 1 ❸ 1, 1 ❹ 1, 3

5. 그래프 Gx2에 대한 설명으로 맞지 않는 것은? ( )

❶ 방향 그래프이다.

❷ 정점 4의 진입차수는 2이다.

❸ 정점 1의 진출차수는 2이다.

❹ 완전 그래프가 되려면 6개의 연결선이 더 필요하다.

6. 방향그래프 Gx2에 대한 인접행렬(adjacency matrix)은? ( )

❶

0	1	0	1
0	0	1	0
1	0	0	1
0	0	0	0

❷

0	1	0	1
1	0	1	0
0	1	0	1
0	1	1	0

❸

0	1	0	1
0	0	0	0
0	1	0	1
0	0	1	0

❹

0	1	0	1
0	0	1	0
0	1	0	1
0	0	1	0

7. 정점의 수가 n인 무방향 그래프(undirect graph)의 최대 연결선(edge)의 수는? ( )

❶ n　　❷ n^2　　❸ $n(n-1)$　　❹ $\frac{n(n-1)}{2}$

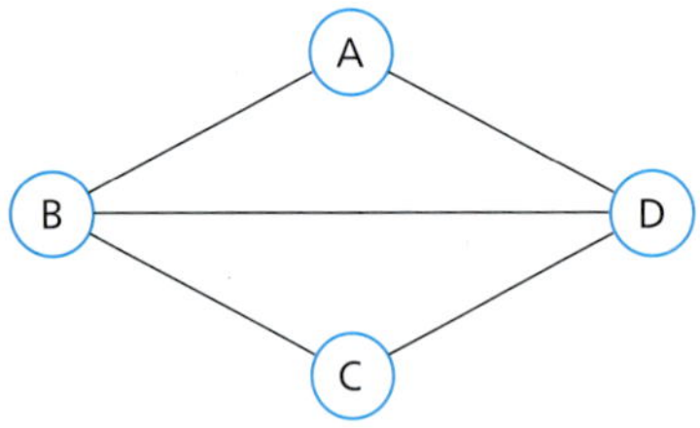

그래프 Gx3

8. 무방향성 그래프 Gx3가 완전 그래프가 되었을 때 최대 연결선의 수는? ( )

❶ 10 ❷ 20 ❸ 6 ❹ 12

9. 그래프 Gx3의 무방향성 그래프를 인접 행렬로 표현한 것은? ( )

❶

0	1	0	1
1	0	1	0
0	1	0	1
1	0	1	0

❷

0	1	0	1
1	0	1	1
0	1	0	1
1	1	1	0

❸

0	1	0	1
1	1	1	0
0	1	0	1
1	0	1	0

❹

0	1	1	1
1	0	1	0
0	1	0	1
1	0	1	0

10. 그래프의 운행(탐색) 알고리즘 중에서 깊이 우선 탐색은 탐색할 대상을 무슨 자료구조에서 얻는가? ( )

❶ 큐 ❷ 배열 ❸ 데크 ❹ 스택

11. 그래프의 운행(탐색) 알고리즘 중에서 너비 우선 탐색은 탐색할 대상을 무슨 자료구조에서 얻는가? ( )

❶ 큐 ❷ 배열 ❸ 데크 ❹ 스택

12. 주어진 그래프의 노드 수가 10개일 때 해당 그래프의 신장트리(spanning tree)의 연결선의 수는? ( )

❶ 8개 ❷ 9개 ❸ 10개 ❹ 11개

13. 오일러의 경로가 존재하는 정점 6개의 그래프의 예를 하나 그리고, 시작 정점에서 마지막 정점까지의 경로를 쓰시오.

다음과 같이 정점(vertex)의 집합 V와 연결선(edge)의 집합 E로 구성된 그래프 G에 대하여 다음 물음에 답하시오. (14-18)

```
V(Gx4) = {1, 2, 3, 4, 5, 6}
E(Gx4) = {(1,2), (1,4), (2,3), (2,5), (3,4), (3,5), (3,6), (4,6)}
```

14. 해당 그래프 Gx4를 그리시오.

15. Gx4에 해당하는 인접리스트(abjacency list)를 그리시오.
(각 정점의 연결리스트는 정점을 표시하는 숫자순으로 연결되어 있다고 가정하자.)

16. 그래프 Gx4를 정점 1을 시작으로 깊이우선탐색(Depth First Search) 순서를 정점 번호로 쓰시오.

17. 그래프 Gx4를 정점 1을 시작으로 너비우선탐색(Breadth First Search) 순서를 정점 번호로 쓰시오.

18. 17번에서 수행한 너비우선탐색(Breadth First Search)에 의한 신장트리(spanning tree)를 그리시오

아래의 가중치 그래프 Gx5에 대하여 물음에 답하시오.(19~20)

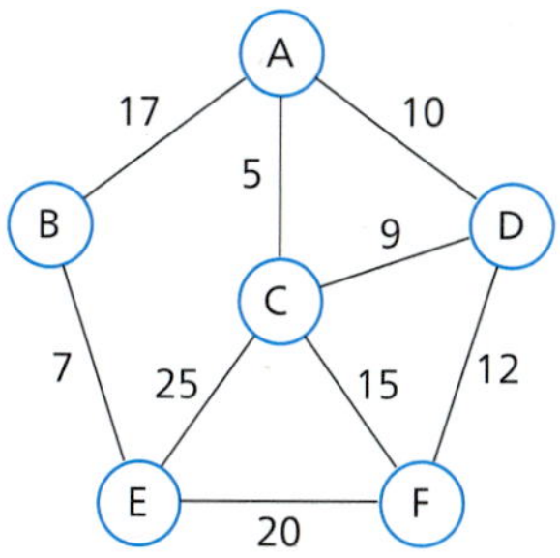

가중치 그래프 Gx5

19. 크루스칼 알고리즘에 의하여 최소비용 신장트리에 첨가되는 연결선을 차례로 쓰시오.

(A, C) ⇒

20. 최소비용신장 트리를 그리고 가중치의 합을 쓰시오.

CHAPTER

08

알고리즘 이해와 적용

8.1 문제해결과 알고리즘

컴퓨터 프로그램은 자료를 입력받아 처리하고 결과 자료를 출력하는 것이다. 지금까지 여러 형태의 자료구조가 프로그램에 어떻게 적용되는지 알아보았다. 이제부터는 프로그래밍하는 과정에 대하여 초점을 맞추어 학습해 보자.

프로그래밍을 한다는 것은 명령어의 순서를 설계하여 이에 따라 주어진 작업이 컴퓨터에서 수행되도록 하는 것이다. 이러한 과정은 주어진 입력(I)에서 어떻게 출력(O)을 만들어 낼 수 있는지 그 처리 과정(P)을 통한 문제 해결을 위한 단계적 절차 또는 방법이다. 예를 들어 탐색 문제는 입력으로 주어진 자료 속에서 원하는 자료와 연관정보를 찾아 내는 것이고, 정렬문제는 무작위의 자료 리스트에서 자료를 재배치하여 오름차순 또는 내림차순으로 정리된 자료 리스트를 만들어 내는 것이다.

흔히 알고리즘은 우리 일상생활의 요리방법과 비슷한 것으로 설명해 왔다. 만들고 싶은 요리를 위한 재료를 준비하고 레시피에 따라 순서대로 하다 보면 요리가 만들어 지는 것과 같이 컴퓨터 알고리즘의 단계별로 수행하면 우리가 목적한 결과를 얻게 되는 것이다.

최근 4차 산업혁명시대에 우리 일상과 업무, 더 나아가서 산업 전반에 효율적으로 컴퓨터를 활용할 수 있는 역량을 키우기 위한 컴퓨팅사고가 필요하게 되었다. 컴퓨팅 사고란 인간이 문제를 분석하고 컴퓨터를 통해 자동으로 해결하기 위한 절차를 만들어 내는 소양 또는 역량을 말한다. 컴퓨팅 사고에는 자료를 다루기 쉬운 형태로 분해하는 과정, 관련된 핵심 요소들을 뽑아내서 단순화시키는 추상화 과정, 문제 해결 방법에 포함된 패턴을 인식해서 규칙을 찾아가는 과정, 그리고 문제해결 단계를 알고리즘으로 설계하는 과정이 필요하다. 결과적으로 알고리즘은 프로그래밍을 통해 문제를 해결하고 일반화된 자동화를 이루는 것이 목적이다.

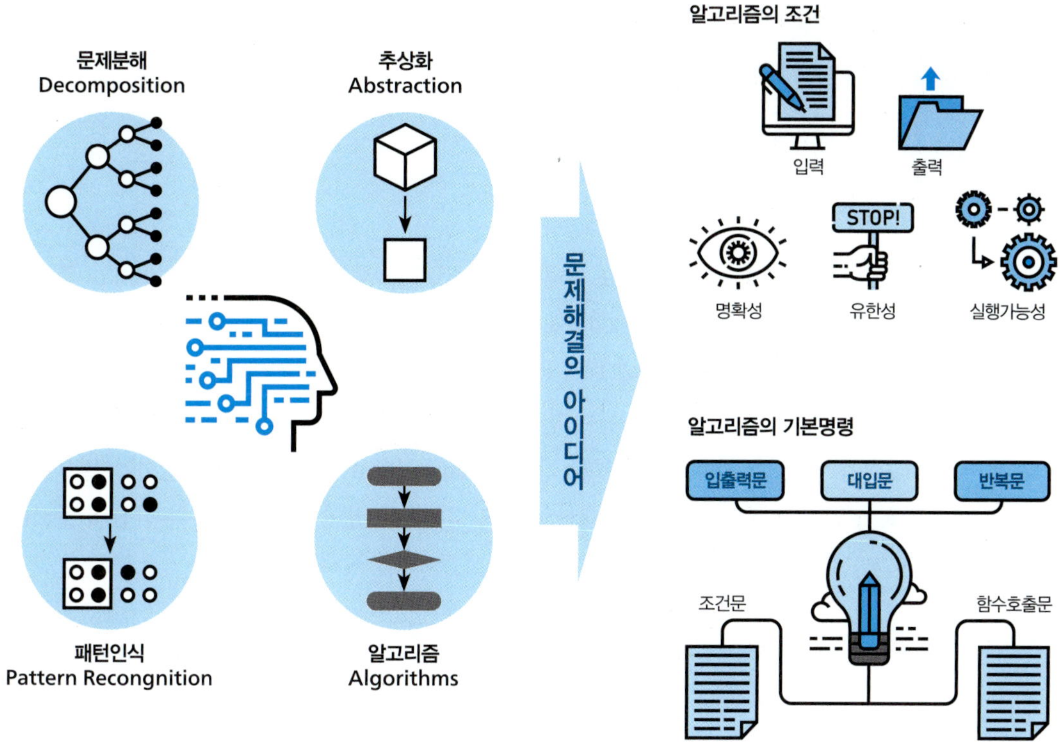

그림 8-1 문제해결과 알고리즘

이렇게 프로그래밍을 통해 우리가 원하는 일을 컴퓨터가 자동으로 처리하도록 하는 알고리즘을 제대로 작성하기 위하여 몇 가지 기준을 정리해 보자.

- 알고리즘은 입력자료와 출력자료를 바탕으로 설계된다.
- 알고리즘이 수행하는 각 단계는 명확하게 만들어야한다.
- 우리가 원하는 결과를 얻으면 알고리즘이 종료되어야 한다.
- 모든 단계는 컴퓨터가 실행할 수 있으며 그 과정을 테스트 입력 데이터에 대하여 따라가며 확인할 수 있어야 한다.

같은 요리를 하더라도 여러 가지 방법이 있는 것처럼 같은 결과를 내더라도 여러 알고리즘이 있을 수 있다. 1장에서 알고리즘의 성능분석 방법을 알아보았다. 본 교재의 주된 학습대상은 아니지만 여러 알고리즘의 효율성을 고려하며 가장 좋은 알고리즘을 작성하려는 노력은 전문 프로그래머로 발전하는 디딤돌이 될 것이다.

알고리즘을 구성하고 있는 각 명령어들은 다음의 제어구조에 의하여 정해진 순서에 따라 실행되기 때문에 이를 고려해야 한다.

1. 명령어의 순차적 제어

2. 조건 테스트한 결과에 의한 제어

3. 반복수행에 의한 제어

4. 함수 호출에 의한 제어

1은 요리를 할 때 재료를 썰고 익혀야하는 것처럼 알고리즘 각 단계의 순서가 중요하다. 순서에 따라 수행된다는 기본 제어를 바탕으로 **2**는 조건을 만족하는 경우(True)와 만족하지 않는 경우(`False`)에 대하여 수행되는 명령어가 결정된다. **3**의 반복제어는 원하는 횟수만큼, 또는 어떤 조건이 만족되는 동안 무한루프가 되지 않도록 제어해야 한다. 이를 위해 그 수행을 제어하는 변수(loop control variable, 이하 `lcv`)가 필요하며 반복이 끝나는 종료조건(이하 `exit_cond`라 한다)이 있어야한다. 대부분 다음의 순서에 의하여 반복이 진행된다.

- 단계 1: lcv를 초기화한다.
- 단계 2: lcv가 종료조건을 만족하지 않으면 반복해야 할 명령들을 수행한다. 만족하면 반복문의 제어를 종료한다.
- 단계 3: lcv를 변경하고 단계 2로 간다.

반복이 진행되는 동안 `lcv`가 변경되지 않으면 무한 루프를 돌 수 있으므로 주의를 기울여야 한다. 또한 `exit_cond`가 적절하지 않으면 원하는 횟수만큼 반복하지 못하고 결국 문제를 해결하지 못할 것이다. ④는 프로그램에서 특정 기능을 독립된 부프로그램(함수)를 통해 실행하는 경우이다. 복잡한 대규모의 소프트웨어를 개발할수록 기능을 모듈화하여 나누어 개발하고 함수 호출을 통하여 실행이 이루어진다. 또한 어떤 함수가 자기자신을 호출하는 경우의 제어를 사용하면 복잡한 문제를 컴퓨터는 단순하게 처리하기도 한다.

알고리즘은 이렇게 자료구조와 제어구조를 가지고 만들어진 작업 순서이다. 즉 컴퓨터 프로그램으로 구현 가능한 문제 해결 단계들을 말한다. 그러므로 프로그램 명령어 문장에 대한 이해와 제어에 대한 기초지식을 가지고 알고리즘 학습을 시작해야한다. 기초가 부족하다면 프로그래밍의 기본 논리와 구현 준비를 위하여 1장, 2장으로 돌아가서 학습하기를 권한다.

8.2 알고리즘의 설계

알고리즘의 설계는 주어진 문제가 특정한 언어의 실행 가능한 함수로 표현될 때까지의 계속적인 세분화 과정을 의미한다. 여기서는 알고리즘의 문제 해결 방법을 이해하기 위한 알고리즘 구성 방법에 대하여 알아보자. 알고리즘의 문제해결 방법은 문제에 따라 접근방식이 다르지만 일반적으로 사용하는 분할정복(divide and conquer) 기법, 최적화 문제에 주로 적용되는 그리디(greedy) 기법, 분할정복기법과 유사하게 부분문제의 해답을 이용하지만 부분해를 저장해서 보다 효율적으로 문제를 해결하는 동적 프로그래밍(dynamic programmng) 기법, 문제를 푸는 과정에서 더 이상 진행할 수 없을 때 바로 직전 상황으로 돌아와 대안을 찾는 백트래킹(backtracking) 기법을 소개하고자 한다.

8.2.1 분할 정복 기법

분할정복(divide and conquer) 기법이란 한 번에 전체를 해결하려고 시도하는 것이 아니고 주어진 문제를 몇 개의 보다 작은 규모의 문제들로 나누어 생각하는 방법이다. 이 방법은 원래의 문제를 몇 개의 종속과제로 분리하여 쉽게 그 기능을 파악할 수 있는 작업 단계로 표현될 수 있도록 하자는 것이다. 문제를 해결하는 가장 손쉬운 방법은 해결 가능한 작은 문제로 분해하면서 단순화 시키는 것이다.

하나의 작업 단계는 더욱 작은 작업 단계로 분해될 수 있고, 작은 작업 단계는 더욱 더 작은 작업 단계로 세분화 되면서 작업은 구체화될 수 있다. 결과적으로 얻어지는 문제의 해결책은 여러 층으로 구성되며 층이 깊어질수록 좀 더 자세히 구체적으로 기술된다. 이러한 방법은 문제의 해결책을 단계적으로 구체화시킨다는 의미에서 하향식 접근 방법이라 하고 트리 형태의 개념도를 그릴 수 있다.

제시된 문제의 해법을 파악하기 쉽고, 원한다면 개괄적으로도 볼 수 있으며, 아주 상세하게 역할을 분담할 수도 있다. 이러한 장점 때문에 단계적 개선 기법이 우리 사회의 많은 영역에서 조직기법으로 사용되고 있다. 한 예로 기업체에서는 그 구성원에게 이와 같은 방법으로 책임을 분담해 준다. 사장이 한 회사의 기업 업무 전반에 책임이 있다면 각 부서장들은 재정, 인사 혹은 영업 등의 어느 특정 부분에 대하여 책임을 지며, 더 나아가서 조립대 앞에선 직원은 부품의 조립에만 관심을 둔다. 이렇게 전체 기능을 나누어 해결하는 방법이 분할정복의 대표적인 예시이다.

생산라인의 공정을 나누는 것과 같이 피자를 만드는 절차의 분해나 여러분이 레포트를 작성할 때 서론 본론 결론의 절차를 나누어 레포트 전체를 완성하는 방법도 분할정복의 예이다. 이와 같이 복잡한 과정이나 문제상황을 처리가능한 작은 문제로 나누어 해결하는 분할정복은 프로그램 개발의 함수를 사용하는 모듈화 기법를 만들어 내었다.

특히 문제를 분할하면 새로 발생되는 부분문제는 크기가 작아지면서 원래 문제의 기능을 그대로 유지하는 경우가 있다. 이때 재귀함수(recursive function)로 구현할 수 있다. 8.2절에서 이러한 대표적인 예로 널리 알려진 유클리드 알고리즘과 하노이 탑 문제를 분석해 보고 재귀기법으로 구현해 보자.

또한 자주 사용되는 이진 트리 처럼 주어진 자료 구조 자체가 분할정복기법을 가지고 쉽게 재귀적으로 구현할 수 있는 경우 적용은 더욱 용이하다.

[프로그램 8-1] 분할정복에 의한 트리 순회

```
typedef struct bst {
     struct bst *left;
     int key;
     double score;
     struct bst *right;
} BstNode;
```

```
void scan_bst(BstNode * ptr) {
   if (ptr) {
   scan_bst(ptr->left);
   printf("%d = %.2f\n", ptr->key, ptr->score);
   scan_bst(ptr->right);}
}
```

[프로그램 8-1]은 전체 트리에 대한 트리 순회를 왼쪽 서브트리와 오른쪽 서브트리에 대한 2개로 나누어 수행하도록 2번의 재귀호출을 보여주고 있다. 이러한 분할정복 기법은 퀵정렬이나 합병정렬 알고리즘 등 많은 널리 알려진 알고리즘 설계에 적용되었다.

8.2.2 그리디 기법

그리디(greedy) 기법은 보통 주어진 조건을 만족하는 여러 개의 해 중에서 최적의 해를 찾아가는 방법이다. 이때 문제에 따라 목적함수를 만들어 그 값이 최대 혹은 최소가 되는 방법으로 선택을 하는 것이다. 이 방법은 그 순간에 국소적으로 좋아 보이는 해를 선택해 감으로 궁극적으로 가장 좋은 선택을 한다고 믿는 휴리스틱에 의한 방법이다. 그러므로 결국 선택된 알고리즘이 늘 최적의 해를 보장하지 못하는 것으로 알려져 있다.

이 기법은 우리가 보통 아는 최적화 문제(optimization problems)에 적용되는 것이지만 이론적으로 접근된 예가 많아 이해하기 쉽지 않다. 여기서는 거스름돈의 동전의 수를 가장 적게 하는 문제를 통해 그리디 기법의 개념을 이해하도록 하자.

동전은 500원짜리, 100원짜리, 50원짜리, 10짜리가 있다고 가정하자. 거스름돈이 860원이라면 500원짜리 동전 1개, 100원짜리 동전 3개, 50원짜리 동전 1개, 10원짜리 동전 1개, 이렇게 6개가 860원에 대한 최소한의 동전 수 일 것이다. 이 문제를 해결하는 가장 간단하고 효율적인 방법은 현재 거스름돈을 초과하지 않는 조건하에서 욕심내어 가장 액수가 큰 동전을 선택하는 것이다. [프로그램 8-2] 함수 howmany()는 이를 구현한 것이다. howmany()는 거슬러주는 동전의 개수를 가장 적게 하는 목표를 가지고 액수가 가장 큰 동전부터, 즉 500원짜리, 100원짜리, 50원짜리, 10짜리의 순서로 거스름돈 cchange에서 동전의 개수를 증가하면서 그 액수만큼 뺀다. 10원이하는 유통하지 않는다고 가정하면 어떤 거스름돈도 4가지 동전의 개수를 최소로 거슬러 줄 수 있는 알고리즘이다.

[프로그램 8-2] 함수 howmany()

```
int howmany(int cchange) {
   int coin500, coin100, coin50, coin10;
   coin500=coin100=coin50=coin10=0;
   while (cchange >= 500) {
      cchange = cchange - 500;
      coin500++;
   }
   while (cchange >= 100) {
      cchange = cchange - 100;
      coin100++;
   }
   while (cchange >= 50) {
      cchange = cchange - 50;
      coin50++;
   }
   while (cchange >= 10) {
      cchange = cchange - 10;
      coin10++;
   }
   printf("The number of 500coins(%d), 100coins(%d),
      50coins(%d), 10coins(%d)\n", coin500, coin100,
      coin50,coin10);
   return(coin500+coin100+coin50+coin10);
```

```
}
```

실습프로그램

[프로그램 8-2]의 함수 howmany()를 적용하는 main()을 작성하여 결과를 확인해 보자.

[프로그램 8-3] 동전 거스름돈의 개수를 최소로 그리디 알고리즘 구현

```
int howmany(int cchange);
void main()
{
   int change;
   printf("How much is change?: ");
   scanf("%d", &change);
   printf("Total coins = %d", howmany(change));
}
```

실행결과

```
How much is change? 860
The number of 500coins(1), 100coins(3), 50coins(1), 10coins(1)
Total coins = 6
```

또 하나의 그리디 알고리즘의 예로 최소비용 신장트리에 포함될 연결선을 선택하는 문제에 대한 Kruscal 알고리즘을 들 수 있다. n개의 노드를 가진 주어진 연결그래프로부터 최소비용을 가지는 신장트리를 구성하기 위하여 우선 가중치가 적은 연결선부터 차례로 선택하는 것이다. 이때 선택된 연결선으로 사이클이 생기는 경우는 다음 연결선을 고려하는 방식으로 n − 1개의 연결선을 선택하면 최적의 해를 구할 수 있게 된다. 다음의 예를 가지고 주어진 연결선의 가중치가 작은 값부터 선택해 하면서 결국에는 최소비용 신장트리를 구성하게 되는 과정을 살펴보자.

[그림 8-2]는 Kruscal 알고리즘에 의하여 최소비용 신장트리를 만들어 가는 과정을 보이고 있다. (a)에 주어진 가중치 그래프에서 선택된 비용의 합이 최소가 되도록 5개의 연결선을 사이클이 생기지 않도록 선택하는 것이 목표이다. 비용의 합이 최소가 되기 위하여 우선 비용이 적은 순서로 (b), (c), (d)에서 보여 주는 바와 같이 연결선 (3, 5), (5, 6), (1, 4)를 선택하였다. 그다음 가중치가 적은 연결선은 (3, 6)이다. 하지만 연결선 (3,

6)은 선택하면 사이클이 생겨 최종 목표인 신장트리의 정의에 어긋나므로 선택될 수 없다. 그러므로 (e), (f)에서 보여 주는 바와 같이 다음 연결선인 (3, 4)가 선택되고 마지막으로 (1, 2)를 선택하고 알고리즘을 끝내게 된다.

이와 같은 Kruscal 알고리즘은 주어진 가중치 그래프에서 그 순간 사이클이 생기지 않는다는 조건을 만족하면서 가장 작은 비용에 욕심을 내어 선택하는 그리디 방법을 적용한 것이다.

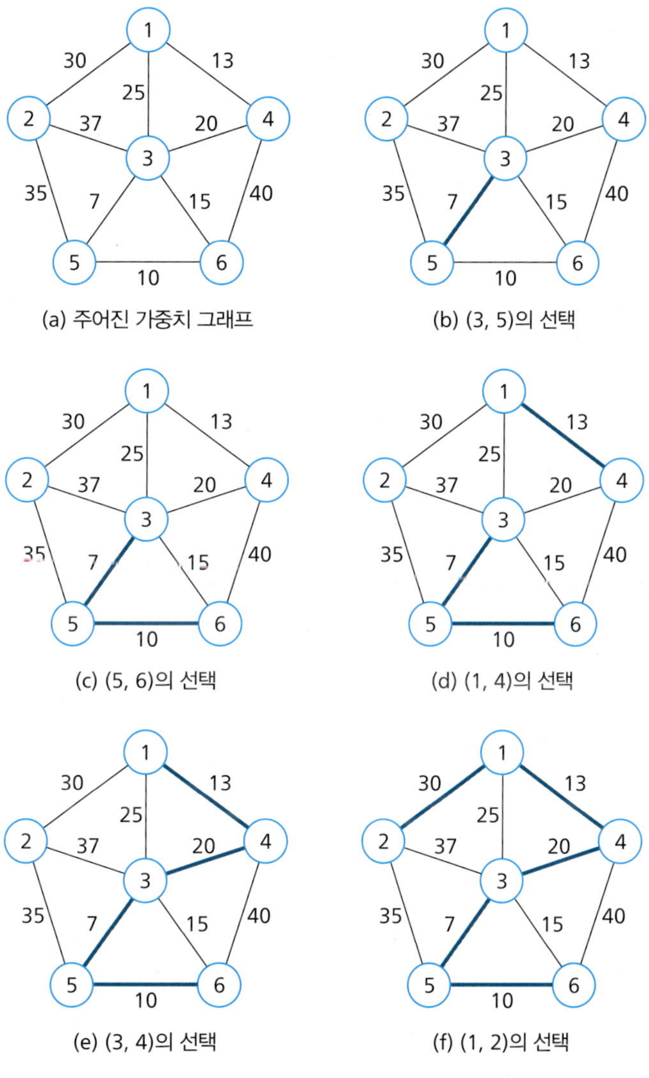

(a) 주어진 가중치 그래프 (b) (3, 5)의 선택 (c) (5, 6)의 선택 (d) (1, 4)의 선택 (e) (3, 4)의 선택 (f) (1, 2)의 선택

그림 8-2 그리디 기법에 의하여 최소비용신장트리 구하는 순서

8.2.3 동적 프로그래밍 기법

동적 프로그래밍(dynamic programming) 기법은 분할정복기법과 같이 부분문제의 해답을 이용하는 방식이지만 나누어진 부분문제가 완전히 분리되지 않아 결과를 공유할 수 있을 때 적합한 해결방법이다. 분할정복기법은 분할된 부분문제를 독립적으로 처리하기 때문에 부분문제를 공유할 수 있는 경우에도 분할정복기법을 사용하면 비효율적으로 같은 방법을 반복하게 된다. 하지만 동적 프로그래밍 기법에서는 공유하는 부분문제를 먼저 해결하고 그 결과를 저장한 후에 필요할 때 나중에 사용할 수 있도록 해주는 특징이 있다. 간단히 설명하면 결과를 저장하여 중복되는 연산을 줄이고자하는 것이 핵심이다.

이항계수(binomial coefficient)를 구하는 문제

$$C(n,r) = \frac{n!}{r!(n-r)} \quad (0 < r < n)$$

은 다음과 같이 재귀적으로 계산될 수 있다.

```
C(n,r) = C(n-1, r-1) + C(n-1, r)
```

이는 다음 예제에서 보는 바와 같은 C 언어의 재귀함수에 의하여 쉽게 코딩될 수 있다.

[프로그램 8-4] 재귀함수를 이용하여 이항계수 구하기

```
int combination(int n, int r)
{
   if (r == 0 || n == r)  return 1;
   else return combination(n-1, r-1)+combination(n-1, r);
}
```

위 예제에 combination(4, 2)와 같이 호출하면 다음과 같이 함수 호출이 이루어진다.

```
combination(3, 1)
   combination(2, 0)
   combination(2, 1)
      combination(1, 0)
      combination(1, 1)
combination(3, 2)
   combination(2, 1)
      combination(1, 0)
```

```
      combination(1, 1)
   combination(2, 2)
       combination(1, 1)
```

위에서 보는 바와 같이 combination(4, 2)를 구하기 위하여 combination(1, 0), combination(1, 1), combination(2, 1)의 경우 중복된 호출이 발생한다. 재귀함수의 호출은 독립적이기 때문이며 n과 r이 커짐에 따라 더 많은 중복된 호출이 발생하게 된다. 이와 같이 분할정복 기법을 재귀함수로 구현하면 같은 문제를 다시 푼다는 단점이 있다. 이를 보완하여 동적프로그래밍 기법에서는 이전에 구한 값들을 저장해 두었다가 나중에 재사용하는 메모이제이션(memoization) 방법을 사용한다.

이항계수 C(i,j)를 구하는 문제에 동적 프로그래밍의 기본 원리를 적용해 보자. 먼저 C(i, j)의 값을 n × r의 이차원 배열 bc[i][j]에 표현하도록 나타내면 다음과 같다.

```
bc[i][j] = 1,  if j=0, j=i
bc[i][j] = bc[i-1][j-1] + bc[i-1][j], if 0 < j < i
```

위의 식을 살펴보면 bc[i][j]는 앞의 행의 값 bc[i-1][j-1]과 bc[i-1][j]가 계산되어 저장되어 있다면 쉽게 구할 수 있다는 것을 알 수 있다. 예를 들어 bc[2][1]의 값이 저장되어 있다면 bc[3][1]과 bc[3][2]의 값을 구하기 위하여 사용될 수 있다.

```
bc[2][1] = bc[1][0] + bc[1][1]
bc[3][1] = bc[2][0] + bc[2][1]
bc[3][2] = bc[2][1] + bc[2][2]
```

내용을 정리하여 [프로그램 8-5]와 같은 함수 dcombination()을 작성할 수 있다.

[프로그램 8-5] 동적 프로그래밍 기법을 이용하여 이항계수 구하기

```
int dcombination(int n, int r)
{
   int i, j, bc[n][r], m;

   for (i=0; i <= n; i++) {
      if (i < r) m = i;
      else m = r;
      for (j=0; j <= m; j++)
         if (j == 0 || j == i) bc[i][j] = 1;
```

```
        else bc[i][j] = bc[i-1][j-1] + bc[i-1][j];
    }
    return bc[n][r];
}
```

이와 같은 동적프로그래밍 기법을 적용할 수 있는 또 다른 예로 널리 알려진 피보나치(fibonacci) 수열에서 항의 값을 구하는 문제를 생각해 보자. 피보나치 수열은 다음과 같다.

```
F(0) = 0, F(1) = 1, F(i) = F(i-1) + F(i-2), if i≥2
```

위 피보나치 수열의 정의는 재귀적이기 때문에 다음 예제의 함수에 의하여 쉽게 프로그래밍 될 수 있다.

[프로그램 8-6] 재귀함수에 의하여 피보나치 수열의 값 구하기

```
int recursive_f(int n)
{
    if (n==0) return 0;
    else if (n==1) return 1;
    else return recursive_f(n-1) + recursive_f(n-2)
}
```

recursive_f(5)를 호출한 경우 다음과 같이 재귀적으로 호출이 발생하게 된다.

```
recursive_f(5)
    recursive_f(4)
    recursive_f(3)
        recursive_f(2)
        recursive_f(1)
        recursive_f(0)
        recursive_f(1)
    recursive_f(2)
        recursive_f(1)
        recursive_f(0)
    recursive_f(3)
    recursive_f(2)
        recursive_f(1)
```

```
    recursive_f(0)
  recursive_f(1)
```

앞의 호출을 살펴보면 recursive_f(2)가 3번 호출되고 recursive_f(3)이 2번 호출되는 것과 같이 함수 호출이 중복되어 일어나는 것을 확인할 수 있다. 이렇게 함수호출의 중복이 많은 경우 [프로그램 8-7]과 같이 동적 프로그래밍 기법을 적용하면 더 효율적으로 개선이 된다. [프로그램 8-7]은 배열 f에 f[0]과 f[1]을 초기치로 지정하고 피보나치 수열의 정의에 따라 계속되는 수열의 값을 구하고 배열에 저장하는 과정을 보여준다.

[프로그램 8-7] 동적 프로그래밍에 의하여 피보나치 수열의 값 구하기

```
int dynamic_f(int n)
{
   int i, f[n];
   f[0] = 0;
   f[1] = 1;
   for (i=2; i <=n; i++)
      f[i] = f[i-1] + f[i-2];
   return f[n];
}
```

8.2.4 백트래킹 기법

백트래킹(Backtracking)은 최단 경로를 찾는 알고리즘과 같이 그래프로 표현할 수 있는 문제나 바둑과 같은 게임에서 특정 조건이나 규칙을 만족하는 경로를 찾아가는 과정에서 해를 찾지 못하면 바로 전의 상태로 돌아가는 것이다. 주어진 그래프가 많은 노드와 연결선으로 이루어진 경우 해답에 대한 탐색을 진행하면서 필수적인 부분 그래프만 유지하는 효율적인 탐색기법에 적용된다.

백트래킹은 막히면 바로 전으로 되돌아가서 다시 해를 찾아가는 방법으로 이를 적용한 가장 단순한 문제는 [그림 8-3]과 같은 미로찾기 문제이다. 입구에서 출구를 찾아가는 각 지점에서 선택할 수 있는 길이 탐색공간이 만들어진다. 하지만 가던 길이 막혀 있으면 바로 전 지점으로 돌아가 다시 찾으면서 막힌 방향은 탐색공간에서 제외된다.

그림 8-3 미로찾기 문제

또한 문제의 자료구조가 그래프는 아니지만 문제를 해결하는 과정에서 상태 공간 트리를 형성하는 경우도 있다. 예를 들어 바둑 프로그램에서 트리의 각 노드는 바둑판 위에 있는 바둑돌의 위치를, 노드사이의 연결선은 수가 진행되는 것을 나타낼 수 있다. 즉 루트 노드는 빈 바둑판을 표현하고 수가 진행될 때마다 부모 노드의 하위에 한 수의 돌이 더 놓인 바둑판을 나타내는 새로운 자식노드를 생성하게 된다. 백트래킹 기법(backtracking method)은 이렇게 문제를 푸는 과정에서 만들어지는 트리를 효율적으로 탐색하는 방법이다.

이해를 돕기 위해 잘 알려진 n-Queen 문제를 해결해 보자. n-Queen 문제는 n × n의 체스 판에 n개의 퀸을 서로 다른 행, 다른 열, 다른 대각선에 배치하는 문제이다. 간단한 예로 n이 4인 경우 다음의 경우 해답이 된다는 것을 알 수 있다.

X	Q	X	X
X	X	X	
	X		X
	X		

X	Q	X	X
X	X	X	Q
	X	X	X
	X		X

X	Q	X	X
X	X	X	Q
Q	X	X	X
X	X		X

	Q		
			Q
Q			
		Q	

그림 8-4 4-Queen의 문제의 해답을 찾아가는 과정

이와 같은 해답을 찾아가는 과정에서 [그림 8-4]의 4×4 배열에 첫 번째 행의 두 번째 열[1,2]의 위치에 퀸을 놓은 경우 두 번째 행의 첫 번째 열[2,1]은 앞서 놓은 [1,2]와 같은 대각선에 되므로 더 이상 고려하지 않고, [2,2]는 [1,2]와 같은 열에 있게 되므로 더 이상 고려하지 않게 된다. 그 다음 [2,3]은 앞서 놓은 [1,2]와 대각선에 있으므로 더 이상 고려하지 않게 된다. [2,4]에는 놓을 경우 조건에 위배되지 않기 때문에 이를 선택하고 다음 행으로 이동한다. 이러한 과정에서 조건에 위배되어 더 이상 고려하지 않고 전

의 상태로 돌아가는 것이 백트래킹 기법의 핵심이다. [2,4]와 같이 조건에 위배되지 않는 곳을 찾으면 다음 행으로 진행하는데 이는 상태 공간 트리에서 다음 자식 노드를 생성하는 것이 된다. 세 번째 행에서 [3,1]은 조건에 위배 되지 않고 놓을 수 있으므로 놓고 다음 행으로 이동하여 [4,1]은 앞에 이미 놓은 [3,1]과 같은 열이며 [4,2]는 첫 행의 [1,2]와 같은 열이 되므로 백트래킹하게 된다. [4,3]에는 놓을 수 있으므로 [1,2], [2,4], [3,1], [4,3]에 퀸을 놓은 [그림 8-4]와 같은 해를 구하게 된다.

이처럼 백트래킹기법은 시작을 루트로 하는 트리를 그려가며 해를 찾아가다가 더 이상 해가 될 수 없음을 알게 되면 그 경우는 더 이상 진행하지 않고 바로 전의 상태로 돌아가 다른 대안을 찾아가는 방법이다. 또한 백트래킹은 해를 찾는 과정에서 바로 전의 상태로 되돌아가야하기 때문에 스택 자료구조를 활용함을 알 수 있다.

8.3 재귀기법의 적용

알고리즘 기법의 가장 기본은 문제가 정의되면 이를 적절한 크기로 분할하여 소모듈로 만들고 이들 모듈을 연결하면서 전체 문제를 해결하는 분할정복 방법이다. 이러한 분할정복 기법을 구현하기 위하여 C 프로그램에서는 사용자가 함수를 만들고 활용할 수 있는 편리한 방법을 제공하고 있다.

함수의 호출과 복귀는 알고리즘의 중요한 제어이다. 특히 함수가 수행이 완료되기 전에 자기 자신을 다시 호출하는 재귀기법(recursive mechanism)은 유용하게 사용된다. 때로 재귀기법 대신 반복문을 사용할 수 있는 경우도 많지만, 재귀호출이 허용되지 않는다면 매우 복잡해질 과정들을 아주 단순하게 구현할 수 있도록 해 준다.

알고리즘을 설계할 때 재귀 기법이 필요한지는 어떻게 결정하는가? 쉽게 알 수 있는 경우는 문제 자체가 재귀적으로 정의되어 있는 경우이다. 자신이 부분 자신으로 재정의되는 것을 재귀적 정의(recursive definition)라 하고 계승(factorial)과 피보나치(fibonacci) 수를 구하는 문제가 여기에 속한다. 그러나 효율성 측면에서 같은 재귀가 반복되는 경우, 앞장에서 설명한 동적 프로그래밍기법을 사용하기도 한다.

문제를 해결하는 알고리즘에 분할정복 개념이 반영되는 10장의 퀵정렬, 합병정렬 등에 재귀기법이 사용되고 트리와 같은 자료구조 자체가 재귀적으로 정의되는 경우에 재귀함수의 호출을 사용하면 간단히 구현할 수 있다. 그러므로 알고리즘의 설계에 있어 재귀 기법을 이해하는 것은 중요하다.

함수가 호출되면 리턴번지, 지역변수, 현재 레지스터의 내용이 저장되어야 하며, 실행을 마치면 저장된 정보를 가져와 리턴번지로 부터 다시 실행을 제기하게 된다. 함수의 리턴은 함수 호출과 역순으로 행해지기 때문에 리턴번지와 정보의 관리를 위하여 스택을 사용하게 된다. 재귀함수의 경우에도 마찬가지이다. 단지 자신이 다른 매개변수를 가지고 부분 자신을 다시 호출한다는 것뿐이다.

재귀기법으로 널리 알려진 유클리드 알고리즘과 하노이탑 문제를 푸고 프로그래밍 실습을 통하여 재귀의 개념을 연습하자.

8.3.1 유클리드 알고리즘

유클리드 알고리즘은 두 수의 최대공약수(Greatest Common Divisor)를 구하는 방법이다.

두 수 x와 y($y \leq x$)의 최대공약수는 $y \neq 0$이면 y와 x % y의 최대공약수와 같다.

- $y = 0$이면 이때 x의 값이 두 수의 최대공약수이다.
- x가 y보다 작은 값이어도 별로 상관이 없음을 알 수 있다.

이와 같은 방법은 유클리드 알고리즘으로 알려져 있으며 문헌상으로 전해지는 인류 최초의 알고리즘으로서 그 가치가 있다.

예를 들어, 24와 18의 최대공약수는 gcd(24, 18) = gcd(18, 6) = gcd(6, 0)이므로 6이다. 이를 정리해 보면 다음과 같다.

$$gcd(x,y) = \begin{cases} x & : \quad y = 0 \\ gcd(y, x\%y) & : \quad y \neq 0 \end{cases}$$

이와 같이 gcd(x,y)에는 gcd(y, x%y)가 포함되어 있으므로 재귀적으로 정의되어있다. 이를 C 함수로 변경하는 것은 단순한 일일 것이다.

[프로그램 8-8] 재귀함수 gcd()

```
int gcd(int x, int y) {
   if (y == 0)    /* 탈출조건 */
      return x;
   else
      return gcd(y, x%y);
}
```

gcd 함수의 매개변수는 호출될 때마다 작아지고 언젠가는 y = 0이 되어 끝나게 된다. 만약 탈출조건(y = 0이면)이 명시되지 않으면 무한 루프가 되어 "stack overflow"라는 에러 메시지를 얻게 될 것이다.

앞의 예로부터 재귀함수의 구현에 대하여 다음의 사실을 알 수 있다.

1. 무한 호출을 방지하기 위하여 탈출조건이 명시되어야 한다.
2. 함수 호출시 인자의 값이 탈출조건을 만족하도록 변해야 한다.

이러한 재귀 기법은 반복을 구현하는 방법이므로 다음과 같이 반복으로 작성할 수 있다.

[프로그램 8-9] 반복으로 구현한 함수 gcd()

```
int gcd(int x, int y) {
   int tmp;
   while (y != 0) {
      tmp = y;
      y = x % y;
      x = tmp;
      printf("x = %d == y = %d\n", x, y);
   } /* while */
   return x;
} /* gcd */
```

이와는 반대로 반복기법을 사용하여 루프를 수행하는 경우를 재귀함수를 이용하여 기술할 수 있는 경우도 있으며 다음의 하노이 탑 문제와 같이 재귀 기법이 제공되지 않으면 프로그래밍하기 어려운 경우도 있다.

[확인학습 8-1]

1. 최대공약수(gcd)를 구하는 다음의 정의에 따라 gcd(56, 16)을 구하는 과정을 쓰시오.

```
gcd(x, y) = x         ,if y=0
     = gcd(y, x%y)    ,otherwise
```

2. 학습지 선생님께서 최대공약수를 구하는 문제를 파일로부터 읽어서 그 문제를 제공하면 학생이 풀고 맞으면 "Correct . . ."를 출력하고 틀리면 답을 출력해 주는 프로그램이 필요하다. 이때 유클리드 알고리즘으로 구현하고 문제를 내고 맞추는 것이 끝나면 전체 몇 문제 중에 몇 개 맞혔는지 출력하는 프로그램을 다음 순서에 따라 작성하시오.

❶ 문제 파일 만들기(예 f:\prog\gcd.d)

❷ 문제 파일을 컴파일환경에서 프로그램에 연결시키기

```
56 14
356 28
90 25
56 16
55 15
75 15
82 34
72 32
564 36
750 150
48 11
48 18
55 22
84 24
```

❸ 연결한 f:\prog\gcd.d를 프로그램에서 사용하기 위하여 `file pointer` 타입을 선언한다.

```
FILE *infile;
```

파일 f:\prog\gcd.d를 사용할 file pointer 타입 infile 변수의 값을 얻기 위하여 fopen()을 사용한다.

```
infile = fopen(argv[1], “r")
```

❹ file pointer 타입 infile을 활용하여 f:\algo_prog\gcd.d 파일의 내용을 읽는다.

```
fscanf(infile, “%d %d", &a, &b)
```

3. **2**의 프로그램에서 틀린 문제를 출력파일에 저장하여 again.d 파일을 생성하도록 프로그램을 수정하시오.

8.3.2 하노이탑

하노이탑 문제는 재귀를 설명하는 유명한 알고리즘이다. 하노이탑은 19세기말 유럽에서 유행되어 온 문제이다. [그림 8-5]와 같이 세 개의 막대가 서 있으며, 한 쪽에는 디스크가 크기순으로 쌓여있다. 이 한 쪽 막대[막대 A]에 있는 디스크 모두를 그대로 다른 막대[막대 C]로 옮기는 문제인데 다음의 조건을 따라야 한다. 실제 문제는 디스크가 64개인데 여기서는 디스크를 n개로 입력을 받아 수행한다.

1. 디스크는 한 번에 하나밖에 움직이지 못한다.
2. 가고자 하는 막대의 디스크 위에 다른 디스크를 놓아도 좋으나 어느 막대나 큰 디스크 위에 작은 디스크를 놓아야 한다.

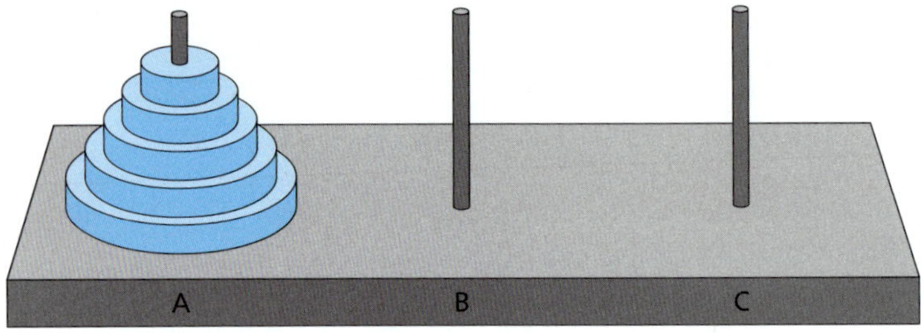

그림 8-5 하노이 탑

n = 3인 경우, 즉 3개의 디스크를 [막대 A]에서 [막대 C]로 옮기려고 하면 다음 그림과 같은 절차를 밟게 된다. 설명을 위하여 가장 작은 디스크부터 디스크 1, 2, 3이라 하자.

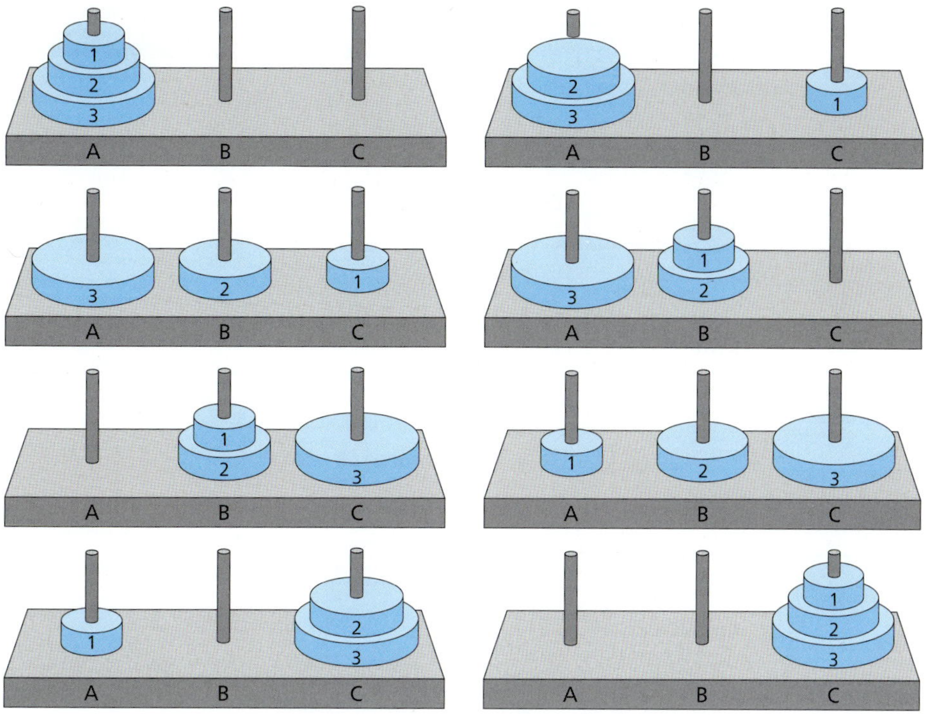

그림 8-6 하노이 탑 문제의 실행과정

위의 예에서 알 수 있는 바와 같이 1, 2, 3 세 개의 디스크를 막대 A로부터 막대 C로 옮기려면 다음의 단계를 거치면 된다.

1. 디스크 1과 2를 막대 B로 옮긴다.
2. 막대 A의 가장 큰 디스크 3을 목적지 막대 C로 옮긴다.
3. 막대 B의 디스크 1과 2를 막대 C로 옮긴다.

이를 n개의 디스크에 대하여 확장할 때, n = 1이면 그 하나의 디스크는 간단히 막대 A로부터 막대 C로 옮기면 된다. 이를 알고리즘으로 기술하면 다음과 같다.

[프로그램 8-10] 하노이탑 문제를 해결하는 재귀함수 hanoi()

```
if (n==1)
   디스크를 직접 A로부터 C로 옮긴다.
else  {
   가장 큰 디스크를 제외한 n-1개의 디스크를
   A로부터 B로 옮긴다.
   A에 남아있는 가장 큰 디스크를 C로 옮긴다.
   B에 있는 n-1개의 디스크를 목적지 C로 옮긴다.
}
```

이제, 재귀를 좀 더 이해하기 위해 hanoi(3, 'A', 'C', 'B')로 호출하면 실행되는 결과를 따라가 보자.

```
hanoi(3, 'A', 'C', 'B')
   hanoi(2, 'A', 'B', 'C')
   hanoi(1, 'A', 'C', 'B')   = = >  Move disk from 'A' to 'C'
   hanoi(1, 'A', 'B', 'C')   = = >  Move disk from 'A' to 'B'
   hanoi(1, 'C', 'B', 'A')   = = >  Move disk from 'C' to 'B'
   hanoi(1, 'A', 'C', 'B')     = = >  Move disk from 'A' to 'C'
   hanoi(2, 'B', 'C', 'A')
   hanoi(1, 'B', 'A', 'C')   = = >  Move disk from 'B' to 'A'
   hanoi(1, 'B', 'C', 'A')   = = >  Move disk from 'B' to 'C'
   hanoi(1, 'A', 'C', 'B')   = = >  Move disk from 'A' to 'C'
```

이와 같은 재귀 알고리즘은 주어진 문제를 더 작은 크기의 문제로 나누어서 문제를 단순화 시킨 후에 해결하는 방법에 근거를 두고 있다. 문제에 따라서는 무척 복잡한 문제가 쉽게 구현될 수 있어 대부분의 프로그래밍 언어에서 기본적으로 이를 지원하고 있다.

그러나 재귀용법은 계속하여 재귀함수를 호출하기 때문에 비효율적이다. 함수가 호출되면 복귀주소, 지역변수, 현재 레지스터의 내용이 저장되어야 하며, 실행을 마친 후에 스택에서 다시 추출되어 재귀되어야 하므로 시간소모가 크다. 그러므로 재귀 기법을 적용하여 간단한 코드로 프로그램을 기술하고 실행 효율성을 고려하여 반복용법으로 전환할 필요도 있다.

실습프로그램

디스크의 개수 n을 입력 받고 함수 void hanoi(int n, char a, char, c, char b)를 호출하는 main()을 작성하여 프로그램을 실행시켜 보자. 물론 [프로그램 8-10]의 hanoi()를 포함해야한다. 또한 하노이 문제를 해결하기 위하여 움직이는 횟수를 출력하도록 한다. 이를 위하여 전역변수 mcount를 선언하고 0으로 초기화한다.

[프로그램 8-11] 하노이 프로그램을 위한 main()

```
void main()
{
    int n;
    printf("Input the number of disk: ");
    scanf("%d", &n);
    if (n <= 0)
    printf("\nIllegal number of disk!!\n");
    else
    hanoi(n, 'A', 'C', 'B');
}
```

8.4 단계적 개선기법의 적용

앞 절에서는 알고리즘의 기본 제어를 바탕으로 그동안 알고리즘 설계를 위하여 연구되어 온 분할정복기법의 기본 개념을 구현하기 쉽도록 제공해 주는 재귀 기법에 대하여 알아보았다. 이 장에서는 이러한 기법들에 보편적으로 적용되는 문제해결을 절차적으로 접근하는 단계적 개선 개념을 알아보자.

소프트웨어 라이프사이클은 일반적으로 규모가 큰 소프트웨어 시스템 개발 시에 적용된다. 여기서는 적절한 규모의 잘 정의된 하나의 작업인 단일 알고리즘을 설계하는 데 관심을 둔다. 보통 이러한 알고리즘의 설계는 주어진 문제가 특정한 언어의 실행 가능한 함수로 표현될 때까지의 계속적인 세분화 과정을 의미한다. 그러므로 알고리즘의 설계 기법으로 단계적 개선(stepwise refinement) 개념을 소개하고자 한다.

단계적 개선 기법이란 한 번에 전체를 해결하려고 노력하는 것이 아니고 주어진 문제를 몇 개의 좀 더 작은 규모의 문제들로 나누어 생각하는 방법이다. 이 방법은 원래의 문제를 몇 개의 종속과제로 분리하여 쉽게 그 기능을 파악할 수 있는 작업 단계로 표현될 수 있도록 하자는 세분화하는 것으로 다음과 같은 Top-down 접근방법을 적용하고 있다.

1. [문제 정의] 문제를 잘 분석하여 입력과 출력 데이터를 위한 자료구조(변수, 자료형)를 정한다.
2. [알고리즘 구상] Top-down 접근방법을 염두에 두고 하위레벨로 내려올수록 구체화되는 트리 형태로 문제를 분할하면서 알고리즘을 구상한다. 알고리즘을 구상하며 [문제 정의] 단계에서 정한 입출력 변수 외에 필요한 변수를 찾아낸다.
3. [시뮬레이션] 가능한 입력 데이터를 준비하여 구상한 알고리즘에 적용하며 출력이 나오는 과정을 시뮬레이션해 본다. 이 과정에서 구상한 알고리즘이 맞는지 검토하고 코딩레벨로 기술할 수 있도록 세분화한다.
4. [알고리즘 작성] 알고리즘을 의사 코드로 기술해본다.
5. [함수 구현] 작성된 알고리즘을 함수로 구현한다.

이러한 알고리즘 단계적 개선 기법을 널리 알려진 선택 정렬과 이진 탐색 알고리즘에 적용하여 그 과정을 이해하고 실습해 보자.

8.4.1 선택정렬

정렬은 주어진 데이터를 어떤 값을 기준으로 보통 오름차순 또는 내림차순과 같은 값의 순서를 정해 저장하고 처리하는 정보처리의 기본과정으로 그 개변은 프로그래밍 기법을 향상시키는 데도 무척 도움이 되는 분야이다. 정렬을 위한 방법은 여러 가지가 있지만 여기서는 n개의 데이터로 구성되어 있는 정수 데이터 집합을 오름차순으로 정렬하기 위해 단계적 개선 기법에 따라 선택 정렬을 적용해 보자.

문제 정의[선택 정렬]

선택 정렬은 정렬되지 않은 정수들 중에서 가장 작은 값을 찾아서 이미 정렬된 리스트의 다음 자리에 놓는 방법으로 주어진 데이터를 오름차순으로 정렬하게 되며 입력과 출력 데이터는 다음과 같다.

- 입력: 데이터의 수(n), 정수 배열(list)
- 출력: 정렬된 정수 배열(list)

알고리즘 구상

- 단계 1. 처리할 데이터를 배열 `list`에 저장한다.
- 단계 2. 정렬되지 않은 데이터 집합으로부터 최소값을 찾는다.
- 단계 3. 단계 2에서 찾은 데이터를 정렬된 list의 다음 자리에 놓는다.
- 단계 4. 모두 정렬될 때까지 단계 2와 단계 3을 반복한다.
- 단계 5. 결과를 출력한다.

위의 알고리즘을 구체화시키기 위하여 다음 질문에 답하며 변수를 도입하면서 프로그램 문장으로 표현 가능하도록 세분화시킨다. **프로그램 문장으로 세분화하는 과정에서 가장 필요한 것이 적절한 변수를 도입하는 것**이다. 이에 초점을 맞추어 진행해 보자.

1. 단계 2에서 최소값을 찾는 데이터의 구간을 어떻게 정할 것인가? 입력 데이터는 `list[0]`에서 `list[n-1]`에 저장되어 있으므로 배열의 구간은 `[0:n-1]`에서 시작하면서 단계 2와 단계 3의 과정이 진행되면서 구간의 데이터가 하나씩 줄어드는 것을 알 수 있다. 그러므로 구간의 시작을 표현하는 변수가 필요하며 이를 s라고 하면 s는 0부터 시작하게 된다.
2. 단계 2에서 최소값을 가지는 데이터의 위치정보(배열의 인덱스)가 필요하게 된다. 이를 m이라고 하자.

3. 단계 3에서 list[s]의 위치에 list[m]을 저장해야 한다. 원래 list[s]의 값을 잃지 않기 위하여 list[s]와 list[m]의 값을 교환하면 된다.

4. 단계 4에서 "모두 정렬될 때까지"라는 표현을 더욱 명확하게 변수로 표현하여 반복이 이루어지도록 한다. 여기서 s = 0, 1, . . . , n − 2의 값을 가지고 단계 2와 단계 3이 반복되는 것을 알 수 있다.

이제 어느정도 윤곽이 잡히면 구상한 알고리즘을 가능하면 단계적 세분화가 잘 표현되도록 [그림 8-7]과 같은 트리형태로 정리하자. 프로그램으로의 구현을 위하여 도입된 변수도 함께 정리하면 좋다. 여기서는 s, m을 표현하였다.

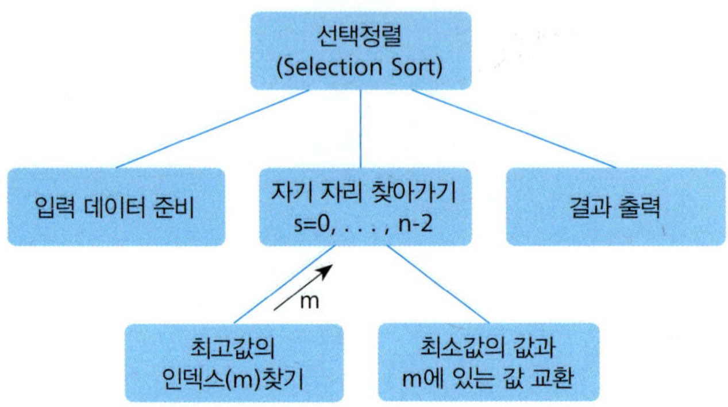

그림 8-7 선택 정렬 알고리즘

시뮬레이션

알고리즘의 동작을 이해하기 위하여 다음과 같이 가능한 입력 데이터를 준비하고 위의 과정을 시뮬레이션하면서 그 결과 오름차순으로 정렬됨을 확인할 수 있다.

n = 8인 경우 가능한 입력 데이터 list[] = {65, 77, 30, 90, 15, 85, 37, 55}를 가지고 앞에서 구상한 알고리즘의 변수, s와 m의 변화를 표이면서 시뮬레이션 한 과정을 [그림 8-8]과 같이 요약할 수 있다. 이와 같은 시뮬레이션은 지금까지 구상한 알고리즘의 각 단계를 검토할 수 있는 구체적인 방법일 뿐 아니라 변수를 도입하므로 프로그램 코딩에 쉽게 접근할 수 있도록 해 준다. 이 방법에서 변수 s는 중요한 역할을 한다. 이 알고리즘의 과정에서 변수 s를 기준으로 list[0]부터 list[s-1]까지의 데이터는 정렬된 것이고 list[s]부터 list[n-1]까지의 데이터는 정렬되지 않은 것이다. 또한 s가 n − 1이 되면 하나의 데이터가 정렬되지 않은 채로 남게 되므로 이 알고리즘은 끝나게 된다.

n = 8	[0]	[1]	[2]	[3]	[4]	[5]	[6]	[7]	m
list	65	77	30	90	15	85	37	55	
s = 0	15	77	30	90	65	85	37	55	4
s = 1	15	30	77	90	65	85	37	55	2
s = 2	15	30	37	90	65	85	77	55	6
s = 3	15	30	37	55	65	85	77	90	7
s = 4	15	30	37	55	65	85	77	90	4
s = 5	15	30	37	55	65	77	85	90	6
s = 6	15	30	37	55	65	77	85	90	6

그림 8-8 선택 정렬 시뮬레이션

알고리즘 작성

이제 위의 알고리즘은 보다 구체화되어 다음과 같이 1~6단계의 과정으로 다시 세분화되어 기술될 수 있다.

- 단계 1: 배열 list에 입력 데이터 n개를 저장한다.

```
list[0], list[1], list[2] ... list[n-1]
```

- 단계 2: s = 0로 한다. 즉 정렬된 데이터가 처음에는 없다고 가정한다.
- 단계 3: s = n − 1이면 모든 데이터가 정렬되어 있으므로 단계 6으로 간다. 아니면 s부터 n − 1의 위치에 있는 데이터 중 최소값을 찾는다(m의 위치라 가정한다).
- 단계 4: `list[m]`은 s번째 데이터이므로 `list[s]`와 교환한다.
- 단계 5: s를 하나 증가시키고 단계 3으로 간다.
- 단계 6: 정렬된 list를 출력하고 작업을 끝낸다.

함수 구현

앞에서 기술한 선택 정렬 알고리즘을 프로그램으로 구현하기 쉽게 의사 C 코드(pseudo C-code)로 작성하면 다음과 같다.

```
prepare input data into list
for (s=0; s < n-1; s++) {
   m = min_index(list[s] ... list[n-1])
   swap(list[m], list[s])
}
print the result
```

프로그램 문장으로 변경하기 위하여 두 가지 부분 작업을 좀 더 세분화하여 고려해야 한다. 최소값의 인덱스를 찾는 문제와 두 정수의 교환문제이다. 이를 임의로 min_index와 swap이라는 함수이름을 사용하였다.

먼저 min_index는 (list[s] . . . list[n-1]) 중에서 최소값의 인덱스 m을 찾기 위한 것이다. m을 s라 가정하고 데이터를 하나씩 스캔하면서 list[m]보다 작은 값이 나오면 m을 변경하는 방법으로 마지막까지 모두 테스트하면 그때의 m은 최소의 인덱스 값을 가질 것이다.

둘째로 swap은 list[s]와 list[m]의 값을 교환하는 것으로 임시변수 temp를 사용하는 다음의 3 문장으로 쉽게 해결할 수 있다.

```
temp = list[s];
list[s] = list[m];  l
ist[m] = temp;
```

이제 결과적으로 다음 [프로그램 8-12]과 같은 C 함수 selection_sort를 작성할 수 있다.

[프로그램 8-12] 선택 정렬 함수 selection_sort()

```
void selection_sort(int list[], int n) {
   int s, m, j;
   int temp;

   for (s = 0; s < n-1; s++) {
      m = s;
      for (j = s+1; j < n; j++)
         if (list[j] < list[m]) m = j;
      temp = list[s];  list[s] = list[m];  list[m] = temp;
   } /* for */
} /* sort */
```

[확인학습 8-2]

오름차순으로 선택정렬하는 과정에서 필요한 변수 s와 m의 변화를 다음 예제 list에 대하여 시뮬레이션하시오

```
n=6, list={35, 95, 25, 70, 15, 58}
```

n=6	[0]	[1]	[2]	[3]	[4]	[5]	m
list	35	95	25	70	15	58	
s=0							
s=1							
s=2							
s=3							
s=4							

8.4.2 이진탐색

기존의 프로그래밍 기법에서는 배열의 인덱스를 증가시켜가며 순차적으로 검색하는 방법이 많이 사용되지만 대부분의 데이터는 정렬되어 저장된다는 점을 활용하면 좀 더 성능이 향상된 다음과 같은 탐색방법을 생각할 수 있다.

$n \geq 1$개의 서로 다른 정수가 이미 정렬되어 배열 리스트에 저장되어 있다고 가정하자. 즉, `list[0] ≤ list[1] ≤ list[2] . . . ≤ list[n-1]`과 같이 순서대로 저장되어 있다. 이때 정수 key가 정수 `list`에 있는가를 탐색하려고 한다. 존재하면 데이터의 위치 값을, 존재하지 않으면 −1을 결과로 낸다고 가정하자. 이때 데이터가 정렬되어 있다는 사실을 이용하여 다음과 같은 방법을 생각할 수 있다.

탐색하고자 하는 왼쪽과 오른쪽의 인덱스를 각각 `left`, `right`라 할 때 초기 값으로 `left=0`, `right=n-1`이라고 할 수 있다. 중간위치 `mid=(left+right)/2`의 값 `list[mid]`은 중앙값(median value)이 될 것이다. 이때 중앙값을 key의 값과 비교하면 다음의 세 가지 경우 중에 하나가 될 것이다.

1. key < `list[mid]`: 이 경우 존재한다면 key값은 `list[left]`와 `list[mid-1]` 사이에 존재할 것이다.
2. key > `list[mid]`: 이 경우 존재한다면 key값은 `list[mid+1]`과 `list[right]` 사이에 있을 것이다.

3. key = list[mid]: 이 경우 mid의 위치에 존재함을 확인하고 알고리즘을 종료한다.

1, 2의 경우 탐색구간을 다시 설정하여 같은 과정을 반복하게 되는데, (1)의 경우는 right=mid-1로, 2의 경우는 left=mid+1로 변경하면 된다.

이렇게 하면 3에 의하여 key 값을 찾든지 탐색구간에 데이터가 존재할 때까지(left ≤ right) 진행된다. 검색 구간 안의 중앙값과 key 값의 비교가 한 번 이루어질 때마다 구간의 크기가 반씩 감소하므로 언젠가는 종료하게 된다. 이러한 과정을 정리해 보면 다음과 같다.

문제정의[이진 탐색]

이진 탐색은 오름차순으로 정렬된 n개의 데이터 list[0], list[1], . . . , list[n-1]로부터 주어진 key 값을 중앙값과 비교하면서 찾아간다. 이러한 이진 탐색 문제의 입력과 출력 데이터는 다음과 같다.

- 입력: 데이터의 수(n), 정렬된 정수 배열(list)
- 출력: 검색결과

알고리즘 구상

1. 단계 1: 입력 데이터를 준비한다.
2. 단계 2: 탐색구간을 설정한다.
3. 단계 3: 탐색구간에 데이터가 없으면(left > right) 단계 4로 간다.
   - 중앙값과 찾으려는 key 값이 같으면 그 위치를 출력한다.
   - 같지 않으면 단계 2로 간다.
4. 단계 4: 주어진 데이터집합에 key가 존재하지 않으므로 −1을 돌려준다.

이와 같은 알고리즘을 구체화시키기 위하여 다음의 질문에 답하여 프로그램 문장으로 표현할 수 있어야 한다.

- 단계 2에서 데이터의 탐색구간을 표시할 변수가 필요하다(left, right). 이때 left와 right의 초기 값은? 단계 3에서 비교한 후 새로운 left와 right의 설정을 위한 배정문은?
- 단계 3에서 "탐색구간에 데이터가 있으면"이라는 조건을 문장으로 표현하면?

- 중앙값의 인덱스를 정하는 배정문은?

이러한 단계를 트리 형태로 [그림 8-9]와 같이 표현할 수 있다.

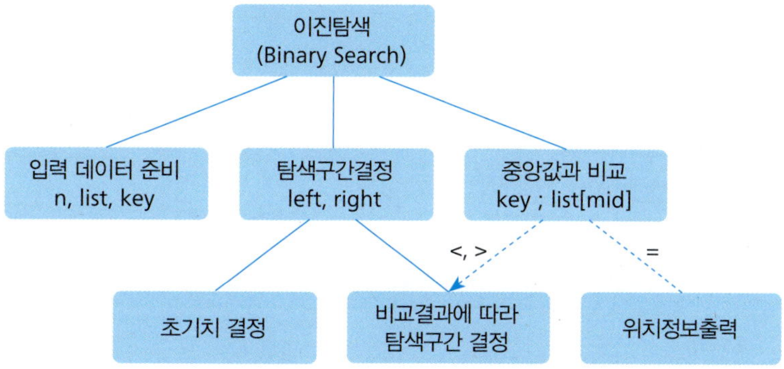

그림 8-9 이진 탐색 과정의 트리 표현

시뮬레이션

알고리즘의 동작을 이해하기 위하여 가능한 입력 데이터를 준비하여 구상한 알고리즘의 각 단계를 실행시켜 본다.

n = 9인 경우 다음의 데이터에 대하여 찾으려는 두 가지 경우에 대하여 시뮬레이션하고 정리해 보자.

인덱스	0	1	2	3	4	5	6	7	8
list	10	20	30	40	50	60	70	80	90

(case1) key = 70

left	right	mid	key : list[mid]
0	8	4	70 : 50
5	8	6	70 : 70

(case2) key = 25

left	right	mid	key : list[mid]
0	8	4	25 : 50
0	3	1	25 : 20
2	3	2	25 : 30
2	1		

(case1)은 2번의 비교에 의하여 찾으려는 값 70을 찾게 되는 경우이다. 반면(case2)는 찾으려는 값 25가 주어진 데이터 리스트에 없는 경우이다. 여기서 시뮬레이션하는 것처럼 데이터의 수가 작을 때는 이진 검색의 효율성에 대하여 인식할 수 없지만 데이터의 수가 많은 경우 검색 공간이 한 번의 비교에 의하여 절반씩 줄어드는 것을 알 수 있다.

알고리즘 작성

1. 단계 1: 입력 데이터를 준비한다.

```
n, list[0], ... , list[n-1], key
```

2. 단계 2: 탐색구간을 설정한다.

```
초기치 left=0, right = n-1
```

3. 단계 3: 탐색구간에 데이터가 있는 동안 다음을 수행하고 없으면 단계 4로 간다.

```
3.1 mid = (left + right)/2
3.2 key와 list[mid] 비교
   key < list[mid]:  right = mid - 1
   key > list[mid]:  left = mid + 1
   key = list[mid]:  return mid
```

4. 단계 4: 주어진 데이터 집합 안에 key가 존재하지 않으므로 −1을 출력한다.

함수 구현

지금까지 살펴본 이진 탐색 알고리즘의 처리과정을 C 코드로 정의하면 [프로그램 8-13]과 같다.

[프로그램 8-13]　이진 탐색함수 bsearch()

```
int bsearch(int a[], int n, int key)
{
   int mid;
   int left = 0, right = n-1;
   while (left <= right) {
   mid = (left + right) / 2;
   if (key > a[mid])  left = mid + 1;
   else if (key > a[mid]) right = mid - 1;
   else return mid;
   } /* while */
   return -1;    /* not exist */
}
```

[확인학습 8-3]

다음 문제를 해결하면서 이진 탐색과정을 이해하자.

1. 내림차순으로 정렬한 데이터를 가지고 있는 경우 이진 탐색 알고리즘의 어떤 부분을 바꾸어야 하는지 설명하시오.

2. 다음은 내림차순으로 데이터가 저장되어 있는 예이다. 이진 탐색(binary search) 알고리즘에 따라 다음의 예에 대하여 표를 채워가며 시뮬레이션하시오.

```
n=11, list={95, 90, 85, 80, 75, 70, 65, 60, 50, 40, 30}, key=40
```

left	right	mid	key : list[mid]

실습프로그램

다음의 내용을 포함하는 main() 함수를 작성하여 실행 결과를 살펴보자. 물론 단계적 세분화 기법의 예제로 학습한 [프로그램 8-12] 선택 정렬 함수 selection_sort()와 [프로그램 8-13] 이진 탐색함수 bsearch()을 첨부하여 작성을 완성하고 결과를 확인하시오.

배열 list에 입력 데이터를 받고 찾고자 하는 key 값을 입력받는다. 또한 정렬되었는지 물어 정렬되지 않은 데이터이면 selection_sort(int list[], int n)에 의해 정렬하고 bsearch(int a[], int n, int key)에 의하여 주어진 key 값이 몇 번째 데이터인지를 출력한다. 찾지 못하면 "is not found"라고 출력한다.

[프로그램 8-14] 선택정렬과 이진탐색 실습 예제

```c
#include <stdio.h>
char compare(int x, int y);
int bsearch(int a[], int n, int key);
void selection_sort(int a[], int n);

void main()
{
   int list[] = { 10, 120, 30, 40, 5, 90, 77, 25, 45, 100 };
   int n = sizeof(list) / sizeof(int);
   int key, i;
   char sorted;

   printf("Is your data set sorted(y/n)?");
   scanf("%c", &sorted);

   if (sorted == 'n') selection_sort(list, n);
   printf("Enter a key: ");
   scanf("%d", &key);

   if ( (i = bsearch(list, n, key)) != -1)
      printf("%d is found[%d]\n", key, i+1);
   else
      printf("%d is not found\n", key);
} /* main */
```

8.5 상태 전이 분석기법의 적용

문제해결과정에서 입력에 따라 여러 상태를 이동하면서 원하는 결과를 내는 경우, 어떤 입력이나 상황에 따라 상태가 변화하는 상태 전이도(state transition diagram)를 통하여 알고리즘을 분석하고 확장할 수 있다. 상태 전이 분석을 통한 프로그램 속의 알고리즘 이해하고 확장 구현할 수 있도록 예제 프로그램을 통해 알아보자.

[프로그램 8-15]는 정수 단순 계산기 프로그램은 0, 1, 2, . . . , 9와 같은 숫자로 구성된 피연산자와 사칙 연산자를 입력으로 받고 <Enter>를 쳐서 결과를 요구하면 계산 결과를 보여주며 그 이후 입력에 따라 계산을 연속적으로 할 수도 있고, 다른 계산을 시작할 수도 있으며 프로그램을 종료할 수도 있는 3가지의 상태를 가지고 있다.

[프로그램 8-15] 3가지 상태를 가지는 int_calculator()

```
void int_calculator(void)
{
   int operand1 = 0, operand2 = 0;
   char op, c='0';
   int result;
   int current_stage = STAGE1;

   while(c != 'x') {
   c = getchar();
   if (current_stage == STAGE1) {
      if (is_digit(c))
      operand1 = get_int(operand1, c);
      else if (is_operator(c)) {
      op = c;
      current_stage = STAGE2;
      operand2 = 0;
      }
   }
   else if (current_stage == STAGE2) {
      if (is_digit(c))
      operand2 = get_int(operand2, c);
      else if (c == '\n')  {
```

```
            result = int_operation(op, operand1, operand2);
            printf("= %d", result);
            current_stage = STAGE3;
            }
        }
        else if (current_stage == STAGE3) {
            if (c == '\n')  {
            operand1 = 0;
            current_stage = STAGE1;
            }
            else if (is_operator(c)) {
            op = c;
            current_stage = STAGE2;
            operand1 = result;
            operand2 = 0;
            }
        }
        }
    }
```

이와 같은 3가지 상태를 기반으로 분석하여 상태전이도로 표현하면 [그림 8-10]과 같다.

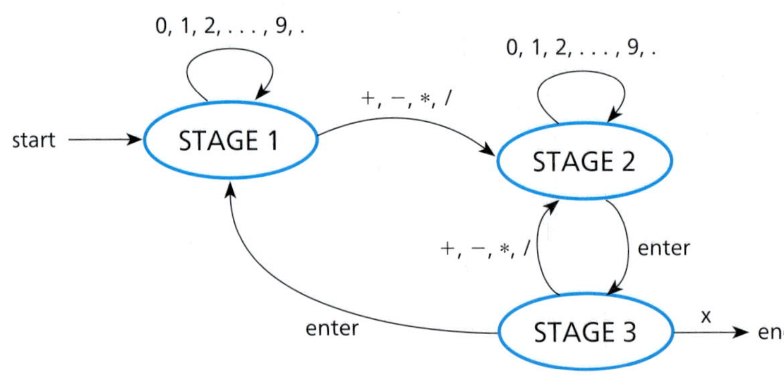

그림 8-10 int_calculator()의 동작을 나타내는 상태 전이도

[프로그램 8-15]에서 함수 get_int()는 숫자 문자를 읽어 가면서 계산할 피연산자 숫자를 만들어 내는 함수이다. [프로그램 8-16]을 보면 get_int(25, '3')을 호출하면 253을 리턴해 주는 것을 확인할 수 있다.

[프로그램 8-16] 정수를 만드는 함수 get_int()

```
int get_int(int current_operand, char c)
{
    int new_value;

    new_value = c - '0';
    current_operand *= 10;
    current_operand += new_value;
    return current_operand;
}
```

[확인학습 8-4]

다음 입력 데이터를 가지고 [프로그램 8-15]의 함수 int_calculator()의 코드를 따라가며 해당하는 프로그램 속의 3가지의 상태 변화에 대한 전이도를 완성하면서 이해해 보자.

정수 입력 예제 데이터

```
22*4
= 88-15
= 73
25*4
= 100x
```

주어진 입력 데이터를 가지고 프로그램 실행에서 3가지 상태를 움직여 가는 것을 [그림 8-11]처럼 그릴 수 있다.

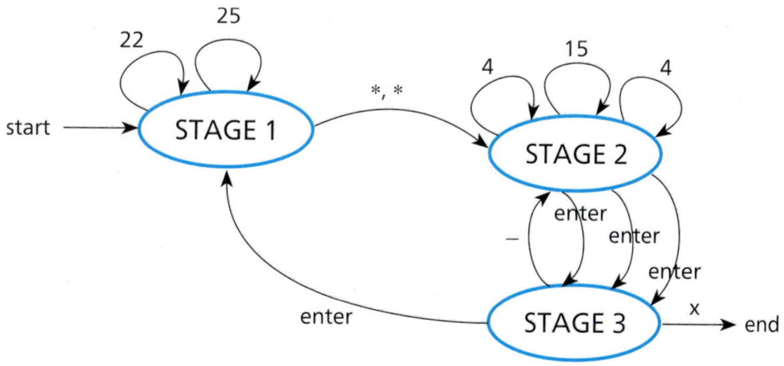

그림 8-11 주어진 입력 예제 데이터를 수행하는 상태 전이도

실습프로그램

[프로그램 8-15] int_calculator(), [프로그램 8-16] get_int()를 포함하여 main() 등 필요한 함수를 작성하여 프로그램을 완성하고 결과를 확인하시오.

[프로그램 8-17] 정수 단순 계산기 프로그램

```
#define STAGE1 0
#define STAGE2 1
#define STAGE3 2

void int_calculator(void);
int int_operation(char op, int op1, int op2);
int get_int(int current_operand, char c);
int is_operator(char c);
int is_digit(char c);

void main()
{
    printf("계산기 프로그램을 시작합니다.\n");
    printf("정수형의 피연산자와 사칙연산자 중 하나를 입력하시오.\n");
    printf("결과를 받은 후 끝내려면 문자 x를 입력하시오\n");
    int_calculator();
    printf("\n계산기 프로그램을 종료합니다.\n");
}

int int_operation(char op, int operand1, int operand2)
{
    int result;
    switch (op) {
    case '+':
        result = operand1 + operand2;
        break;
    case '-':
        result = operand1 - operand2;
    break;
    case '*':
        result = operand1 * operand2;
        break;
    case '/':
        if (operand2 == 0) {
            printf("\n0으로 나눌 수 없습니다.\n");
            result = operand1;
```

```
        }
        else
            result = operand1 / operand2;
        break;
    }
    return result;
}

int is_operator(char c)
{
    if (c == '+' || c == '-' || c == '*' || c == '/' || c == '^')
        return 1;
    else
        return 0;
}
int is_digit(char c)
{
    if (c >= '0' && c <= '9')
        return 1;
    else
        return 0;
}
```

실행결과

```
계산기 프로그램을 시작합니다.
정수형의 피연산자와 사칙연산자 중 하나를 입력하시오.
결과를 받은 후 끝내려면 문자 x를 입력하시오
136/2
= 68-20
= 48*3
= 144
260/13
= 2020*6
= 120x

계산기 프로그램을 종료합니다.
```

이러한 이해를 바탕으로 다음 입력 데이터와 같은 실수 데이터를 수용하기 위하여 [프로그램 8-15]의 단순계산기 프로그램을 확장해보자. 정수와는 다른 소수점 숫자인 실수 처리를 위해 다음 함수 get_int()는 어떻게 수정해야할까? 우선 소수점 앞의 정수 부분은 [프로그램 8-16]의 함수 get_int()와 같은 방법으로 수를 만들면 된다. 하지만 소수점을 만나면 소수점 이하 몇째 자리인지를 표시하는 변수가 필요하다. 이를 위해 status라는 변수를 도입하여 status가 왜 필요한지, status의 값이 0인 경우와 0이 아닌 경우로 나누어 [프로그램 8-18]의 함수 get_real()을 분석해 보자. status가 0이면 정수를 처리하는 get_int와 같이 정수부분을 처리하고 statuse가 이이아니면 소수부분을 처리한다. 또한 status는 소수점 아래 몇째 자리인지에 대한 정보도 가지고 있다.

함수 get_real()호출의 예를 들어 보자

- get_real(23, '5', 0)이면 235를 리턴한다.
- get_real(235.6, '7', 2)이면 2356.7을 리턴한다.

[프로그램 8-18] 실수를 만드는 함수 get_real()

```
double get_real(double current_operand, char c, int status)
{
    int part1;
    double part2;

    if (status == 0) {
        part1 = c - '0';
        current_operand *= 10;
        current_operand += part1;
    }
    else {
        part2 = c - '0';
        part2 = part2 * pow(10, -status);
        current_operand += part2;
    }
    return current_operand;
}
```

이를 이용하여 [프로그램 8-15]와 유사한 실수를 처리하는 3가지 상태를 가지는 real_calculator()를 작성해 보자.

[프로그램 8-19] 실수를 만드는 함수 real_calculator()

```
void real_calculator(void)
{
   double operand1 = 0, operand2 = 0, result;
   char op, c;
   int current_stage = STAGE1, status = 0;
   while ((c = getchar()) != 'x') {
      if (current_stage == STAGE1) {
         if (is_digit(c)) {
            operand1 = get_real(operand1, c, status);
            if (status != 0) status++;
         }
         else if (is_operator(c)) {
            op = c;
            current_stage = STAGE2;
            status = 0;
            operand2 = 0;
         }
         else if (c == '.') status = 1;
      } // STAGE1

      else if (current_stage == STAGE2) {
         if (is_digit(c)) {
            operand2 = get_real(operand2, c, status);
            if (status != 0) status++;
         }
         else if (c == '.') status = 1;
         else if (c == '\n') {
            result = real_operation(op, operand1, operand2);
            printf("= %.3f", result);
            current_stage = STAGE3;
            status = 0;
         }
      }  // STAGE2
      else if (current_stage == STAGE3) {
         if (c == '\n') {
            operand1 = 0;
            current_stage = STAGE1;
         }
         else if (is_operator(c)) {
            op = c;
            current_stage = STAGE2;
```

```
                    operand1 = result;
                    operand2 = 0;
                }
            } // STAGE3
        } // while
    }

```

[확인학습 8-5]

다음 입력 데이터를 가지고 [프로그램 8-19]의 함수 real_calculator()의 코드를 따라가며 해당하는 프로그램 속의 3가지의 상태 변화에 대한 전이도를 완성하면서 이해해 보자.

실수 입력 예제 데이터

```
3756.86/14.5
=259.094
658*0.75
=493.500/12
=41.125+33.86
=74.985x
```

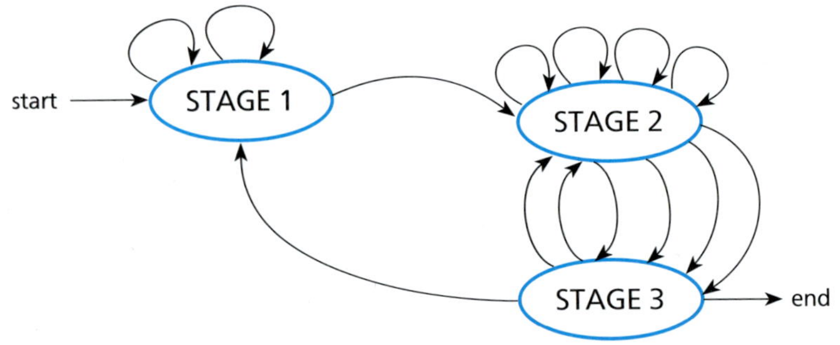

그림 8-12 주어진 입력 예제 데이터를 수행하는 상태 전이도

실습프로그램

get_real()과 [프로그램 8-19] real_calculator()를 포함하여 main() 등 필요한 함수를 작성하여 프로그램을 완성하고 결과를 확인하시오.

[프로그램 8-20] 실수 단순 계산기 프로그램

```
#define STAGE1 0
#define STAGE2 1
#define STAGE3 2

void real_calculator(void);
double real_operation(char op, double operand1,
                                                double operand2);
double get_real(double current_operand, char c, int status);
int is_operator(char c);
int is_digit(char c);

void main()
{
   printf("계산기 프로그램을 시작합니다.\n");
   printf("실수형의 피연산자와 사칙연산자 중  하나를 입력하시오.\n");
   real_calculator();
   printf("\n계산기 프로그램을 종료합니다.\n");
}

int is_operator(char c) {
   if (c == '+' || c == '-' || c == '*' || c == '/')
      return 1;
   else
      return 0;
}

int is_digit(char c) {
   if (c >= '0' && c <= '9')
      return 1;
   else
      return 0;
}

double real_operation(char op, double operand1, double operand2)
{
   double result;
```

```

    switch (op) {
    case '+':
       result = operand1 + operand2;
       break;
    case '-':
       result = operand1 - operand2;
       break;
    case '*':
       result = operand1 * operand2;
       break;
    case '/':
       if (operand2 != 0) result = operand1 / operand2;
       break;
    }
    return result;
}
```

실행결과

```
계산기 프로그램을 시작합니다.
실수형의 피연산자와 사칙연산자 중 하나를 입력하시오.
3756.86/14.5
= 259.094
658*0.75
= 493.500/12
= 41.125+33.86
= 74.985x

계산기 프로그램을 종료합니다.
```

요약정리

1. 분할정복(divide and conquer) 기법이란 한 번에 전체를 해결하려고 시도하는 것이 아니고 주어진 문제를 보다 작은 규모의 여러 문제들로 나누어 단순화시켜 해결하는 방법이다. 재귀(recursive) 기법은 분할정복을 구현하는 대표적인 방법이다.

2. 그리디(greedy) 기법은 보통 주어진 조건을 만족하는 여러 개의 해 중에서 그 시점에 욕심부려 최대 혹은 최소가 되는 방법으로 선택을 하는 것이다. 이 방법은 국소적으로 좋아 보이는 해를 선택해 감으로 궁극적으로 가장 좋은 선택을 한다고 믿는 휴리스틱에 의한 방법이다. 크루스칼의 최소신장트리를 구성하는 알고리즘이나 동전의 수를 적게 거슬러주는 문제가 이 기법에 해당한다.

3. 동적 프로그래밍(dynamic programming) 기법은 분할정복기법과 같이 부분문제의 해답을 이용하는 방식이지만 동일한 문제를 다시 풀지 않기 위하여 이전에 구한 값을 저장하여 재사용하는 메모이제이션(memoization)을 적용한 방법이다.

4. 백트래킹(Backtracking) 기법은 미로를 빠져나가는 과정에서 막힌 곳이 나오면 전 상태로 되돌아가 막힌 곳을 더 이상 탐색하지 않는 방법이다. 널리 알려진 n-Queen 문제를 풀어가는 과정에서처럼 제약조건을 고려하여 탐색 공간을 줄이면서 해답을 찾아가는 방법이다.

5. 유클리드 알고리즘은 재귀적 방법으로 두 수의 최대공약수를 구할 수 있다.

6. 하노이탑 문제는 n개의 디스크를 옮기는데 재귀함수를 사용하여 $2^n - 1$번 움직이는 것으로 해결 가능하다.

7. 단계적 개선기법은 절차적으로 문제해결을 위한 알고리즘 설계의 가장 기본적인 방법으로 [문제정의] ⇒ [알고리즘구상] ⇒ [시뮬레이션] ⇒ [알고리즘작성] ⇒ [함수구현]의 순으로 진행된다.

8. 문제해결과정에서 입력에 따라 여러 상태를 왔다 갔다 하면서 원하는 결과를 내는 경우, 어떤 입력이나 상황에 따라 상태가 변화하는 상태 전이도(state transition diagram)를 통하여 알고리즘을 분석하고 확장할 수 있다.

연습문제

1. 컴퓨팅 사고력의 다음 주요 구성요소를 설명하시오

- 분해(decomposition):

- 패턴인식(pattern recognition):

- 추상화(abstraction):

- 알고리즘(algorithm):

2. 분할정복기법과 같이 부분문제의 해답을 이용하는 방식이지만 나누어진 부분문제가 완전히 분리되지 않아 결과를 공유할 수 있을 때 적합한 알고리즘 설계기법은? (   )

❶ Divide and Conquer ❷ Greedy

❸ Dynamic Programming ❹ Backtracking

3. 다음 그리디(greedy) 알고리즘 설계 기법에 대한 설명 중 맞지 않는 것은? (   )

❶ 여러 개의 가능성 중 그 시점에 최적의 선택을 하는 방법이다.

❷ 최소비용 신장트리를 만드는데 적합한 방법이다.

❸ 거스름 돈의 동전의 수를 최소로 하는 문제를 해결하기에 적합한 방법이다.

❹ 커다란 문제를 나누어 해결학에 적합한 방법이다.

4. 재귀기법을 응용하여 두 수 96, 56의 최대공약수를 구하는 과정에서 호출하는 함수 gcd()를 gcd(96. 56)을 시작으로 답을 구할 때까지 쓰시오.

```
int gcd(int x, int y) {
   if (y == 0)
      return x;
   else
      return gcd(y, x%y);
}
gcd(96, 56) ⇒ ❶ ________ ❷ ________ ❸ ________ ❹ ________
```

5. 크기가 서로 다른 n개의 디스크를 S에서 D로 M을 이용하여 옮기는 하노이탑 문제를 해결하는 과정을 3개로 분할하시오.

CHAPTER 09

탐색 알고리즘

탐색이란 주어진 데이터 리스트에서 내가 원하는 데이터, 또는 어떤 조건이나 성질을 만족하는 데이터를 찾는 것이다. 컴퓨터를 사용할 때 수시로 일어나는 파일 디렉토리 탐색, 스마트폰에서 정보를 찾기 위해 수시로 키워드를 주는 것, 인터넷 쇼핑몰에서 구매하고자 하는 상품을 찾는 것 등 우리의 모든 활동은 탐색과정을 포함하고 있다. 이렇게 탐색은 컴퓨터를 활용하는 과정에서 꼭 필요한 문제해결 대상이고 광범위하게 소프트웨어에 구현되어 있다.

예를 들면

- 성적 데이터에서 최고점을 찾아보자.
- 수험번호 1211가 합격자 명단에 있는지 찾아보자.
- 우리학교 학생들 중에 동명이인을 찾아보자.
- 학교 조직도에서 학생처 장학 담당 선생님을 찾아보자.
- 인맥으로 만들어진 그래프에서 친구의 친구를 찾아보자.
- 인터넷에서 가격 비교를 하기 위해 어떤 물건의 다양한 가격을 찾아보자.

이렇게 프로그래밍에서 자주 일어나는 탐색 과정은 자료구조와도 밀접한 관련이 있다. 배열과 연결리스트에서의 탐색, 트리와 그래프에서의 탐색 등 주어진 자료구조를 활용하기 위해서 꼭 필요한 과정이 탐색이다. 배열의 탐색에는 인덱스를 움직여서 주어진 리스트를 순차적으로 스캔하는 방법과 배열의 데이터가 정렬되어 있으면 중앙값과 비교하여 탐색공간을 반으로 줄여가는 이진탐색이 있다. 트리는 중위순회 등의 순회방법에 의해 탐색이 진행된다. 또한 그래프의 탐색은 스택을 활용한 깊이우선탐색과 큐를 이용한 너비우선탐색이 있다.

이러한 탐색은 주로 비교에 의한 탐색이지만 계산에 의한 해싱 등도 탐색의 영역이다. 탐색과정은 우리가 일상생활에서도 정리정돈이 잘 되어 있으면 찾고 싶은 물건을 쉽게 찾을 수 있는 것과 같다. 분류가 잘 된 도서관에서는 원하는 도서를 쉽게 찾을 수 있듯이, 자료도 분류와 정렬이 잘 되어 있으면 효율적으로 탐색 결과를 얻을 수 있다. 그러므로 탐색은 정보처리와 소프트웨어 개발 등 광범위한 영역에 관련되어 있다.

본 장에서는 지금까지 배운 자료구조 중 배열과 트리를 이용하여 프로그래밍 과정에서 기본적으로 필요한 비교에 의한 탐색 방법을 다루고 실습 프로그래밍으로 적용해 보자.

9.1 순차탐색

9.1.1 순차탐색의 이해

순차탐색은 주어진 데이터를 하나씩 보면서 원하는 값을 찾는 방식이다. 예를들어 다음 리스트가 어떤 자격시험에 합격한 수험생번호라고 가정하자. 이때 257번이 합격했는지 탐색한다면 왼쪽부터 차례대로 하나씩 보면서 비교하여 257을 찾는 간단한 방법이다.

301	155	510	279	201	207	590	257	173	112	377	177	405	577	225

합격자 수험번호를 정렬하여 가지는 배열 passdb[]에서 데이터 sid를 찾는 순차 탐색 방법을 구현한 [프로그램 9-1]의 함수 ssearch()를 보자.

[프로그램 9-1] 순차탐색 함수 ssearch()

```
int ssearch(int passdb[], int n, int sid) {
   int k;
   for (k=0; k < n; k++)
   if (passdb[k] == sid) return k;
   return -1;
}
```

순차탐색 ssearch()은 탐색대상이 되는 배열 안의 데이터를 차례대로 하나씩 비교하는 방법으로 찾고자하는 평균적인 경우는 알고리즘의 시간복잡도는 O(n)임을 알 수 있다. 이와 같은 순차탐색은 데이터의 수가 많지 않고 정렬되어 있지 않은 경우 간단하게 탐색할 수 있는 기본방법으로 사용된다.

실습프로그램

[프로그램 9-1]의 ssearch()를 이용하여 합격자 번호를 저장하는 파일로부터 데이터를 배열로 읽어 들이고 탐색해서 찾으면 “Congratulations...Pass"라고 출력하고, 찾지 못하면 “Apply at the next chance..."라고 출력하는 함수 main()을 작성하여 결과를 확인하시오.

[프로그램 9-2] 순차탐색을 이용한 합격자 조회

```
void main(int argc, char *argv[])
{
   FILE *pfile;
   unsigned passdb[MAX_NUM], sid;
   int i = 0, n, p;

   if ((pfile = fopen(argv[1], "r")) == NULL) {
      printf("데이터 파일을 열 수 없습니다 \n");
      exit(1);
   }
   while (fscanf(pfile, "%u", &(passdb[i]))!= EOF)
      i++;
   n = i;

   printf("Input ID: ");
   scanf("%u", &sid);
   p = ssearch(passdb, n, sid);
   if (p != -1) printf("Congratulations...Pass\n");
   else printf("Apply at the next chance...\n");
}
```

실행결과

```
Input ID : 279
Congratulations...Pass
```

```
Input ID : 350
Apply at the next chance..
```

9.1.2 순차탐색의 응용

순차탐색을 응용한 예제로 열이 2개 있는 2차원 배열을 가정하자. 열에 있는 2개의 데이터가 마트의 계산대에서 바코드를 찍으면 가격이 나오는 것처럼 찾아보기(look up) 기능이 있는 경우이다. 컴파일러의 심벌 테이블 구현과 운영체제의 스케줄링 정보 제공 등의 기본 소프트웨어뿐만 아니라 네트워크 프로그래밍에서 각 port에 저장된 MAC

어드레스, 재고관리에서 각 물품의 재고량 등 응용 소프트웨어에서도 연결된 정보를 배열로 저장하여 활용하는 광범위한 분야에서 사용되고 있다.

```
116153      800
213426     1100
127155      700
156789    23000
256780    15000
101089      150
181125     2700
114389     3300
222100     5710
121451      550
134511      450
315661     1150
157834      880
218902      750
157994     2200
```

그림 9-1 열이 2개인 물품코드와 가격파일

[그림 9-1]의 입력 파일을 예로 검색할 물품코드(item_code)를 입력받고 그 물품의 재고개수를 구하는 함수 lookup()과 전체 재고 물품의 개수의 합을 구하는 함수 stocksum()를 작성해 보자.

[프로그램 9-3] 물품의 재고개수를 구하는 함수 lookup()

```
long lookup(long pdb[][2], int n, long item_code)
{
   int i;

   for (i = 0; i < n; i++)
      if (pdb[i][0] == item_code)
         return pdb[i][1];
   return 0;
}
```

[프로그램 9-4] 전체 재고 물품의 개수의 합을 구하는 함수 stocksum()

```
long stocksum(unsigned s[][2], int n)
{
   long sum = 0;
   int i;
   for (i = 0; i < n; i++)
      sum += s[i][1];
   return sum;
}
```

실습프로그램

다음 입력 파일의 예를 참고하여 [프로그램 9-3]과 [프로그램 9-4]의 함수를 활용하여 프로그램을 완성할 main()을 작성하여 결과를 확인하시오. 함수 display_code()는 파일안에 물품코드를 보여주는 함수로 입력할 코드번호를 직접 넣지 않고 센서로부터 받을 경우 필요하지 않다.

[프로그램 9-5] 순차탐색 예제 프로그램

```
#define MAX_NUM 500
long stocksum(long s[][2], int n);
long lookup(long pdb[][2], int n, long item_code);
void display_code(long pdb[][2], int n);

void main(int argc, char *argv[])
{
   FILE *pricedb;
   long pdb[MAX_NUM][2], item_code, item_price;
   int i = 0, n;

   if ((pricedb = fopen(argv[1], "r")) == NULL) {
      printf("데이터 파일을 열 수 없습니다 \n");
      exit(1);
   }
   while (fscanf(pricedb, "%ld %ld", &(pdb[i][0]),
                                        &(pdb[i][1])) != EOF)
      i++;
   n = i;
   display_code(pdb, n);

   printf("검색할 item number 입력: ");
   scanf("%ld", &item_code);
   item_price = lookup(pdb, n, item_code);
   if (item_price == 0)
      printf("%ld: 입력한 물품에 대한 가격 정보가 없습니다. ",
                                                    item_code);
   else
      printf("%ld: %ld\n", item_code, item_price);
   printf("전체 재고물품의 개수 합 = %ld\n", stocksum(pdb, n));
}

```

```
void display_code(long pdb[][2], int n)
{
   int i;
   printf("물품코드 리스트: \n");
   for (i = 0; i < n; i++)
      printf("%ld\n", pdb[i][0]);
}
```

실행결과

```
물품코드 리스트 :
116153
213426
127155
156789
256780
101089
181125
114389
222100
421451
134511
315661
157834
218902
157994
243511
334123
검색할 item number 입력 : 421451
421451 : 550
전체 재고물품 개수 합 = 86040
```

```
물품코드 리스트 :
116153
213426
127155
156789
256780
101089
181125
114389
222100
421451
134511
315661
157834
218902
157994
243511
334123
검색할 item number 입력 : 235411
235411 : 입력한 물품에 대한 가격 정보가 없습니다.
전체 재고물품의 개수 합 = 86040
```

이와 같은 순차탐색은 데이터 리스트에서 가장 큰 수를 찾는 기본적인 프로그래밍 등 여러 작업에서 필요하다. 순차탐색은 다루는 데이터의 수 n이 그리 크지 않다면 간단하게 탐색할 수 있는 기본방법으로 사용될 수 있다. 순차탐색은 데이터의 크기 n에 따라 실행 복잡도가 커지는 O(n)임을 알 수 있다. 최근 다루는 데이터의 수가 기하급수적으로 늘어난 빅데이터 시대에는 정렬되어 운영되는 데이터에 대하여 다음의 이진탐색 방법으로 성능을 개선할 수 있다.

9.2 이진탐색

9.2.1 이진탐색의 이해

널리 알려진 알고리즘으로 가짜동전 찾기 문제가 있다. 아주 많은 동전 더미 속에 1개의 가짜 동전이 있다. 가짜 동전은 눈으로 구분할 수 없고 다른 동전보다 약간 가볍다. 이 문제는 저울 양쪽에 올려 놓은 동전이 어느 쪽으로 기우는지 즉 같은 무게인지 아닌지만을 판별해 주는 양팔저울을 사용하여 푼다. 만약에 임의의 동전 1개를 저울의 왼쪽에 올려놓고 나머지 동전을 하나씩 저울의 오른쪽에 올려서 가져 동전을 찾는다고 가정해 보자. 운이 좋으면 1번에 왼쪽과 오른쪽의 무게가 차이가 나서 가짜 동전을 찾을 수 있을 것이다. 하지만 최악의 경우 동전의 개수가 n개라면 (n − 1)번 저울을 재야한다. 가능한 저울에 다는 횟수를 줄이는 방법을 생각해 보자. 먼저 동전 더미를 반으로 나누어 저울 양편에 놓으면 한번에 가짜 동전이 있는 동전의 더미가 왼쪽인지 오른쪽인지 알 수 있다. 더 가벼운 동전 더미의 또 반을 나누어 저울에 올리면 이번에도 남은 동전을 반씩 줄여가게 된다. 마지막 2개가 남았을 때 가짜 동전을 찾을 수 있다. 물론 이 방법은 운이 좋아서 1번만 저울에 잴 수는 없지만 1024개의 동전이 있다면 $\log_2 1024$인 10번의 비교에 의해 가짜 동전을 찾을 수 있다. 이와같이 평균적인 경우를 비교하면 1개씩 올려 놓는 것보다 반씩 나누어 올려놓는 것이 n이 커질수록 더욱 효율적이다.

이진탐색은 주어진 데이터 리스트가 정렬되어 있을 때 중앙값과 찾으려는 값을 비교하여 검색 대상을 반씩 줄여가는 방법이다. 이진탐색은 데이터의 개수가 1024개라면 10번 모두 비교하지 않아도 찾을 수 있다는 점이 다르지만 탐색 대상이 반씩 줄어든다는 점에서 가짜 동전을 찾는 문제와 유사하다.

n개의 오름차순으로 정렬되어 저장된 데이터를 배열 `list[]`이 준비되어 있을 때, 이진탐색으로 구현하는 과정은 8.3절에서 학습하였다. 다시 정리하면 탐색 구간 정보를 가지고 있는 왼쪽과 오른쪽의 인덱스를 각각 `left`, `right`라 할 때 초기값으로 `left=0`, `right=n-1`이라고 할 수 있다. 중간위치는 `mid=(left+right)/2`로 알 수 있다. 이때 `list[mid]`은 중앙값(median value)이 될 것이다. 중앙값을 key의 값과 비교하면 다음의 세 가지 경우 중에 하나가 될 것이다.

1. 찾으려는 key가 중앙값(`list[mid]`) 보다 작다면 새로운 검색구간은 (`left~mid-1`)가 된다.

2. 찾으려는 key가 중앙값(list[mid]) 보다 크다면 새로운 검색구간은 (mid+1~right)가 된다.

3. 찾으려는 key와 중앙값(list[mid])이 같으면 탐색이 종료된다.

1, 2의 경우 탐색구간을 다시 설정하여 같은 과정을 반복하게 된다. 1의 경우는 right=mid-1로, 2의 경우는 left=mid+1로 변경하면 된다.

이러한 과정은 3을 만족하여 key 값을 찾든지 탐색 구간에 데이터가 존재할 때까지 즉, (left ≤ right)가 만족하는 동안 반복된다. 탐색 구간 안의 중앙값과 key 값의 비교가 한 번 이루어질 때마다 구간의 크기가 **반씩 감소하므로 언젠가는 종료하게 된다**.

순차탐색에서 예를 들었던 어떤 자격시험에 합격한 수험생 번호 리스트가 정렬되어 있다고 가정하자. 이때 257번이 합격했는지 탐색한다면 리스트의 중앙에 있기 때문에 1번의 비교로 찾게 된다.

112	155	173	177	201	207	225	257	279	301	377	405	510	577	590

다른 예로서 350번을 찾는다면 합격자 명단에 없으므로 4번의 비교를 하고 탐색을 끝낸다. 15개의 데이터를 가지는 이 예제의 경우 4번의 비교횟수가 가장 많은 경우이다.

left	right	mid	데이터비교
0	14	7	350 : 257
8	14	11	350 : 405
8	10	9	350 : 301
10	10	10	350 : 377
10	9		

이러한 과정을 [프로그램 9-6]에서 함수로 작성하였다.

[프로그램 9-6] 반복을 이용한 이진탐색 함수 ibsearch()

```c
int ibsearch(unsigned passdb[], unsigned sid, int left,
                                                    int right) {
   int mid;

   while (left <= right) {
      mid = (left + right) / 2;
      if (sid > passdb[mid]) left = mid + 1;
      else if (sid < passdb[mid]) right = mid - 1;
      else return mid;
   }
   return -1;
}
```

이렇게 반씩 탐색구간을 줄이게 되면 while 반복문 안의 문장들은 최악의 경우 $\log_2 n$ 번 비교를 수행하게 된다. 그러므로 이진탐색 알고리즘의 시간복잡도는 O(logn)이다. 데이터가 정렬되어 있다면 그 수가 증가함에 따라 이진탐색 알고리즘은 O(n)인 순차탐색에 비하여 현격한 성능향상을 이룬 방법으로 평가받고 있다.

다음 [프로그램 9-7]은 이진탐색이 가지고 있는 재귀적(recursive)인 성질을 이용하여 8장에서 학습한 재귀함수로 구현하였다.

[프로그램 9-7] 재귀호출을 이용한 이진탐색 함수 rbsearch()

```c
int rbsearch(unsigned passdb[], unsigned sid, int left,
                                                    int right)
{
   int mid;

   if (left <= right) {
      mid = (left + right) / 2;
      if (sid > passdb[mid])
         return rbsearch(passdb, sid, mid+1, right);
      else if (sid < passdb[mid])
         return rbsearch(passdb, sid, left, mid-1);
      else return mid;
   }
   return -1;
}
```

[프로그램 9-6]와 [프로그램9-7]의 이진탐색 함수는 같은 기능을 하는 것이고 이를 호출할 때 left와 right를 초기값으로 n개의 데이터를 가진 경우, ibsearch(passdb, sid, 0, n-1); 또는 rbsearch(passdb, sid, 0, n-1);와 같이 호출한다.

9.2.2 이진탐색의 응용

[프로그램 9-5]에서 순차탐색으로 구현된 프로그램을 이진탐색으로 구현해 보자. [그림 9-1]의 파일과 같이 각 행에 물품코드와 그 물품의 재고개수 저장하고 잇다고 하자. 이진탐색을 적용하기 위하여 입력파일은 물품코드의 오름차순으로 준비되어야 한다. 이렇게 준비된 입력파일을 n*2의 2차원배열 stock에 읽어들이고 찾고자 하는 물품코드(item_code)를 입력받아 이를 파라메터로 함수 bsearch_stock()를 호출한다. 함수 bsearch_stock()은 이진탐색에 의하여 그 물품이 있으면 해당 물품의 재고개수를, 없으면 재고물품이 없다고 출력한다. 마지막으로 전체 재고물품의 개수 합을 출력하는 함수 stocksum()을 호출한다. 이러한 과정을 [프로그램 9-8]과 같이 구현하고 결과를 확인해 보자.

[프로그램 9-8] 이진탐색 예제 프로그램

```
int bsearch_stock(long a[][2], long key, int left, int right);
long stocksum(long s[][2], int n);

void main(int argc, char *argv[])
{
   FILE *stockdb;
   long stock[INUM][2], item_code;
   int k = 0, s;

   if ((stockdb = fopen(argv[1], "r")) == NULL) {
      printf("Cannot open read file.. ..\n");
      exit(1);
   }
   while ((fscanf(stockdb, "%ld %ld", &stock[k][0],
                                      &stock[k][1])) != EOF) {
      printf("%ld\n", stock[k][0]); k++;
   }
   printf("검색할 item number 입력: ");
   scanf("%ld", &item_code);
   s = bsearch_stock(stock, item_code, 0, k-1);
   if (s == -1) printf("재고물품이 없습니다\n");
   else printf("%ld의 재고개수 = %u\n", stock[s][0], stock[s][1]);

   printf("전체 재고물품의 개수 합 = %ld\n", stocksum(stock, k));
```

```
}

int bsearch_stock(long s[][2], long key, int left, int right)
{
   int mid;
   while (left <= right) {
      mid = (left + right) / 2;
      if (key > s[mid][0]) left = mid + 1;
      else if (key < s[mid][0]) right = mid - 1;
      else return mid;
   }
   return -1;
}

long stocksum(long s[][2], int n)
{
   long sum = 0;
   int i;
   for (i = 0; i < n; i++)
      sum += s[i][1];
   return sum;
}
```

실행결과

```
101089
114389
116153
127155
134511
156789
157834
157994
181125
213426
218902
222100
243511
256780
315661
334123
421451
검색할 item number 입력 : 202010
재고물품이 없습니다
전체 재고물품 개수 합 = 86040
```

```
101089
114389
116153
127155
134511
156789
157834
157994
181125
213426
218902
222100
243511
256780
315661
334123
421451
검색할 item number 입력 : 222100
222100의 재고개수 = 5710
전체 재고물품 개수 합 = 86040
```

이번에는 이름의 사전식으로 저장된 합격자 파일에서 응시생의 이름을 입력 받고 합격 여부를 알려주는 프로그램을 작성해 보자. 단 동명이인은 없다고 가정하자. 파일 안에 저장된 id, name, score를 위하여 구조체 타입 PTYPE을 선언하고 함수 bsearch_name()에서는 문자열 비교를 위하여 <string.h>의 함수 strcmp()를 사용하였다.

[프로그램 9-9] 문자열 비교에 의한 이진탐색 예제 프로그램

```
typedef struct {
   long id;
   char name[20];
   unsigned score;
} PTYPE;

int bsearch_name(PTYPE a[], int n, char sname[20]);
void main(int argc, char *argv[])
{
   char sname[20];
   long sid;
   PTYPE plist[MAX_PNUM];
   FILE *pfile;
   int i=0, n, sresult;

   if ((pfile = fopen(argv[1], "r")) == NULL) {
      printf("데이터 파일을 열 수 없습니다 \n");
      exit(1);
   }

   while (fscanf(pfile, "%ld%s%u", &(plist[i].id),plist[i].name,
                                       &(plist[i].score)) != EOF)
      i++;
   n = i;

   printf("검색할 이름 입력: ");
   scanf("%s", sname);
   sresult = bsearch_name(plist, n, sname);
   if (sresult != -1) printf("%s님은 합격하셨습니다.\n", sname);
   else printf("%s님은 다음에 다시 응시하여 주시기 바랍니다.\n",
                                                         sname);
 }
```

```
int bsearch_name(PTYPE a[], int n, char sname[20])
{
   int mid;
   int left = 0, right = n-1;
   while (left <= right) {
   mid = (left + right) / 2;
      if (strcmp(sname, a[mid].name) > 0)
         left = mid + 1;
      else if (strcmp(sname, a[mid].name) < 0)
         right = mid - 1;
      else
         return mid;
      }
      return -1;
}
```

실행결과

검색할 이름 입력 : Lee Lee님은 합격하셨습니다.	검색할 이름 입력 : Joo Joo님은 다음에 다시 응시하여 주시기 바랍니다.

9.3 트리탐색

탐색을 하기에 가장 적합하고 많이 많이 사용하는 구조가 트리구조이다. 특히 프로그램의 논리는 `if` 조건문의 참이나 거짓 두 갈래의 선택이 있는 이진구조(binary structure)이므로 이를 반영하여 문제 분석과 설계 단계에서 자연스럽게 이진트리가 자주 사용된다.

6장에서 학습한 이진트리의 순회나 이진 탐색 트리의 정의와 연산은 트리구조가 가지는 재귀적인 성질을 바탕으로 프로그램에 사용할 수 있다. 트리탐색의 응용을 위하여 단어 트리를 구축하고 활용하는 예제 알고리즘을 구현하면서 이진 트리 탐색의 과정을 알아보자. 단어 트리의 구축은 어떤 텍스트의 단어를 탐색, 분석하여 특정 단어의 출현 빈도수 등으로 텍스트 내용 분류 등에 사용된다.

9.3.1 단어 트리의 구축

이진트리 중에 탐색을 위해 주로 사용되는 이진 탐색 트리를 구축한다. 우선 6장에서 학습한 이진 탐색 트리의 정의를 잠시 복습하자.

이진 탐색 트리(Binary Search Tree)는 공백이 가능한 이진 트리로 공백이 아니면 다음의 성질을 만족한다.

1. 모든 원소는 key를 갖는다.
2. 공백이 아닌 왼쪽 서브트리의 key들은 그의 루트의 key보다 작아야 한다.
3. 공백이 아닌 오른쪽 서브트리의 key들은 그의 루트의 key보다 커야 한다.
4. 왼쪽과 오른쪽 서브트리도 또한 이진 탐색 트리이다(재귀적 정의).

앞의 정의로부터 이진 탐색 트리는 재귀적으로 정의되어 있는 것을 알 수 있다.

다음은 C 언어 프로그램에서 제공하는 예약어 `struct`, `for`, `while`, `if`, `else`, `switch`, `return`으로 구성될 수 있는 이진 탐색 트리를 그려보자.

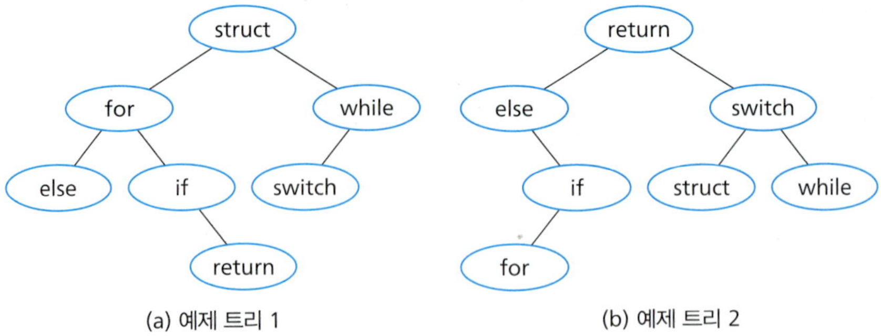

그림 9-2 이진 탐색 트리의 예

위의 이진 탐색 트리는 주어진 문자열의 사전식 순서에 따라 구성한 것으로 (a)의 경우는 `struct`, `for`, `while`, `if`, `else`, `switch`, `return`과 같은 순서로 입력되면서 구축한 것이고 (b)의 경우는 `return`, `switch`, `else`, `if`, `while`, `for`, `struct`와 같이 반대의 순으로 들어 온 경우 구축된 이진 탐색 트리의 예이다.

이렇게 구성된 [그림 9-2a]의 이진 탐색 트리에 "union"을 삽입한다면 다음의 일련의 단계를 통하여 [그림 9-3a]와 같이 삽입된다.

1. 트리의 루트인 `struct`와 비교하여 오른쪽 서브트리로 간다.
2. while가 비교하여 왼쪽 서브트리로 간다.
3. switch와 비교하여 오른쪽으로 가려고 결정하지만 더 이상 데이터가 없으므로 그 자리에 삽입한다.

마찬가지로 [그림 9-2b]의 경우도 다음의 일련의 단계를 통하여 [그림 9-3b]와 같이 삽입된다.

1. 트리의 루트인 `return`과 비교하여 오른쪽 서브트리로 간다.
2. `switch`와 비교하여 오른쪽 서브트리로 간다.
3. `while`과 비교하여 왼쪽으로 가려고 결정하지만 더 이상 데이터가 없으므로 그 자리에 삽입한다.

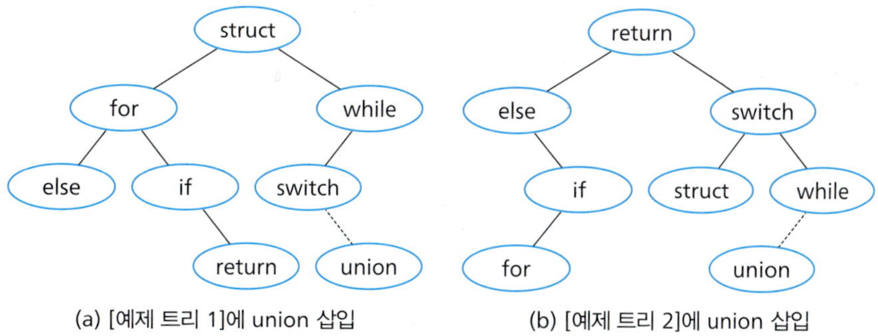

그림 9-3 이진 탐색 트리의 삽입의 예

이처럼 이진 탐색 트리의 정의와 주어진 key 값을 기준으로 비교에 의하여 구축되는 과정을 살펴보았다. 대부분 key 값이 수치 데이터인 경우가 많지만 문자열 비교와 연산을 연습하기 위하여 앞의 예제와 같이 문자열 데이터를 key 값으로 하여 프로그래밍 과정을 알아보자.

프로그래밍을 위하여 key값으로 문자열을 가지는 이진검색트리의 기본 노드 구조를 정의해 보자. 이 정의에는 자기참조 구조체(self-referential structure)의 형태를 가지고 있으며 이진 트리이므로 자신과 같은 구조의 포인터를 2개 가지고 있는 형태이다. 다음은 가장 단순한 예로 입력되는 문자열을 가리키는 word 변수와 자신의 왼쪽 서브트리와 오른쪽 서브트리를 가리키는 포인터로 3개의 멤버로 구성된 구조체 tnodetype을 다음과 같이 정의한다.

```
typedef struct node {
    struct node *left;
    char *word;
    struct node *right;
} tnodetype;
```

공백 이진 트리(트리의 포인터가 NULL)에서 출발하여 차례대로 이진 탐색 트리의 성질을 만족시키며 삽입한다. 이 과정을 보다 쉽게 이해하기 위하여 sky, blue, tiger, happy, child, yellow, aha의 순으로 문자열 데이터가 입력된다고 가정하며 구축 과정을 단계별로 설명한다.

대상 이진 탐색 트리에 노드가 없을 때 루트의 포인터는 NULL을 가리키도록 초기화한다. 앞에서 정의한 tnodetype의 노드를 함수 malloc()을 이용하여 할당받고 입력받은 주어진 문자열을 할당한 후에 이 노드가 트리의 포인터(tree)가 되도록 한다. 이를 위한 프로그램 코드와 입력된 문자열 "sky"에 대하여 이를 실행한 예는 [그림 9-4]와 같다.

```
while (strcmp(gets(wbuf), "quit")) {
    if (!tree) {  // 트리가 노드가 없을 때
        tree = (NODETYPE *)malloc(sizeof(NODETYPE));
        tree -> word = (char *) malloc(strlen(wbuf) + 1);
        strcpy(tree->word, wbuf);
        tree->left = tree->right = NULL;
    }
    else
        make_bst(tree, wbuf);
}
```

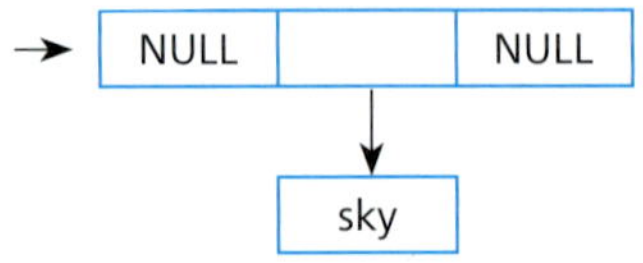

그림 9-4 이진 탐색 트리에 첫 노드 삽입

위의 프로그램 코드를 실행한 결과를 표현하면 [그림 9-4]와 같지만 표현의 단순성을 위하여 [그림 9-5]와 같이 표현하겠다.

그림 9-5 이진 탐색 트리 노드의 단순화

이제 트리에 노드가 하나 있으므로 계속하여 루트부터 탐색하면서 탐색에 실패하면 그 지점에 노드를 삽입하는 다음의 과정에 의하여 주어진 문자열을 모두 이진 탐색 트리에 구축한다. 탐색은 이진 탐색 트리의 정의에 따라 삽입하려는 문자열을 현재 포인터가 가리키는 노드의 문자열과 비교하여 작으면 왼쪽으로 이동하고 크면 오른쪽으로 이동하게 된다. 이동하다가 NULL 포인터를 만나는 경우 탐색에 실패한 것이고 그 위치에 연결하면 된다. 탐색 중에 이미 구축되어 있는 경우는 본 예제에서는 무시하는 것으로 한다. 키값을 중심으로 구축하는 것이므로 같은 데이터를 2번 삽입할 수는 없다. 키값은 그 구조에서 모두 유일해야 하기 때문이다.

[그림 9-6]에서 [그림 9-11]은 첫 데이터인 sky 다음에 blue, tiger, happy, child, yellow, aha의 순으로 이진 탐색 트리에 삽입되는 과정을 그림으로 보여준다.

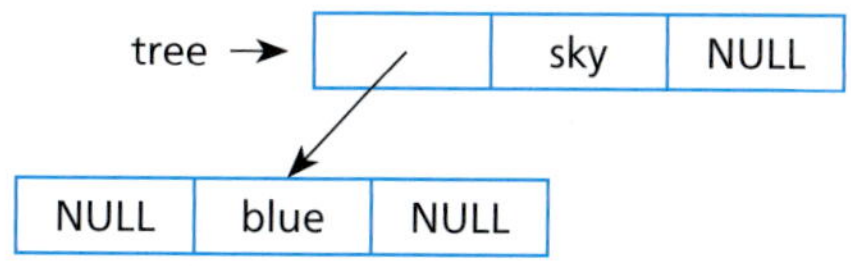

그림 9-6 blue의 삽입

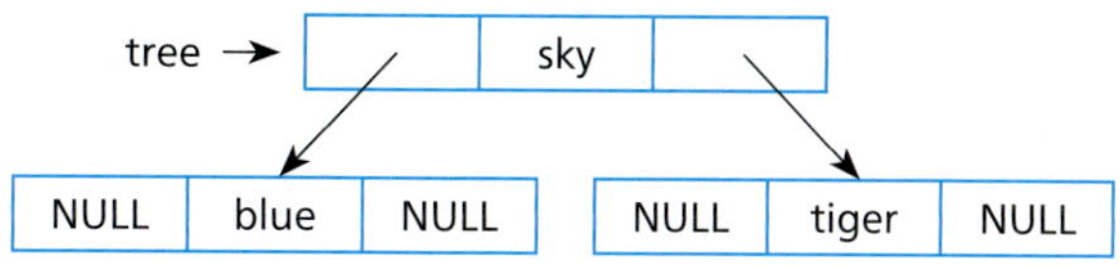

그림 9-7 tiger의 삽입

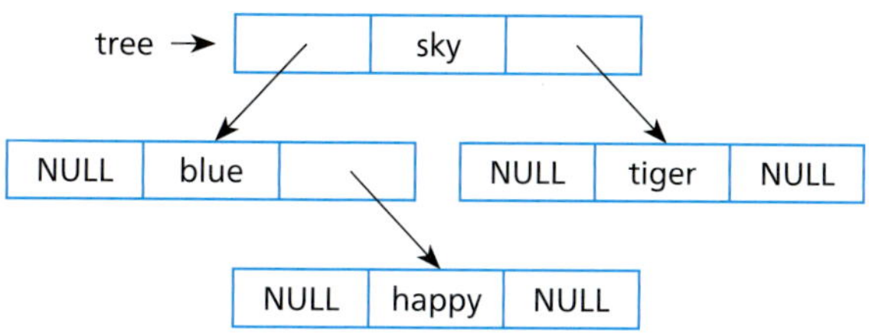

그림 9-8 happy의 삽입

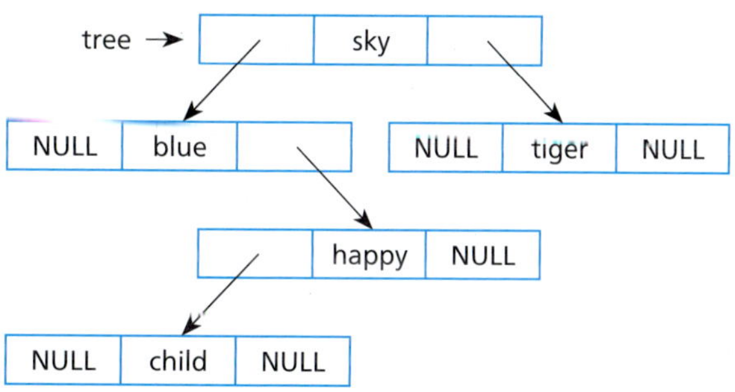

그림 9-9 child의 삽입

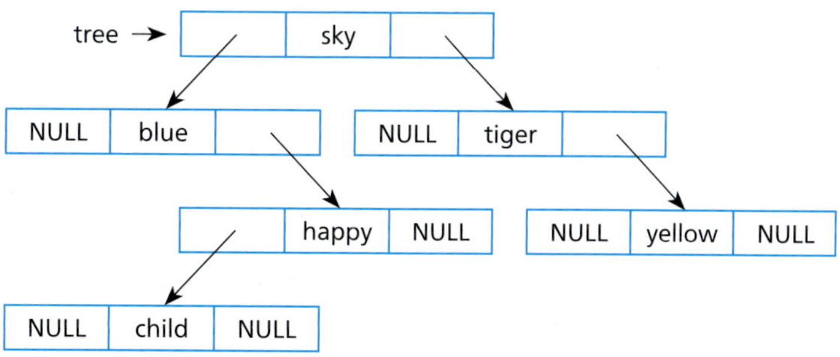

그림 9-10 yellow의 삽입

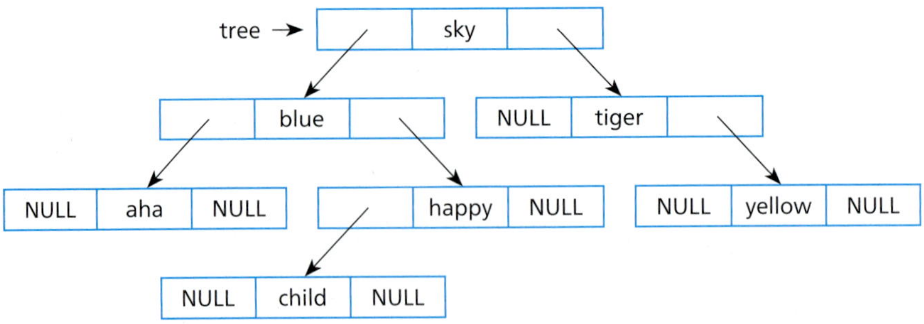

그림 9-11 aha의 삽입

위의 과정은 삽입할 입력 문자열이 주어질 때마다 다음 [프로그램 9-10]의 함수 make_bst()를 연속적으로 호출함으로써 이진 탐색 트리를 구축할 수 있다. 함수 make_bst()에서 매개변수로 주어지는 트리의 루트 포인터 root는 tptr에 할당되어 트리를 탐색하게 된다. 트리의 탐색은 while(tptr)문에 의하여 트리 포인터가 NULL이 아닌 동안 비교에 의하여 if-else if문을 수행하게 된다. 이때 바로 전의 노드를 잃지 않기 위하여 before 변수를 사용한다. tptr이 NULL을 만나 while문에서 벗어나게 되면 삽입할 노드를 위하여 함수 malloc()에 의하여 메모리를 할당받는다. while문을 벗어나면 tptr 변수는 더 이상 의미가 없기 때문에 새로 할당받은 노드를 가리키도록 사용하였는데 혼동하지 않기 바란다. 할당받은 노드에 데이터를 넣고 말단노드이므로 왼쪽과 오른쪽 2개의 포인터에 NULL을 넣는다. cmp의 값에 의하여 before의 왼쪽에 붙일지 오른쪽에 붙일지를 결정한다. 이미 트리의 포인터는 NULL로 이동하였으므로 while을 벗어난 것이기 때문에 바로 전의 노드 정보는 before가 가지고 있다.

[프로그램 9-10] 함수 make_bst()

```
tptr = (NODETYPE *)malloc(sizeof(NODETYPE));
tptr -> word = (char *) malloc(strlen(word) + 1);
strcpy(tptr->word, word);
tptr->left = tptr->right = NULL;
if (cmp < 0) before -> left = tptr;
else  before -> right = tptr;

int make_bst(NODETYPE *root, char *word)  {
   NODETYPE *tptr = root, *before;
   int cmp;
   while (tptr)  {
      cmp = strcmp(word, tptr->word);
      if (cmp <0) {
         before = tptr;
         tptr = tptr -> left;
      }
      else if (cmp > 0) {
         before = tptr;
         tptr = tptr -> right;
      }
      else     // found
         return 0;
   }
   tptr = (NODETYPE *)malloc(sizeof(NODETYPE));
   tptr -> word = (char *) malloc(strlen(word) + 1);
   strcpy(tptr->word, word);
   tptr->left = tptr->right = NULL;
   if (cmp < 0) before -> left = tptr;
   else  before -> right = tptr;
   return 1;
}
```

9.3.2 탐색 트리의 연산

앞 절에서 설명한 이진 탐색 트리는 구축할 때부터 키값을 비교하여 탐색을 고려하였다. 그러므로 탐색은 루트로부터 시작하는데 만약 루트가 NULL이면 이 트리는 원소를 갖지 않으므로 실패로 끝난다. 그렇지 않으면 루트의 키값과 비교하면 세 가지 경우가 된다.

1. key가 루트의 key 값과 같다면 탐색은 성공하게 된다.
2. key가 루트의 key 보다 작다면 왼쪽 서브트리를 탐색해야 한다.
3. key가 루트의 key보다 크다면 오른쪽 서브트리를 탐색해야 한다. 또한 서브트리들은 재귀적으로 탐색된다.

이와 같은 트리의 탐색과정을 다음 [프로그램 9-11]과 같이 코딩할 수 있다.

[프로그램 9-11] 이진 탐색 트리에서의 탐색 함수 search_bst()

```
NODETYPE *search_bst(NODETYPE *root, char *key)
{
   NODETYPE *tptr = root;
   int cmp;
   while (tptr) {
      cmp = strcmp(key, tptr->word);
      if (cmp <0)
         tptr = tptr -> left;
      else if (cmp > 0)
         tptr = tptr -> right;
      else    // found
         return tptr;
   }
   return NULL;    // not found
}
```

이진 탐색 트리는 하나의 주어진 값을 탐색하는 연산뿐 아니라 트리에 구축된 모든 데이터를 찾아 적절한 처리를 할 수 있도록 하는 트리 운행(tree traversal) 방법을 구현할 수 있다. 이진 트리의 운행방법은 현재 트리 포인터가 가리키는 노드의 처리 순서에 따라 중위 운행(inorder traversal), 전위 운행(preorder traversal), 후위 운행(postorder traversal)이 있다. 이진 탐색 트리의 경우 중위 운행에 의하면 노드를 키값의 순서에 따라 방문할 수 있으며, 운행함수는 일반적인 이진 트리의 운행함수와 같다.

[그림 9-11]의 이진 탐색 트리를 중위 순회하는 다음 함수 inorder_bst(tree)를 수행하면 다음과 같이 알파벳순으로 문자열이 출력된다.

```
aha   blue   child   happy   sky   tiger   yellow
```

여기서 함수 inorder()는 트리를 운행하면서 단지 현재 노드의 값을 출력하지만 좀 더 복잡한 응용에서 더 많은 노드 정보를 가지고 있는 경우 특정 필드의 값이 조건에 맞는지, 또는 어떤 필드 값의 통계를 내는 등 문제의 목적에 맞는 일을 할 수 있다.

이와 같은 이진 트리의 운행방법을 [프로그램 9-12]의 inorder_bst()와 같이 간단하게 코딩할 수 있다. 이진 트리는 재귀적인(recursive) 구조를 가지고 있기 때문에 전체트리를 가리키는 ptr에 대한 문제를 왼쪽 서브트리를 가리키는 ptr->left에 대한 운행과 오른쪽 서브트리를 가리키는 ptr->right에 대한 운행으로 그 운행방법에 따라 순서에 따라 수행된다. 즉 전체 트리에 대한 것을 왼쪽 서브트리와 오른쪽 서브트리에 대한 것으로 분할하여 처리한 것이다.

[프로그램 9-12] 이진 탐색 트리의 중위 운행 함수

```
void inorder_bst(NODETYPE *ptr) {
   if (ptr) {
      inorder_bst(ptr->left);
      printf("%s\n", ptr->word);
      inorder_bst(ptr->right);
   }
}
```

9.3.3 예제 프로그램

예제 프로그램1 - 단어트리

지금까지 학습한 내용을 바탕으로 입력되는 단어들을 사전식 순서에 따라 이진 탐색 트리를 구축한다. 구축된 이진탐색 트리에서 특정 단어를 찾는 탐색함수와 중위순회가 제대로 동작하는지 확인하는 프로그램을 작성하시오.

[프로그램 9-13] 단어트리 구축과 탐색 프로그램

```
typedef struct node {
   struct node *left;
   char *word;
   struct node *right;
} NODETYPE;

int insert_node(NODETYPE *root, char *str);
NODETYPE *search(NODETYPE *root, char *key);
void inorder(NODETYPE *root);

void main()
{
   NODETYPE *tree = NULL;
   NODETYPE *ptr;
   char wbuf[30];

   printf("  검색 트리에 저장할 단어를 입력하세요.\n
            입력의 끝에는 quit를 입력하세요.\n");

   while (strcmp(gets(wbuf), "quit")) {
      if (!tree) {  // 트리가 비었을때
         tree = (NODETYPE *)malloc(sizeof(NODETYPE));
         tree->word = (char *)malloc(strlen(wbuf) + 1);
         strcpy(tree->word, wbuf);
         tree->left = tree->right = NULL;
      }
      else
         insert_node(tree, wbuf);
   }

   printf("\n\nEnter a key to search: ");
   gets(wbuf);
   ptr = search(tree, wbuf);
   if (ptr)
      printf("%s is in this tree.\n\n", ptr->word);
   else
      printf("%s is not exist.\n\n", wbuf);

   printf("-------트리 안의 단어들 (사전식 순서) -----------\n");
   inorder(tree);
}
```

```
NODETYPE *search(NODETYPE *root, char *key) {
   NODETYPE *tptr = root;
   int cmp;
   while (tptr) {
      cmp = strcmp(key, tptr->word);
      if (cmp <0)
         tptr = tptr->left;
      else if (cmp > 0)
         tptr = tptr->right;
      else     // found
         return tptr;
   }
   return NULL;   // not found
}

int insert_node(NODETYPE *root, char *word) {
   NODETYPE *tptr = root, *before = NULL;
   int cmp;
   while (tptr) {
      cmp = strcmp(word, tptr->word);
      if (cmp <0) {
         before = tptr;
         tptr = tptr->left;
      }
      else if (cmp > 0) {
         before = tptr;
      tptr = tptr->right;
   }
   else     // found
      return 0;
   }

   tptr = (NODETYPE *)malloc(sizeof(NODETYPE));
   tptr->word = (char *)malloc(strlen(word) + 1);
   strcpy(tptr->word, word);
   tptr->left = tptr->right = NULL;
   if (cmp < 0) before->left = tptr;
   else  before->right = tptr;
   return 1;
}

void inorder(NODETYPE *ptr) {
   if (ptr) {
      inorder(ptr->left);
```

```
        printf("%s\n", ptr->word);

        inorder(ptr->right);
    }
}
```

실행결과

```
happy
cat
spring
winter
fall
summer
stop
dog
bless
god
you
meeting
quit

Enter a key to search : summer
summer : 트리에서 찾았다.

------- 트리 안의 단어들 (사전식 순서) ------------
bless
cat
dog
fall
god
happy
meeting
spring
stop
summer
winter
you
```

예제 프로그램2 - 단어트리의 개선

[프로그램 9-13] 프로그램의 기본 자료구조인 NODETYPE 구조체에 count를 첨가하여 단어를 계속 읽으면서 단어의 출현 빈도수를 구하기 위한 프로그램으로 수정하시오. 중위 운행한 결과 알파벳 순서로 단어와 그의 빈도수를 출력하도록 프로그램을 수정하여

[그림 9-12]와 같은 결과가 나오도록 [프로그램 9-13]을 수정하시오.

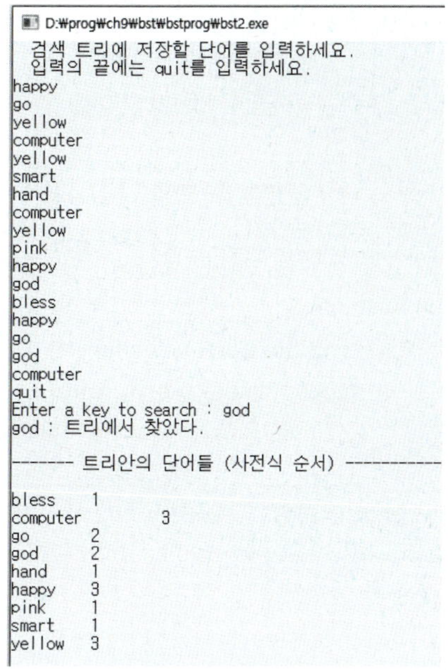

그림 9-12 실행결과

[확인학습 9-1]

[그림 9-12]의 실행결과를 만들기 위하여 단어를 읽으면서 단어 트리를 구축하고 이미 읽은 단어가 중복되어 또 나오면 count를 증가시키는 문장을 추가하는 것이 핵심이다. [프로그램 9-13]을 참고하여 함수명이 변경된 것도 유의하면서 빈곳을 채워 완성하시오.

[프로그램 9-14] 단어 출현 빈도수를 추가한 단어 트리 탐색 프로그램

```
typedef struct node {
   struct node *left;
   char *word;
   int count;
   struct node *right;
} NODETYPE;
int build_node(NODETYPE *root, char *str);
NODETYPE *search(NODETYPE *root, char *key);
void traversal(NODETYPE *root);

void main()
```

```
{
   NODETYPE *tree=NULL, *ptr;
   char wbuf[30];

   printf("검색트리에 저장할 단어를 입력하시고 입력의 끝에는
                                          quit를 입력하세요.\n");
   while (strcmp(gets(wbuf), "quit")) {
      if (!tree) {
         //1) 첫 노드를 할당받아 첫 포인터를 넘겨주는 문장
         tree = ______________________________
         tree -> word = (char *) malloc(strlen(wbuf) + 1);
         strcpy(tree->word, wbuf);
         //2) 첫 단어의 count를 1로 한다.
         ______________________________
      tree->left = tree->right = NULL;
   }
   else
      build_node(_______);  //3) 노드구축을 위해 필요한 파라메터
   }
   printf("\n\nEnter a key to search: ");
   gets(wbuf);
   ptr = ______//4) 함수 search를 호출하는 문장
   if (ptr)
      printf("%s is in this tree.\n\n", ptr->word);
   else
      printf("%s is not exist.\n\n", wbuf);

   printf("------- 트리안의 단어들 (사전식 순서) --------\n\n");
   // 5) 중위운행함수 traveral을 call하는 문장
   ________________________
}

NODETYPE *search(NODETYPE *root, char *key)  {
   NODETYPE *tptr = root;
   int cmp;
   while (tptr) {
      cmp = strcmp(key, tptr->word);
      if (cmp <0)
         ________________     6)
   else if (cmp > 0)
         ________________     7)
   else   // found
```

```
        return tptr;
    }
    return NULL;   // not found
}

int build_node(NODETYPE *root, char *word)  {
    __________________________      8)
    int cmp;
    while (tptr)  {
        cmp = strcmp(word, tptr->word);
        if (cmp <0) {
            before = tptr;
            ______________          6)
        }
        else if (cmp > 0) {
            before = tptr;
            ______________          7)
        }
        else {
            (tptr->count)++;
            return 0;
        }
    }

    temp = (NODETYPE *)malloc(sizeof(NODETYPE));
    temp -> word = (char *) malloc(strlen(word) + 1);
    strcpy(temp->word, word);
    temp -> count = 1;
    temp->left = temp->right = NULL;
    if (cmp < 0)  ____________      9)
    else  _______________          10)
    return 1;
}

void traversal(NODETYPE *head) {
    if (head) {
        ____________________       11)
        printf("%s\t%d\n", head->word, head->count);
        ____________________       12)
    }
}
```

예제 프로그램3 - 학생정보트리

학생번호(정수형)와 평균평점(실수형)을 자료로 가지는 이진검색트리의 노드 구조(SNODETYPE)를 정의하고 준비한 학생정보를 파일로부터 입력받아 학생번호를 기준으로 이진 탐색 트리를 구성한다. 이렇게 구축된 데이터를 중위순회에 의하여 보여주고 특정학생의 번호를 입력하면 그 학생의 평균평점을 보여 주도록 한다.

평균평점이 4.0 이상인 학생을 보여 주도록 한다. 위에 주어진 내용을 다음의 선언문을 중심으로 프로그램을 완성하고 실행결과를 확인한다.

[프로그램 9-15] 학생정보 트리 탐색 예제 프로그램

```
typedef struct node {
   struct node *left;
   long id;   //id는 6자리 학번
   float grade;
   struct node *right;
} SNODETYPE;

int insert_node(SNODETYPE *root, long sid, float grade);
SNODETYPE *search(SNODETYPE *root,long keyid);
void inorder(SNODETYPE *root);
void over4(SNODETYPE *root);

void main(int argc, char*argv[])
{
   SNODETYPE *tree=NULL;
   SNODETYPE *ptr;
   long sid;
   float grade;
   FILE *input;

   if ((input=fopen(argv[1], "r")) == NULL){
      printf("Invalid Open input file...\n");
      exit(1);
   }

   while (fscanf(input,"%ld %f", &sid, &grade) != EOF) {
      if (!tree) {  // 트리가 비었을때
         tree = (SNODETYPE *)malloc(sizeof(SNODETYPE));
         tree -> id = sid;
         tree->left = tree->right = NULL;
```

```
            tree->grade = grade;
        }
        else
            insert_node(tree, sid, grade);
    }

    printf("\n------저장된 트리 순회 리스트 -----\n");

    inorder(tree);

    printf("Enter student id number to search: ");
    scanf("%ld", &sid);
    ptr = search(tree, sid);
    if (ptr)
        printf("%ld is in this tree(%.2f).\n", ptr->id, ptr
                                                    ->grade);
    else
        printf("%ld is not exist.\n", sid);
    printf("\n4.0이상인 학생 검색결과: \n");
    over4(tree);
}

SNODETYPE *search(SNODETYPE *root, long keyid)  {
    SNODETYPE *tptr = root;

    while (tptr) {

        if (keyid < tptr -> id)
            tptr = tptr -> left;
        else if (keyid > tptr -> id)
            tptr = tptr -> right;
        else   // found
            return tptr;
    }
    return NULL;   // not found
}

int insert_node(SNODETYPE *root, long sid, float grade)  {
    SNODETYPE *tptr = root, *before=NULL;
    int left;
    while (tptr)  {

```

```
            if (sid < tptr->id) {
            before = tptr;
               tptr = tptr -> left;
            left = 1;
         }
            else if (sid > tptr->id) {
            before = tptr;
               tptr = tptr -> right;
            left = 0;
         }
            else {   // found
            return 0;
         }
      }

      tptr = (SNODETYPE *)malloc(sizeof(SNODETYPE));
      tptr -> id = sid;
      tptr->left = tptr->right = NULL;
      tptr -> grade = grade;
      if (left) before -> left = tptr;
      else  before -> right = tptr;
      return 1;
   }
   void inorder(SNODETYPE *ptr) {

      if (ptr) {
         inorder(ptr->left);
         printf("%ld\n", ptr->id);
         inorder(ptr->right);
      }

   }
   void over4(SNODETYPE *ptr) {

      if (ptr) {
         over4(ptr->left);
         if (ptr->grade >= 4.0)
            printf("%ld\t%.2f\n", ptr->id, ptr->grade);
         over4(ptr->right);
      }

   }
```

실행결과

```
------저장된 트리 순회 리스트 -----
2015113
2016111
2017456
2018051
2018111
2018134
2019001
2019011
2020001
2020177
2021120
2021990
Enter student id number to search : 2018111
2018111 is in this tree(4.21).

4.0이상인 학생 검색결과 :
2015113 4.11
2016111 4.32
2017456 4.41
2018051 4.22
2018111 4.21
```

예제 프로그램4 - 사원정보트리

사원번호(정수형), 입사년도(정수형), 인사등급(문자형)을 자료로 가지는 이진 탐색 트리의 노드 구조(ENODE)를 정의하고 준비한 사원정보를 파일로부터 입력하고 받아 사원번호를 기준으로 이진 탐색트리를 구축하고 그 정보를 출력하는 프로그램을 작성한다. 또한 다음의 두가지 정보를 출력한다.

1. 입사년도를 입력하면 그 해에 입사한 사원의 정보(사원번호, 인사등급)를 출력한다.
2. 사원번호를 입력하면 그 번호에 해당하는 사원정보(입사년도 인사등급)를 출력한다.

[프로그램 9-16] 사원정보 트리 탐색 예제 프로그램

```
typedef struct node {
    struct node *left;
    int eid;
```

```
    int syear;
    char grade;
    struct node *right;
} ENODE;

int insert_node(ENODE *root, int num, int year, char score);
ENODE *search(ENODE *root, int key);
void inorder(ENODE *root);
void year_search(ENODE *root, int year);
void main(int argc, char *argv[])
{
    ENODE *tree = NULL, *ptr;
    int id, year;
    char score;
    FILE *input;

    if ((input = fopen(argv[1], "r")) == NULL) {
        printf("Invalid Open input file...\n");
        exit(1);
    }

    while (fscanf(input, "%d %d %c", &id, &year, &score) != EOF) {
        if (!tree) {  // 트리가 비었을때
            tree = (ENODE *)malloc(sizeof(ENODE));
            tree->eid = id;
            tree->syear = year;
            tree->grade = score;
            tree->left = tree->right = NULL;
        }
        else
            insert_node(tree, id, year, score);
    }

    printf("\n 트리에 구축된 사원정보: \n");
    inorder(tree);

    printf("\n 입사년도: ");
    scanf("%d", &year);
    year_search(tree, year);

    printf("\n 사원 번호: ");
    scanf("%d", &id);
    ptr = search(tree, id);
    if (ptr)
```

```
        printf("%d번 사원의 정보: %d\t%c\n", ptr->eid, ptr->syear,
                                                      ptr->grade);
    else
        printf("%d번 사원에 대한 정보는 없습니다.\n", id);
}

ENODE *search(ENODE *root, int key) {
    ENODE *tptr = root;

    while (tptr) {
        if (key < tptr->eid)
            tptr = tptr->left;
        else if (key > tptr->eid)
            tptr = tptr->right;
        else     // found
            return tptr;
    }
    return NULL;   // not found
}

int insert_node(ENODE *root, int id, int year, char score) {
    ENODE *tptr = root, *before=NULL;

    while (tptr) {

        if (id < tptr->eid) {
            before = tptr;
            tptr = tptr->left;
        }
        else if (id > tptr->eid) {
            before = tptr;
            tptr = tptr->right;
        }
        else     // found
            return 0;
    }

    tptr = (ENODE *)malloc(sizeof(ENODE));
    tptr->eid = id;
    tptr->syear = year;
    tptr->grade = score;
    tptr->left = tptr->right = NULL;
    if (id < before->eid) before->left = tptr;
    else  before->right = tptr;
```

```
    return 1;
}

void inorder(ENODE *ptr) {
    if (ptr) {
        inorder(ptr->left);
        printf("%d\t%d\t%c\n", ptr->eid, ptr->syear, ptr->grade);
        inorder(ptr->right);
    }
}

void year_search(ENODE *ptr, int year) {
    if (ptr) {
        year_search(ptr->left, year);
        if ((ptr->syear) == year)
            printf("%d\t%c\n", ptr->eid, ptr->grade);
        year_search(ptr->right, year);
    }
}
```

실행결과

```
트리에 구축된 사원정보 :
101  2012  A
109  2014  B
117  2014  B
199  2015  B
230  2017  B
288  2017  C
355  2018  B
555  2018  C
650  2019  B
699  2019  B
707  2019  C
710  2019  A
717  2019  A
800  2020  A
807  2020  B

입사년도 : 2018
355  B
555  C

사원 번호 : 717
```

```
717번 사원의 정보 : 2019 A
```

[확인학습 9-2]

각 자동차에 대하여 자동차번호(carid:unsigned), 자동차검사등급(cgrade:char)으로 구성된 데이터를 준비하고 이진트리의 노드구조를 다음의 CARTYPE으로 정의한다. 지금까지 학습한 이진 탐색 트리의 구축과 활용을 복습하기 위하여 자동차번호를 기준으로 함수 `make_bst()`로 이진 탐색 트리를 구축하고 자동차안전진단 등급이 A가 아닌 자동차번호(carid)를 출력하기 위한 함수 `nonpasscar()`를 완성하시오. 또한 `make_bst()`의 변수 `first`의 용도는 무엇인지 생각해 보시오.

```
typedef struct node {
   struct node *left;
   unsigned carid;
   char cgrade;
   struct node *right;
} CARTYPE;

int make_bst(CARTYPE *troot, unsigned id, char grade);
void nonpasscar(CARTYPE *troot);
```

```
1378 B
2177 C
1357 B
1121 A
1201 B
2106 A
1297 A
1310 C
....
```

```
int make_bst(CARTYPE *root, unsigned id, char grade) {

   ____________________________________________
   int first = 0;

   if (root == NULL) first = 1;
   while (tptr) {
      if (id < tptr->carid)  {
         before = tptr;

         ________________________
      }
      else if (id > tptr->carid) {
         before = tptr;

         ________________________
      }
      else   // found
         return 0;
```

```
    }

    node = (CARTYPE *)malloc(sizeof(CARTYPE));
    node -> carid = id;
    node -> cgrade = grade;
    node->left = node->right = NULL;
        if (first == 0) {
            if (id < before->id) ______________________

            else ______________________

        }
        return 1;
}
void nonpasscar(CARTYPE *root) {
            ______________________
    if (root) {

    if (( __________________ ) printf("%d\t", root->carid);
            ______________________


    }
}
```

요약정리

1. 탐색이란 주어진 데이터 리스트에서 내가 원하는 데이터, 또는 어떤 조건이나 성질을 만족하는 데이터를 찾는 것이다. 컴퓨터를 사용할 때 수시로 일어나는 파일 디렉토리 탐색, 스마트폰에서 정보를 찾기 위해 수시로 키워드를 주는 것, 인터넷 쇼핑몰에서 구매하고자 하는 상품을 찾는 것 등 우리의 모든 활동은 탐색 과정을 포함하고 있다.

2. 프로그래밍에서 자주 일어나는 탐색 과정은 자료구조와도 밀접한 관련이 있다. 배열과 연결리스트에서의 탐색, 트리와 그래프에서의 탐색 등 주어진 자료구조를 활용하기 위해서 꼭 필요한 과정이 탐색이다.

3. 순차탐색은 주어진 데이터를 앞에서부터 하나씩 보면서 원하는 값을 찾는 방식으로 n개의 데이터 중에서 찾는다면, 평균적인 경우는 알고리즘의 시간복잡도는 O(n)이다. 이와 같은 순차탐색은 데이터의 수가 많지 않고 정렬되어 있지 않은 경우 간단하게 탐색할 수 있는 기본방법으로 사용된다.

4. 이진탐색은 주어진 데이터 리스트가 정렬되어 있을 때 중앙값과 찾으려는 값을 비교하여 탐색 대상을 반씩 줄여가는 방법이다. 이렇게 반씩 탐색구간을 줄이게 되면 최악의 경우에도 $\log_2 n$번 비교를 수행하게 된다. 그러므로 이진탐색 알고리즘의 시간 복잡도는 O(logn)이다. 데이터가 정렬되어 있다면 그 수가 증가함에 따라 이진탐색 알고리즘은 순차탐색에 비하여 성능이 현격하게 향상된 알고리즘이다.

5. 탐색을 하기에 가장 적합하고 많이 사용하는 구조가 트리구조이다. 특히 프로그램의 논리는 if 조건문의 참이나 거짓 두 갈래의 선택이 있는 이진 구조(binary structure)이므로 이를 반영하여 문제 분석과 설계 단계에서 자연스럽게 이진트리가 자주 사용된다. 특히 이진 탐색 트리의 정의와 연산은 트리구조가 가지는 재귀적인 성질을 바탕으로 각종 프로그램에 적용할 수 있다.

연습문제

1. 다음 영문이 설명하는 탐색방법은? ( )

> A quick method for searching an ordered, dense list for a particular record by successively looking at that half of the remaining portion of the list.

❶ Sequential Search ❷ Block Search

❸ Tree Search ❹ Binary Search

2. n개의 배열로 저장된 데이터 리스트에서 순차탐색에 대한 설명 중 맞지 않는 것은? ( )

❶ 1번 비교하고 찾을 수도 있다.

❷ 최악의 경우는 찾고자하는 데이터가 리스트에 없는 경우이다.

❸ 데이터가 정렬되어 있어야 한다.

❹ 시간복잡도는 O(n)이다.

3. 이진탐색을 이용하여 데이터를 찾고자 할 때, 데이터를 저장한 리스트가 가져야 하는 전제조건은? ( )

❶ 데이터가 최소한 수천 건이 되어야 한다.

❷ 데이터가 반드시 홀수 개여야 한다.

❸ 데이터가 순서대로 트리구조로 저장되어야한다,

❹ 데이터가 정렬되어 있어야 한다.

4. 다음 내림차순으로 정렬된 데이터 리스트에서 170을 찾기 위해 이진 탐색(Binary Search)을 할 경우 비교해야 할 횟수는? (   )

```
300 270 250 220 210 200 192 177 170 150 122
```

❶ 2　　❷ 3　　❸ 4　　❹ 5

5. 다음 오름차순으로 정렬된 데이터 리스트에 없는 290을 찾기 위해 이진 탐색(Binary Search)을 할 경우 비교해야 할 횟수는? (   )

```
122 150 170 177 192 200 210 220 250 270 300
```

❶ 2　　❷ 3　　❸ 4　　❹ 5

CHAPTER

10

Introduction to **Data Structure Plus**

정렬 알고리즘

주어진 자료를 어떤 기준에 따라 줄지어 배치하는 정렬은 정보처리에 있어 가장 기본적인 단계로서 여러 응용에서 자주 사용하고 있다. 우리는 실생활에서 여러 가지 형식으로 정렬된 데이터를 빈번하게 접하게 된다. 예를 들면, 전화번호부는 이름순으로 정렬되어 있으며, 영어사전은 알파벳순으로 정렬되어 있다. 특히 이러한 데이터가 컴퓨터 안에 저장되거나 프로그램에서 사용될 때는 데이터 처리의 효율성을 위해 더욱 정렬이 중요하게 된다. 대부분의 데이터는 처리를 쉽게 하기 위하여 특정한 값을 기준으로 그 순서에 따라 저장하게 된다. 이때 특정한 값은 보통 key라고 불리는 것으로 우리가 저장하려는 대상을 식별하는 기준 값이다. 예를 들면 학생 정보 중에 학번이나 회사의 사원정보 중에 사번과 같은 것이 될 것이다.

이와 같은 정렬은 순서 없이 나열된 내용을 특정한 key를 이용하여 순서적으로 배열하는 작업을 말하는데, 값의 크기가 작은 것부터 큰 것으로 나열하는 것을 오름차순 정렬이라 하고, 큰 것부터 작은 것으로 나열하는 것을 내림차순 정렬이라 한다. 또한 정렬장소에 따라 주기억 장치 내부에서 정렬이 수행되는 내부 정렬(internal sort)과 파일의 크기가 매우 크기 때문에 내부 정렬방법과 보조기억 장치를 이용하는 외부 정렬(external sort)로 구분된다.

본 교재에서는 정렬 알고리즘의 기본 아이디어를 통하여 프로그래밍을 통한 정보처리능력을 향상시키고자 한다. 단순화를 위하여 데이터 중에 키 항목만을 대상으로 리스트를 만들어 배열에서 정렬하는 방법으로 시뮬레이션 과정을 통해 알고리즘을 이해한다. 또한 알고리즘으로 표현하고 C 함수로 구현하여 응용해본다. 그동안 개발된 정렬 알고리즘은 무수히 많지만 가장 널리 알려진 다음의 정렬 알고리즘을 알아보고 예제를 가지고 실습해 봄으로써 그 이해를 높이려고 한다.

1. 선택 정렬(selection sort)
2. 버블 정렬(bubble sort)
3. 삽입 정렬(insertion sort)
4. 퀵 정렬(quick sort)
5. 합병 정렬(merge sort)

본 교재에서는 n개의 데이터로 구성 되어 있는 정수 데이터 리스트의 데이터를 특별한 언급이 없으면 주어진 알고리즘의 오름차순으로 정렬하는 것을 기준으로 설명하겠다. 알고리즘의 기본 동작을 이해하고 C 함수로 구현하고 프로그래밍 실습을 통해 익히도록 하자. 각 알고리즘을 이해한 후 내림차순인 경우는 어떤 변경을 해야하는지 확인해 보자.

10.1 선택정렬

10.1.1 알고리즘의 이해

선택 정렬은 정렬되지 않은 정수들 중에서 가장 작은 값을 찾아서 이미 정렬된 리스트의 다음 자리에 놓는 방법으로 주어진 데이터를 응용에 따라 오름차순 또는 내림차순으로 정렬하게 된다. 배열 `list`에 준비된 임의의 정수 데이터를 선택 정렬을 사용하여 오름차순으로 정렬하는 과정을 정리하면 다음과 같다.

- 단계 1. 처리할 데이터를 배열 `list`에 저장한다.
- 단계 2. 정렬되지 않은 데이터 집합으로부터 최소값을 찾는다.
- 단계 3. 단계 2에서 찾은 데이터를 정렬된 list의 다음 자리에 놓는다.
- 단계 4. 모두 정렬될 때까지 단계 2와 단계 3을 반복한다.
- 단계 5. 결과를 출력한다.

이때 각 단계를 구체화하여 프로그래밍할 수 있도록 가능한 입력 데이터를 가지고 각 단계를 시뮬레이션해 보자. n = 7이고 `list`에 데이터는 다음과 같이 주어진 경우를 예로 설명하겠다.

	[0]	[1]	[2]	[3]	[4]	[5]	[6]
`list`	45	100	38	90	17	75	56

이처럼 주어진 배열 안의 각 데이터는 `[]` 안의 인덱스에 의하여 참조되며 대부분의 경우 정렬하기 전에 데이터에 대한 정보가 없으므로 전체 데이터가 모두 정렬되지 않는 것으로 가정한다.

그러면 단계 2에서 정렬되지 않은 데이터 집합은 처음에는 전체가 되어 인덱스가 `[0]`에서 `[6]`인 데이터 전체에서 최소값을 찾게 된다. 이때 최소값은 `list[4]`의 17이 된다. 단계 3에서 정렬된 리스트가 없으므로 `list[4]`의 값은 `list[0]`에 있어야 하므로 두 값을 교환하면 다음과 같다. 이때 교환하지 않고 `list[0]`에 데이터를 넣으면 그 이전의 `list[0]`의 데이터 45는 잃어버리게 되는 점에 주의하자.

	[0]	[1]	[2]	[3]	[4]	[5]	[6]
list	17	100	38	90	45	75	56

이때 이 알고리즘에서는 1개의 데이터가 정렬된 것으로 인식하고 [1]에서 [6]의 정렬되지 않은 데이터 집합을 가지고 단계 2와 단계 3을 수행하면 그 구간에서 최소값인 list[2]를 현재 정렬된 list의 마지막 데이터 list[0] 다음인 list[1]의 위치의 데이터와 교환하면 다음과 같다.

	[0]	[1]	[2]	[3]	[4]	[5]	[6]
list	17	38	100	90	45	75	56

마찬가지로 [2]에서 [6]의 정렬되지 않은 데이터 집합을 가지고 단계 2와 단계 3을 수행하면 그 구간에서 최소값인 list[4]를 현재 정렬된 list의 마지막 데이터 list[1] 다음인 list[2]의 위치의 데이터와 교환하여 list는 다음과 같다.

	[0]	[1]	[2]	[3]	[4]	[5]	[6]
list	17	38	45	90	100	75	56

이와 같은 단계 2와 단계 3의 과정은 정렬되지 않은 데이터 집합을 줄여가며 수행된다. 이때 구간에 데이터가 1개 남게 되면 정렬이 끝나 다음과 같은 결과를 가지게 된다.

	[0]	[1]	[2]	[3]	[4]	[5]	[6]
list	17	38	45	56	100	75	90

	[0]	[1]	[2]	[3]	[4]	[5]	[6]
list	17	38	45	56	75	100	90

	[0]	[1]	[2]	[3]	[4]	[5]	[6]
list	17	38	45	56	75	90	100

이와 같이 선택정렬은 시작 인덱스 s를 0으로 하고 s부터 n − 1의 위치에 있는 값 중 가장 작은 값을 찾아 그 값의 인덱스를 m이라고 하자. 이때 list[m]과 list[s]의 값을 교환하면 가장 작은 값은 s의 위치에 있게 된다. 이 s를 하나씩 증가 시켜 s가 n − 1이 되면 선택정렬의 대상이 되는 데이터가 1개 남게 되고 그 값은 가장 큰 값이 될 것이다.

지금까지 설명한 선택정렬 알고리즘의 시뮬레이션 과정을 변수 s와 m으로 정리하면 [표 10-1]과 같다.

n = 7	[0]	[1]	[2]	[3]	[4]	[5]	[6]	m
list	45	100	38	90	17	75	56	
s = 0	17	100	38	90	45	75	56	4
s = 1	17	38	100	90	45	75	56	2
s = 2	17	38	45	90	100	75	56	4
s = 3	17	38	45	56	100	75	90	6
s = 4	17	38	45	56	75	100	90	5
s = 5	17	38	45	56	75	90	100	6

그림 10-1 선택 정렬 시뮬레이션

10.1.2 함수의 구현

선택정렬 알고리즘은 두 가지 부분 작업으로 구성되어 있다. 최소값의 인덱스를 찾는 작업과 두 정수의 교환이다.

첫 번째 작업인 `list[s] . . . list[n-1]` 중에서 최소값의 인덱스(m)를 찾기 위한 것이다. m을 s라 가정하고 데이터를 하나씩 스캔하면서 `list[m]`보다 작은 값이 나오면 `m`을 변경하는 방법으로 마지막까지 모두 확인하면 마지막 `m`이 최소값의 인덱스가 된다.

둘째로 `list[s]`와 `list[m]`의 값을 교환하는 것은 임시변수 `temp`를 사용하는 다음의 세 문장으로 쉽게 해결할 수 있다.

```
temp = list[s];  list[s] = list[m];  list[m] = temp;
```

[프로그램 10-1]은 이와 같은 선택정렬을 위한 과정을 정리하여 C 함수 `selection_sort()`로 구현하였다.

[프로그램 10-1] 선택 정렬 함수 selection_sort()

```
void selection_sort(int list[], int n) {
   int s, m, i;
   int temp;

   for (s = 0; s < n-1; s++) {
      m = s;
      for (j = s+1; j < n; j++)
         if (list[j] < list[m]) m = j;
      temp = list[s];  list[s] = list[m];  list[m] = temp;
   } /* for */
} /* sort */
```

선택정렬을 내림차순으로 하려면 최소값의 인덱스를 구하는 대신 최대값의 인덱스를 찾아 앞에서부터 큰 값을 교환해 가면 마지막에는 가장 작은 값이 남게 되어 내림차순이 된다. [프로그램 10-1]에서 다음과 같이 부호를 반대로 하여 큰 값을 찾아가면 된다.

```
for (j = s+1; j < n; j++)
   if (list[j] > list[m]) m = j;
```

실습프로그램

main() 함수를 작성하여 [프로그램 10-1]의 함수 selection_sort()를 참고하여 다음 프로그램을 작성해 보자. 10개 기관의 평가점수를 저장하는 double형 배열 score에 평가점수를 주고 내림차순으로 정렬하는 선택정렬함수 selection_sortd()를 호출한다. 그 다음 상위 3개의 점수를 출력하고 끝낸다.

[프로그램 10-2] 선택정렬 활용 프로그램

```
void selection_sortd(double a[], int n);

void main()
{
   double score[] = { 90.5, 89.7, 92.5, 85.6, 97.5, 76.9, 88.2,
                                                70.3, 93.2, 95.2 };
   int i,  n = sizeof(score) / sizeof(double);

   for (i = 0; i < n; i++)
   printf("%3d: %.1f\n", i+1, score[i]);
```

```
   selection_sortd(score, n);
   printf("\n--- TOP 3 Score ---\n\n");
   for (i = 0; i < 3; i++)
      printf("   %.1f\n", score[i]);

} /* main */

void selection_sortd(double a[], int n)
{
   int s, m, j;
   double temp;

   for (s = 0; s < n-1; s++) {
      m = s;
      for (j = s+1; j < n; j++)
         if (a[j] > a[m]) m = j;
      temp = a[s];  a[s] = a[m];  a[m] = temp;
   } /* for */
} /* sort */
```

실행결과

```
 1 : 90.5
 2 : 89.7
 3 : 92.5
 4 : 85.6
 5 : 97.5
 6 : 76.9
 7 : 88.2
 8 : 70.3
 9 : 93.2
10 : 95.2

--- TOP 3 Score ---

   97.5
   95.2
   93.2
```

10.2 버블정렬

10.2.1 알고리즘의 이해

버블 정렬은 정렬 방법 중 비교적 간단한 방법으로 이해하기 쉽고 프로그램을 작성하기 쉽다. 기본적으로 인접한 두 자료, `list[j]`와 `list[j+1]`을 비교하여 오름차순으로 정렬되어 있지 않으면 교환하는 방법에 의하여 정렬이 이루어지며 과정을 정리하면 다음과 같다.

- 단계 1. 처리할 데이터를 배열 `list`에 저장한다.
- 단계 2. 인접한 두 개의 데이터 `list[j]`와 `list[j+1]`을 비교하여 오름차순이 아니면 두 수를 교환한다.
- 단계 3. 모든 데이터가 정렬되지 않으면 단계 2를 계속한다.
- 단계 4. 결과를 출력한다.

위의 알고리즘에서 단계 2의 과정이 버블 정렬의 개념을 표현하고 있는 것인데 이를 이해하기 위하여 예상되는 데이터를 가지고 수행하는 과정을 살펴보자. 데이터의 수 n이 7인 경우 `list`에 다음의 데이터가 저장되어 있다고 가정하자.

	[0]	[1]	[2]	[3]	[4]	[5]	[6]
list	25	88	37	97	52	77	13

인접한 두 개의 데이터를 비교하여 `list[j] > list[j+1]`이면 두 데이터를 교환한다. `list[0]`과 `list[1]`은 오름차순으로 되어 있으므로 교환하지 않고 `list[1]`과 `list[2]`를 비교하고 88과 37을 교환한다.

	[0]	[1]	[2]	[3]	[4]	[5]	[6]
list	25	37	88	97	52	77	13

이때 `list[2]`와 `list[3]`을 비교하고 교환하지 않는다. 그다음 단계로 `list[3]`과 `list[4]`를 비교하여 97과 52를 교환하고, `list[4]`와 `list[5]`를 비교하여 97과 77을 교

환하여 배열 list는 다음과 같이 된다.

	[0]	[1]	[2]	[3]	[4]	[5]	[6]
list	25	37	88	52	77	97	13

마지막으로 list[5]와 list[6]의 값 97과 13을 교환하면 배열 list의 값은 다음과 같이 된다.

	[0]	[1]	[2]	[3]	[4]	[5]	[6]
list	25	37	88	52	77	13	97

이러한 과정을 거치면 인접한 두 수를 한 번 검사한 것이 된다. 이를 one pass라고 부르자. 이번 첫 번째 pass에서는 다음을 비교한 것이 된다.

```
list[0]: list[1]
list[1]: list[2]
list[2]: list[3]
list[3]: list[4]
list[4]: list[5]
list[5]: list[6]
```

이렇게 one pass가 끝나면 어떤 일이 발생하는가? 두 수를 비교하여 큰 값을 뒤로 보냈기 때문에 가장 큰 값이 맨 뒤로 가게 된다. 이 예에서는 가장 큰 값 97이 list[6]에 있게 된다. 그러므로 다음 pass에서는 list[6]은 비교할 필요가 없게 된다. 그래서 다음 pass에는 다음을 비교하면 된다.

```
list[0]: list[1]
list[1]: list[2]
list[2]: list[3]
list[3]: list[4]
list[4]: list[5]
```

이렇게 비교하여 마찬가지로 list[j] > list[j+1]이면 교환하면 배열 list의 값은 다음과 같이 된다.

	[0]	[1]	[2]	[3]	[4]	[5]	[6]
list	25	37	52	77	13	88	97

같은 방법으로 세 번째 pass에서는 list[5]는 고려할 필요 없이 다음을 비교하게 된다.

```
list[0]: list[1]
list[1]: list[2]
list[2]: list[3]
list[3]: list[4]
```

세 번째 pass에서도 마찬가지로 list[j] > list[j+1]이면 교환하면 배열 list의 값은 다음과 같이 된다.

	[0]	[1]	[2]	[3]	[4]	[5]	[6]
list	25	37	52	13	77	88	97

같은 방법으로 네 번째 pass에서는 list[4]는 고려할 필요 없이 다음을 비교하게 된다.

```
list[0]: list[1]
list[1]: list[2]
list[2]: list[3]
```

네 번째 pass에서도 마찬가지로 list[j] > list[j+1]이면 교환하면 배열 list의 값은 다음과 같이 된다.

	[0]	[1]	[2]	[3]	[4]	[5]	[6]
list	25	37	13	52	77	88	97

같은 방법으로 다섯 번째 pass에서는 list[3]은 고려할 필요 없이 다음을 비교하게 된다.

```
list[0]: list[1]
list[1]: list[2]
```

다섯 번째 pass에서도 마찬가지로 list[j] > list[j+1]이면 교환하면 배열 list의 값은 다음과 같이 된다.

	[0]	[1]	[2]	[3]	[4]	[5]	[6]
list	25	13	37	52	77	88	97

같은 방법으로 여섯 번째 pass에서는 list[2]는 고려할 필요 없이 다음을 비교하게 된다.

```
list[0]: list[1]
```

여섯 번째 pass에서도 마찬가지로 list[j] > list[j+1]이면 교환하면 배열 list의 값은 다음과 같이 되어 정렬과정을 마치게 된다.

	[0]	[1]	[2]	[3]	[4]	[5]	[6]
list	13	25	37	52	77	88	97

10.2.2 함수의 구현

지금까지 설명한 버블 정렬의 과정을 프로그램 코드로 쉽게 접근하기 위하여 변수를 도입하여 일반화하자. 비교하는 데이터의 인덱스를 j라고 하자. 이때

```
pass1에서 j는 0에서 n-2까지
pass2에서 j는 0에서 n-3까지
    .
    .
    .
passn-1에서 j는 0인 경우를 비교하게 된다.
```

이러한 과정을 보면서 pass를 진행시키는 반복문 안에 비교구간이 하나씩 줄어드는 반복문이 중첩하여 있어야 함을 알 수 있다. pass를 진행시키는 반복문의 루프 제어변수를 i라고 하면 다음과 같이 표현할 수 있다.

```
for i ← n-2 to 0 by -1 do
   for j ← 0 to i do
      if (list[j] > list[j+1]) swap(list[j], list[j+1])
```

이러한 이해를 바탕으로 버블 정렬 함수 bubble()을 [프로그램 10-3]에서와 같이 작성할 수 있다. 여기서는 두 개의 for문 중 밖의 for문을 while 문으로 표현하였다.

[프로그램 10-3] 버블 정렬 함수 bubble()

```c
void bubble(int a[], int n)
{
   int i=n-2, j, tmp;

   while (i != 0)  {
      for (j=0; j <=i; j++) {
         if (a[j] > a[j+1]) {
            tmp = a[j];
            a[j] = a[j+1];
            a[j+1] = tmp;
         }
      }
     i--;
   }//while
}
```

위의 함수 bubble에 다음 데이터를 입력으로 정렬 과정을 요약하면 다음과 같다.

	[0]	[1]	[2]	[3]	[4]	[5]	[6]
list	25	48	37	17	52	86	43

pass1 후에는 list의 값은

	[0]	[1]	[2]	[3]	[4]	[5]	[6]
list	25	37	17	48	52	43	86

pass2 후에는 list의 값은

	[0]	[1]	[2]	[3]	[4]	[5]	[6]
list	25	17	37	48	43	52	86

pass3 후에는 list의 값은

	[0]	[1]	[2]	[3]	[4]	[5]	[6]
list	25	17	37	43	48	52	86

와 같이 됨을 알 수 있다.

pass3 후에 모든 데이터가 정렬된 것을 확인할 수 있다. 그러므로 다음 패스 pass4에서는 데이터의 교환이 한 번도 일어나지 않는다. 지금까지 살펴본 함수 bubble은 앞으로도 3번의 패스를 더 진행하여야 프로그램이 끝나게 된다.

이제 위의 방법을 개선해 보자. 한 번의 pass 동안 데이터를 한 번도 교환하지 않으면 종료하는 방법을 고려해 보자. 그러면 한 번의 pass 동안 데이터 교환이 없음을 어떻게 알 수 있을까? [프로그램 10-3]의 함수 bubble()에서 if (a[j] > a[j+1])의 조건을 만족하지 않으면 데이터 교환은 생기지 않는다. 이를 위하여 상태를 나타내는 변수(flag)를 두어 while loop에 들어가자마자 그 변수에 어떤 값을 주고(flag=0) if 문에 만족하면 변수의 값을 변경(flag=1)하여 교환이 발생했다는 것을 표시한다. 한번의 pass동안 flag가 0으로 있다면 if문을 한번도 만족하지 않은 것이고 다음 pass에서 반복문을 빠져 나가도록 while 조건에 추가 해야 한다.

이러한 내용을 C 함수 bubble_flag로 작성하기 위하여 다음과 같이 정리할 수 있다.

상태변수를 flag라고 하면

```
fflag = 1
(i !=0 && flag)인 동안
   flag = 0
   현재 pass의 j에 대하여
       a[j] > a[j+1]이면 데이터 교환하고 flag를 1로 한다.
```

위의 정리로부터 한 번의 패스 동안 교환이 이루어지지 않으면 flag는 0인 채로 있게 되어 조건(i !=0 && flag)이 만족되지 않으므로 정렬과정을 끝내게 된다. 이와 같은 과정을 함수 bubble_flag로 작성하면 [프로그램 10-4]와 같다.

[프로그램 10-4] 개선된 버블 정렬 함수 bubble_flag()

```
void bubble_flag(int a[], int n)
{
   int i=n-2, j, tmp, flag = 1;
   while (flag && i != 0) {
      flag = 0;
      for (j=0; j <= i; j++) {
         if (a[j] > a[j+1]) {
            flag = TRUE;
            tmp = a[j]; a[j] = a[j+1]; a[j+1] = tmp;
         }//if
      }//for
      i--;
   }//while
}
```

지금까지 살펴본 버블 정렬을 위의 함수에서 어느 부분을 바꾸어야 내림차순으로 정렬할 수 있을지 생각해 보자. 오름차순의 경우 큰 값을 뒤로 보내는 대신 작은 값을 뒤로 보내는 아이디어를 생각하면 위의 함수에서 if 문의 부호만을 바꾸면 된다는 것을 쉽게 알 수 있다. 즉, (a[j] < a[j+1])인 경우 두 데이터를 교환하도록 하면 될 것이다.

실습프로그램

각 행에 물품코드와 그 물품의 재고개수를 임의의 순으로 저장하고 있는 파일로부터 n*2의 2차원 배열 stock에 데이터를 읽어 들여 버블정렬을 활용하는 다음 프로그램을 완성해 보자. bubble정렬에 의하여 물품의 내림차순으로 정렬한 후 재고개수를 확인하고자하는 물품코드(item_code)를 입력받아 이를 파라메터로 함수 bsearch_stock()를 호출하여 이진탐색에 의하여 그 물품이 있으면 해당 물품의 재고개수를, 없으면 재고물품이 없다고 출력한다.

[프로그램 10-5] 버블정렬 활용 프로그램

```
#define INUM 100
#include <stdlib.h>
#define INUM 100
int bsearch_stock(unsigned a[][2], int n, unsigned key);
void print_item(char *heading, unsigned a[][2], int n);
void bubble(unsigned a[][2], int n);

void main(int argc, char *argv[])
{
   FILE *stockdb;
   unsigned stock[INUM][2], item_code;
   int k = 0, s;

   if ((stockdb = fopen(argv[1], "r")) == NULL) {
      printf("Cannot open read file.. ..\n"); exit(1);
   }
   while ((fscanf(stockdb, "%u %u", &stock[k][0], &stock[k][1]))
                                                    != EOF)  k++;
   print_item("임의로 저장된 물품코드: \n", stock, k);

   //물품코드의 내림차순으로 정렬
   bubble(stock, k);
   print_item("내림차순으로 정렬된 물품코드: \n", stock, k);

      // 검색
   printf("검색할 item number 입력: ");
   scanf("%u", &item_code);
   s = bsearch_stock(stock, k, item_code);
   if (s == -1) printf("재고물품이 없습니다\n");
   else printf("%u의 재고개수 = %u\n", stock[s][0], stock[s][1]);

}
void print_item(char *heading, unsigned a[][2], int n)
{
   int i;
   printf(heading);
   for (i = 0; i < n; i++) printf("%u\n", a[i][0]);
}

```

```
int bsearch_stock(unsigned a[][2], int n, unsigned key)
{
   int left = 0, right = n - 1, mid;

   while (left <= right) {
      mid = (left + right) / 2;
      if (key < a[mid][0]) left = mid + 1;
      else if (key > a[mid][0]) right = mid - 1;
      else return mid;
   } /* while */
   return -1;
} /* search */

void bubble(unsigned a[][2], int n)
{
   int i = n - 1, j, flag = 1;
   unsigned tmp0, tmp1;  //tmp 변수 하나만 사용해도 상관없음

   while (flag && i != 0) {
      flag = 0;
      for (j = 0; j <= i - 1; j++) {
         if (a[j][0] < a[j+1][0]) {
         flag = 1;
         tmp0 = a[j][0]; a[j][0] = a[j+1][0]; a[j+1][0] = tmp0;
         tmp1 = a[j][1]; a[j][1] = a[j+1][1]; a[j+1][1] = tmp1;
         } //if
      } //for
      i--;
   }
}
```

10.3 삽입정렬

10.3.1 알고리즘의 이해

삽입 정렬은 이미 정렬되어 있는 데이터에 계속적으로 들어오는 데이터를 적절한 위치에 삽입하여 정렬을 유지하는 개념을 이용한 것이다. 예를 들어 다음의 정렬된 데이터 리스트에 데이터가 들어오는 세 가지 경우를 보자.

	[0]	[1]	[2]	[3]
list	15	27	45	55

1. 이 list에 idata = 35가 들어올 때 다음의 리스트와 같이 데이터가 삽입되어 정렬된 순서를 유지하도록 할 것이다.

	[0]	[1]	[2]	[3]	[4]
list	15	27	35	45	55

   이러한 과정은 정렬된 끝 데이터(여기서는 55)부터 idata와 비교하여 크면 하나 뒤로 움직이면서 idata보다 작은 27과 비교하게 되면 27 다음에 삽입한 것이다.

2. 이때 새로운 idata = 10이 들어오면 같은 방법으로 하면 모든 데이터가 뒤로 움직이고 list[0]에 idata 값이 있게 되어 list는 다음과 같이 변하게 된다.

	[0]	[1]	[2]	[3]	[4]	[5]
list	10	15	27	35	45	55

3. 마지막 예로 idata가 지금 리스트에 이미 정렬된 데이터보다 큰 값인 경우, 이 예에서 idata 70이 들어온다면 끝 데이터 55보다 크므로 리스트의 어떤 데이터도 움직이지 않고 정렬된 리스트의 끝에 추가되어 다음과 같이 된다.

	[0]	[1]	[2]	[3]	[4]	[5]	[6]
list	10	15	27	35	45	55	70

위의 데이터 삽입의 예를 데이터가 다음과 같이 주어진 경우(n = 7)를 예를 들어 배열의 데이터를 삽입 정렬하는 과정을 생각해 보자.

	[0]	[1]	[2]	[3]	[4]	[5]	[6]
list	15	27	45	55	35	10	70

위와 같이 4개의 데이터 (list[0], list[1], list[2], list[3])가 정렬되어 있는 경우 list[4], list[5], list[6]의 데이터가 위의 설명에서 idata가 되어 전체 배열을 정렬하게 된다.

이와 같은 삽입 정렬 과정을 프로그램 코드로 나타내기 위하여 변수를 도입해 보자. i개의 데이터가 이미 정렬된 n개의 데이터 배열 list를 삽입정렬 한다고 하자.

1. 다음에 삽입할 데이터 idata는 무엇인가? i + 1번째 데이터인 list[i]가 idata가 될 것이다.
2. list[i]부터 list[n-1]의 각 데이터가 순서대로 idata가 되어 idata의 삽입 위치(인덱스)를 결정하기 위하여 변수 j를 도입한다. 이때 변수 j는 어떤 값부터 시작해야 하나? 앞의 설명으로부터 j는 정렬된 리스트의 마지막 데이터인 i-1부터 시작하여 list[j] > idata인 경우 하나씩 감소하여 앞으로 나가면서 뒤로 하나씩 움직일 것이다. 물론 j는 0이 될 때 마지막으로 비교할 것이다. j를 하나씩 감소시키면서 지금 삽입하려는 데이터 idata보다 같거나, 작은 경우 움직임을 멈춘다.
3. 모든 데이터(list[0]-list[i-1])가 지금 삽입하려는 idata보다 크다면 j = −1까지 감소하고 반복을 끝낸다. 이 경우 list[0]에 가장 작은 값인 idata가 저장된다.
4. 모든 데이터(list[0]-list[i-1])가 지금 삽입하려는 idata보다 작다면 j = i − 1에서 멈추게 된다. 이 경우 list[i]에 idata가 저장된다.
5. 이 반복을 끝낸 다음 j + 1의 위치가 삽입하려는 곳이다.

i는 inum부터 시작하는 과정을 다음과 같이 정리할 수 있다.

```
for i ← inum to n-1 do
   idata = list[i]
   j = i - 1
   while (list[j] > idata and j >= 0) do
      list[j+1] = list[j]
      j = j - 1
   endwhile
   list[j+1} = idata
endfor
```

이제 다음 예제를 보고 위의 알고리즘을 이해하자.

	[0]	[1]	[2]	[3]	[4]	[5]	[6]	[7]	[8]
list	17	20	30	40	70	50	95	10	25

이 예제에서 n은 9이고 inum은 5이다. 즉 5개의 데이터는 정렬되어 있다. 이때 i = 5, 6, 7, 8의 데이터에 대하여 위의 알고리즘을 염두에 두고 정렬하는 과정을 시뮬레이션해 보자.

i	idata	[0]	[1]	[2]	[3]	[4]	[5]	[6]	[7]	[8]
5	50	17	20	30	40	50	70	95	10	25
6	95	17	20	30	40	50	70	95	10	25
7	10	10	17	20	30	40	50	70	95	25
8	25	10	17	20	25	30	40	50	70	95

그림 10-2 삽입과정 시뮬레이션

10.3.2 함수의 구현

삽입 정렬 알고리즘을 다음 [프로그램 10-6]에서 C 함수로 구현하였다. 처음에 데이터에 대한 정보가 없을 때 전체 데이터를 정렬하는 경우 이미 정렬된 데이터는 1개라고 가정하고 삽입하는 것으로 하는 것이 타당할 것이다. 그래서 함수 insertion()에는 i의 값이 1에서 시작한다.

[프로그램 10-6] 삽입 정렬 함수 insertion()

```
void insertion(int a[], int n)
{
   int i, j, idata;
   for (i=1; i <= n-1; i++) {
      idata = a[i];
      j = i-1;
      while (a[j] > idata && j >= 0) {
         a[j+1] = a[j];
         j--;
      }
      a[j+1] = idata;
   }
}
```

위의 함수에서 내림차순으로 정렬하는 경우라면 어떤 부분을 바꾸어야 할까? 삽입할 위치를 찾아가는 while문에서 리스트 안의 정렬된 데이터가 삽입할 데이터 보다 작은 경우 뒤로 움직이도록 바꾸기만 하면 된다. 즉 while문이 다음과 같이 수정되면 내림차순으로 정렬하게 된다.

```
while (a[j] < idata && j >= 0) {
   a[j+1] = a[j];
   j--;
}
```

또한 정렬할 데이터가 문자 9자 이하의 문자열인 경우 위의 함수 insertion은 어떻게 바뀌어야 할까? 가장 중요한 수정사항은 문자열을 다루는 다음의 문장이다. <string.h>에 정의된 함수 strcpy와 strcmp를 이용하여 다음과 같이 수정할 사항을 정리한다.

insertion	insertion_string
idata = a[i];	strcpy(idata, a[i])
a[j] > idata	strcmp(a[j], idata) > 0
a[j+1] = a[j];	strcpy(a[j+1], a[j])
a[j+1] = idata;	strcpy(a[j+1], idata)

이를 고려하여 [프로그램 10-7]에서 문자열을 정렬하는 경우를 함수 insertion_string()을 작성하였다.

[프로그램 10-7] 문자열을 정렬하는 함수 insertion_string()

```c
void insertion_string(char a[][10], int n)
{
   int i, j;
   char idata[10];
   for (i=1; i <= n-1; i++) {
      strcpy(idata, a[i]);
      j = i-1;
      while (strcmp(a[j], idata) > 0 && j >= 0) {
         strcpy(a[j+1], a[j]);
         j--;
      }
      strcpy(a[j+1], idata);
   }
}
```

실습프로그램

학번(long), 이름(20 미만의 문자형), 평균학점(double)으로 구성된 파일(sfile.d)로부터 데이터를 읽어 구조체 타입을 정의하고 그 type의 배열을 마련한다. 최대 학생수를 50으로 가정한다. 이렇게 마련된 데이터를 학번순 또는 성적순으로 데이터를 정렬하여 출력 또는 파일에 저장하도록 하시오. 다음 insert_sort1()은 데이터를 학번의 오름차순으로 정렬하고 insert sort2()는 각 학생 성적의 내림차순으로 정렬하는 함수이다.

[프로그램 10-8] 삽입정렬 활용 프로그램

```
typedef struct student {
   long id;
   char name[20];
   double score;
} sdatatype;
void insert_sort1(sdatatype a[], int n);
void insert_sort2(sdatatype a[], int n);

void main(int argc, char *argv[])
{
   sdatatype s[50];
   FILE *infile, *out;
   int i=0, j;
   char choice;

   if (argc != 3) {
      printf("실행 인수를 잘못 주었습니다. \n");
      exit(1);
   }
   if ((infile = fopen(argv[1], "r")) == NULL) {
      printf("입력 파일을 열 수 없습니다. \n");
      exit(1);
   }
   if ((out = fopen(argv[2], "w")) == NULL) {
      printf("결과 파일을 열 수 없습니다. \n");
      exit(1);
   }
   while (fscanf(infile, "%ld %s %lf",
    &(s[i].id), s[i].name, &(s[i].score)) != EOF)
   i++;
   printf("학번순으로 저장하려면 1을\n");
   printf("성적순으로 저장하려면 2를 선택하시오:  ");
   scanf("%c", &choice);
   if (choice == '1') insert_sort1(s, i);
   else if (choice == '2') insert_sort2(s, i);
   else {
      printf("선택번호를 잘못 입력하였습니다.\n");
      exit(1);
   }
   for (j=0; j < i; j++) {
      fprintf(out, "%ld\t%s\t%.2f\n", (s[j].id), s[j].name,
```

```
                                                 (s[j].score));
        printf("%ld\t%s\t%.2f\n", (s[j].id), s[j].name,
                                                 (s[j].score));
    }
    printf("Program terminated … \n");
}

// 학번의 오름차순으로 정렬
void insert_sort1(sdatatype a[], int n)
{
    int i, j;
    sdatatype temp;
    for (i=1; i <= n-1; i++) {
        temp = a[i];
        j = i-1;
        while (a[j].id > temp.id && j >= 0) {
            a[j+1] = a[j];
            j--;
        }
        a[j+1] = temp;
    }
}
// 학점이 큰 값부터 내림차순으로 정렬
void insert_sort2(sdatatype a[], int n)
{
    int i, j;
    sdatatype temp;
    for (i=1; i <= n-1; i++) {
        temp = a[i];
        j = i-1;
        while (a[j].score < temp.score && j >= 0) {
            a[j+1] = a[j];
            j--;
        }
    a[j+1] = temp;
    }
}
```

10.4 퀵정렬

10.4.1 알고리즘의 이해

퀵 정렬은 다른 정렬 알고리즘에 비하여 평균적 수행 효율 면에서 수행시간이 아주 짧아 널리 쓰이는 정렬 알고리즘이다. 퀵 정렬은 알고리즘은 분할 정복기법을 기반으로 만들어졌다. 분할정복 방법은 전체 문제를 몇 개의 작은 문제로 계속 나누어 가다가 쉽게 해결될 수 있는 작은 문제로 분할되면 문제의 해를 찾고 그 해답을 합병하면서 좀 더 커다란 문제를 해결하는 방식이다. 퀵정렬이 어떻게 문제를 나누는지에 집중하면서 다음의 퀵정렬의 과정을 이해해 보자.

1. 피봇이라고 불리는 제어값을 정한다.
2. 전체 데이터를 피봇을 중심으로 전체 데이터를 피봇보다 작은 값과 큰 값으로 나눈다.
3. (2)의 과정에서 피봇 데이터는 자신의 위치를 찾게 된다. 즉 전체 데이터에서 피봇이 j번째 데이터라면 j번째에 위치하도록 한다.
4. (2)의 과정에서 만들어진 두 데이터 집합에 대하여 같은 과정을 수행한다.

보통 제어값은 전체 데이터의 중앙값을 갖는 것이 퀵 정렬 알고리즘의 효율이 좋은 것으로 알려져 있다. 하지만 알고리즘을 단순하게 하기 위하여 (1)의 피봇 값은 배열의 첫 데이터로 정하고, 다음의 데이터를 예로 들어 프로그래밍에 접근할 수 있도록 설명하겠다.

	[0]	[1]	[2]	[3]	[4]	[5]	[6]	[7]
list	11	16	5	10	25	7	30	17

위의 데이터에서 제어값은 11이고, 11은 오름차순으로 정렬하면 4번째 데이터이다. 즉 다음과 같이 데이터가 배열되어 제어값 11을 기준으로, 이 값보다 작은 값은 앞부분에 큰 값은 뒷부분에 배치된다.

	[0]	[1]	[2]	[3]	[4]	[5]	[6]	[7]
list	10	7	5	11	25	16	30	17

이와 같은 분할과정은 어떻게 이루어진 것인가? 제어값 11을 기준으로 배열의 앞부분에서는 피봇보다 큰 값을 찾아가고 뒷부분에서는 피봇보다 작은 값을 찾아 두 값을 바꾼 것이다. 위의 예제에서 list[1]의 값 16과 list[5]의 값 7을 교환하여 기준값보다 큰 값은 뒤로 보내고 작은 값은 앞으로 보내게 된다. 이러한 과정을 코드로 써보면 다음과 같다.

```
i=0; j=8;
do
   i++;
while ( (list[i] <= pivot) && (i < 7) );
do
   j--;
while ( (list[j] >= pivot) && (j > 0) );
```

위의 do-while 문에서 i는 배열의 앞부분부터 list[i] > pivot인 경우 멈추게 되고, j는 list[i] < pivot인 경우 멈추게 된다. 이렇게 결정한 i와 j를 가지고 i가 j보다 작으면 list[i]와 list[j]의 데이터를 교환하게 된다. 위의 예에서 i = 1, j = 5의 값을 가지고 list[1]과 list[5]를 교환하였다. 그러면 피봇 값 11의 위치는 어떻게 결정될까? 잘 살펴보면 이렇게 i를 찾다가 i가 j보다 커지게 되면 그 때 j의 위치가 pivot의 위치가 된다. 위의 예에서 i가 4가 되고 j가 3이 되면 피봇의 list[0]과 list[j]의 값을 교환하게 된다. 이때 j의 위치에 피봇 값이 가게 된다. 이러한 과정을 거쳐 피봇 값이 자신의 위치 j를 결정하면 j를 기준으로 나누어진 두 그룹의 데이터를 가지고 같은 과정을 반복하게 된다.

이처럼 퀵 정렬은 어떤 제어키를 중심으로 파일을 두 개의 서브 파일로 분할하여 정렬한다. 즉, 파일을 오름차순으로 정렬할 경우(특정키에 대하여) 제어키가 a라면 이를 중심으로 list[0]에서부터 list[j-1]은 a보다 작은 키값을 갖는 레코드들이 있고, list[j+1]에서부터 list[n-1]은 a보다 큰 값을 갖는 레코드들이 위치하게 된다. 이렇게 분할된 두 서브 파일에 대하여 또 다른 제어키를 선정하여 분할 과정을 수행하면서 파일을 정렬시킨다. 각 서브파일은 앞선 파일의 부분으로 같은 방법에 의하여 정렬되므로 quick_sort(list, 0, DNUM-1);에 의하여 불린 함수는 재귀적으로 구현된다.

10.4.2 함수의 구현

지금까지 살펴본 퀵 정렬 알고리즘을 C 함수로 코딩하기 쉽도록 다음과 같이 정리하였다.

```
void quick_sort(int a[], int left, int right)
{
   int pivot, i, j, tmp;

   if (left < right)  {
      i = left;   j = right+1;  pivot = a[left];
      while (i < j)  {
         i를 증가시켜가며 pivot보다 큰 값을 찾는다.
         j를 감소시켜가며 pivot보다 작은 값을 찾는다.
         if (i < j)
            i와 j 위치의 값을 교환하여 작은 값은 앞으로 모으고
            큰 값은 뒤로 모은다.
      }
      a[j]와 a[left]의 값 교환
      quick_sort(a, left, j-1);
      quick_sort(a, j+1, right);
   }
}
```

이러한 정리를 바탕으로 다음 [프로그램 10-9]에서 퀵 정렬 알고리즘을 완전한 C 함수로 작성하였다.

[프로그램 10-9] 퀵 정렬 함수 quick_sort()

```
void quick_sort(int a[], int left, int right)
{
   int pivot, i, j, tmp;

   if (left < right)  {
      i = left; j = right + 1;
      pivot = a[left];
      while (i < j) {
         do
            i++;
         while ((a[i] <= pivot) && (i < right));
         do
            j--;
         while ((a[j] >= pivot) && (j > left));
         if (i < j) {
            tmp = a[i];
            a[i] = a[j];
            a[j] = tmp;
         }
      }
      if (j != left) {
         tmp = a[j];
         a[j] = a[left];
         a[left] = tmp;
      }
      quick_sort(a, left, j-1);
      quick_sort(a, j+1, right);
   }
}
```

[프로그램 10-9]의 함수 quick_sort()에 대하여 앞 절에서 사용한 예제 데이터를 가지고 그 수행과정을 시뮬레이션 하여 [그림 10-3]과 같이 정리하였다.

left	right	0	1	2	3	4	5	6	7	i	j
0	7	11	16	5	10	25	7	30	17	0	8
		11	7	5	10	25	16	30	17	1	5
		10	7	5	11	25	16	30	17	4	3
0	2	5	7	10						2	2
0	1									1	0
0	-1										
1	1										
3	2										
4	7					25	16	30	17	4	8
						25	16	17	30	6	7
						17	16	25	30	7	6
4	5					17	16			4	6
						16	17			5	5
4	4										
6	5										
7	7										

그림 10-3 quick_sort() 함수의 수행과정

quick_sort()가 불리는 원형을 실매개변수 값(left, right)을 넣어 트리 형태로 그려 보면 [그림 10-4]와 같다.

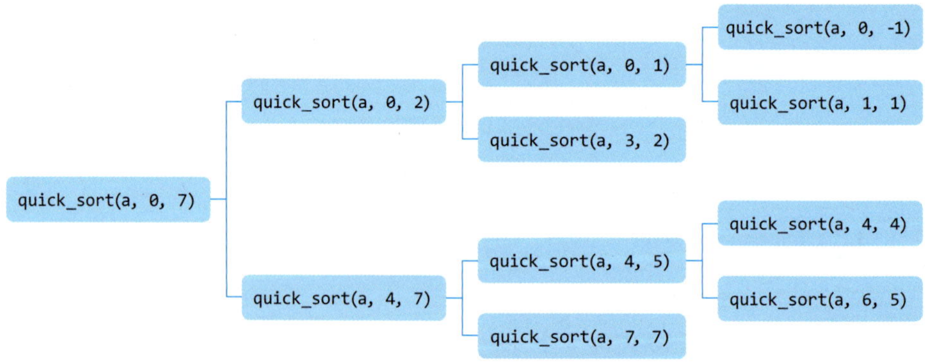

그림 10-4 quick_sort()의 재귀호출 트리

실습프로그램

사원번호(eid, long int), 이름(name, 19자 이하의 문자열), 영어성적(escore, int), 소속부서(dcode, 4자의 문자열)로 구성되어 있는 파일이 준비되어 있다. 다음을 수행하는 프로그램을 퀵정렬 함수를 이용하여 작성하시오.

1. 파일로부터 데이터를 읽어 사원번호를 기준으로 오름차순으로 정렬하여 출력 파일에 저장한다.
2. dcode를 읽어 그 부서에 해당하는 사원정보를 출력한다.
3. 영어 성적이 큰 값부터 사원정보를 출력한다.

필요한 자료구조

```
typedef struct employee {
    long eid
    char name[20];
    int escore
    char dname[5];
} edatatype
```

[프로그램 10-10] 퀵정렬 활용 프로그램

```
typedef struct employee {
    long eid;
    char name[20];
    int escore;
    char dname[5];
} edatatype;
void quick_sorta(edatatype a[], int left, int right);
void quick_sortd(edatatype a[], int left, int right);

void quick_sorta(edatatype a[], int left, int right)
{
    long pivot;
    int i, j;
    edatatype tmp;

    if (left < right)  {
        i = left; j = right + 1;
        pivot = a[left].eid;
        while (i < j) {
```

```
            do
                i++;
            while ((a[i].eid <= pivot) && (i < right));
            do
                j--;
            while ((a[j].eid >= pivot) && (j > left));
            if (i < j) {
                tmp = a[i];
                a[i] = a[j];
                a[j] = tmp;
            }
        }
        if (j != left) {
            tmp = a[j];
            a[j] = a[left];
            a[left] = tmp;
        }
        quick_sorta(a, left, j-1);
        quick_sorta(a, j+1, right);
    }
}

void quick_sortd(edatatype a[], int left, int right)
{
    int pivot;
    int i, j;
    edatatype tmp;

    if (left < right)  {
        i = left; j = right + 1;
        pivot = a[left].escore;
        while (i < j) {
            do
                i++;
            while ((a[i].escore >= pivot) && (i < right));
            do
                j--;
            while ((a[j].escore <= pivot) && (j > left));
            if (i < j) {
                tmp = a[i];
                a[i] = a[j];
                a[j] = tmp;
```

```
            }
        }
        if (j != left) {
            tmp = a[j];
            a[j] = a[left];
            a[left] = tmp;
        }
        quick_sortd(a, left, j-1);
        quick_sortd(a, j+1, right);
    }
}

void main(int argc, char *argv[])
{
    edatatype edb[50];
    FILE *infile, *out;
    int i=0, j;
    char choice;
    char dcode[5];

    if (argc != 3) {
        printf("실행 인수를 잘못 주었습니다. \n");
        exit(1);
    }

    if ((infile = fopen(argv[1], "r")) == NULL) {
        printf("입력 파일을 열 수 없습니다. \n");
        exit(1);
    }

    if ((out = fopen(argv[2], "w")) == NULL) {
        printf("결과 파일을 열 수 없습니다. \n");
        exit(1);
    }

    while (fscanf(infile, "%ld %s %d %s",
        &(edb[i].eid), edb[i].name, &(edb[i].escore),
                                            edb[i].dname) != EOF)
        i++;


    // 1. id의 오름차순으로 파일에 저장
```

```
    quick_sorta(edb, 0, i-1);
    printf("\n\nSorted Data .... \n");

    for (j=0; j < i; j++)
       fprintf(out, "%ld\t%s\t%d\t%s\n",
        (edb[j].eid), edb[j].name, (edb[j].escore),
                                                      edb[j].dname);


    // 2. dcode를 읽어 그 부서에 해당하는 사원정보 출력하기
    printf("Sales Department : S110\n");
    printf("Research Department: R250\n");
    printf("Managemnet Department: M210\n");
    printf("\nEnter the Department code: ");
    scanf("%s", dcode);

    for (j=0; j < i ; j++)
       if (strcmp(dcode, edb[j].dname) == 0)
       printf("%ld\t%s\t%d\n", (edb[j].eid), edb[j].name,
                                                    (edb[j].escore));


    // 3. 영어 성적이 큰 값부터 정보 출력하기
    printf("\n\nFrom the hightest English score
                                               To the lowest....\n");
    quick_sortd(edb, 0, i-1);
    for (j=0; j < i; j++)
       printf("%ld\t%s\t%d\t%s\n",
          (edb[j].eid), edb[j].name, (edb[j].escore),
                                                      edb[j].dname);
}
```

10.5 합병정렬

10.5.1 알고리즘의 이해

합병정렬(merge sort)은 알고리즘 설계 기법 중 분할정복(divide and conquer) 방법에 의해 효율적으로 정렬되도록 만들어진 방법이다. 정렬할 전체 데이터를 반으로 나누고 각각 해결한 후 결과를 합병하여 원래의 문제를 해결하는 방법으로 재귀기법을 이용하여 해결한다.

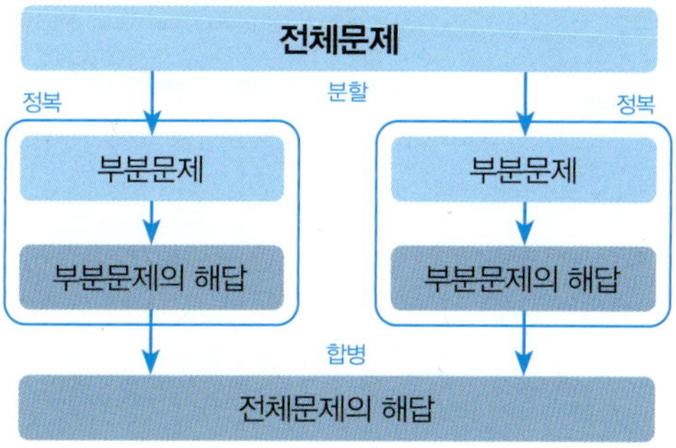

그림 10-5 분할정복 방법

[그림 10-5]의 분할정복 방법을 합병정렬에 다음의 3단계로 정리할 수 있다.

1. 분할(Divide): 정렬할 데이터 집합을 2개로 나눈다
2. 정복(Conquer): 나누어진 부분집합을 정렬한다.
3. 합병(Merge): 정렬된 부분집합을 합하여 하나의 집합으로 정렬한다.

첫 단계인 분할은 n개의 데이터가 배열에 입력으로 주어지기 때문에 처음에 정렬하려는 인덱스의 범위는 `left=0`, `right=n-1`에서 시작하고 `mid = (left+right)/2`를 정해 반씩 나눈다. 두 번째 단계는 나누어진 2개의 그룹에 대하여 재귀적으로 합병정렬을 수행한다. 각각이 정렬된다면 세 번째 단계는 정렬된 데이터의 합병단계에 의하여 결과적으로 전체 리스트의 정렬이 완성된다.

[그림 10-6]을 통하여 주어진 데이터 집합 a[]={38, 30, 12, 20, 25, 63,15, 52}를 가지고 합병정렬의 분할-합병 과정을 이해해 보자. [그림 10-6]은 1개의 데이터가 될 때까지 분할하고 계속해서 합병이 이루어지는 것을 볼 수 있다.

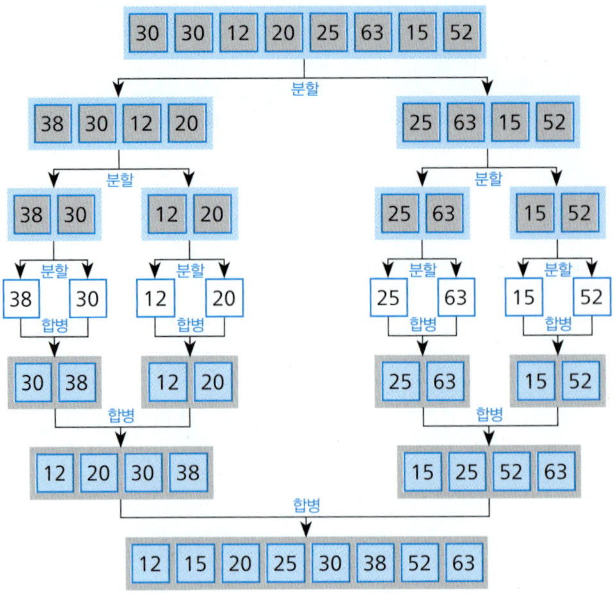

그림 10-6 분할-정복-합병 과정

이제 정렬된 부분집합 S1(a[left]~a[mid])과 또 다른 부분집합 S2(a[mid+1]~a[right])를 합병하는 방법을 [그림 10-6]의 마지막 단계의 합병과정을 자세히 살펴보자.

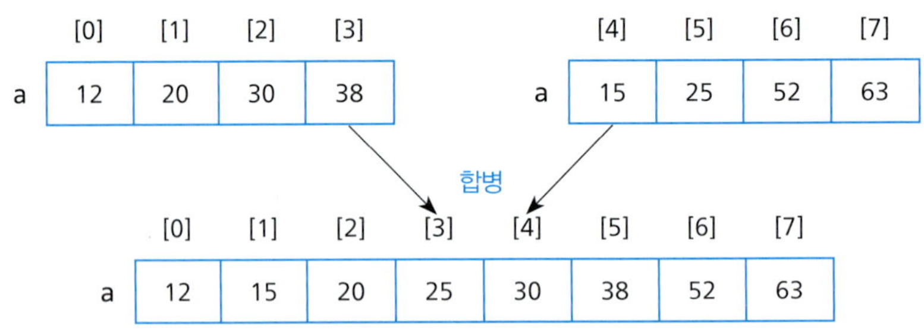

합병의 아이디어는 두 정렬된 리스트의 데이터를 보면서 차례대로 더 작은 값을 출력 리스트에 복사하는 것으로 간단하게 설명할 수 있다. 즉, 위의 예에서 처음에 `a[0]`과 `a[4]`을 비교하여 더 작은 값인 12을 임시배열 `tlist`에 복사한다.

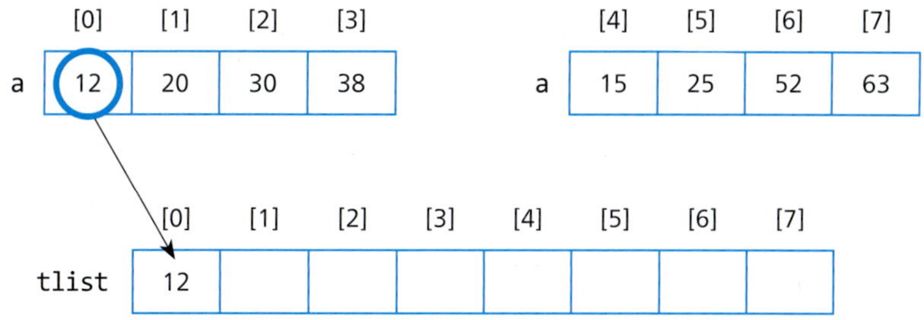

그 다음에는 a[1]과 a[4]을 비교하여 더 작은 a[4]의 15를, 그 다음에는 a[1]과 a[5]을 비교하여 a[1]의 20을 임시배열 tlist에 복사한다. 계속해서 a[2]과 a[5]을 비교하여 더 작은 a[5]의 25를, 그 다음에는 a[2]과 a[6]을 비교하여 a[2]의 30을, a[3]과 a[6]을 비교하여 더 작은 a[3]의 38을 임시배열 tlist에 복사한다.

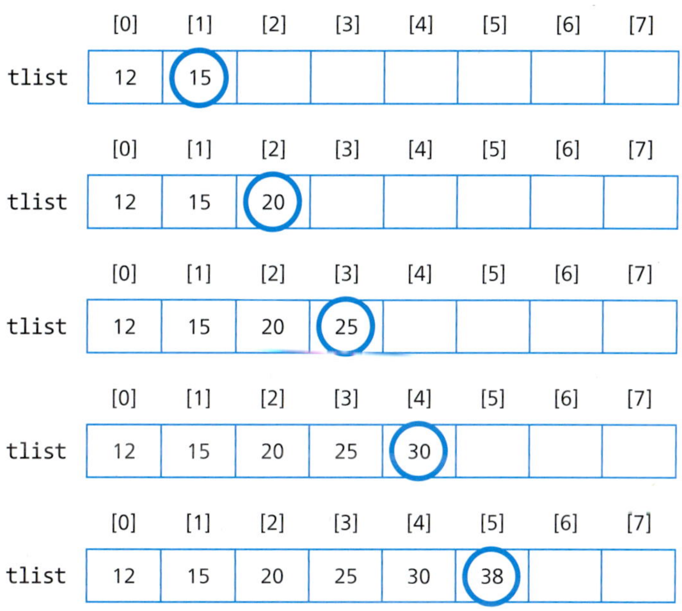

이제 두 정렬 리스트 중의 하나인 S1(a[left]~a[mid])의 데이터를 모두 처리하였다. 이제 S2의 나머지 데이터는 정렬되어 있으므로 순서대로 임시배열 tlist에 복사되면 된다. 마지막으로 결과적으로 2개의 정렬 리스트 S1과 S2를 합병 정렬한 임시배열 tlist를 a로 복사하면 된다.

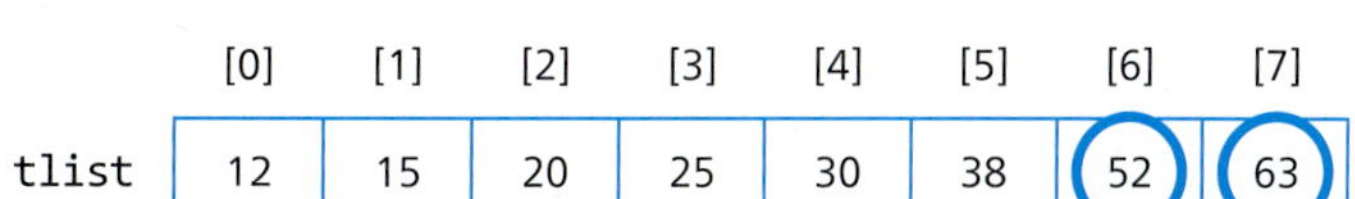

10.5.2 함수의 구현

이와 같은 합병정렬의 원리는 [프로그램 10-11]의 함수 merge_sort()와 같이 구현될 수 있다. merge_sort는 3개의 매개변수를 가진다. list[]는 정렬할 대상인 배열이고 left는 시작 인덱스, right는 끝 인덱스이다. 다음의 배열을 합병정렬 하려면 merge_sort(list, 0, 7)을 호출해야 한다.

```
list[] = {38, 30, 12, 20, 25, 63, 15, 52}
```

[프로그램 10-11] 합병정렬함수 merge_sort()

```
void merge_sort(int a[], int left, int right)
{
   int mid;
   if (left < right) {
      mid = (left+right)/2;
      merge_sort(a, left, mid);
      merge_sort(a, mid+1, right);
      merge(a, left, mid, right);
   }
}
```

함수 merge_sort()에서 2번의 재귀호출에 의하여 정렬된 리스트 S1(a[left]~a[mid])과 또 다른 리스트 S2(a[mid+1]~a[right])를 합병하는 함수 merge()를 작성하기 위하여 좀 더 일반화하여 정리하면 다음과 같다.

정렬된 리스트 S1(a[left]~a[mid])과 또 다른 리스트 S2(a[mid+1]~a[right])의 현재 비교 위치를 나타내는 인덱스를 i, j, k라 하자. 이때, i = left, j = mid + 1, k = left의 값을 초기값으로 가지고 다음의 과정을 어느 한 리스트의 끝에 도달하는 동안 반복한다.

```
a[i] <= a[j]이면 tlist[k] = a[i], i++, k++
a[i] > a[j]이면 tlist[k] = a[j], j++, k++
```

어느 한 리스트를 다 처리하면 나머지 리스트의 데이터를 복사한다. S1의 끝 위치는 mid이므로 i가 mid + 1이면 S2의 현재 j 위치부터 right까지 복사한다. 마찬가지로 j가 right + 1이 되어 S2가 끝에 도달했다면 현재 i 위치부터 mid까지 복사한다.

```
while (j <= right) tlist[k]=a[j], k++, j++
while (i <= mid) tlist[k]=a[i], k++, i++
```

이제 임시배열 tlist를 배열 a의 left부터 right의 위치에 복사한다. 이러한 과정을 C 함수로 코딩하면 다음 [프로그램 10-12]와 같다.

[프로그램 10-12] 합병함수 merge()

```
void merge(int a[],  int left, int mid, int right)
{
   int i=left, j=mid+1, k=left, h;
   int tlist[MAX_SIZE];

   while (i<= mid  && j <= right) {
      if (a[i] <= a[j]) {
         tlist[k] = a[i];
         i++; k++;
      }
      else {
         tlist[k] = a[j];
         j++; k++;
      }
   }
   if (i > mid)
      while (j <= right) tlist[k++] = a[j++];
   else
      while (i<= mid) tlist[k++] = a[i++];
   for( h=left ; h<=right ; h++ )
      a[h] = tlist[h];
}
```

실습프로그램

[프로그램 10-11]의 merge_sort()와 [프로그램 10-12]의 merge()를 첨가하여 다음 프로그램을 완성하고 오름차순과 내림차순 2가지 결과를 확인해 보자. 또한 다른 데이터에 대해서도 실행시켜보자.

[프로그램 10-13] 합병정렬 실습 프로그램

```c
#define MAX_SIZE 100
void merge_sort(int list[], int left, int right );
void merge(int list[], int left, int mid, int right);
void print_list(int *list, int n, char *mesg);
void main()
{
   int list[]={32, 15, 20, 55, 40, 10, 27, 30, 70, 60, 50, 90,
                                                          66, 33}, n;

   n = sizeof(list)/sizeof(int);

   print_list(list, n, "데이터 리스트: \n");
   merge_sort(list, 0, n-1);
   print_list(list, n, "합병된 데이터 리스트: \n");
}

void print_list(int *list, int n, char *mesg)
{
   int i;
   printf(mesg);
   for (i=0; i < n; i++) {
      printf("%d   ", list[i]);
      if ((i%7) == 6) printf("\n");
   }
   printf("\n\n");
}
```

실행결과

```
데이터 리스트 :
32   15   20   55   40   10   27
30   70   60   50   90   66   33

합병된 데이터 리스트 :
10   15   20   27   30   32   33
40   50   55   60   66   70   90
```

```
데이터 리스트 :
32   15   20   55   40   10   27
30   70   60   50   90   66   33

합병된 데이터 리스트 :
90   70   66   60   55   50   40
33   32   30   27   20   15   10
```

지금까지 설명한 합병 과정의 기본 아이디어를 정렬된 두 데이터 집합을 하나의 정렬된 데이터 집합으로 합병하는 경우에 적용해 보자. 기존의 정렬된 데이터 리스트에 정렬된 새로운 데이터 리스트를 합병하는 경우는 흔히 있는 경우이다. 예를 들면, 재학생 리스트를 학번순으로 가지고 있고 복학생들이 들어오면 학번순으로 정렬된 복학생 리스트를 만들어, 둘을 합쳐 전체 학생을 정렬된 리스트로 구성하는 경우이다.

[프로그램 10-14]는 정렬된 배열 a1[]과 배열 a2[]를 합병하여 새로운 데이터 리스트 배열 a[]를 만들고 합병한 데이터의 개수를 리턴하는 함수 two_one()이다.

[프로그램 10-14] 두 데이터 리스트를 합치는 함수 two_one()

```
int two_one(int *a1, int *a2, int *a, int n1, int n2)
{
   int i=0, j=0, k=0;

   while (i < n1 && j < n2) {
      if (a1[i] <= a2[j])
         a[k++] = a1[i++];
      else if (a1[i] > a2[j])
         a[k++] = a2[j++];

   }

   if (i == n1)
      while (j < n2) a[k++] = a2[j++];

   else
      while (i < n1) a[k++] = a1[i++];
   return k;
}
```

실습프로그램

두 데이터 집합이 정렬되어 있지 않다면 퀵 정렬에 의하여 정렬한 후 [프로그램 10-14]의 함수 two_one()을 사용하여 합병된 리스트를 만들어 출력하는 프로그램을 작성하시오.

[프로그램 10-15] 두 정렬된 데이터 리스트의 합병 프로그램

```
void print_list(int *list, int n, char *mesg);
void quick_sort(int a[], int left, int right);
int two_one(int *a1, int *a2, int *a, int n1, int n2);

void main()
{
   int list1[]={32, 15, 20, 50, 40, 10, 25, 30};
   int list2[]={25, 50, 15, 17, 20, 10, 38, 13, 35};
   int list[100];
   int n1, n2, n;
   char sorted;

   n1 = sizeof(list1)/sizeof(int);
   n2 = sizeof(list2)/sizeof(int);

   print_list(list1, n1, "데이터 리스트 1: \n");
   print_list(list2, n2, "데이터 리스트 2: \n");

   printf("\n준비된 데이터 리스트 1이 정렬되어 있는가? (y/n)");
   sorted = getche();
   if (sorted == 'n') quick_sort(list1, 0, n1-1);

   printf("\n준비된 데이터 리스트 2가 정렬되어 있는가? (y/n)");
   sorted = getche();
   if (sorted == 'n') quick_sort(list2, 0, n2-1);
   printf("\n\n");
   n = two_one(list1, list2, list, n1, n2);

   print_list(list, n, "합병된 데이터 리스트: \n");
}

void print_list(int *list, int n, char *mesg)
{
   int i;
   printf(mesg);
   for (i=0; i < n; i++) {
```

```c
        printf("%d  ", list[i]);
        if ((i%10) == 9) printf("\n");
    }
    printf("\n\n");
}
```

실습프로그램

4개의 정렬된 데이터 리스트를 3번의 [프로그램 10-14]의 two_one() 함수를 호출하여 정렬된 전체 리스트를 출력하는 프로그램을 작성하시오.

[프로그램 10-16] 4개의 정렬된 데이터 리스트의 합병 프로그램

```c
int two_one(int *a1, int *a2, int *a, int n1, int n2);
void print_list(int *list, int n, char *mesg);
void main()
{
    int list1[]={10, 20, 30, 40, 50, 60, 70, 77, 80, 90};
    int list2[]={25, 27, 35, 38, 40};
    int list3[]={15, 45, 47, 57, 59};
    int list4[]={1, 2, 5, 9, 60, 62, 65, 67, 69};
    int tlist1[50], tlist2[50], list[100];
    int n1, n2, n3, n4, dnum1, dnum2, dnum;

    n1 = sizeof(list1)/sizeof(int);
    n2 = sizeof(list2)/sizeof(int);
    n3 = sizeof(list3)/sizeof(int);
    n4 = sizeof(list4)/sizeof(int);

    dnum1 = two_one(list1, list2, tlist1, n1, n2);
    print_list(tlist1, dnum1, "중간 데이터 리스트1: \n");

    dnum2 = two_one(list3, list4, tlist2, n3, n4);
    print_list(tlist2, dnum2, "중간 데이터 리스트2: \n");

    dnum = two_one(tlist1, tlist2, list, dnum1, dnum2);
    print_list(list, dnum, "합병된 데이터 리스트: \n");
}
```

요약정리

1. 정렬이란 자료를 크기 순으로 오름차순 또는 내림차순으로 재배열하는 것이다. 대부분의 정렬방법은 비교기반 정렬 방법으로 데이터의 키값을 비교하면서 정렬하는 방식으로 시간복잡도는 비교횟수에 비례한다. n개의 데이터를 오름차순으로 정렬하는 경우를 기준으로 요약한다.

2. 선택정렬(selection sort)은 정렬되지 않은 리스트에서 가장 작은 값(또는 가장 큰 값)을 선택(탐색)하여 리스트의 가장 앞의 데이터와 교환하는 방식이다. n개의 데이터를 정렬하기 위하여 이러한 탐색-교환방식이 $n - 1$번 필요하므로 시간복잡도는 n^2에 따르는 $O(n^2)$이다.

3. 버블정렬(bubble sort)은 서로 인접한 데이터를 비교하여 가장 큰 데이터를 뒤로 보내는 방법이다. 인접한 데이터를 정렬이 안된 부분까지 비교해서 뒤로 보내는 과정(pass)이 n번 이루어지기 때문에 시간복잡도는 n^2에 따르는 $O(n^2)$이다. 물론 1번의 pass동안 교환이 한번도 일어나지 않으면 정렬이 모두 되었으므로 종료시키도록 개선할 수 있다.

4. 삽입정렬(insertion sort)은 아직 정렬되지 않은 데이터를 이미 정렬된 부분의 적절한 위치에 삽입하는 방법이다. 1개의 데이터가 정렬되어 있고 나머지 $n - 1$개의 데이터의 삽입 위치를 찾아가는 것이므로 삽입정렬 알고리즘의 시간복잡도는 $O(n^2)$이다.

5. 퀵정렬(quick sort)은 기준키(피봇)와 비교하여 작거나 값을 가진 데이터는 앞으로 모으고 큰 값을 가진 데이터는 뒤로 가도록 분리하여 두 개의 분리된 데이터 리스트에 대하여 재귀적으로 퀵정렬을 호출하는 분할정복 방법이다. 피봇에 따라 알고리즘의 성능이 달라지는 것으로 알려져 있지만 평균적으로 시간복잡도는 O(nlogn)이다.

6. 합병정렬(merge sort)은 정렬할 전체 데이터를 반으로 나누고 각각 재귀호출을 통해 해결한 후 그 결과를 합병하여 원래의 문제를 해결하는 방법으로 시간복잡도는 O(n-logn)이다.

7. 알고리즘 방법의 성능분석 관점에서 시간복잡도가 O(nlogn)인 퀵정렬과 합병정렬이 시간복잡도가 $O(n^2)$인 선택정렬, 버블정렬, 삽입정렬 알고리즘보다 성능이 우수하다. [그림 10-7]의 시간복잡도 비교 그래프로부터 정렬하는 데이터의 수 n이 증가함에 따라 더 큰 차이를 보이는 것을 확인할 수 있다.

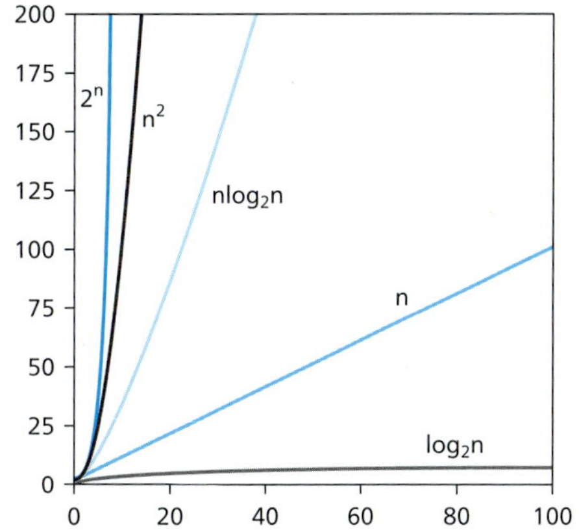

그림 10-7 시간복잡도 비교 그래프

연습문제

1. 다음 영문이 설명하는 것은? (　)

> To arrange items of information according to rules dependent upon a key or field contained in the items or records

❶ sort　❷ overflow　❸ matching　❹ search

2. 다음 데이터를 선택 정렬(Selection Sort)을 적용하여 내림차순으로 정렬할 경우 Pass 2를 실행한 후의 값은? (　)

```
212 110 570 150 300 423 250
```

❶ 570 423 110 150 300 212 250　❷ 570 423 212 110 300 150 250

❸ 570 423 110 212 300 150 250　❹ 570 423 212 150 300 110 250

3. 다음 정렬 방식 중 수행 도중에 플래그 변수를 이용하여 정렬이 완전히 끝났는지를 알 수 있는 것은? (　)

❶ Selection Sort　❷ Insertion Sort　❸ Quick Sort　❹ Bubble Sort

4. 다음 자료를 삽입정렬(Insertion Sort)을 사용하여 오름차순으로 정렬할 경우 Pass 3 후의 결과는? (　)

```
370 150 250 200 100 410 220
```

❶ 150 200 250 370 100 410 220　❷ 100 150 200 250 370 410 220

❸ 150 200 250 370 100 220 410　❹ 100 150 200 250 220 370 410

5. 주어진 입력 데이터 리스트에 대하여 오름차순으로 정렬하기 위한 2회의 pass2 단계를 수행한 결과가 다음과 같을 때, 어떤 정렬 알고리즘을 사용하였는가? (   )

```
입력: 70 30 90 20 10
1회: 30 70 20 10 90
2회: 30 20 10 70 90
```

❶ Selection Sort ❷ Insertion Sort ❸ Bubble Sort ❹ Merge Sort

6. 주어진 입력 데이터 리스트에 대하여 오름차순으로 정렬하기 위하여 2회의 pass2 단계를 수행한 결과가 다음과 같을 때, 어떤 정렬 알고리즘을 사용하였는가? (   )

```
입력: 70 30 90 20 10
1회: 10 30 90 20 70
2회: 10 20 90 30 70
```

❶ Selection Sort ❷ Insertion Sort ❸ Quick Sort ❹ Bubble Sort

7. 다음 정렬 방법 중 제어키를 중심으로 교환 연산을 기본으로 하는 알고리즘은? (   )

❶ Insertion Sort ❷ Marge Sort ❸ Selection Sort ❹ Quick Sort

8. 다음 정렬 알고리즘 중 분할정복 기법에 의하여 재귀함수로 구현되는 것은? (   )

❶ Insertion Sort ❷ Marge Sort

❸ Bubble Sort ❹ Selection Sort

9. 다음 입력 데이터리스트에 대하여 첫 데이터를 제어값(피봇)으로 하고 첫번째 퀵정렬(Quick sort) 함수를 수행 후, 피봇이 제 자리를 찾았을 때 리스트의 데이터는? (　)

```
입력: 45 32 60 78 15 55 25
```

❶ 15 32 60 45 78 55 25　　❷ 78 32 60 45 15 55 25

❸ 15 32 25 45 78 55 60　　❹ 45 32 25 78 15 55 60

10. 다음 정렬 알고리즘 중 빅오로 표기되는 점근 시간복잡도가 평균적으로 가장 우수한 알고리즘은? (　)

❶ Insertion Sort　❷ Quick Sort　❸ Bubble Sort　❹ Selection Sort

찾아보기

지은이 소개

이현숙

- 서강대학교 컴퓨터공학과 공학사
- 포항공과대학교 컴퓨터공학과 공학석사
- 서강대학교 컴퓨터공학과 공학박사
- 한국 전자통신연구소(ETRI) 연구원
- 미국 University of Central Florida(UCF) 컴퓨터공학과 방문연구교수
- 현 동양미래대학교 컴퓨터소프트웨어공학과 교수

자료구조 플러스

프로그래밍으로 배우는 이론과 실습

인 쇄 2022년 1월 19일
발 행 2022년 1월 26일

저 자 이현숙
발 행 인 성희령
출 판 기 획 안성일, 한혜인, 임민정
영업마케팅 채희만, 한석범, 유효진, 이호준
총 무 회 계 이승희

발 행 처 **INFINITYBOOKS**
주 소 경기도 고양시 일산동구 하늘마을로 158
대방트리플라온 C동 209호
대 표 전 화 02)302-8441
팩 스 02)6085-0777

도서 문의 및 A/S 지원
홈 페 이 지 www.infinitybooks.co.kr
이 메 일 helloworld@infinitybooks.co.kr

I S B N 979-11-85578-89-7
등 록 번 호 제2021-000018호
판 매 정 가 **27,000**원